中国社会科学院老年学者文库

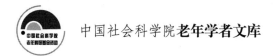

中国社会科学院**老年学者文库**

宝鸡道教碑石记

吴受琚　编著

社会科学文献出版社

SOCIAL SCIENCES ACADEMIC PRESS (CHINA)

编委会

目　　录

前　言

2008 年春，我赴兰州开会，回程特地去了一趟宝鸡，然后辗转去了龙门洞。当时洞上众道友正在朱法友道长的带领下，如火如荼地修葺被山洪冲垮的八仙殿大殿。驱车驾在两山之间，工地所需石瓦砖泥，一应由山对面的料场一车一车向山这边转递。整个工地沉浸在繁忙的气氛中。

我瞻仰着北极宫真武大殿真武坐像，却为四公祠的颓废凋敝而惋惜；我攀扶着王母洞索梯，而为铁链残板组合成的栈道惊心。年近七旬的我，毕生能有这样一次访碑体验，也是上苍赐予的良缘吧。

看到龙门沿山石壁上大大小小的朝山供醮石碑，元代、明代、清代及民国的，错综交织，却被无情的洞水日夜冲刷着；小径旁、卷棚下横七竖八躺着的残碑断碣，却被游人无情地践踏着。记忆中已出版的研究西部道教的书籍中，没有一本专门收集有关龙门洞碑碣的汇编资料，更没有实地碑文拓片的收集。多年研究道教的情怀触动着我，遂于内心深处发愿：编纂一部龙门洞石刻大全，以飨龙门的山，龙门的水，龙门山壁的大大小小龛洞，潜心修炼的老少道友，虔心皈依的乡民大众，为龙门全真研究留下有价值的史料。

2010 年，从第一通拓片的捶制，到 2015 年，四上龙门洞，三登景福山。至 2016 年，组成了项目小组，小组成员黄诚超、羊洲廷、张兴通道长及后加入的马宗静、马青云、艾睿博道友，我们一起，对宝鸡周边、景福、龙门地区进行了地毯式搜寻，共收录碑石（包括残碑）三百余通，制作拓片二百余张，拍摄照片数百张。所得资料中，80%是未被披露的。

在访碑的过程中，我们遇到了幸运的事，也遇到了遗憾的事。如在金台观工地，发现了清龙门洞高道陈明耀的《无根树》刻石，它与刘一明及世上流传的《无根树》诸多版本不一样；又如老龙殿清康熙四十七年（1708）重修温水镇龙王庙记碑，《民国陇县野史》卷三著录此碑久佚，而我们这次做田野调查，恰逢这块碑石被当地道友挖出、重新树立的第五天，我们有幸做了捶拓，填补了史料记载的空白。又如元代通微真人蒲察道渊道行碑记，这一硕大碑石出土于民居楼下，在当地道协的协调下，暂时得以留存。又龙门洞最早的一块元代玉宸宫碑，长期压在四公祠卷棚下不见天日，今天终于移置在大殿旁，供游客观览。

令人遗憾的是早阳洞的改观。早阳洞在龙门洞朝元峰沟南面峭壁上，洞壁北沿崖架有栈桥铁链，长 36 米。因山壁东南向，能先看到太阳，因之以早阳为洞名。洞有三孔，主洞高 6 米，宽 5 米，深 8 米。上方有小洞为通气窗，洞下为深渊，蠹空下视，杳不见底。加以冷风呼号，急湍轰鸣，使人精神震恐，诚为风景险地。到达此洞的人行通道，全以悬空凿壁架板连接而成盈尺宽之窄索桥，又云"栈道"，相当险峻。石洞内有两窟，内外相连，一者奉"药王"孙思邈之龛洞，洞内异常阴湿沁冷。洞外仅有半丈地可以回旋，洞口镶楹檐为屋，以供修炼者居焉。清乾隆年间甘肃靖远县道士陈明耀至龙门隐修此洞，行医募化，整修庙宇，人尊称为"陈野仙"。后道士刘一明亦来龙门洞修行。栈道直至 2015 年才拆除，修以水泥板通路。早阳洞原有二通碑，一通供醮铁碑，在道士丹房内；一通康熙五十一年（1712）募化施银石碑，在道士丹房外，2010 年我们初次调研时，拍摄了实物照片，2015 年再去时，早阳洞在维修，2016 年再去时，面目全非，丹房拆除了，碑也不知下落，全然建成了现代游览景观，失去了险峻幽邃的韵味。我们的老照片，成了两碑石的遗存照。

特别遗憾的是景福山原有一块康熙亲撰的大碑，陕西省道协会长杜法静道长幼年时，曾在此地放牧。这次我们一行多人，在他的带领下，三次拿着工具，深入到后山沟底，摸索排查，但至今一无所获。我们多么希望在今后的工作中少一些遗憾，多一些幸运啊！

二〇一七年冬十二月

吴受琚识于六猫斋乖乖病榻旁

凡　例

1. 本书辑录范围包括陕西省宝鸡市及周边若干区县现存与道教有关的部分碑刻、石碣、墓志、塔铭、摩崖、经幢、题咏题记、诗词碑等。

2. 本书辑录的史料皆通过田野考察得来，每块碑石有拓本、照片。本书辑录的史料80％是首次公开发表。

3. 纪年：1912年以前的石刻，一律用帝王纪年，括注公元纪年。1912年至1949年中华人民共和国成立前，一律用中华民国纪年，括注公元纪年。

4. 本书辑录的史料按碑文撰作年代先后顺序排列，同年碑刻按月份先后排列。具体年代不详者，排列在后。

5. 每一块碑的著录包括碑名、年代、碑额书体、撰作、书丹、尺寸、碑状、原存地、今存地、镌刻、立石、碑文等内容，并尽可能地附存拓片或碑石照片资料。

6. 碑石无名称者，由编者增加。

7. 碑文一律按原石或拓片录入，均加以现代标点。碑文用横排简体字排印。碑文中的缺字、破损字、漏字和因漫漶而无法辨认的文字以"□"代替，一个"□"代表一个字。如缺字较多，又无法确定数目，则以"上缺""下缺""残缺"代替。碑石破损，则在文字后注明"（石破）"。碑文中的通假字、异体字、错别字等皆不做改动。碑文中有些字词使用不规范，如藉、籍，弘扬、宏扬，住持、主持，阎、闫，斗姆、斗母，丘、邱等，依碑录入，不做修改。

8. 原碑尺寸及行款，拓片的尺寸及行款等，如属旧记，仍以尺寸为记，若是近现代者，以厘米为单位。

9. 碑文中因避讳改为他字者，保留原样，不做回改。

10. "汧阳"和"千阳"的使用，凡 1964 年 10 月前用"汧阳"，1964 年 10 月以后用"千阳"。若 1964 年 10 月以后的碑文中使用"汧阳"，则保留不改。

一 宝鸡市金台道观碑目

金台古观

宝鸡金台观位于陕西省宝鸡市区北部北坡森林公园半坡处，为宝鸡道教三观（金台、银台、玉台）之首，南距火车站0.5公里。它创建于明万历年间，是邑人杨轨山等修建的一座具有民族特色的古建道观，占地面积7665平方米。后因明代著名道士张三丰在此修道、传教而闻名。嘉靖四十三年（1564）加以重修。登高远眺，阁的山门左边为"卧霞"，右边为"云栖"。阁前有一对石狮，仰首蹲坐，气势威武。阁前铸有旌旗方斗，游龙飞凤的铁旗杆，气势无比雄伟。主要建筑玉皇阁建于明万历元年（1573）。坐北朝南，东西长12.4米，南北宽11.57米，为明二层实三层的楼阁式建筑。一、三两层皆有回廊

金台观全图碑

环绕，前后有门可以穿过。

历史上金台观不仅是一处著名道教活动场所，还是一处旅游观光之地。金台观建筑总体布局依山就势，主要建筑沿中轴线排列，左右对称。金台观现存建筑分中院和东、西偏院三部分。中部有洞名为修中洞，中轴和偏东共建有三宫、三清、后稷和元帝八座大殿。西北部有八角形东华厅一座。观门为玉皇阁二层楼阁。玉皇阁，结构通体系全木质阁楼，金碧辉煌，流光溢彩，被誉为"金阁流霞"，为宝鸡的八景之一。

主要建筑有玉皇阁、三清殿、吕祖殿、慈航殿、八卦亭、圣母洞、三丰洞、药王洞、朝阳洞等。观内有高台一座，登台可俯视全市。

三清大殿 位于观内玉皇阁北面，创建于明代，坐北朝南，东西10.7米，南北6.34米，面阔3间，进深1间。此殿有东、西配殿，东为太子殿，坐东朝西；西为灵官殿，坐西朝东；与玉皇阁形成了一个小天井。祖师殿位于玉皇阁以北靠东边，为清代建筑，坐北朝南，东西 9 米，南北 7.3 米，面阔 3 间，进深 1 间。玄帝殿位于祖师殿以北，创建于明代，顶为清代风格，坐北向南，东西 10.6 米，南北 9.7 米，面阔 3 间，进深 2 间。太皇宫位于玉皇阁北边西部，民国时新建，坐北向南，东西 9.39 米，南北 7.34 米，面阔 3 间，进深 1 间。东华亭位于玉皇阁最北边，清代建筑，圆形，直径 9.11 米。攒角屋顶，下设栏杆。另外，还有圣母殿等。因整个建筑群依地形先后增建而成，因而平面布局不够规整。观后有三叠崖，依崖凿洞，洞口修云檐门叠，洞内供奉各位神主。左边依次为药王、祖师、周公洞及三丰寓所，三丰练功场；右边依次为白衣、姜嫄、飞升、朝阳、释迦等洞。二叠崖为关帝、财神、紫薇等洞。洞洞皆有塑像。

观内，除了亭、阁、殿、洞外，古柏参天，生机盎然。古柏传为张三丰亲手所植，距今已有近 700 年的历史。观内还存有珍贵的碑碣，张三丰为人们治病的"翻耳罐"等文物，具有较高的书法艺术和观赏价值。

新中国成立以后，人民政府曾多次拨款维修金台观古建筑，后又将此建为宝鸡市博物馆。市博物馆在此设周秦文化展和宝鸡民间工艺品展，展出宝鸡地区历代出土的商、周、秦代铜器和凤翔、千阳等十多个县的民间工艺精品。金台观是宝鸡标志性建筑，现为宝鸡市道教协会驻地。

1. 明永乐寻张三丰圣旨碑[①]

年代：明永乐十五年（1417）

撰者：明成祖朱棣

---

① "明永乐寻张三丰圣旨碑"与碑二"明天顺寻张三丰圣旨碑"、碑六"明万历寻张三丰圣旨碑"同刻于一石，今按年代顺序分别录入，并各加之以碑名。

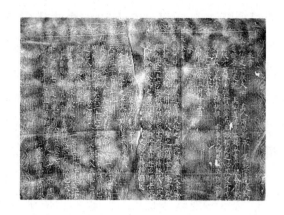

碑文：

明永乐寻张三丰圣旨碑

皇帝奉书

张真仙足下：朕久仰真人，渴思亲承仪范。尝遣使致香奉书，遍诣名山虔请。真仙道德崇高，超乎万有，体合自然，神妙莫测。朕才否疏庸，德行菲薄，而至诚愿见之心，夙夜不忘。敬再遣使谨致香奉书虔请拱候。云车凤驾，惠然降临，以副朕拳拳仰慕之怀。敬奉书。

永乐十五年三月十五日

2. 明天顺寻张三丰圣旨碑[①]

年代：明天顺三年（1459）

撰者：明英宗朱祁镇

碑文：

明天顺寻张三丰圣旨碑

奉

天承运

皇帝制曰：朕惟仙风道骨，得天地之真元；秘典灵文，夺阴

---

① 碑原无名，编者增加。

阳之正气。顾长生久视之术，诚超凡入圣之功。旷世一逢，奇踪罕见。尔真仙张三丰，芳姿颖异、雅志孤高。存想专精，炼修坚定。得仙箓之宝诀，饵金鼎之灵膏。是以名隶丹台，神游玄圃。去来倏□□人锡之诰命，以示褒崇。於戏！蜕形□□绝伦，益动寰中之景慕。尚期指要，式惠来英。

天顺三年四月十三日

3. 张三丰遗迹记　附碑阴

额篆： 张三丰遗迹记

年代： 明天顺六年（1462）九月

篆额： 翰林院修撰陈仓刘俊

撰者： 吏部右侍郎南阳张用瀚

书丹： 宝鸡县儒学教谕罗山张谦

立石： 凤翔宝鸡县县丞郫筒高良

尺寸： 连额高 202 厘米、宽 84 厘米

碑状： 碑额圆形，额篆"张三丰遗迹记"，2 行，行 3 字。额线雕云霞、双鹤及云图。周边蔓草缠枝纹饰。字迹清晰，保存良好。碑阴另见数人名

今存地： 宝鸡金台观

碑文录自： 原碑

碑文：

张三丰遗迹记

赐宣德八年癸丑曹鼐榜进士、陕西参知政事前嘉议大夫吏部右侍郎南阳张用瀚识

赐正统十年乙丑商辂榜进士、任翰林院修撰陈仓刘俊篆额

宝鸡县儒学教谕罗山张谦书丹

凤翔宝鸡县县丞郫筒高良立石

予幼稚时，闻先父均州知州赠吏部侍郎公语人曰："真仙陕西宝鸡人，大元中于吾河南开封府鹿邑县太清宫出家。吾先世开封之柘城县人，柘城与鹿邑近犬牙相住。吾家离宫仅十五里，真仙与吾高祖荣相识，常往来于家，托为施主最亲密，亦爱重吾父叔廉公勤学。元末，吾文避兵来郏邑，占籍为是邑人。真仙洪武中亦来邑之西关玉阳观，与道士李白云老先生交甚厚，旅寓数月。"时吾年方十三，在观读书。真仙问曰："汝谁家子也？"吾答曰："故父柘城张叔廉，因避兵徙家于此"，真仙曰："我乃张玄玄，昔在柘城时多扰汝家。有张荣者，汝几世祖也？"吾答曰："荣，高祖也。"真仙曰："我曾见其始生也，汝可勉力读书，后当官至五品。"越月，真仙北行，吾同白云先生送至邑之北关外。别后见真仙之行，足不履地，时人已异之。永乐初，太宗文皇帝入正大统，遣礼科都给事中胡公濙赍香书遍历天下名山访求之。时吾以儒官荐升詹事府主簿，与公备言少时曾识真仙之由，公遂荐吾同往寻之。至武当山均州。久之，弗遇。公回京复奏，上仍遣公往，必欲得真仙出而一见。特升吾为均州守，命伺鹤驭朝夕来临。历数十年，终不果愿。予时虽幼稚，闻斯言，常记之于心。兹适分巡至宝鸡，公暇，乃游真仙旧时修真洞，因成俚语一首，复跋于后云：一自飞升近百春，陵原仙洞已生尘。烟消丹室空存鼎，花满桃园不见人。金阙几回朝望气，蓬莱何处夜修真。家君出守因相识，久俟云车调紫宸。

宝鸡县知县巴县贺英　主簿清江傅口　典史宝应许翔　儒学训导内丘李睿

大明天顺六年岁次壬午九月吉旦立

附　张三丰遗迹记碑阴

致仕官　王珉　沈平　张瑄　贾浩然　陈焕　陈能　吴祥

训科　　张辅

训术　　王琦

僧会　　悯无方

道会司署印道士　谈冲碧

举人　　张抚　杨翀　杨祥

监生　　李英　吴能　彭珍　杜兴

壬午科解元　吴献

生员　　党彬　贾矗　王安　郭旻　张辉　孙锡　张杰　姚瑢

　　　　杨恕　丁珂　李章　胡浩　徐琳　田畯　吴钊　陈善

　　　　程茂　吕臣　赵溥　翟义　白昭　俱聪　高厚　张锐

吏典　　陈暹　萧升　张礼　张鉴　申浩　周清

金台观住持　　傅本宗

道士　　孙庸玉　张冲明

教读　　刘彧

陈仓驿署印医生　张礼

凤翔石匠　秦升镌

4. 游金台观追次前徐中丞韵

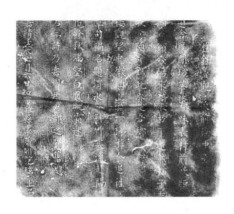

年代：明嘉靖十一年（1532）六月六日

立石：知宝鸡县事蒲州范玹

尺寸：高46厘米、宽50厘米

碑状：壁碑

今存地：宝鸡金台观

碑文录自：原碑

碑文：

游金台观追次前徐中丞韵

道舍度闲坊，茶格春味长。村前吹短笛，洞口锁残阳。来倚长松下，还然柏子香。歌莺随舞鹤，此亦是吾乡。　　　戴子春

楼观望中微，仙山云一梯。游人追往□，章句遍名题。渭水分斜竹，寒流赴隔溪。揽余秋满壑，白凤晚霜迷。　　　唐寅冬

右二诗乃嘉州尹户部之觉旧题

嘉靖壬辰六月六日知宝鸡县事蒲州范玹上石

5. 隆庆五年壁碑

年代：明隆庆五年（1571）

尺寸：高 42 厘米、宽 68 厘米

碑状：壁碑。刻痕浅，碑面多漶泐，周边芸草纹饰亦漶泐。文几不能读

碑文录自：原碑

今存地：宝鸡金台观

碑文：

隆庆五年壁碑①

　　史称孔子问礼于老（下泐）如□之叹，尚□若人不能□□□者乎，如□□□列（下泐）六□□□者，然物□舍之阻□者神也。真人曰：其重者珍也，在地曰（下泐）皆老氏流已。（下泐）视诸篇泽（下泐）祀民（下泐）色者，今玄同（下泐）今乃□□（下泐）如夫子（下泐）夫王（下泐）十载也（下泐）。

　　李武　李雨　韩伯其　杨世爵　赵演　李凤　石工冶曾士②

　　时隆庆五年一十月吉日立

6. 明万历寻张三丰圣旨碑

年代：明万历九年（1581）

题识：推凤翔府事楚黄范宗镇

立石：知宝鸡县事蒲州樊一阳

尺寸：碑高 62 厘米、宽 73 厘米

---

① 碑无名，编者增加。
② 下还有人名，多漶，略。

碑状：碑石嵌在金台观大殿左墙。碑边海波蔓草纹饰。碑中间有损泐

今存地：宝鸡金台观

碑文录自：原碑

碑文：

明万历寻张三丰圣旨碑

仙真冀州寥阳人，身长七尺。美髯如戟。经书一览即成诵。寓陕之宝鸡。得延命术。洪武二十六年九月二十日自言辞世，留颂而逝。邑人杨轨山等殓之。临葬，发视复生。后入泰和山结庵玉虚宫五树边。永乐间再诏，乃应寻归修炼服食，寒暑惟一箬笠。日行千里，足不履地。静则瞑目旬日，所啖斗升辄尽，或辟谷数月自若也。天顺中仙乐下迎，异香七日，遂冲举。著有《金丹玄要》三篇。

万历九年季夏吉旦　推凤翔府事楚黄范宗镇识

知宝鸡县事蒲州樊一阳立

7. 谒仙师张三丰洞，用南阳张公韵

年代：明万历年间

撰者：古黄范宗镇

立石：蒲州樊一阳

尺寸：碑高45厘米、宽58厘米

碑状：碑嵌在金台观大殿右墙。周边无饰

今存地：宝鸡金台观

碑文录自：原碑

碑文：

谒仙师张三丰洞，用南阳张公韵

吏隐岐阳经四春，几回拜拂洞门尘。青山白水徒遗像，翠竹

黄花空向人。九节苍藤杖还在，三篇玄要道传真。天仙已卸凡笼去，何事朝来出紫宸。

　　古黄范宗镇

　　蒲州樊一阳立

8. 张三丰真人所作《无根树》词二十四首

年代：清嘉庆五年（1800）

述说：龙门洞道人陈明要

书丹：邑弟子拔贡生韩庆云

立者：宝邑金台古观

尺寸：连残额高 85 厘米、宽 56 厘米

碑状：碑出土时已断为两截，编者手拼后，碑从右至左有一裂纹，损失约一行文字

今存地：宝鸡金台观①

碑文录自：原碑

碑文：

<h2 align="center">《无根树》词二十四首</h2>

其一曰：无根树，花正有，贪恋荣华谁肯休。浮生事，苦海舟，荡去漂来不自由。无边无岸□（石破）收救，常在鱼龙险处游。早回头，是岸□，莫待风波坏了舟。

其二曰：无根树，花正危，树老重新接嫩枝。梅寄榔，桑接梨，传与修真照样为。自古神仙栽□（石破）法，人老原来有药医。访明师，问方儿，下手速修犹太迟。

其三曰：无根树，花正孤，借问阴阳得类无。雌鸡卵，怎抱雏，悖了阴阳造化炉。女子无夫为怨女，□（石破）子无妻是旷夫。叹世徒，太糊涂，静坐孤修气转枯。

其四曰：无根树，花正偏，离了阴阳道不全。金隔水，汞隔铅，孤阴寡阳各一边。世上阴阳女配男，生□（石破）生孙代代传。顺为凡，逆成仙，只在中间颠倒颠。

其五曰：无根树，花正双，龙虎登坛战一场。铅投汞，阴配阳，结颗明珠无价偿。此是家园真种子，返老还童寿命长。升天堂，极乐方，免得轮回见阎王。

其六曰：无根树，花正多，遍地开时隔奈河。难攀折，曾奈何，步步行从龙虎窝。采取黄芽归洞府，紫府题名永不磨。笑呵呵，白云窝，□□（石破）天梯上大罗。

---

① 2010年，翻建寮房时，新出土民国元年（1911）"重修金台观暨创修三仙洞记碑"，碑文提及三仙洞"其一为龙门洞之陈仙，树述《无根》"，是知"无根树"碑，原为三仙洞之物。余旋撰《〈无根树〉校记》，刊登在香港《弘道》杂志上。

其七曰：无根树，花正亨，说是无根却有根。三才窍，二五精，天地交泰万物生。日月交时寒暑顺，男女交时孕自成。说与君，甚分明，犹恐相逢认不真。

其八曰：无根树，花正佳，月月开时玩月华。金精旺，照眼花，莫向园中错拣瓜。五金八石都是假，万章千方总是差。金蛤蟆，玉老鸦，□□真时是你家。

其九曰：无根树，花正鲜，符火相煎汞与铅。临炉际，境现前，采取须凭渡法船。匠手高强牢把舵，一任洪波海底翻。过三关，透泥丸，早把通身九窍穿。

其十曰：无根树，花正新，产在坤方坤是人。摘花戴，采花心，花蕊层层艳丽春。世人不达花中理，一诀天机值万金。借花名，作花身，句句晓坳说的真。

其十一曰：无根树，花正浓，认取真铅正祖宗。精气神，一鼎烹，女转男身老变童。欲向西园降白虎，先去东家伏了龙。类相同，好用功，内药通时外药通。

其十二曰：无根树，花正青，花酒神仙古到今。烟花巷，酒肉林，不断腥荤不犯淫。犯淫丧失长生宝，酒肉穿肠道在心。打开门，说与君，无□□□（石破）道不成。

其十三曰：无根树，花正高，海浪淘天月弄潮。银河路，透九霄，槎影横空泊斗梢。摩着织女支机石，引动牛郎驾鹊桥。入仙曹，胆气豪，盗得瑶□□□□。

其十四曰：无根树，花正飞，卸了重开有定期。铅花发，癸生时，依旧西园花满枝。对月残灯收拾了，还去朝阳补纳衣。这玄微，世罕知，须共神仙仔细推。

其十五曰：无根树，花正繁，美貌娇娥赛粉团。拴意马，锁心猿，挂起娘生铁面颜。提着青龙真宝剑，摘尽花墙朵朵鲜。趁风帆，满载还，怎肯空行过宝山。

其十六曰：无根树，花正香，铅鼎温温现宝光。金桥上，望曲江，月里分明见太阳。吞服乌肝并兔髓，换尽尘劳旧肚肠。名利场，恩爱乡，再不回头为尔忙。

其十七曰：无根树，花正圆，结颗收实滋味全。如朱橘，似弹丸，护守提防莫放闲。学此草木收头法，归根复命还本源。选灵地，结道庵，会合先天了大还。

其十八曰：无根树，花正黄，色在中央戊己乡。东家女，西舍郎，配合夫妻入洞房。黄婆劝饮醍醐酒，每日醺醺醉一场。这仙方，返魂浆，起死回生是药王。

其十九曰：无根树，花正明，月魄天心透日魂。金乌髓，玉兔精，二物擒来一处烹。阳火阴符分子午，沐浴加临卯酉门。守黄庭，养谷神，男子怀胎笑煞人。

其二十曰：无根树，花正奇，月里栽培片向时。拿月手、步云梯，采取先天第一枝。饮酒戴花神气爽，笑杀仙翁醉似泥。脱形肢，谨护持，惟恐炉中火候飞。

其二十一曰：无根树，花正娇，天应星分地应潮。伏龙剑，缚虎绦，运转魁罡斡斗杓。锻炼一炉真日月，扫尽三千六百条。步云霄，任逍遥，罪垢尘凡一笔消。

其二十二曰：无根树，花正红，摘尽红花一树空。空即色，色即空，识破真空在色中。了了真空色相法，法相常在不落空。号圆通，雌大雄，七祖超凡上九重。

其二十三曰：无根树，花正开，偃月炉中摘下来。添延寿，灭病灾，好结良朋备发财。从此可成天上宝，一任迷徒笑我呆。劝贤才，少卖乖，不遇明师莫强猜。

其二十四曰：无根树，花正无，无像无形难画图。无名姓，却听呼，擒入三田造化炉。运起周天三昧火，锻炼真空返太虚。谒仙都，受天图，才是男儿大丈夫。

嘉庆五年岁次庚申嘉平月中浣吉旦

龙门洞道人陈明要谨述　　　　邑弟子拔贡生韩庆云敬书

9. 重修文昌洞、金台观朝阳洞暨新开吕祖洞碑记

上半截

下半截

年代：清道光二十二年（1842）

撰者：邑举人周瀍

书丹：邑生员冯光效

镌者： 石工姚吉庆

尺寸： 碑石斜裂为三块（两大一小）。上一块残高 65～75 厘米、宽 70 厘米，下一块残高 125～135 厘米、宽 70 厘米

碑状： 碑无额，无碑座。顶边中央刻海波红日，旁为海浪纹。两周边为八仙人物图及荷花纹饰。底边菊花纹。碑石左边一小块，编者拓时未找到，损失一或两行字

今存记： 宝鸡金台观

碑文录自： 原碑

碑文：

重修文昌洞、金台观朝阳洞暨新开吕祖洞碑记①

县东北里许，有观名曰金台，盖陈仓一胜。（石破）② 势高旷，平视秦岭，环列如屏。俯瞰渭川，金陵潆回若带。背倚陵原之侧，八角空洞在右，娑罗泉在左，源出观下崖侧，两尾合而（石破）中，其深不可测，其妙亦不可思议也。观内有后稷、三公、三清、元帝诸殿。五祖七真团标前为玉皇阁。明万历元（石破）而朝阳飞升诸洞，则三丰张真人修道之所。院有古柏数株，相传为真人手植，至今愈见茂盛，亦犹召伯之甘棠矣，久而弥芳。（石破）□志观修于元末，邑人杨轨山等，暨明宣德八年，南阳侍郎张用澣以其曾遇真人，因分巡至宝鸡而重修之。朝阳洞，则嘉靖二十（石破）年里人赵世凤所修也。逮乎本朝，递加修补，有举无废，俱有碑记可考。兹因朝阳洞塌损，后稷庙亦倾圮，里人不忍坐视，公议重为（石破）治，以无忘旧观。又新开吕祖洞一所，与张真人洞并列，道相同也，而功费浩大。自道光辛卯二月起功，至辛亥冬而始落成，诸神祠亦俱整理完善。虽未

---

① 此碑于 2009 年汶川大地震时倒仆于地，断为三块。
② 石破，应为"胜"字。

极黄金碧玉之观，亦差可告无置于诸檀越矣。抑余窃有感焉！古今名胜之区，阅世而湮没者，曷可胜道，即如（石破）有寺仅存唐范一钟，凤女留台，久已鞠为茂草。是观则自元明及今，历数百年而踵事增华，比前更见幽雅，以妥神灵，其庶几乎（石破）以记属澶，澶深幸胜迹之常留，因叙其巅末如此，第恐日远年湮，复有亏损，则继继绳绳，是又在乎后之人而已。

邑举人　周澶撰　　　邑生员　冯光效　书丹

住持苏本善施银十两

石工　　姚吉庆　镌

把总　　张忠禄　施银（石破）

首事人　寿官　王居义　施银（石破）

监生　　杨崇基　施银（石破）

　　　　□士清　施银二（石破）

　　　　（石破）淑度　二十两

　　　　（石破）章　　三两

　　　　（石破）蔚春　四两三钱

生员　　章曾　　施银十一两

吏员　　王起凤　二十一两二钱

理问　　范登甲　二十一两二钱

吏员　　王许　　一两二钱

　　　　曹积万　一两四钱　李璠　一两四钱

大夫弟　范登第　二两六钱四

　　　　王德荣　施银一两

武举　　高宽　　施银一两

监生　　黄元信　杨华　赵金凤　张如玉　方金福

增贡　　高容　　常潵　冯金隆

道光二十二（石破）岁次壬寅孟夏月上浣榖旦

10. 重修金台观暨创修三仙洞记

年代：民国元年（1912）

题额：诰授奉政大夫邑弟子王绳武

撰者：诰授修职郎金台书院主讲邑弟子黄景梅

书丹：例授征仕郎邑弟子王仲陶

校订：例授修职郎邑弟子袁之焕

刻石：于思谦

尺寸：高150厘米、宽66厘米、厚18厘米

碑状：碑额已佚。碑边刻花瓶、花草、香炉、笔筒、书卷、鼎等器物图饰。2010年7月，因翻建寮房时新出土

今存地：宝鸡金台观

碑文录自：原碑

碑文：

重修金台观暨创修三仙洞记

闻之山不在高，有仙则名。是知山欲著名，必有真仙修炼于其间，显灵于其间，而后妇孺称迷遐迹，宣扬斯名以仙传，乃能垂久远而弗替。顾纵横十万里，上下五千年，真仙曾有几人！斯名山不能数觏也。邑治城东里许，有金台观者，张三丰祖师飞升所也。自明迄今，或隐然医疾病，或显然救颠同，记当时不识，

过后则明。种种灵迹，不可殚述。无如古今代谢，风雨飘摇，瓦解土崩，梁摧栋折。既不足以妥神灵，即非所以保名地也。于是，邑中父老与观中修士奋然兴起，不敢告劳。自光绪戊戌春，至宣统辛亥秋，前后十余年，绸缪备至。土木迭兴。内惟三叠崖，其工程尤为浩大。坏者补茸，缺者增修。惨淡经营，匪伊朝夕。此外，若三清、四圣、三官诸殿，若吕祖、文昌、朝阳诸洞，若玉皇楼、玄帝殿、三公壁、十方堂诸处，次第修饰，焕然一新。间又创修三仙洞。夫三仙洞者，其一为火龙真人，终南服氖，独得玄机。我祖师衣钵源流，爰从兹启。其一为磨性山之邱祖真留有像，亭中之道貌犹存。其一为龙门洞之陈仙，树述《无根》，碑上之玄言宛在。人心有神，神心亦必有人，他日造福一方，直可确然预决。是后也捐赀者继继绳绳，有集腋成裘之美；理事者勤勤恳恳，有鞠躬尽瘁之劳。倘令弗传，何以劝后！余故秉笔直书，志其颠末。若回文，则吾岂敢。

前清敕授修职郎部铨西安府同官县儒学训导、陕西谘议总局议员、金台书院主讲、丁酉科副榜邑弟子黄景梅薰沐撰文

前清例授征仕郎、公举孝廉方正、文监生邑弟子王仲陶薰沐书丹

前清诰授奉政大夫、赏戴花翎、历任江西长宁万年广昌等县知县、加二纪级录四次乙未科进士邑弟子王绳武薰沐题额

前清例授修职佐郎附贡生邑弟子袁之焕薰沐校订

首事人　段和　张应午　高升

保正　　袁尚礼　王轾　贾必售

生员　　龙祐虞

农官　　彭礼　李正明

生员　　杨蔚青

例贡　　王绳祖　李滋　黄景菊　姚珍　王应甲

俏生　　黄煦　王第　李若水　焦存　彭志列　任昌　李操

	袁至中	袁佩瑜	贾林	杨秃娃	
生员	龙佐虞	李兹	王第	李操	李夫顺
	王江	袁敦义	索起甲	李夫顺	谢敬
	杨蔚清	王应甲	彭志烈	陈金	李酉娃
	董欣娃				
武生	狄镇海	贾镒	强正南	李坤	黄必升
	黄继光	苏金	贾林		
典吏	杨昶	李永昌	杨其鉴	蔺惠	
司务长	杨茂林	张跟儿	贾有文	周跟尚	
住持	周高易	王复亮			
乡约	袁尚礼	彭礼	黄景菊	李若水	袁至中
	黄继光	袁敦义	谢敬		
保正	李正明	姚珍	焦存		

岐邑石工　于思谦

中华民国元年岁次壬子小春月中浣毂旦

11. 游题金台观

撰者：安肃邢云路士登甫知县朱廙

尺寸：高62厘米、宽84厘米

碑状：碑文无题，碑石嵌入金台观玉皇殿左侧墙面内。碑周边蔓草纹饰

立石：安肃邢云路士登甫知县朱賮

今存地：宝鸡金台观

碑文录自：原碑

碑文：

游题金台观①

宝鸡金台观乃张三丰修真处，三丰九节杖、混元衣在焉。

寻真何处觅层城，观起金台接太清。

鸠杖尚留九节在，霞衣犹见五铢轻。

闲云野鹤亦自适，流水桃花空复情。

歌罢怀仙一长啸，夕阳红照万山明。

安肃邢云路士登甫

知县朱賮刻石

12. 张三丰瓜皮碑②

仙境闲寻采药翁，草堂留话此宵同。

细看山下云深处，信有人间路不通。

泉引藕花来洞口，月将松影过溪东。

求名心在闲难遣，明日马蹄尘土中。

---

① 碑原无题，编者增加。

② 相传用西瓜皮沾黑锅灰书写而成。

二 宝鸡市金台区五圣宫道观碑目

　　五圣宫道观，位于宝鸡市区北坡（古称羽山）南麓。五圣者，即马王、药王、山神、虫王、土地。马王司六畜兴旺，药王司药祛病，山神司山地平安，虫王司大小禽兽，土地司白玉、黄金以至滋生稼墙万物。当地居民虔诚供奉，以期年年丰饶、岁岁平安，风调雨顺、灾难不兴。据碑文记载，五圣宫庙宇最早修建于明朝，每于农历十月初十日举行庙会，到了1946年，信众重修五圣宫并创建藏龙观。经历悠悠岁月，风雨剥蚀，神洞坍塌将半。民国二十七年（1938），日寇侵华时，飞机多次轰炸宝鸡，居民为了躲避炸弹，纷纷上到此坡，躲进五圣宫神洞中，一致祈祷五圣神灵呵护，谓由于神佑才得保全了性命，于是许愿、还愿，四处募捐集资，扩掘神洞，在洞中重塑五圣全身，供奉香火，自此年复一年，风俗日隆。此后，又缘神洞修建三间正殿，董信修道士购地扩建了五圣宫院宇，又辟三洞，内洞塑太上老君塑像；东洞吕祖洞，塑吕洞宾像；外洞塑灵官像。洞前匾额曰"藏龙洞"。三洞外以墙壁相连，而洞内则相通。五圣宫诸神增加，神气旺盛，香火益隆。此后，先有吴山道士卢元清，后有泰山庙道士阎诚章任住持。

　　1941年，国民党陕西省第九区专员兼保安司令公署从凤翔迁来宝鸡，署地金台观，将金台观中的神像移到东仁堡。新中国成立以后，道士卢元清、阎诚章、王全玉、王明生于1955年将张三丰、药王、圣母塑像从东仁堡移到五圣宫,将火神像从泰山庙移到五圣宫。五圣宫虽然山不甚高,但因神位众多而出名,成为诸神朝夕共处、百姓膜拜、道家色彩突出的香火胜地,也成了每年十月初十人们聚集进行物资交流贸易的繁华场所。此后的三十多年间,五圣宫虽然没有道士住持,但每逢古历每月初一、十五香火不断,焚香跪拜者络绎不绝。

1979 年,俗家弟子温秀花出任金台村会长,在神洞中重塑老母、三清、五圣、龙王、天官、财神、观世音菩萨等神像,并于 1992 年正月初十创办刀山会,从此五圣宫更上规模,益发有了气魄,香火更加旺盛。1998 年,修起了两层大殿,十楹翘檐画栋,蔚为壮观。一层中祠张三丰祖师,左青龙,右白虎;西祠关公、财神;东祠灵官。二楼中祠玉皇;西祠真武无量祖师、王母娘娘;东祠太上老君、观世音菩萨。殿院之前有孤魂院,院西祠有城隍,院东祠有吕洞宾、火神、圣母。2002 年,又在大殿东西两侧各建房 3 间,西房祠孤魂,东房置有张三丰神轿。

现院内所存碑刻,多为近年来的新碑。碑石质地较差,刻工技术粗俗,刻痕浅显,字迹不佳。

近年来党的宗教政策的落实和旅游事业的发展,五圣宫已成为弘扬宗教文化、人们休闲旅游的一处靓丽的风景点,为北坡公园平添了一处亮色。

1. 上西关合社人等重修五圣宫碑

年代: 清咸丰八年 (1858)

书丹: 韩朝觐

碑状: 此碑为嘉庆二十一年 (1816)《改建山神庙序》碑之碑阴。碑额圆形,中刻"皇清"两字,旁线雕二龙戏珠

碑文录自: 原碑

今存地：陇县药王洞

碑文：

上西关合社人等重修五圣宫

李鳌

雪珍 　　胡泰

李万车 　　刘凝瑞

石鹤珍 　　吴生有

经理会首 　　王统 　　刘贞 　　公 立

雪荣 　　王铎

亢生有 　　张生花

高庭秀 　　张积善

郑魁 　　王盛福

王应

咸丰捌年岁次戊午葭月朔九日 　　敬立

书丹 韩朝觐

2. 重修五圣宫暨创建藏龙观记

年代： 民国三十三年（1944）

撰者： 昆阳黄自芳

书丹： 昆阳黄自芳

镌刻： 温青云

碑状： 碑质青石。碑额浅线雕老君团形图像。碑边浅雕现代八仙
图形

今存： 宝鸡五圣宫

碑文录自： 原碑

碑文：

重修五圣宫暨创建藏龙观记

五圣宫位于宝鸡狄家坡北负周原，面瞰秦河带渭水，而□公
路诚圣境也。旧有神洞半坍塌。民国二十七年寇机肆虐，居民争
避洞中得安全。佥曰：五圣阿护灵应。十方善士等遂发愿募资辟
洞，塑五圣神像，中祠马王，左祠药王、山神。右祠虫王、土
地。缘洞建正殿三楹，道士董信修董其事，复购地以扩院宇。间
洞三，其东相塑老君像，前为吕祖洞。外塑灵官。额曰：藏龙
观。阳相望而阴相通。居民广爱其福。噫！天下名山胜境为神仙

所居者，有三十六洞天、七十二福地。后一董道士来自东海，便西方之人，得闻玄音，从此宗风丕振。道家又增一洞天福地矣。是为记。

　　昆阳黄自芳撰书

　　住持董信修　　石匠温青云

　　中华民国三十三年六月二十三日

3. 重修五圣宫碑记

年代：2002 年

撰书：李福蔚

校检：杨国栋

泐石：刘军

碑状：碑无额，碑面人为破坏严重，有几处漶泐不可读

今存地：五圣宫

碑文：

重修五圣宫碑记

　　五圣宫位于古羽山之南腰，即今金台区狄家坡西，依八角寺南瞰神农祠，东临金台观，北接雷神洞。相传此宫始于明代，立庙会于古历十月初十。据一九四六年《重修五圣宫暨创建藏龙观

记》碑文：五圣宫位于宝鸡狄家坡，旧有神洞半坍。民国二十七年寇机常肆虐，居民争进洞中得安全。合曰：五圣阿护灵应。十方善士等遂发愿募资辟洞塑五圣神像，中祠马王，左祠药王、山神，右祠虫王、土地，缘洞建正殿三楹，道士董信修购地扩院宇。间洞三，东洞塑老君像，前为吕祖洞，外塑灵官，额曰藏龙观。阳相壁而阴相通，居民广受其福。后有吴山道士卢元清、泰山庙道士阎成章先后接任五圣宫住持。一九四一年，国民党陕西省第九区督察专员公署从凤翔迁址宝鸡，始驻金台观，使宫观的神像移至敦仁堡。解放后有道士卢元清、阎成章、王金玉，王明生，于一九五五年，将张三丰、药王、圣母神像请到五圣宫，将火神从泰山庙请到五圣宫，此后三十多年中，无道士居宫。然到一九七九年后俗家弟子孙清芳（澧泅）神洞重塑老母、三清、五圣、龙王、天官、财神、观音菩萨等诸神像，并于一九九二年正月初十创办刀山会，从此以后，香火极盛，各地善男信女纷纷布施募捐，并于一九九八年八月在山上修二层大殿十楹，翘檐画栋，蔚为壮观。一层中祠张三丰，左右青龙、白虎，西祠药王，关公、财神，东祠灵官。楼上中祠三星、玉皇，西祠有无量祖师、王母娘娘，东祠有太上老君、观音菩萨。殿院之前有孤魂院，西祠有城隍院，东祠有吕洞宾、火神、圣（澧泅）辅等诸神。二〇〇二年，温秀花出任金台村会长，又在□□东西两侧各建房三间，西房祠孤魂，东房置张三丰神轿，历经二十多年的陆续修建，使五圣宫这一道场初具规模。在筹建中，会长孙清芳、温秀花参与大殿。与大殿一层古建的宝陵村李广、金台村张天明、二层古建的凤翔田家庄雒振斌及画师蟠龙、大韩村王宝林等人功不可没。为使世人了解五圣宫之历史，为使不湮没，倡议者及捐资者之功德，特撰文泐碑以记之，铭志千秋万代。

会长　　孙清芳　温秀花　李福蔚

撰书人　李福蔚

校检人　杨国栋　泐石人　　刘军

公元二〇〇二年旧历十月初十日立

4. 重修武城山王母宫等之碑记

年代： 2003 年

撰者： 蒋五宝 撰文并篆额

书丹： 张金田

镌刻： 刘银虎

今存地： 五圣宫

碑记：

重修武城山王母宫等之碑记

武城山，上屹武城古寨，下连底店古镇，地襟贾村塬西北之两翼，进可控制渭河千河之川道，退可固守贾村台塬之壁垒，实为三省通衢和关中之锁钥。故而，秦文公设邑，诸葛亮筑城，唐僖宗驻跸，苏东坡查赈，元邠国公埋骨，清党阁老留篇，抗战驻名校，建国后设县邑。有"一座武城山，半部陈仓史"之说。故底店被誉为宝鸡四大名镇之一。武城山山势突兀，清泉匝地，景色壮美，因之历代为佛道所争占。据史载，其南北朝修建佛寺，被称为武城寺。隋唐时增修道观，经历代数修葺渐成佛道相融合之宗教文化圣地。其佛道古建依山而造，取材自然，与山林岩泉融为一体，使亭台楼阁藏于松柏云霞之中，殿宇之间有阶路护栏相接，慢行之上有移步换景之妙。超脱之情油然而生，引无数父老乡亲心旷于绀瓦雕甍而肃然起敬；文士名流钟怡于晨钟暮鼓而文思泉涌，被誉为宝鸡外八景之一，曰：邸阁迷泉。王母宫为武城山两大名胜景区之一，其道观巍立，石阶通天，古树逼空，清泉遍布，景色尤为壮美。然邦国多难又秉年久失修，使其亦有损毁。一九五八年在修建引渭渠一期工程中，周至户县等地施工队竟将开挖泥土倒入王母宫之上，将其掩埋。文化大革命十年浩劫，致所剩古建荡然无存，庙址几乎夷为平地。周边乡民每议此事，皆扼腕叹息，痛惜不已。今逢改革开放盛世，政通人和，百废俱兴，赖依政策之明，先祖庇佑之福，亦有神佑之力，父老乡亲重修武城山王母宫之愿不期而遇。一九八七年二月初六，由陈广志、王银巧、王世珍、刘改田、郑周课等十五人自发组成庙管会，出钱出力，清除当年所倒之泥土，苦战三日终见王母宫旧窟，与周围三村乡亲一道开始了武城山艰难之重修工程。历经五届庙管会，二十余年之努力，耗资七十万元，先后修成了王母宫、八仙洞、玉皇殿、菩萨殿、老母宫、东侧殿静室、膳食房等道观、建筑八座二十余间，并使王母、八仙、玉皇、火神、文昌、九天圣母、杨四将军、黑虎、灵官、老母、无生老母、梨山老母、祈子娘娘等二十七尊神之像，开光受飨。其与斯处之月亮洞、三滴水、压悟空石、石鳖、天梯等自然景观相映生辉，使武城山顿时增色，再现了胜地昔日之辉煌。在重修武城山王母宫等庙宇过程中，底店及周围诸村之父老乡亲彰显了勤劳善良、崇礼向善之风范，有识之士一呼，大家纷纷响应。富者以巨资彰显情怀，贫者尽其力达表心迹，倾力相助，各尽其能，感天动地。其善举文语难以表述，有善行必有善述方能积聚社会之正能量。为叙述资政，记述乡亲之功绩，告诫后人当今盛世来之不易，特刻石为记，以传后世。

副研究员、陈仓区政协常委　蒋五宝　撰文并篆额

张金田　　　　　书丹

刘银虎　　　　　镌刻

于公元二〇〇三年古历癸巳年十一月吉日　立

5. 新建武城山五间大殿碑记

年代：2011 年

撰者：曹芳

书丹：郭玉敏

雕刻：刘海峰

立者：武城山庙管会

今存地：五圣宫

碑记：

新建武城山五间大殿碑记

武城山，原名武城寺，系佛教古刹，建于北魏后期，唐太宗时派尉迟敬德监工重修，距今已有一千四百多年历史。至今，庙北还有一埋葬僧侣的坟地，仍叫和尚崛。武城寺座落于蟠龙塬山势走下的半山腰间，踞于五层山庙的最上层。武城寺背靠蟠龙塬，东临千阳河，俯瞰渭河水，远望秦岭山，西接金台观，气势宏伟，景色秀丽，气候宜人。既是修真养性的好处所，又是旅游避暑的胜地。原武城寺规模宏大，殿宇重重，建筑富丽堂皇。寺内分为正殿院和东西跨院三个部分，正殿院是武城寺的中心部分。寺院正大门开于四大天王殿之前，非重大节日和重要迎接，平时是不开放的。天王殿的左旁有钟楼，中殿为卧佛殿和十八罗汉殿，释迦佛以肘支头侧身展足卧视殿外，慈祥可亲，常为妇女小孩抚摸治病。上殿是菩萨殿，在寺内的最上层还有一小偏院为老母洞，在老母神尊的脚下有一群众最喜欢的清泉，常为人们排队取饮。据说，此水是神水，可以治百病。东偏院为僧侣下榻之处，进入东偏院门由（有）两棵参天的槐抱柏奇树，分路向西可进寺内正院，向东便是僧侣下榻食宿地。出了正寺院内的西偏门便是西跨院，有戏楼广场，为文娱活动场所。此外，西院广场还建有药王庙，武城寺脚下还琢有八仙洞等，千百年来，香火不断，盛况空前。解放初为宝鸡县政府所在地，后又改建为武城山小学，直至二十世纪九十年代武城山小学迁走后，又恢复为武城山庙。近年来全国广建重修庙宇，开辟园林，挖掘各种类型旅游景点的影响下，昔日的武城山在底店、北坡两村村民及广大善男信女的大力支持下，在一片废墟的基础上，又重新修建起来。新建庙宇六座，房屋二十间，现有供神十三尊。在庙管会的管理下，庙会年年盛大，香火不断。今又在原下院的基础上新修了直通上院的六十九级天梯台阶，并在底店、北坡两村委会和广大村民、私营企业及各地善士的大力捐资、慷慨解囊支持下，初步筹集资金十余万元在上院新修五间大殿，现已基本完工。为了弘扬中华美德、彰显奉献精神，特勒石纪之。现将捐资者姓名镌刻于后，既彰其绩，又昭示后人，以效其法。

曹芳　撰文

郭玉敏　书丹

凤翔刘海峰　雕刻

武城山庙管会

公元二〇一一年四月初一日

6. 十方善士重修武城小灵山碑记

年代： 2012 年

撰者： 曹芳

书丹　焦惠才

刻石　刘海峰

今存地： 五圣宫

碑记：

十方善士重修武城小灵山碑记

天地浑鸿来乾地，洛降玖龙吐莲溪。传视秦西虢国，东仰楼观，东北古闻周朝岐都，东南磻溪宫，引凤吹箫道柒载，伐洛河渡晚，磨性背石御国师，故凤凰化城池。西北灵山，云霭灏气，天幕降地，长虹显北，坤龙戏黄河南。万里终南朝东海，西南天台鸡峰朝拱金台古观，全溪山城宝鸡观北依坤殿，南柒拾贰龙拱佑渭水观。汉兴佛，世称灵山。国公征西，思济享故之安。愿设底店驿，西北候飞熊、照望壁，树立山神庙前。五行洞前上马石原碑载：楚汉争锋陈仓道，秦宫秘史闻一世。唐洪道碑载：唐太宗征西，路歇底店驿，庭御敬德重修。延民国，风云变、道气退。中华人民共和国伍拾陆年，数次重修老母宫、三清殿、文武三司殿、凌霄殿、卧佛天王道观、围墙、山门。故钦正乙派二十二代弟子曹理旭、武城山庙管会主持重修武城山道观即小灵山，神应十方社稷，天民功德无量。

斧正　曹芳

书丹　焦惠才

刻石　刘海峰

公元二〇一二年十二月三十日

三　宝鸡市金台区硖石镇车辙村道观碑目

　　金台区硖石镇车辙村北襟西镇吴岳，南屏硖石虹梁，西邻蜂泉南麓，山环水绕，群峦起伏。相传唐代的长孙皇后回乡省亲，车辇路过此地留下辙印，"车辙"之名由此而来。这里的黎庶百姓，自古还以炎帝神农火德为庇荫，医药之圣，还是火神的化身。村上历来都重视修建火神庙，这个传统风俗甚至保存到现在。《神诞谱》就记载："火德星君，为炎帝神农氏之灵，祀之为火神，以禳火灾。"所以在车辙村村口有两座修葺一新的庙宇，一座是火神庙，一座是圆通寺佛殿。庙殿之前立着三座新碑，上面记载当地村民自筹善款，整修、移建庙殿的经过。从碑文上反映，火神庙初建于清咸丰二年（1852），圆通寺佛殿始建于隋末。近年来，车辙村几经修缮，重塑了火德星君像。在火神庙旁草地上，还残存着一些断碑和碑座。

1. 车辙镇建修火神庙序

年代：清咸丰二年（1852）

撰者：制科进士刘渐达①

---

①　刘渐达，陇州人，清朝庚子制科进士。制科进士和进士不一样，一般所说的进士指的是常科进士；而制科又称特科，是封建王朝临时设置的考试科目，目的在于选拔各种特殊人才。制科非常选，必待皇帝下诏才举行。具体科目和举罢时间均不固定。应试人的资格，也不必一定是举人或贡生，现任官员和一般士人均可应考，还可以毛遂自荐，如同清代康熙、乾隆时的博学鸿词科和光绪末的经济特科。

碑状：碑断为两截。碑刻仿宋字体。碑身周边雕八仙图案，人物须发细腻如丝

今存地：车辙村火神庙

碑文：

车辙镇建修火神庙序①

回比也，培风气也。车辙镇之（下泐）

圆通寺佛祖庙内但有神像而口宛（下泐）

而曾不得所仅寓（下泐）

其气仰天虎虽（下泐）

颂者，此所谓一举而多（下泐）

授修职郎（下泐）

大清咸丰二（下泐）

2. 公盛魁号等数十家商号捐银残碑

年代：无

碑状：一小截残碑

今存地：益门堡《车辙镇建修火神庙序》碑旁

碑文：

残存"公盛魁号施银三两"等数十家商号捐献银两的记录。应该是一块当年修建火神庙的布施碑。

---

① 碑文讲述，道光二十三年（1843），乡民市商倡议，为寓居圆通寺内的火神专修火神庙庙宇，前后历时八载，共建前殿、献殿、僧房各三间，山门一间，庙貌辉煌，神圣俨然，咸丰二年（1852）四月方告竣工，立石为鉴。

四　宝鸡市牛头道观碑目

　　长寿山俗名牛头观，因其地形似一牛头而得名。位于宝鸡市西北紫草塬坡。长寿山供奉的主神是南极仙翁。南极仙翁，又称南极真君、长生大帝、玉清真王，为元始天王九子，是古代神话传说福禄寿三星中的寿星。因为他主寿，所以山名长寿。

　　长寿山历史久远，县志记载始于周，兴于唐、明、清。牛头观，始建于元初。史书记载，金元时全真教"七真"之一的马丹阳曾于此修道。马丹阳名钰，字宝玄，号丹阳真人，祖籍宝鸡市扶风县，相传为汉代伏波将军马援后裔，与其妻孙不二同拜王重阳为师学道，自创遇仙派。他主张色忘俱空、清静无为、修炼性命。马丹阳擅长针灸疗法，常无私周济贫苦；著有《神光灿》《渐悟集》等书；羽化后，被元世祖封为"抱一无为真人"。明代高道张三丰，也曾于此修道。道观分为三阶梯形台式建筑，据传山门口曾悬挂书有"长寿山"三个大字的木牌，传为王羲之真迹。沿沟口古雅雄伟的山门而上，登数十级石台阶，南天门就赫然出现，门额横书"第一洞天"。字迹遒劲，气势磅礴。过南天门到玉皇阁，右边石崖刻"中条仙境"四字，岩下有玄武大帝塑像一尊，神态庄严轩昂，仙风道骨，为元代雕塑艺术家阿尼哥门人刘正奉的杰作；穿过玉皇阁，拾级而上，则是布局别致、结构精巧的东华阁、元帝殿、太极殿、韦驮殿、观音殿、大佛殿、镇江王殿等30多座古朴高雅的殿宇庙廊。殿后山崖上有吕祖洞、丹阳洞、药王洞、月光洞，文昌祠、圣母宫以及关帝庙、山神庙、八卦亭、天帝殿、钟鼓楼、灵官楼、戏楼等古色古香、各具风格的建筑。

据《宝鸡县志》和碑文记载，道观在清朝嘉庆、道光年间经修葺扩建，达于鼎盛。民国之初，长寿山上或驻军队，或办学校，或遭吴山土匪抢劫破坏，庙宇面目全非。1987年以后，当地信众集资开始修复寺庙，整饰山容。近年来又修建了三清殿、斗母殿、玉皇殿、圣母殿、慈航殿以及祖师殿等。观内栽花种草、植树美化环境，并水泥硬化了进观道路。如今观内古柏郁郁，苍松突兀。主殿脊陡檐翘，绿瓦黄墙，雕梁画栋。每逢正月初九（玉帝诞辰）和七月初七（道德腊辰）庙会期间，人流如潮。宝鸡市道教协会驻此。

随着改革开放步伐加大，国际文化交流日益频繁。近年来，中国台湾、香港、澳门与泰国、新加坡等地的信众也来朝拜，并迎请神像回国供奉，扩大了对外友好交往。

1. 重修长寿山各神庙宇暨包砌砖崖石路记

年代：清嘉庆十九年（1814）

撰者：邑拔贡韩庆云

书丹：邑生员冯光效

镌画：富平刘思义

尺寸：高 180 厘米、宽 70 厘米

碑状：碑无额，四周几何图形。碑文楷书，字迹清晰

碑文录自：原碑

今存地：长寿山

碑文：

重修长寿山各神庙宇暨包砌砖崖石路记

县西三里许，有一古刹曰长寿山，俗名牛头寺，未详创建于何代。其山势则层峦叠嶂，亢爽巍峨；其殿阁则翚飞鸟革，藻彩辉煌；其道路则石梯铁索，上下牵联。诚邑右一钜保障也。特以历年久远，风雨之所飘摇，鸟鼠之所剥蚀，金身庙貌不能不渐就倾圮。自前明迄今，数百年间，虽亦屡有补缀，但略动外功，而未敢大动内功。是以庙内之功程，较庙外为更大。夫庙貌不新，神灵何妥？即丰亨，其奚望焉。嘉庆辛未四月十四日，因与纯阳吕祖庆诞，仁里堡太学冯生晟慨然以总领修葺为己任，遂决谋于玉涧堡、马家原、高家坡、新庄子、纸房头、太平堡、仁里堡，五社会首佥应曰：事固甚善，独念工程庀材其费恐多，非广募苦化，未易毕斯举也。乃遴五社中之勤慎明敏者十余人分任其事。部除五社人相率赴义以力为差外，又延款县中绅士及各衙门内外人等，并各行大字号，随缘捐助，共得数百金，约计需数，尚未赢也。又分往五镇十方，即深山邃谷，少有人烟之处，亦莫不步履及之。于是诹日鸠工，以次兴作。除其朽蠹，易以坚美。欹立者，砻础令端；蹲伏者，建柱令直。瓷甍若漏卮，垣墉若披鳞者，咸更以椽瓦，施以丹垩。各金身之剥落者贴之，各殿门之狭隘者扩之。皆文以藻绘，加以油漆。又于大佛殿前构造穿庭三间，吕祖洞前创建华亭三楹，丹阳洞前新增客房四稳。曩之土崖石路，易于坍塌者，悉铺以石板，甃以砖栏。又虑水道之行冲崖，实甚特于众水汇出处内埋石槽，外砌砖道，庶无潏湟旁逸之

患矣。兹役也，经始嘉庆十六年六月，至十九年十一月而落成焉。于斯时也，观乎其内，虽其神像犹旧也，而饰以金者焕然；虽其殿阁犹旧也，而完以固者岿然。观乎其外，则见上帝殿之百尺飘渺，而冲斗凌云也；无量殿之宏丽深严，而雕梁画栋也；灵官楼之隆起中院，而砖崖环抱也。以及大佛殿、菩萨殿、关帝庙、文昌阁、韦护庙、吕祖洞、丹阳洞、药王洞、太极殿、山神庙、钟楼、山门、戏台，皆数十年颓敝不能饬者，一旦灿然聿新，玉涧紫原间，不亦见人为之大有为，而恍然睹当年之美哉！轮美哉！奂矣！然而斯庙之修，又非直为壮保障已也。盖庙貌新则心志诚，心志诚则感应捷，他年之雨旸时，若人寿年丰者，未必不自今日之修庙肇之。《易》曰："积善之家，必有余庆"，《书》曰："惠迪吉，理固可操券而得者。"工既竣，董其事者欲勒诸贞珉，以志不朽，属予为文以记之。予不揣，聊为述其巅末，后世有踵是而起者，鉴此碑文。

嘉庆十九年岁次阏逢阁茂仲冬月榖旦

邑拔贡韩庆云薰沐撰文

邑生员冯光效盥沐书丹

富平刘思义镌画

2. 重修长寿山诸神祠暨增修圣母官、镇江王殿、龙王庙并鼓楼、乐楼碑房记

年代：清道光二十二年（1842）

尺寸：碑高148厘米、宽70厘米

碑状：碑无额，周边几何图形。文楷书，字迹清晰。碑花岗石，碑体保存较好

今存地：宝鸡长寿山

碑文录自：原碑

碑文：

重修长寿山诸神祠暨增修圣母宫、镇江王殿、
龙王庙并鼓楼、乐楼碑房记

系草塬之侧，玉涧谷之上有寺焉，名曰长寿，盖近山诸社人等所建修，以迓福祥者也。由县治西门外望之，山势斗然而下，棱角峭厉，树木阴森中，危楼高阁上下参差，宛如画图者。然瀍昔在学宫肄业时，曾与诸同人揽胜于此，恍似游蓬岛仙境。厥后里人又增修庙宇，更为曲径通幽，如唐诗所云者。其登眺之途，则傍玉涧迤逦而上。前树山门，巍然壮观，琳宇珠宫之胜自此始。门内有文昌祠、观音、菩萨诸庙。庙侧有石坡，约略数十步。于平敞处特建灵官楼，其地势之高，已超越山门六七丈矣。引领仰望则玉皇阁耸然凌空，上书"第一洞天"四字。叠石为磴，不可悉数。傍系铁索，非强力而有胆者，不敢攀而上也。由灵官楼而西，则有太子宫、大佛殿、关壮缪、元武帝庙，旁有小榭，游者暂憩旰衡。一望则秦岭之峥嵘，渭川之浩淼，皆在指顾之间。由灵官楼而左，则有吕真人、孙真人、丹阳马真人与东华帝君洞，洞前有八封亭，巳至玉涧谷边矣。此皆前辈递修，今更葺而新之。自亭北折而上，石阶嶙峋。阶上树门牍曰："中条仙境"。石坡之侧，围以石栏，逼近幽谷，谽谺惊人。侧耳静听，水声溅溅。然其高处有池，清澈可爱。旁修龙王庙一间，建圣母宫三楹、献殿三楹、镇江王殿一座，鼓楼高踞山巅，乐楼、碑房则密迩。山门金碧朱丹，彼此辉映，璀璨夺目。于以妥神灵而迓休祥也，其庶几乎！是役也里人陈镒韩、道中张习等倡其事，终其事者则生员韩执玉，暨巩杨等也。工起于道光庚寅，越十二年，至壬寅而始落成。漏瀍为文以记之。瀍不揣谫陋，为详其形势之高下，庙制之错落，而不以烦琐为嫌者，欲使后之人知其功费浩大，以无忘建修之意也。他如檀越之助，皆属善果，合条列

其姓氏，勒诸贞石，与此山并寿云。

　　　龙飞道光二十二年岁次元默□提格孟秋大晋月上浣榖旦

　　　邑举人周瀍沐手顿首谨识

　　　邑增生韩介圭沐手顿首谨书　　　富平李恒德谨镌

五　宝鸡市磨性山道观碑目

　　磨性山地处陕西省宝鸡市陈仓区杨家沟北约 1.5 公里处。磨性山道观初名太乙观，以太上老君为主神。旧志载："山背依周原，前临渭水。山下有左右二泉，下流汇为莲池。"景色秀美。金朝时全真派长春子邱处机曾在此修身磨性，原有邱长春丹房，相传当年邱长春每日晨起，滚巨形黑麻石于山下，再肩之山上，每日往复数次，从不间断，借磨性情，故称磨性石，自那时，遂改称磨性山，以祠邱祖为主神。

　　此山洞舍颇多。绝顶石墙如城，洞劈四门。中为三清殿，石级 63 阶，明弘治十四年（1501）增修。三层歇山大殿，蟠龙云纹石柱，雕梁画栋，斗拱飞檐，巧夺天工，大殿纵深至洞内三丈有余。东有太皇宫，西有菩萨殿。山腰有老君洞、混元洞、药王洞[①]、雷神洞、财神洞（黑虎灵官）、邱祖殿[②]、三官殿[③]、凌霄宝殿等。老君洞两壁所嵌浮雕数通为奇。清道光九年重修改绘老子化胡八十一化图。玉皇殿内有雷公电母、风伯雨师、山神将帅等立像。雷神洞又俗称三十六将军洞，内有 36 尊雷神塑像，将军们各持不同兵器，个个威风凛凛，神态各异，尽显精湛技艺。混元洞，又称云阳洞，相传为邱处机修道炼

---

① 药王洞内有"唐王赐袍""敬德追袍""坐虎针龙"等壁画。
② 内有真人"拾粪""背河"等壁画。
③ 洞壁上有 26 龛，每龛有一尺高的座像，着黄衣，传为杨尧阶的二十余人偶像。

丹处。洞辟四门，南天门旧有板联一副："方穿崎岖诘诎路，又听钩
辀格磔声"。现宝鸡县道教协会在此。山下道观西侧是已故住持苏圆
性道长真身安放之宝塔和土冢。苏道长一生爱国爱教，医德高尚，享
誉方圆百里。

1. 关帝楼前旧碑

关帝楼前旧有乾隆四十年王梦麟撰《磨性山碑记》《古太乙
观碑记》《太上老君洞碑记》，今荡然无存。

2. 重刻《海上方》碑

年代：民国三十五年（1946）

尺寸：碑高丈余、宽 2.4 尺、厚约 6 寸

立碑者：祖传名医强和亭

今存地：现存陕西省中医学院博物馆

碑文：

碑重刻耀县药王山《海上方》122 首及《孙真人养生铭》，
并选刊当地名医验方 30 余首。

3. 重修磨性山功德碑记

年代：近代

碑文：

重修磨性山功德碑记①

磨性山者，初称太乙观也。金时全真派长春子邱处机中兴道
教，在此修身磨性，遂有斯名。先前翠柏满山，古槐遍野，只见
飞檐掩隐其中，杨柳袅袅，高泉叮咚。又闻钟声隆隆，朔望在

---

① 注：碑原树于磨性山下院碑亭中，后倒仆于荒草丛中，修葺道观后才见天日。

警。古历每岁二月十五，仲春花诞，红桃碧柳，耸削石崖，倒俯骈树。明丽玉带，溪水双流，杏花临水，春意盎然。幽径微香沁脾，游人顿消胸中之垒块耳。每闻此山，九洞十八弯，崎岖盘环。俯仰山巅，莲花顶之三清殿，崔嵬乎疑有腾云之势焉。循石级六十有三，大山门在望矣。左龙蟠，右虎踞，面秦岭，背周原，山色葱郁，佳境幽深。俯瞰山下，村社星列，田稼如茵；渭水东去，素如白练。唯山前莲池之碧波，令游人无不却步。相传唐代武皇则天尝来观赏莲池映月之景，流连忘返。而邱宗演道遗迹，如晒药石、晾袍台、混元洞诸处，更为游人评说。如逢会期，九派游客，各方荟萃，路为塞流。医药农商，杂耍曲艺，供需成交，各得其所。惟会规严禁跳神、赌博、滋事，疾恶成谷。既入道院，神像逼真，壁画引人，尤以老君洞两壁所嵌浮雕数通为奇。清道光九年重修，改绘之八十一化壁画，亦为观止。而其宇宙开辟，万物产生，人类起源，社会承宗，生民教化，世人淳清，画图朴素，不失唯物亦属奇哉！至于玉皇洞之天神将帅，玄化各异，灵韵不同，明哲人生之理。虽为木工技艺高超，画师点染得法，实有传播文化教育生民之义也。院内药王洞右有邑人强和亭等所树药王孙真人思邈《千金方》碑岸然，天南海北之人誉抄拓摩，四时不绝。泽被群生，遐迩蒙恩，亦善矣哉！邱真人于此传说甚多，传真人不茹荤腥，炼功求静，故有泉蟹无黄，渠虾无肉，蛙怒不鸣，鸦默不噪，荆棘疏、刺软直之说。至若洞内，真人晒粪、背河、水冲王十万，壁画历历在目，发人深悟。而磨性之石，虽光滑难举，而膜拜求福者络绎不绝。更忆真人炼丹以医俗疾之混元洞，今则遗迹何索乎？

“文革”十年，此山除留残柏数十棵，磨性之石尚存外，其余遗迹，荡然无遗，诚为憾事。公元一九八八年十二月七日，农历戊辰年十月二十九日，经县政府批准为道教开放宫观，选派道长苏圆性，坤道张宗林，协领会长张成、鲜春池等人，组成磨性山管理小组。于是乎，委员牵头募资，重修磨性山。计重修三清殿、太皇宫、送子娘娘圣母殿、九天宫等庙宇，邱马洞、老君洞、玉皇洞、三元洞、龙王洞、灵官洞、山土洞、孤魂洞、观音洞、周公娘娘洞等洞府，以及三皇楼、大山门、南天门等建筑一十八处，神像六十三尊，僧房、布施房、汤房，计十一间。重开湫池于九天宫左，重刻孙真人《海上方》碑，改树九天宫前。改修下道院上南天门之路为砖阶，七十有二。方今之时，山貌之绿化，高泉之疏浚，不容稍缓。而倒塌之雷神、药王二洞，拆毁之春秋阁、双旗杆、钟楼，及下道院之献殿，尚待徐建。

夫以躬逢盛世，重修山场，本属育贤之道、治乱之纽也。今者山貌更新，神祇有依，神人同诉焉。

嗟夫！事非一事，难述其细。人非邑人，难数其谁。乐善好施者固多，而工程浩大，兹略述此次重修梗概，谨志几年来布施姓名，勒石树碑，以励夫世之为善者焉。谨序。

4. 全真龙门派第十九代^上圆^下性苏大真人纪念塔铭

年代：丙戌年冬月

撰者：章明潭

今存：磨性山

碑文录自：纪念塔

碑文：

全真龙门派第十九代^上圆^下性苏大真人纪念塔铭

道长名讳^上圆^下性，俗姓苏，字道成，号复命子。甲子年（1924年）冬月初八（冬至），生于河南省内黄县。降生之时，祥云瑞霭，室生异香。年少时，便心仪黄老，常怀出世。十九岁春，道长独自游至华山圣境，见山峰俊秀，云雾缭绕，顿生遗世之愿，遂投华山迎阳洞出家修道。居迎阳洞八载，道长超凡脱俗，潜心修学，在经书、易筮等领域皆有所造诣。

一九五一年，响应国家支持农村经济建设之号召，道长下山赴洋县教书。五年后，返安阳市从事医疗事业工作。

凡尘漂泊，一十九载，而游子之心常思归兮。一九七五年，道长与杜维（惟）宏大师［随山派］相约终南青峰山闭关修道。转眼春秋六载有余，便下山至宝鸡灵龙山为百姓治病三年。一九八四年，应曹祥贞大师［华山派］之邀，赴华山道协工作又五载。

一九八九年，因国内道教自建国以来首次放戒，道长乘接传书上北京受三坛大戒。归陕后，居宝鸡磨性山，遵全真道旨传授道业；率道众道徒等数人开辟荒山，建设宫观。观今日山间，霭霭楼阁，重重玉宇，后辈无不缅怀道长在世时兢兢业业、一草一木之艰辛。

磨性山位于宝鸡虢镇境内，此地民风纯朴，崇尚玄风。道长不仅教导众多俗家弟子，且广开方便之门，普渡普济，常施医药于十方百姓。不论四时寒暑之明昧，病者亲疏之贵贱，皆力就治。一生从俭，恭敬一切，他那仁慈之心，在教门中也广为流传。有道是："山东有个匡飞腿，陕西有个苏慈悲。"又被东北道众誉为"皇经王"。公元二千〇六年，农历五月十六下午三点，宝鸡上空一朵祥云缓缓游动。道长于磨性山羽化飞升，驾鹤仙游，享年八十二岁。

道长一生爱国爱教，生前曾被选举为宝鸡市政协委员、陈仓区政协委员，并担任宝鸡市陈仓区道教协〔会〕副会长、省道教协会常务理事之职。

噫吁！道长若空谷之幽兰，山涧之清溪，高洁芬芳，泽被一方。以一介玄衣之朴，对高山仰止之德。迩来后辈当铭记效仿。

诗曰：萱蕙其姿，青鸾其德。乘应大道，才通幽玄。盖九天之仙翁，下凡救厄；莫东海之神灵，入世承传。

丙戌年冬月

章明潭

全真龙门派第二十代弟子

六　宝鸡市陈仓区虢镇磻溪长春成道宫、常宁宫道观碑目

磻溪长春成道宫，简称磻溪宫，又名八景宫[1]，在今陕西省宝鸡市陈仓区虢镇城南 3 公里的磻溪镇杨家店村，南依秦岭，北拥渭水，被誉为陈仓八景之一。磻溪宫是宋末元初道教全真派七真之一邱处机（1148～1227）苦修成道的道观，在古代被称之为西秦（陕西关中西部）第一道场，后因元朝皇帝为彰其德，颁诏改观为宫。元代官吏杨文葆大兴土木，营造殿堂，环绕凤女楼，遥对凤凰台，建成二郎庙、玉皇庙、三清观等大小庙宇百余间，后被毁，唯萧史、弄玉吹箫引凤之"凤女台"犹存。

邱处机隐居磻溪时，有天真、烟霞二洞。1238 年，邱处机门人卢志清约道友孙志冲等至磻溪寻找师迹，受于善庆之托，在其师旧迹地创建长春观，有住观道士张志洞、梁志正、康志和、孙志冲、杜志春、卢志清、冯志通、焦志真、金志圆等人。太宗十二年（1240），尹志平、于善庆等人任命卢志清为该观住持。元宪宗二年（1252），全真道掌教李志常奉旨遍祀岳渎，将磻溪观升为宫，先后由卢志清、方志正、张守冲任宫主。在信众支持下，方志正率宫中全体门徒，对

---

① 当地村民称呼，因宫内有 8 个独特景致，现仅存三景。

长春宫进行了二十余年的大规模营建，至元六年（1269）建磻溪宫。至元十七年（1280）完成了浩大的营建和修葺工程。据《重修磻溪长春成道宫记》言，当时有玉虚、通明、太宗等三座主殿及南昌、思真等大殿。时任陕西五路西蜀四川道教提点兼领终南山重阳万寿宫事的李道谦，专门为此刻立了碑石记其事。张守冲住持该宫45年，又分遣弟子在长春宫附近又营建了一批宫观。

磻溪宫现存有元代多层木结构古建筑一栋，建筑精美，民间传为鲁班爷所建，名曰"风雨楼"，当地人称转角楼，墙基用石砌成，墙用砖逐层镶成。楼下中空作通衢。南门砌有杨大统书砖刻"气通南极"四字，北门砌有程大诰书砖刻"户凭北斗"四字。墙砖的最上层镶有"芳洲晴阔、曲流潆抱、凤楼遗迹、碧峰云树、钓台岚光、柏林苍烟、清风仙台"28字，每砖一字。古建筑体因年久失修，油漆尽落，木质干裂，濒临倾斜。

磻溪宫前有一株树龄800多年的大如碾盘、高数丈的银杏树，据传是邱处机亲手栽植。因失于管理，树皮干裂，部分枝干枯萎，原先年年能结几百斤银杏，现在已经有好多年不挂果了。

磻溪宫早年间曾被杨家店小学占用，前几年，学校让出后，办起了养鸡场。幸有当地信士竭力维护祖师道场，在宫后山坡上，建有天真洞、圣母殿、东华帝君殿、玉皇殿等简陋窑洞式庙堂。磻溪宫，现为省级文物保护单位。

后附玄通弘教披云真人石棺，新中国成立后被考古人员发掘出土后就一直放置于太原纯阳宫（现山西省艺术博物馆）内太湖石搭建的假山上，四周被新建的仿元代风格的墓室包围，石棺四面分别刻有青龙、白虎、朱雀、玄武四大道教神兽。在石棺前方的一座碑刻上刻有"玄通弘教披云真人"八个大字，落款注有"大元大德元年"，证实乃是邱处机的弟子之一宋德方的石棺，是很珍贵的实物史料，故附于此。

1. 八棱老子《道德经》幢碑

年代：元大德三年（1299）立

尺寸：幢帽高150厘米，幢身高275厘米，分8面，每面27.5厘米

碑状：碑为元代所立八棱体碑，碑质为青色大理石精磨而成，上有浮雕像4尊。上刻老子《道德经》五千言，除有部分文字已经开始风化外，其余大部字迹清楚秀整，刀痕古雅。保存完好。

今存地：磻溪宫内

碑文：

老子《道德经》文，略。

2. 重阳祖师开道碑

年代：金大定十年（1170）后

撰者：姬志真

碑文录自：《云山集》卷七

碑文：

重阳祖师开道碑

原夫至道出自先天，太上卓尔立其宗，累圣袭而张其后，灵源妙本，既发而不蒙，幽楗玄关，大开而弗闭。从兹设教，代不乏人。然而顺世污隆，乘时步骤，去圣逾远，灵光不属。波澜既荡，异派争流，枝叶方联，而纷华竞出。散无名之大朴，遗罔象之玄珠。忘本迷源，随声逐色。正涂壅底，道闾荒凉。由是圣人复起，究天元一气之初。洪造更新，应历数万灵之会。天挺神授，而力拯颓纲，祖建宗承，而载维新纽。弃华摭实，援溺导迷，革弊鼎新，而玄关复启焉。重阳祖师，乃其人也。姓王氏，讳嚞，字知明，道号重阳子。本京兆咸阳人。骨相魁梧，神襟逸迈。冥通广漠，密契参寥。智彻真源，行超法海，大量以虚无为体。骸屋非干，玄功与造化为侔；情尘顿息，破幻如摧枯拉朽，断疑如碎菌拔茅。稳挂洪钟，高悬宝鉴。真自甘河之遇，密授神丹，灵从酖水之通，冲开智藏，是以性天凝寂，觉海汪洋；块坐南时，渊默之雷声忽震。焉飞刘蒋，圆明之月照无边；犹示地文，深扃天府，活死名墓，示绝后之重甦。灵位为牌，表亘初之自在。琼英特秀，而识之者希。石髓重开，而遇之者罕。于是方求续焰知音之徒，预知其在东海之滨也，遂焚庵拂迹，策杖云行。语人曰："吾将于丘刘谭中捉马矣"，世莫知其意，谓徒以害风命之而皆不信也。时大定七年夏四月，发程东迈，及宁海登莱，揭虹蜺之竿，施云霞之饵，方便神化。未及数年，引出受道之器者七人，内果得丘刘谭马焉，乃道中之龙也。遂号马公为丹阳子，谭公为长真子，刘公为长生子，丘公为长春子。四子之亚，有玉阳子王公，广宁子郝公及清净散人，皆目击顿悟，各令随方立志，炼己修真。唯挈四子，直抵大梁，寓于岳台坊磁器王氏之逆旅，朝夕相从，切磋琢磨，曲尽其妙。一日，乃谓四子曰："汝等性命，各自护持。傥有所疑，质于丹阳，吾将赴师真之约矣。"翌日，果升霞焉。时大定庚寅正月初四日也，[①] 春秋五十有八。其恍惚神变，载之别录，不可具述。迁其灵骨而葬于终南。时膺大朝隆兴，崇奉道德，长春真人起而应召之后，玄风大振，教门日盛。至于嗣教清和真人，遂命徒众营其所葬之地为重阳宫，此升霞之地，遂崇修为朝元宫焉。尝试论之，世之所谓得道者，必详其迹之所为；所谓得仙者，必议其事之怪诞；所谓长生者，必欲留形住世而已。殊不知神变出异，幻惑靡常，乃好奇者之所慕，诚道家之所谓狡狯也。至于自本自根，自亘古以固存而不坏者，岂寻俗之所易见易知哉！祖师之来，传此而已，则气运之变不可役，化机之动未始出。逍遥于广漠之乡，放任于旷垠之野。隐显莫测，应变无方。细入毫芒，大包宇宙。在有非有，居空不空。清净本然，古今常若。祖师以此立本，以此应世。至于蜕形蜕法，而直入于不死不生混沦吻合，与道为一焉。此亦妄测其迹耳，固非其所以迹也；其所以迹者，虽大辩者不可言诘矣。辄鞭驽钝，敬为之铭：

　　元贞寿海，混混茫茫。葆光天府，纯纯常常。祖师西来，传此妙旨。

　　挥霍灵空，息黥补劓。四子相从，无为一宗。同心仰事，亘古真容。

　　丹成厌世，如蝉出蜕。蜕形蜕法，复乎无际。时不可拘，方不能碍。

　　出入有无，神通自在。规此灵踪，建之一宫。薪薪续馅，敷畅玄风。

---

① 　大定十年（1170）。

3. 长春真人本行碑

年代：元正大五年（1228）

撰者：寂通居士陈时可

碑文录自：原碑

今存地：磻溪宫

碑文

长春真人本行碑

戊子之秋，八月丙午，余自山东抵京城，馆于长春宫者六旬。将徙居，清和子尹公谓余曰："我先师真人既葬矣，当有碑。知先师者，君最深，愿得君之词刻之，以示来世。"余再让于耆宿，且以晚涂思涸，不足以发明老仙为解，弗从也。乃命其法弟玄通大师李君浩然，状老仙之行，诣文于余曰：父师长春子，姓丘氏。卜讳处机，字通密，登州栖霞人。幼聪敏，日记千余言，能久而不忘。未冠学道，遇祖师重阳子于昆仑山之烟霞洞，祖师知其非常人也，以《金鳞颂》赠之，遂执弟子礼。寻长生刘公，长真谭公、丹阳马公，皆造席下，相视莫逆，世谓之丘刘谭马焉。大定九年，从祖师游梁。明年，祖师厌世。十有二年，师洎丹阳公护仙骨归终南，葬于其故里。师乃入磻溪穴居，日乞一食，行则一蓑，虽箪瓢不置也，人谓之蓑衣先生。昼夜不寐者六年。既而隐陇州龙门山七年，如在磻溪时，其志道如此。道既戒，远方学者咸依之，京兆统军夹谷公奉疏请还祖师之隐。师既至，构祖堂轮奂，余悉称是，诸方谓之扭庵，玄风愈振。二十八年春，师以道德升闻，征赴京师，官建庵于万宁宫之西，以便咨访。夏五月，召见于长松岛。秋七月，复见。师剖析至理，进瑶台第一层曲，眷遇至渥。翌日遣中使赐上林桃，师不食茶果十余年矣，至是取其一啖之，重上赐也。八月，得旨还终南，仍赐钱十万，表辞之。尔后复居祖庵。明昌二年，东归栖霞，乃大建琳宫，敕赐其额曰：太虚。气象雄伟，为东方道林之冠。泰和间，元妃重道，遥礼师禁中，遗道经一藏。师既居海上，达官贵人敬奉者日益多，定海军节逢使刘公师鲁、邹公应中二老，当代名臣，皆相与友。贞祐甲戌之秋，山东乱，驸马都尉仆散公将兵讨之，时登及宁海未服，公请师抚谕，所至皆投戈拜命，二州遂定。己卯之冬，成吉思皇帝命侍臣刘仲禄，持诏迎师。明年春启行，夏四月道出居庸，夜遇群盗于其北，皆稽颡以退，且曰无惊父师。是年十月，师在武川进表，使回复，有敕书，促师西行。称之曰师、曰真人，其见重如此。又明年春，逾岭而北。壬午之四月，甫达印度，见皇帝于大雪山之阳。问以长生药，师但举卫生之经以对。他日又数论仁孝，皇帝以其实，嘉之。癸未之三月，车驾至赛兰，诏许师东归，且赐以煦礼。师固辞曰："臣归途万余里，得驿骑馆谷足矣。"制可其奏，因尽蠲其徒之赋役。师之驰传往返也，所过迎者动数千人，所居户外之屦满矣，所去至有拥马首以泣者，其感人心如此。及入汉地，四方道流不远千里而来，所历城郭皆挽留。八月至宣德，元帅邀师居真州之朝元观。明年春，住燕京大天长观，行省请也。自尔，使者赴行宫，皇帝必问神仙安否，还即有宣谕语，尝曰："朕所有地，其欲居者居之。"继而行省又施琼华岛为观。兵革而来，天长已残废，岛尤甚，师葺之，工物不假化缘，皆远迩自献者，三年一新。师之在天长也，静侣云集，参叩玄旨，旁门异户，靡不向风。每醮辄鹤见。荧惑犯尾宿，师禳之即退舍。旱魃为民虐，师祈之则雨应。京人归慕，建长春等八会，教行四方。丁亥之五月，有旨以琼华岛为万安宫，天长观为长春宫，且授使者金虎牌，持护教门。六月二十有三日，雷雨大作，太液池之南岸崩裂，水入东湖，声闻数里，鱼鳖悉去，北口山亦摧。人有以是报者，师莞尔而笑曰："山摧池枯，吾将与之俱乎！"七月四日，顾谓门人曰："昔丹阳公尝记余曰：吾殁之后，教门当大兴，四方往往化为道乡，公正当其时也。公又当住持大宫观。其言一一皆验，吾归无遗恨矣。"俄而示疾，数如偃中，侍者止之，师曰："吾不欲劳人，汝等犹有分别在，且偃寝奚异哉"！七日，提举宋道安辈请师登堂，慰会众之望。师曰："吾九日上堂去。"及是日，留颂葆光而归真焉，春秋八十。明年七夕前一日，将葬，群弟子启棺视之，师俨然如生。道俗瞻礼者三日，日万人，悉叹异之。九日醮毕，闭仙蜕于白云观之处顺堂。师诚明慈俭，凡将帅来谒，必方便劝以不杀人。有急必周之。土有俘于人者，必援而出之。土马所至，以师与之名，脱欲兵之祸者甚众。度弟子皆视其才何如，高者挈以道，其次训以功行，又其次化以罪福，罔有遗者。故其生也，四方之门人，丹青其像事之；其殁也，近者号慕，远者骏奔，如考妣焉；及其葬也，会者又万人。近世之高道，福德兼备未有如师者。师于道经，无所不读，儒书梵典，亦历历上口。又喜属文赋诗，然未始起稿，大率以提倡玄要为意，虽不事雕镌，而自然成文。有《磻溪》《鸣道》二集行于世云。

呜呼！浩然君能述其父师之道行若是昭昭然，可谓能子矣，又岂待鄙夫文之而后著耶。虽然，举其大者论之可也。我老仙生能无欲，没能不坏，百世异人也。又能以一介黄冠，上而动人主如此，下而感人心如彼，非至诚粹德能然乎？长松之见，道已崇矣，及乎至自印度，教门益辟，求之古人，大略与寇天师相似。至校其出处之道，大有不同者。何哉？谦之之受知魏主也，自言尝遇老子，授以辟谷轻身之术及科戒，使之清整道教。又遇老子之玄孙，授以图箓真经、天宫静轮之法，使之辅佐北方太平真君。且有崔浩赞之，帝始崇奉。老仙则不尔，方其未召也，澹然海上，其与世相忘久矣。一日有诏迎致，诚出自然，非有以要之也。又其所以奏对者，皆以道。由是推之，贤于谦之远甚，是已足铭矣，而况道眼之具，道行之圆乎。宜乎嗣得其人，世有如尹公者接迹而出，以光扬妙道，陴无坠耳。谨系之以铭，其辞曰：

全真一派，道为之源，鼻祖其谁，圣哉玄元。谁其导之，重阳伊始。谁其大之，子长春子。子居磻溪，一蓑六年，箪瓢无有，人皆曰贤。庐于龙门，亦复如是，羽服来归，如渴于水。子诚真仙，道林之天。退然其中，气吞大千。世宗问道，再见松岛。俄听还山，烟萝甘老。章庙之世，作宫海滨。帝妃遗经，宝藏一新。干戈既举，一炬焦土。子率其徒，往来云屿。龙兴北庭，召以使星。逮乎东归，道乃益弘。方其生也，世绘其像。忽焉没兮，高堂厚葬。有子克嗣，尹公其人。福德两全，伟哉长春。①

4. 重修□□长春观记

篆额：汾阳郭起南

---

①　又见录于《甘水录》卷二。

年代：元定宗三年①（1248）

撰者：汾阳郭起南

书丹：五峰王道明

刊刻：五峰王道明

立石：观主静和子灵台卢志清

尺寸：碑高四尺三寸、宽二尺三寸

碑状：碑文共26行，行50字。字正书。现存者像一块簸箕形状的残碑

原存地：宝鸡磻溪长春观内

今存地：横砌在古磻溪宫遗址的围墙墙基上

碑文录自：甘肃省博物馆拓片

碑文：

重修□□长春观记

汾阳郭起南撰并篆额

五峰王道明书丹并刊

江汉炳灵，世载其英。英灵钟萃，异人出焉。彼一时也，此一时也。气数相感，地利重焉。萧史往而凤凰之名犹在，王乔泯而烟霞之迹尚存。远揖尚父之钓矶，近控太王之庙址。清风台上，崎岖秦分之关山；绿水溪边，湾曲渭河之景界。路邃隐桃源之旧，谷深藏壶里之天。异哉！长春师之故寓也。观曰长春，亦以志长春隐道之所也。尝夷考师之为人，才识高明，动止奇异。一蓑一笠，不置箪瓢，乞食自措，雪霜其操。隐磻溪者六载，居龙门者七年。三蒙上国之宣，一受虎符之赐。平生举措，未易屈数，然其所大异于人者有三焉。宋使、金使各以诏命来，大蒙古

---

① "著雍涒滩"，即元定宗三年（1248），亦即南宋淳祐八年。"著雍涒滩"是采用"太岁纪年法"。

国亦以宣命至。夫谁不日师当南行，师意若日：好生恶杀，教门所尚。化温厚之俗易，革杀戮之心难。虽有智慧，不如乘势。选可与共游者一十八人，于是北往。每遇召见，即陈以少杀戮之言，天下余生，实拜更生之赐。转好杀之心为好善之心，此最难能者，而长春能之，此其异于人者一也。常人入道，便废斯文，专事修养，长春则不然。访古则纪之吟咏，登程则寓之述怀。咳唾珠玑，语句超俗。日《磻溪集》、日《鸣道渠》、日《西游记》，历历可观。昔侯道华入道，手不释卷，或问之要此何为，答日"天上无愚懵仙人"。而长春好事述作者实似之。此其异于人者二也，岁在丁亥季夏，念三师有疾，人报已午，间雷雨大作，太液池竭，北口山壁亦与俱摧，师笑日："山摧池枯，吾将与之俱乎"。未极旬余，果遂蝶化。三年之后，启棺更衣，手足如绵，颜采仍故。非修养至到，不若尔。此其异于人者三也。

嗟夫！登商山者，遐想于四皓；见甘棠者，缅怀于召伯。睹其地，必思其人，焉有历磻溪而遗忘长春者。吁！此观之所由兴也。

是观也虽历年所，而荆榛圮址，遗迹仅存。门人卢志清、同道伴孙志冲等，自戊戌游是观，睹师之故寓，景仰弗忘，具畚筑创，艰难朝斯夕斯，曾不少惮。逮庚子岁，面奉大宗师清和真人、辅教宗师洞真真人、提点白云真人、无欲真人法旨，差知观门事分，辛勤香火，慎终如初，务力田畴，修整水利，兴建殿宇。土木落成，于以发明长春师之寓迹，其用意岂浅浅邪！或者读坡仙"夜入磻溪如入峡"之诗，未有不雌黄长春之磻溪者。殊不思渭河以南，古有磻溪上乡、下乡，太公之隐居，长春之隐寓，虽所隐之地不同，而所属之乡则一，前后岂有两磻溪哉，亦可以烛来世之惑尔。虽然，观之名固为长春师设，而春之意犹有在焉。春之一字，在天首阳时，在地长万物，在人为和气。居是观者，温以接物，宽以待人，长养发育，悠久不息，使登是门者皆熙熙然，而长春之名不妄设也。若夫惨刻残忍，小智自私，则是春有时乎而熄矣。岁著雍涒滩下元日谨记①。

观主静和子灵台卢志清立石

汾阳郭起南撰并篆额

五峰王道明书丹并刻

修造功德主宣差凤翔府总管种田达鲁花赤程介福

宣授凤翔府总管同知巨恩

宣授凤翔府都总管高聚

都功德主宣授先锋元帅秃薛那衍

5. 重修磻溪长春成道宫记

篆额：元河东处土薛庭锷

年代：至元十七年（1280）

撰者：奉训大夫陕西汉中道提刑按察副使顺圣魏初

书丹：金门三洞讲经开玄大师安西路都道录赐紫孙德彧

尺寸：碑高七尺三寸、广三尺四寸

碑状：碑文 24 行，行 51 字，字正书。

立石：宣授陕西五路西蜀四川道教提点兼领终南山重阳万寿宫事天乐先生李道谦、清真大师凤翔府道门提点兼长春成道宫事方志正

刊刻：前京兆路采石局提控汤洪刊

原存地：宝鸡磻溪长春成道宫

碑文录自：四库全书《青崖集》卷三

---

① 雍涒滩，即南宋淳祐八年（1248）。

碑文：

重修磻溪长春成道宫记

至元十七年，重修磻溪长春成道宫成，提点方志正具筠溪①李公之状，以文来请。谢不敏，不获。按所具状：磻溪在凤翔虢县界，一泉绝清冷，北流二十里入于渭，层峦叠嶂，秀异如画。初入谷口甚狭，沿溪五六里，豁然皉爽，土膏腴而树蓊郁，云烟朝夕，千态万状，使人顾揖之不暇，所谓尚父之钓矶者在焉。其曰磻，岂非以是而得之邪？始重阳王公②寓宁海马氏，栖霞长春子知其为异人，往师事之，得心传焉。又二年，与丹阳马公、长真谭公、长生刘公，从重阳公游汴③。未几重阳厌世，长春与三子护葬于终南之刘蒋村。长春以溪形胜，慨慕古昔，因占居焉。洗心炼行，深造自得，时作诗以开示玄秘，用是名声籍甚。大定二十八年，诏赴京师，筑馆于万宁宫之西，以便咨访。明年乞还山，从之。明昌辛亥④，东归栖霞。又二十有八年，适元太祖圣武皇帝遣近侍刘仲禄召至雪山之阳。虚席以问至道，对以寡欲修身之要，爱民永国之方，及上天所以好生恶杀之意，上皆嘉纳之。是时干戈方殷，赖是以全活者，不可以数计。古所谓仁人之言，其利溥哉！盖近是已。又四年，敕居燕之太极宫，即今长春宫也。又敕悉主天下道教事。又四年，乃羽化。又十有一年，弟子洞真于公，住持终南重阳宫⑤，感念磻溪祖师⑥炼化之迹，兵乱芜没，召卢志清辈经度之。时关中甫定，土荒人稀，艰于得食。磻溪当东西军旅往来之冲，志清辈披荆棘，薙草莱，修垣

---

① 一作"天乐"。
② 王公一作"真君"。
③ 一作"从重阳入汴"。
④ 明昌辛亥二年，《金史》九章宗纪：明昌元年十一月，以惑众乱民，禁罢全真。
⑤ 一本作"重阳万寿宫"。
⑥ 碑"祖师"作"宗师"。此从集。

墉，力耕稼。数年之间，栋者宇者，楹而础者，始有可瞻仰而定居矣。乃额以长春而观焉。又十有四年，真常李公代礼岳渎，炷香祖庭，以恩例升观为宫，而得今名焉。志清即世，道土方志正继述其事。志正有干局，能自勤苦刻励以倡率乃众，构大殿三，曰玉虚，曰通明，曰太宗①。玉虚之南，太宗之北，曰南昌、曰方丈②。自余细大各有攸处。呜呼！如志正者，可谓笃于向道，有志而竟成者也。虽然，是溪之在太古荒寒寂寞，与山川天地为一气，初无名知也。及尚父奋起，佐周以有天下，立齐与周相为始终③。当斯时也，君子谓如羲黄至于唐虞，文物始备，可谓溪之治世矣。自周自齐，历汉魏南北隋唐，迄于五季，几二千余年，遂寂灭空洞，不复有大贤者出，君子谓溪之复太古也亦宜。自金大定至于今，百余年，有长春公积德累行，开阐玄化，风行四方，以人主之尊，犹物色而招访之。虽逃虚而乐山林，一言可以利天下，不惮烦也。用是人人想望其风采，至今高其德而不忘。当斯时也，君子谓如宣王劳来安，集光启前烈，可谓溪之后世而中兴焉。又谓自今至于百世万世，溪之复古不古，或益张炽光大，则存乎其人焉。至于丹艧粉碧，上舮棱而栖金爵，是又吾长春子之甘棠云④。

是年五月朔日，奉训大夫陕西汉中道提刑按察副使顺圣魏初记

河东处土薛庭锷篆额

金门三洞讲经开玄大师安西路都道录赐紫孙德或书丹

清真大师凤翔府道门提点兼长春成道宫事方志正同建

---

① 碑"太宗"作"大宗"。此从集。
② 碑"方丈"作"思莫"。此从集。
③ 一本作"相终始"。
④ 四库全书本《青崖集》至此止，下据拓片补。

　　宣授陕西五路西蜀四川道教提点兼领终南山重阳万寿宫事天乐先生李道谦建立

　　前京兆路采石局提控汤洪刊

6. 全真第五代宗师长春演道主教真人内传碑①

额题：全真第五代宗师长春真人丘公内传

年代：元至元十八年（1281）

撰者：门下法孙天乐子李道谦撰文并题额

书丹：凤翔府管内道录袁志安书

尺寸：碑通高 390 厘米（其中碑首高 140 厘米、碑身高 250 厘米），碑宽 119 厘米、厚 26 厘米，碑座长 150 厘米，座埋入土中尺寸不明

碑状：碑首半圆形，圭额，碑首有浮雕二龙戏珠图案。碑文共42行，行 88 字，碑文正书。碑阳阴刻楷书"全真第五代宗师长春演道主教真人内传"。字迹清楚，保存完好

---

　　①　此碑简称元"丘长春内传碑"。

立石：清真崇道大师凤翔府虢县磻溪长春成道宫提点方志正等立石

今存地：宝鸡市陈仓区磻溪乡磻溪宫小学院内

碑文录自：原碑

碑文：

全真第五代宗师长春演道主教真人内传

师姓丘氏，讳处机，字通密，道号长春子，登州栖霞县人，世为显族。生于皇统八年戊辰正月十九日。幼而聪敏，识量不群。大定六年丙戌，师甫十九，悟世空华，即弃家学道，潜居昆嵛山。七年，闻重阳祖师寓宁海马氏全真庵，即往师焉。重阳赠之诗云："细密金鳞戏碧流，能寻香饵会吞钩。被予缓缓收纶线，拽入蓬莱永自由。"又赐今之名号，其器重可见。八年春，祖师挈居烟霞洞。九年冬，与丹阳、长真、长生从祖师游汴梁。祖师日夕训诲，比之余人尤加切至。明年春，祖师羽化，师与长真、长生从丹阳入关。十二年，复诣汴护丧，葬之终南刘蒋村。庐墓三年，各任所适。十四年秋，师居西号之磻溪，修真炼行。日丐一餐，昼夜不寐者六载。二十年，迁居陇山之龙门，守志如在磻溪日。二十二年，宫中有牒发事，师至祖庭，丹阳付以后事东归，师即还陇山。二十六年冬，京兆统军夹谷公礼请居终南祖庭，载扬玄化。过汧阳之石门，览泉石佳胜，筑全真堂，即今玉清宫也。二十八年春二月，兴陵召至燕都，请问至道。师以寡欲修身之要，保民治国之本对，上嘉纳之，蒙赐以巾冠袍系，敕馆于天长观。十一日，命主万春节醮事，奉旨令有司就城北修庵，塑纯阳、重阳、丹阳三师像，彩绘供具，靡不精备。夏四月庵成，命徒居之，以便咨问。五月，召见于长松岛。秋七月复召见，师剖析天人之理，进瑶台第一层曲，又应制五篇。明日、赐上林桃，师不食茶果十余年，至是一啖之，重上赐也。八月，得旨还终南，赐钱十万，辞不受。冬，盘桓山阳，创苏门之资福、修武之清真、孟州之岳云，又增置洛阳云溪之地。二十九年春二月，西还祖庭，大建琳宇。明昌二年，东归栖霞，即祖宅创太虚观。二年冬，主醮于芝阳。五年秋，醮于福山，俱有圣降天光之端。泰和七年，元妃施道经一藏，驿送太虚。贞祐间，师居登州，时宣宗幸汴，强梗蜂聚，互相鱼肉，师为抚谕，民乃得安。有司以闻，朝廷赐自然应化弘教大师号，仍命东平监军王庭玉护师归汴京。师曰："天道运行，无敢违也。"不起。未几，齐鲁陷宋。己卯，师居莱州昊天观。一日，静中作而言曰："西北天命所与，他日必当一往。生灵庶可相援。"秋八月，宋主遣使来召，亦不起。州牧劝行，师曰："吾之出处，非若辈可知。至时恐不能留尔。"是岁五月，圣元太祖圣武皇帝自奈蛮国遣近侍刘仲禄赍诏请师。八月，仲禄抵燕，闻师在莱州，适益都安抚司遣行人吴燕等计事中山，就为前导。十二月，达东莱，传所以宣召之旨，师慨然而起。庚辰正月十八日，选门弟子一十八人从行。二月入燕，行省石抹公馆于玉虚观。仲禄先遣曷剌驰奏，师亦奉表以闻。四月作醮于太极宫，登宝玄堂传戒。有鹤自西北来，焚简之际，一简飞空，五鹤翔舞其上。明日北行，道出居庸关，遇群盗，皆罗拜于前，曰：无惊父师。五月至德兴龙阳观，中元日醮，午后传戒，众露坐暑甚。须臾云覆其上，状若圆盖，事毕方散。观中井水仅给百人，是时汲之不竭。八月，太傅移剌公请居宣德之朝元观。十月，曷剌进表回，有诏促行，又敕仲禄无使真人饥且劳，可扶持缓来。其礼敬如此。辛巳二月八日，道俗饯于西郊，至有拥马首而泣血者曰："师云万里外，何时复获瞻拜？"师曰："三载归矣。"五月朔，抵陆局河。七月至阿不罕山，镇海来迎，言前有大山广泽，不可以车。师留弟子宋道安等九人立栖霞观，率赵九古辈九人轻骑而往。中秋日抵金山，至白骨甸。昔云此地天气阴黯，魑魅为祟，过者必以血涂马首厌之。师笑曰："道人何忧此？"过之卒无所见。抵阴山，王官、土庶、道释数百来迓。十一月，至邪迷思干大城之北，太师移剌公及蒙古帅首载酒以迎，冬居筹端氏之新宫。壬午三月上旬，阿里鲜至自行在，传旨宣谕仲禄、镇海，仍敕万户播鲁赤以甲土十人卫师过铁门。四月五日达于行宫，舍馆定，入见。上赐坐劳之曰："他国征聘皆不应，今远逾万里而来，朕甚嘉焉。"对曰："山野诏而起者，天也。"略语，上重其诚实，设二帐于御幄之右，以师居之。择以十四日问道，将及期，有报山贼之叛，上乃亲征，不果，改卜十月吉。七月初，师遣阿里鲜奉表谏上止杀，赦叛，上悦。八月七日使回，传旨请师西行。二十二日，见上于太师城南，承旨令师扈帐殿以行。十月望日，上斋庄设庭燎，虚前席，以太师阿海泊阿里鲜泽语，请问长生之道。师曰："夫道生天育地，日月星辰，鬼神人物，皆从道生。人止知天之大，不知道之大也。山野生平弃亲出家，惟学此耳。道生天地，轻清者为天，天阳也，属火；重浊者为地，地阴也，属水。天地既辟，人禀元气而生，负阴而抱阳。阳男也，属火；女阴也，属水。惟阴能消阳，水能克火，故养生者首戒乎色。夫经营衣食则劳乎思虑，虽散乎气，而散之少；贪婪色欲则耗乎精神，亦散其气，而散之多。夫学道之人，澄心遣欲，固精守神，唯炼乎阳。是致阴消而阳全，则升乎天而为仙，如火之炎上也。凡俗之人，以酒为浆，以妄为常，恣情遂欲，损精耗神，是致阳衰而阴盛，则沉于地而为鬼，如水之流下也。夫神为气子，气为神母，气经目为泪，经鼻为嚏，经舌为津，经外为汗，经内为血，经骨为髓，经肾为精。气全则生，气散则死；气盛则壮，气衰则老。常使气不散，则如子之有母，气散则如子之散父母，何恃何怙。夫修真者，如转石上山，愈高而愈难，跬步颠沛，前功俱废。以其难为，故举世莫之为也。背道逐欲者，如辊石下山，愈卑而愈易，斯须陨坠，一去无回。以其易为，故举世从之。山野前所谓修炼之道，皆常人之事。若夫天子之说，又异于是。陛下本天人耳，皇天眷命，假手我家，除残去暴，为元元父母，恭行天伐。如代大匠斫，克艰克难，功成限毕，复升天位。在世之日，切宜减声色嗜欲，自然圣体安康，睿筭遐远耳。夫古人以继嗣而娶，先圣孔子、孟子亦各有子。孔子四十而不惑；孟子四十不动心，人生四十已上，气血渐衰，故戒之在色也。陛下春秋已及上寿，圣子神孙，枝蔓多广，但能节欲保身，则几于道矣。昔黄帝尝问道于广成，广成告以无劳汝形，无摇汝梢，无使汝思虑营营。此言是也。"上又问："有进长生药者，服之何如？"师曰："药为草，精为髓。去髓添草，譬如囊中贮金，旋去金而添铁。久之金尽，囊之虽满，但遗铁耳。服药之理，何异乎是。昔金世宗皇帝即位之后，色欲过节，不胜衰惫。每朝会，令二人掖之而行。亦尝请余问养生之道，余如前说，自后身体康强。陛下试一月静寝，必觉精神清爽，筋骨强健。天子虽富有四海，饮食起居，珍玩货财，亦当依分，不宜过差。海外之国不啻亿兆，奇珍异宝，比比出之，皆不及中国天垂经教，世出异人，治国抬身之道，为之大备。山东河北，天下美地，多出良禾美蔬，鱼盐丝枲，以给四方之用。自古得之者为大，所以历代有国者惟重此地耳。今尽为陛下所有，奈何兵火相继，流散未集，宜选清干官为之抚治，量免三年赋役，使军国足盆帛之用，黔黎复苏息之安。一举而两得，斯乃开创之良策也。苟授非其才，不徒无益，反以为害。其修身养命之道，治国保民之理，山野略陈梗概，用之舍之，在宸衷之断耳。"上嘉纳其言，自是不时召见，与之论话。一日，上问曰："师每言劝朕止杀，何也？"师曰："天道好生而恶杀。止杀保民，乃合天心。顺天者，天必眷佑，降福我家。况民无常怀，惟德是怀；民无常归，惟仁是归。若为子孙计者，无如布德推恩，依仁由义，自然六合之大业可成，亿兆之洪基可保。"上悦，又问以雷震事。师曰："山野闻国俗夏不浴于河，不浣衣，不□煞毡。野有菌，禁其采，畏天威也。然非奉天之至道。尝闻三千之罪，莫大于不孝。今闻国俗于父母，未知孝道。上乘威德，可戒其众。"上悦曰："神仙前后之语，悉合朕心。"命左右书之策，曰："朕将亲览，终当行之。"遂召太子、诸王、大臣，谕以师言曰："天俾神仙为朕说此，汝辈各当铭诸心矣。"神仙之称，肇于此矣。癸未二月七日，因入见而辞。上曰："少俟数日，从前道话有所未解者，朕悟即行。"三月七日，又入辞，制可。而所赐金币、牛马，备极丰腆，皆辞之。授玺免道门赋役之旨，以宠其归。仍命阿里鲜辈护送，别者泣下。至阿不罕山，憩栖霞观，门人宋道安等与玉华会众设斋数日乃行。五月中，师不食，但饮汤而已。众问之曰："师奚疾？"师曰："予疾非尔辈可知，圣贤琢磨耳。"是夕，清和尹公梦人告曰："师疾公辈勿忧，至汉地当自平复。"六月晦抵丰州，宣差俞公请止其家，奉以汤饼，辄饱食，自是饮食如故。众相谓曰："尹公之梦验矣。"八月至宣德，居朝元观。河朔州府王官将帅，以书来请者若辐凑。师答云："王室未宁，道门先畅，开度有缘，恢洪无量。群方帅首，志心归向，恨不化身，分酬众望。"甲申二月，燕京行省石抹公、便宜刘公务遣使恳请住太极宫，师允其请。是月，曷剌至自行在，传旨云："神仙至汉地，凡朕所有之地，其欲居者居之。"众官咸曰："师已许太极矣，请无他议。"三月，仙仗入燕。厥后道侣云集，玄教日兴，乃建八会：曰平等，曰长春，曰灵宝，曰长生，曰明真，曰平安，曰消灾，曰万莲。会各有百人，以良日设斋供奉上真。延祥观枯槐一株，师以杖绕而击之云："此槐生矣。"迄今□□。秋九月，宣抚王檝善于天文，以荧惑犯尾宿，主燕境灾，请师作醮禳之。问其所费，师曰："一物失所，犹怀不忍。况阖境乎！比年民苦征役，公私交困，我当以常住物备之。令京官斋戒以待行礼足矣！"醮竟，械等谢曰："荧惑已退数舍，无复忧矣。师德之感，何其速哉！"师曰："予何德，汝辈诚也。"丙戌夏五月，京师大旱，行省请师作醮，雨乃足，佥曰神仙雨也。名公硕儒，皆以诗贺。丁亥夏复旱，有司祷无少应，奉道会众请师作醮，师曰："我方留意醮事，公等亦有是请，所谓好事不谋而同。"仍云五月一日为祈雨醮，三日作谢雨醮，约中得者，是名瑞应雨，过所约非醮家雨也。或曰："天意匪易度，万一失期，能无招众口之訾耶？"师曰："非尔所知。"后皆如师言。是月，门人王志明至自秦州行宫，奉旨改太极宫为长春宫，及赐以虎符，凡道家事一听神仙处置。六月中，雷雨大作，人报云太液池南岸崩裂，水入东湖，声闻数十里，鼋鼍鱼鳖尽去，池遂枯涸，北口山亦摧。师初无言，良久笑曰："山摧池枯，吾将与之俱乎！"七月四日，师谓门人曰："昔丹阳尝授记于予：吾殁之后，教门大兴，四方往往化为道乡道院，皆敕赐名额。又当住持大宫观，仍有使者佩符乘驿干教门事，此乃功成名遂归休之时也。丹阳之言，一一皆验，吾归无遗恨矣！"九日，登宝玄堂，留颂而逝，享春秋八十。有《磻溪》《鸣道》二集行于世。清和嗣教建议于白云观构处顺堂，会集诸方师德，以戊子七月九日大葬，设像以奉香火。至元六年正明奉明旨，褒赠长春演道主教真人。十八年二月既望，门下法孙天乐子李道谦斋沐谨编并题额。

　　凤翔府管内道录袁志安书

　　清真崇道大师凤翔府虢县磻溪长春成道宫提点方志正等立石

7. 重阳成道宫记

年代： 元

撰者：佚

碑文录自：《宫观碑志》

碑文：

重阳成道宫记

　　京兆西终南有里曰南时，中有重阳成道宫焉。盖大定初，全真祖师重阳真人始悟道时，自掘一穴，起封数尺，如马鬣之状，以活死人墓名之。手植四梨八海棠于四周，人问其故，乃曰："吾真风将来大阐，四维八纮无所不至之日，要使人知从此一墓而始之也。"居二年，迁刘蒋，后常有三五众葺庵而守之。正大初，全阳真人周全道清明自幽来，政祭于刘蒋师之茔。忽念及祖师修炼变也，成道之地，不可使之芜没，胸中慨然起修葺之心，弗克自已，若有神使之然者。俄一人请斋，问之，知其为此庵道士，遂与之俱来庵中。道众乞借光扬之力，周异其密与已契，乃欣然许己。复曰："我以后当居此。"大朝革命，四方道众思其所以报本反始者，规运木植，开垦地土。岁乙未，清和大宗师尹真人，并掌教真常李真人法旨，本府总管田侯疏，委渊虚真人李公志源率道众于此盛行营造事，皆趋务劝功，救度筑削，有蘪鼓弗胜之意。所为殿者三：曰无极，曰袭明，曰开化。为堂者五：曰三师，曰灵官、曰瞻明、曰朝彻，曰虚白。斋厨库廐，方丈散室，檐溜户牖，金碧丹臒，灿然一新。下院全阳观，王郭村修真观，及常住物业，别刻之石。或有偏而未举之处，周全阳门徒张志古等，思及先师正大初赴斋之时"我以后当居此"之一言，谓是天意默定，不可以违。乃斜得千余指，同诚戮力，日增月续，以为国家祝寿祈福之所。想成就浸大，未易量也。辛亥，宪宗皇帝即位之元年，诏征掌教大宗师真常李真人，上亲受金盒香，白金五千两，佩金符，代礼巡祀岳渎。凡在祀典者，靡所不举。明年春二月吉日，以御香来致上命。礼成，以恩例改观为宫，今之宫名，自壬子始也。渊虚李公乃全阳之弟子，丹阳马真人之玄孙。全阳高弟五人，公其长也；次曰洞虚子张志渊，主东平郓城白云观，度弟子千余人，庵观称是；三曰明元子梁守一，主古豳之玉峰，实全阳旧居之观也；四曰云外子贾守真；五曰纯和子张志古，今嗣公主持本宫事。今年春二月，知宫王志远持状就燕京大长春宫，禀掌教真常真人，欲具始末之实，归而刻之石。宗师以润文见命，予年近八十矣，倦于笔砚久矣，度其不可违，因按其实而编次之。且祖师可见之迹，玉峰胡子金既已有赞，平水毛收达有引，北平王子正有传，"活死人墓"四字。又有赵翰林闲闲亲笔，掌教真常真人跋语，并刻之石。全阳周真人、渊虚李公、洞虚张公生前行事，亦各在秦樗栎彦容《金莲记》《烟霞录》中，与祖师以下众师真同载《玄都宝藏》，俱不烦赘述。虽然予少壮时，述在进取，间为功利所夺，于根本之学则不暇也。今兹三十余年，心得安于淡静，不为世教所束，收钡反听。颇见虚极妙道，流行闭塞之所由，亦有数存于其间耳。夫道前无始，后无终，天地虽大，未离乎内，秋毫虽小，待之成体数，岂得而拘之哉！但于世行与不行之分耳。《易》曰："苟非其人，道不虚行。"又曰："神而明之，存乎其人。"故天将以是道大畀于人也，于大化中，必先假乎刚大中正特立，不为人欲听动、可以为师范之土降于世，兹吾祖师之所以出也。故出则其材奔逸超绝，人莫能及，一遇至人点化，方寸开廓洞达，而游乎物先，仍能退藏于密，借兹地而以为活死人墓，而养之二年，其神异，其接人，其救世，光光相接，天地开辟以来，莫兹之盛。若非与冥理相契者，其能之乎？姑以长春仙翁一事言之，昔颜渊将之卫化卫君辄，孔子虑德厚信矼，未达人气，名闻不争，未达人心，遂教以心斋，则所过者无有不化。卫在春秋之世，一侯服之国耳，按王制，公侯田方百里，以数推而上之，而方千里者为方百里者百，方万里则是方千里者百，国家疆土方十万里，其视卫尊严大小之相去，为可见矣。皇帝又在数万里沙漠之北，诏书既至，长春国师即起而应之，如水之流湿，火之就燥，自相感召，无一毫予谋之私。及其到也，而于应对之际，欢欣交通，大惬上意，由是就其善端发现之地，以行仁行孝，寡欲修身，用贤爱民，布德施惠，好生恶杀，奉承天心之数语而开导之，上亦听之不疑。想四五十年间，而天下之人赖以存活者，与脱俘囚者，可胜计耶？况真风大阐，又皆众所共见者。我仙翁澹然独居无功之地，而天下到今以真功归之，非神游物表，动与天合者不能也。其祖师四梨八海张本之远意，有征矣。今因喜此宫之兴建，又属以记当笔，故表而出之，庶几使学道者知祖师以下得其传者，一动一静，皆天而不人也。苟杂之以人，非唯无成，其所丧多矣。何谓天，曰诚而已。诚者心斋也，古之人修胸中之诚，以应天地之情，而天地人神不违者，其得所应之枢乎？

8. 长春真人成道碑

年代：元

撰者：姬志真

碑文录自：《云山集》卷七

碑文

长春真人成道碑

真人族姓丘氏，讳处机，字通密，道号长春子。祖居登州之栖霞。宿禀仙姿，聪敏博达。神襟逸迈，识度不凡。未弱冠之一年，颖然顿悟，弃累投玄而参访焉。大定丁亥春正月，重阳自陕右而来，访求知友，始及昆嵛。真人闻而往观之，目击神会，遂师事焉。亲炙左右，重玄理窟，日以发明。继而同志偕来，谓丹阳子马公、长真子谭公、长生子刘公、玉阳子王公、广宁子郝公。数子同师，遂结方外之心交，泛全真之法海，荷师资授受，皆能服膺，而各得所传。居无几，重阳惟挈马、谭、刘、丘而行，声传四海。已而之汴，复寓岳台坊之邸中，顿致数子。久之，付后事于丹阳，无疾而返真焉。四子护灵榇而归殡于终南。襄事既毕，各议所之，分方立志。于是真人乃游秦陇，戢迹磻溪，箪瓢不置，蓑笠随身，物我俱忘，心宇泰定。六年而造妙，以至出处语默，动容周旋，无非道用，玄关启钥，天府开扃，知藏充盈，辞源浩瀚。一言之出，人竞诵之。闻其风者，梯山航海以来观；游其门者，步武抠衣而上向。声名籍甚，山斗具瞻。大定戊申春二月，世宗遣使，征赴阙庭，掌行万春醮事，特旨住全真堂。屡承接见，问保安之道，真人谕以抑情寡欲，养气颐神，发明道德之宗，剖析天人之理。上大悦而益敬之。明昌辛亥，复之海上，而居滨都之太虚观。同道者咸师尊之，请益则以功行罪福为戒，泛应则如酌水投器，随方圆大小，取足而已。其人多以自理于民，草衣木食者有之，志操相尚，世莫知其所以也，故教未易大行乎天弋。时膺皇朝应运，奄有区夏，朔南始通，德誉上逮。己卯冬十月，上遣便宜刘仲禄率轻骑铰十，挽抢开道，径及海滨，奉召征师。真人以天意所存，不辞而发轫，侍行者一十八人，皆丛林之杰出者。指程西北，跋涉艰虞，万里龙沙，继及行在。上嘉来远之诚，重慰劳之。一日，问以长生之药，真人曰："有卫生之经，无长生之药。"上嘉其诚。每召就坐，即劝以少杀戮，减嗜欲，及慈孝之说，命史录之。癸未春，特旨复燕，敕建长春宫，主盟玄教，天下之冠裳者咸隶焉。仍赐金符，其徒乘传往还奉对，敕蠲门下赋役。自是玄风大振，道日重明。营建者棋布星罗，参谒者云骈雾集。教门弘阐，古所未闻。真人年登耄耋，席暖燕山，普应诸方，远近咸化，祈晴祷雨，克期而应，盖天人之相通，毫发无间也。丁亥六月，天大雷雨，太液池岸崩而水竭，北口山壁摧而声震，师闻之曰："山之摧，池之枯，吾将与之俱乎。"秋七月朔后九日，果示寂焉。享年八十有一，葬灵骨于白云现之处顺堂。戊子，嗣教清和真人承朝旨，封尊号曰：长春弘道通密真人。尝试言之，真人降世，廒德以常，握太上之玄珠，佩重阳之法印。志坚金石，性洁冰霜。泯浩劫之尘情，破多生之习障。灵风拂袂，性月横空，大明乎根于泉源，滋蔓乎波澜枝叶。知常安静，复命致虚。金丹大药之成，火枣交梨之实。神通自在，应变无方。具天地之大全，复古今之大体。周行不殆，独化卓然。此真人所以成己而为天下大宗师也。道之所在，物自归之，和气横流，无远不至。崇修官观，建立门庭。敬图象外之尊，敷畅玄中之教。指天真而开径路，济苦海而作舟航。登之者必通，行之者必至。凡行足者，皆欲及其于道也。此真人所以阐化群迷，维持正教也。曩者国朝初兴，天兵暂试，血流川谷，肉厌丘原。黄钺一麾，伏尸万里。马蹄之所及无余地，兵刃之所临无遗民。玉石俱焚，金汤斋粉。幸我真人，应召行在，微言再奏，天意方回。许顺命者不诛，指降城而获免。谕将帅以愍物，勉毫杰以济人。在急者拯以多方，遇俘者出以资购。婢仆之亡，从道者皆恕；卑贱之役，进善则放良。救人于涂炭之中，夺命于锋镝之下。使悛恶而从善，皆道化之弘敷也，天下之受庇者多矣。亦有不知其然者，虽利天下，不言所利，真人有之。德揜天壤，性超帝先，或者以耳目闻见妄测之，皆得其迹也。迹则非其所以也，其所以迹者，大智不能知，大辩不能言，犹戴天而莫知其高，履地而莫知其垢，妄测之者，皆听莹也。李公大师，不远而来，命纪真迹之崖略，将刊诸石以寿其传，亦报本尊师礼也。义不敢辞，辄从是说，谨斋沐而直书。其铭曰：

长春仙公，冰雪其膺。山海之秀，人物之英。微虑必克，纯粹而精。

直超幻境，高居九清。降为帝师，光耀神京。独往独来，即本即迹。

化机万变，吾宗惟一。长生久视，重德之积。千载逢遇，沉沦顿息。

不识不知，玄恩波及。大庇吾门，昊天罔极。

9. 佚碑碣

按：另有磻溪长春成道宫道众所立《重阳万寿宫碑》、清康熙三十五年（1696）《古磻溪碑》、清康熙四十八年（1709）短碣两块，字迹残缺模糊，20世纪尚存，今已亡佚。

10. 重修至德常宁观碑

年代：北宋天圣五年（1027）

撰者：进士高安

书丹：进士赵纲

原存地：虢镇城常宁观内

今存地：观、碑皆毁

碑文：

重修至德常宁观碑[①]

嵇康言："神仙虽目所不睹，而传记所载，其必有之。此乃特禀异气，以积学而能成。"议者纷纭，难以一致。其讴微咏深，则谓之昌言；其攻短援长，则称为诞说。或引黄帝鼎湖堕弓攀髯，以证必然之理；或举秦皇汉武沧海祀竹宫，以明无益之验。

---

① 据宋代图经，唐以前已有宫观，五代时毁。宋初仅存大殿一座、石像一尊及石莲座一方。石莲座上有百余字，天圣元年（1023），虢县令严望之规划修复此观，命岐下（今宝鸡岐山）赐紫衣道士颛顼自忠主持修复工程。天圣五年（1027），工竣，定名为至德常宁观，并立碑记载此事。

真伪起于千口，褒贬兴于百家。若乃麟毹冲虚，丹青紫府，涌泉源于言下，播星辰于笔端，则王乔、容成，凛然可揖。或诋排道教，折冲仙籍，挟风霜于声画，森矛盾于青简，则列子、庄周，昭然可咎。俾下士逐其胜负，设暗昧于是非。殊不知今古相遥，天地至广，成形赋象，质类性乖，鱼化虎变，木连理，草三秀，万物且然，何仙人之不可信也！若然，则濡毫之士，不得不探幽赜微，深扣希夷之境，责词蝉蜕之地。凝思搦管，揽取前文，是知叔夜之论，最为妙绝。而况于留情丹鼎，引领云阙。慕缑山之举手，看桃源之索路。落落动羽化之思，飘飘起凌云之意。能不昧兹缛旨，挹酌精义，得非彻骨入神之所宝惜乎！量排翟辅轲之士，未易轻喻也。

按县图经，有常宁宫，在邑之南，斯则前代赐额之巨宫也。流俗传昔有刘真人，轻举是地。历五代离乱，碑碣湮没。上①有石莲座，志百余言，说刘纲、张陵、樊夫人全家上升，以证其事，似符流俗之传疑者。石像一躯，古殿一座，风雨暴露，香火寂灭。至邑令严公来莅此县，率道布政，厚德薄刑。复睹圣朝胜概聿兴，灵迹具举，故慨然有葺修之志。于是命歧下赐紫道士颙项公自忠主之。俄有高泉道人赵公从说，自号"惭愧"，导引辟谷仅三十载，课释典道藏，俱盈数千万卷。混真好酒，时发微机，可谓负拔俗之大名，蹈高世之芳躅者也。严令之贤，诚足振其大道。由是舍钱数十万，吊瑰材，召硕匠，新大殿，建道堂，敞客亭，廓②厨宇。回廊②曲槛，青琐绿棍，翼翼严宫，綦岁而就。倘非尊道之名宰，博施之达士，则前古福地，竟为禾黍矣。若夫验兴废，明会遇，又非偶然矣。严令奋经始之谋，惭愧挺图终之

---

① "上"应为"尚"字。
② "廓"应为"廊"字。

誓，一必有动无拒，若清商之应宫，迅流之赴海，闻之可以清人神，观之可以快人意。是能筑宏基于久隳，鼓真风于已坠者也。而况赵公愿心方锐，若俟九仞之山速成，而篑土始进，其能自止乎？不几年，更睹其楼阁巍峨，金碧烛日也。严公秋月偶见，命为记，安亦欲纪公之休烈，固弗多让，敢自谓雄文哉！但纪古观中兴举祀矣。

　　时

　　天圣五年岁次丁卯九月戊戌朔九日丙午

　　儒林郎、行县尉兼主簿张文质

　　承事郎守虢县令严望之

　　赐紫道士颛顼自忠，高泉道人赵从谠建

　　进士高安撰　　　　进士赵纲书

11. 长春真人邱处机题虚亭词《水龙吟》碣记

年代： 元至元元年（1264）

撰者： 长春真人邱处机

刻石： 白德茂

碑状： 石旧存虢镇，今失佚不存

碑文录自： 宝鸡县志

碑文：

长春真人邱处机题虚亭词《水龙吟》①

　　凤鸣南邑，清嘉大仙降迹。行鸾地，琳宫宝阁，星坛月馆，槐阴竹翠，烟盖云幢，影摇寒殿，往来呈端。向虚亭，东望平川似锦，洪河泛缈天际。

---

① 金大定（1174～1180）年间，邱处机游至常宁观，并题《水龙吟》词于观内虚亭之上。金末，蒙古军入陕，虚亭被毁。中统五年（1264），至德常宁观住持尚志全、李志玄、张志清及凤翔府判姚志信等重新修复，并将邱处机词刻石立碑。

□□山秀①水甜，人义遍坊村，各生和气，我来不忍轻归！刘蒋天心地肺，须待他时，暗陶真秀，育成丹桂。去长安路上，眠冰卧日，作终身异。

12. 圣旨碑②

年代：元至元六年（1269）

立石：常宁宫提点安静大师赵德义

碑状：石质粗劣

原存地：火神庙院内

今存地：县文化局

碑文：

皇帝圣旨：特进神仙演道大宗师、玄门掌教大真人掌管诸路道教所、知集贤院道教事。并敕改"至德常宁观"为"至德常宁宫"。

13. 常宁宫文状碑

年代：明万历六年（1578）

立碑者：凉楼里民董爵等立

今存地：县文化局

碑文：（暂缺）

14. 重修古虢常宁宫备采碑③

年代：明万历九年（1581）

---

① 一作"土厚水甜人义……我来不为刘蒋，天心地肺"。
② 作"皇帝圣旨内贴短碣"。
③ 碑又名"集略备采碑""重修古虢常宁宫集略短碣"。碑文撮述文献中的虢国记载，详辨西虢、东虢、北虢、南虢以及虢城、虢县故城的来历。

撰者： 虢人田厚民

碑状： 碑为正方形，保存完好

原存地： 火神庙院内

今存地： 县文化局

碑文：

虢之城南常宁宫，唐赐号额，宋金始名至德常宁观，元复为宫。有殿和虚亭，有全真堂，往来仙客住焉。

15. 佚碑

按：另有贞元元年（1153）儒林郎、虢县县令张矩撰《至德常宁观创修殿阁记》、李公美撰《至德常宁观全真堂碑并序》诸碑，今佚。

16. 禁革陋规碑记

年代： 清雍正五年（1727）

立者： 邑令杜蕡生

记文：

禁革陋规碑记

凤翔府宝鸡县知县杜蕡生，今将奉上宪禁革陋规开列于后：

正署官到任，安置轿伞家伙等项，系里下备办，派银一百五六十两不等；

正署官到任，呈送银四十两或五十两不等；

凡兴作各项匠人不发工价，今每名每日给钱三十文；

差使过县，安设公馆、桌围、椅搭、毡条、席蕈、猪羊、米面、柴炭、家伙等项，里下派银百余两不等；

大差经过，驿马不敷，里下派银八九十两不等；

宝邑渭河搭桥，里下每年派银二百三四十两不等；

渭河春夏造渡船四只，里下每年派银一百一十两；

驿内经管人等旧有规礼，每年里下送银十两不等；

宝邑桥头系商民往来卖盐要地，内有地棍每装私抽钱五六十

文不等；

每年奏销各衙门使费银二百余两，里下派银六七百两不等。

以上各项，永行禁革。

17. 重修玉皇宫记碑

年代：清乾隆五十年（1785）

撰者：诸生郑王佐

今存地：今存县功镇人民政府院内

碑文：

记重修玉皇宫诸事①

18. 太公庙碑记

年代：年月不详

撰者：安阳郭思恭

碑文：

太公庙碑记

由宝鸡东，一含而遥，众峰攒列，清溪中出，所谓磻溪，周太公钓鱼处也。山色翠秀，水声潺湲，地多怪石异卉，于高贤隐幽为宜。溪东北流入渭，庙居之右，旁有钓石，根着土甚细，团团而上，渐巨至顶平广，可容十数人。石上双窳膝迹隐然，相传坐而持竿之所。按只望，唐四岳姜姓也，避纣居东，闻文王善养老，乃西归周，钓渭上。西伯将猎，十三人曰"所获非龙非丽，

---

① 因在政府办公区内，探碑未果，仅存碑目，碑文待补。

非虎非黑，王者之辅也"。遂田渭阳至磻溪，见老父钓，西北
（伯）使问之曰："叟乐此耶？"对曰："君子乐行其志，小人乐
行其事，吾非乐于渔者也。"西北（伯）曰："得无是乎？"问姓
名同车而归，与语大悦之，拜司马。望曰："王国富民，霸国富
士，仅存之国富大夫，将亡之国富仓府。"西伯曰："吾愿富民。"
于是发仓恤孤，以望为师。公之业炳当时，名垂凡世。盖君臣际
会，道合而事行也。不然，亦常人巉岩清沚间老矣！由是观之，
士之穷达系于遇不遇。予于公焉见之，勒石以记。

（附：）玄通弘教披云真人石棺

年代： 元大德元年（1297）

按：石棺从新中国成立后被考古人员发掘出土，后一直放置于太
原纯阳宫（现山西省艺术博物馆）内太湖石搭建的假山上，四周被新
建的仿元代风格的墓室包围，石棺四面分别刻有青龙、白虎、朱雀、
玄武四大道教神兽。在石棺前方的一座碑刻上刻有"玄通弘教披云真
人"八个大字，落款注有"大元大德元年"。证实乃是邱处机的弟子

之一宋德方的石棺。

据史料记载，宋德方曾是太原纯阳宫的住持。早年间，曾跟随邱处机西游大雪山觐见成吉思汗。此后在山西多地传教，其辞世 23 年后被追赠为"玄通弘教披云真人"。

纯阳宫又称吕祖庙，位于山西省太原市迎泽区，为供奉唐代道士吕洞宾而修建。纯阳宫始建于元代，明万历年间（1573～1691）扩建，清乾隆帝间（1736～1795）郡守郭晋以及太谷人范朝升又先后出资扩建。2013 年，被国务院列为全国重点文物保护单位。

七 宝鸡市祐德观碑目

宝鸡祐德观在元初时已毁于兵火，邱处机先师南归时，路过宝鸡，以河山形胜，卜祐德观之废垣，令徒辈披荆棘，修造全真庵堂。后承教丹阳之紫微全阳普度真人周公居邠州玉峰，广为传教。其高徒张守冲住凤翔长春宫达45年，朝廷赐号崇玄无欲大师，始以复兴祐德观之大任俾之其徒袁志安。不数年，袁志安建成三清、四圣、混元、灵官等殿，以及云堂、厨库、方丈三门之属，改复旧观，成就先志。后嘱弟子张志全来求魏初书写记文。今宝鸡祐德观已无从考，留碑记一通。

重修宝鸡祐德观记

年代： 元

撰者： 魏初

录自： 钦定四库全书《青崖集》

记文：

重修宝鸡祐德观记

安西王相中奉大夫李公与道人袁志安有一日之雅，因请公主修其住持宝鸡之祐德观。公报疏云：不谓羽衣之师德，视为香火之主人。又云：人无兄弟，胡不佽焉。良哀其心之独苦，我有田畴永为好也，薄助其力之不周。用是袁公遣其弟子张志全来谒初，曰："志安木石野拙，学道未成，一椽一茅，分亦足矣。襄因先师以河山形胜，卜祐德之废垣，令志安辈披荆棘、拾瓦砾、岁薱月概，未有成，遂承参知政事。中奉君不以山野鄙薄过为提挈，倚赖屏庇，今得三清、四圣、混元、灵官等殿，暨云堂、厨库、方丈三门之属，改复旧观，感戴盛意，不可不为记述，以示永久，敢以文请。"

初谓神仙不役于物，而名山洞天非神仙不可居。宰相不遗于物，虽衣褐宽博而宰相在所恤。宝鸡古名县也，左秦右蜀，襟山带河。自姬嬴以降，故实可考，其为仙人之窟宅，盖无疑。然干戈焚荡之余，榛莽悽怆，狐狸所居，豺狼所号，非天诱其衷，假手于贤相，君未易及此。相君朝廷屏翰，王室柱石，生民之休戚，社稷之安危系焉，乃能不屑于是，则其心耻一物之不获其所可知已。兹宜书。

志安潼川人，性冲淡，与人欵曲谦谨。其师张守冲紫微全阳普度真人周公之所自出也。初周公承教丹阳，居邠州玉峰，徒众以千数，而守冲为高弟。守冲云袗霞佩，翛然有尘外之想。住凤翔之长春凡四十有五年，是用秦陇知名，朝廷赐号曰崇玄无欲大师。师知志安可托付以大事，因以祐德俾之。今兴建如此，可谓能成其先志者也。

志全本邑人，喜读书，风骨不凡，经略雪溪刘公甚爱重之。乃摭其意，作步虚词七章：

坏垣野粉零枯香，石栏老雨皱秋黄，山川良是成荒凉。

仙人驾鹤来翱翔，陇头耕瓦见羽阳，碧鸡金马何茫茫。

相公经纶无遐忘，偶奇奇偶圆而方，慨然以是为主张。

郢斤岷础呈奇祥，铜龙铁凤摇辉光，神仙官千□洞房。

山人自分过所赏，弥罗丹华谁比将，一心惟有祈穹苍。

相公眉寿天与昌，明年平蜀归朝堂，尽措民物如成康。

渭流西来今汤汤，厚福与之孰短长，厚福与之孰短长。

八　宝鸡市虢镇南昌宫玉泉道观碑目

　　南昌宫，又名玉泉观、小蓬壶、蓬壶仙观。位于磻溪镇东十里。其观地势挺拔，背依周原，面临渭水，宫中曾有白鸡泉水出两窍，交流成治，松柏蓊郁，仿佛蓬莱仙岛，故得名小蓬壶。相传是邱处机及其师父王重阳早年修炼之地。

　　观门建立牌闸一座，阳面有阁底堡岁贡李东崖书"古南昌宫""蓬莱仙观"八字。牌闸北为通明阁，楼后为主殿三清殿，后为玉皇阁，两侧有文三师、武三师殿各三间，为清代加建。

　　南昌宫，传说始建于唐代，原有寥阳殿、通明阁、雷祖庙、蔬圃、水磨、碑、碣等诸多建筑。清道光三年（1823），李蔚、袁生约三社七百余家共事扩建，完成了最大一次修建工程。玉泉观继邱处机长春真人之后住持道长有侯至玄、张至恒、卢易安、岳景巍。

新中国成立后，大殿及后殿被拆毁。现存主体建筑重檐九脊歇山顶通明阁为清代建筑。院内长有3棵古柏，已不知栽植年代。山门里的转角楼相传还是鲁班的作品。

据现存石碑记载，清代重修南昌宫上宫、三清殿、小蓬壶、玉皇殿。三清殿、山门、牌坊，演戏楼及其神像均在20世纪60年代被拆毁。宝鸡县人民政府于1982年7月批准清代南昌宫、小蓬壶为县级文物保护单位；虢镇人民政府成立了复修小蓬壶古建群领导小组。宝鸡市民政局于1993年11月20日批准同意小蓬壶为宗教开放活动场所。1996年重修山门3间，1987年重修玉皇殿3间，做俑塑像34尊，建成山门护卫神朱雀、玄武、青龙、白虎，以壮威仪。

1. 重修玉泉观丛林碑记

额篆：重修玉泉观丛林碑记

年代：明正统五年（1440）

尺寸：碑高180厘米、宽75厘米、厚13厘米

碑状：碑额拱形，中刻篆书"重修玉泉观丛林碑记"九字，3

行，行 3 字。两旁单线雕云龙。碑边蔓草纹，已磨灭。碑下底部缺损，似人为所作

今存地：宝鸡南昌宫

碑文录自：原碑

碑文：

重修玉泉观丛林碑记

进士出身承德郎户部主事（下石残）

终南一带多佳山水，而老氏琳宫为最盛，中多仙人隐者之居，若经台、楼观、磻溪、祖庭，即（下石残）东余六十里，背倚凤原，面接磻溪，襟带清渭，抱俯钓矶。实周文宪修德之地，而丹阳、长春二真（下石残）相参，奇花异卉，而清香袭人。中有白鸡泉，水出两窍，支流成沼，若匠氏凿而成。水涵洪清澈可饮。（下石残）莲播莳以时运，而太白雪峰，近而秦山晴岚。左则诸葛遗风，右则刘纲仙迹。足以供四时瞻眺。致高□□□□□而斯观（下石残）昔宋金之所建也。自是厥后，通玄广德洞真真人命高弟广阳子侯志玄、张志恒诛茅草、创营殿日寥阳、日通明。左三官，右（下石残）兵燹而荡然一空矣，所存者唯观之故址，暨明德安静大师孔君志清所立石刊耳。

逮我朝皇明启运，幸崇道教。洪武初御注老子《道德经》颁示天下。首序云："此经乃万物之至根，臣民之极宝，王者之上师。实资以清静之治为之。"建官立司，及在丛林（下石残）□玄风丕振矣。维时有道之士樊善信住持是观，因谒经台，起千枝柏，一本植之于观，至今郁葱茂盛。度希真子王德明领邑之道（下石残）□山即其基□□寥阳殿、通明阁、雷祖殿、师官堂、真□神祠、三门、云房。原业水磨，仍复旧规实。道士石怀璧、卢景方、李景原、卢紫云（下石残）成之也。继是而葺之者罗玄修、□凌霄、门小道、罗原停，新师官堂；卢易安理雷祖殿。由

是废坠粗举，绘塑仅备。永乐间，法师孔潜真以（下石残）而大新之，复诛茅观，左创玄道口一所，而方丈云堂道室厨库、茂林修刈、奇槐虬枝，以次而举。豫为往来，云水羽客之便，盖自创始底（下石残）一新矣。潜真钦承奉使四方，采药□□德纪元授□□至道长□真人，府口擢宏文口素法师，终南山道祖说经台玄学讲师、住持，于今有年矣。因慨思是观创构之颠末，落成之岁月，恐（下石残）图不朽。予惟道在工地□京□无门，运行不息，然而任之则在乎人焉。人而在道，则道得于心而见之于事业者，凡大宗风之振耀，小（下石残）之有数，而其托于人者亦可必其常口。此广阳子所以既弘重阳祖师、丹阳、长春□道而能闻，则于其先而孔、樊诸君复大广阳之道，而能继茸于其后，今潜真又能扩充诸子之道。肯堂肯构而落（下石残）观之一大成也。噫！苟□其□□□不虚行也尚矣。孔子曰："人能弘道，非道弘人"。老子曰："天下之物生于有，有生于无。"信哉！潜真所趣迈维（下石残）孔氏字景虚，□隐阳□。礼希真子王先生师。德昌其父，张氏惟喜其母也。世居里之淳化，远诣龙虎山谒四十三代天师，亲传道法及诸（下石残）以道德性命之学为念，凡水旱疾疫，官民请祷之，有应。善词翰，崇儒道，殆昌黎韩子所谓儒其行而墨其名者也。今年六十余，童颜儿齿（下石残）

　　大明正统五年岁次庚申季春上旬越十日门弟子陈中玄（下石残）

　　古雍在城城隍庙焚修弟子景中常任（下石残）

　　草口闲居六十三叟虚斋道人（下石残）

　　圆德乐道法师终南山重阳万寿宫住持侯（下石残）

　　玄文养素法师终南山道祖说经台玄学讲师、前本观住持孔（下石残）

2. 重修玉泉观图碑（残）

年代： 明正统十一年（1446）

尺寸： 宽 75 厘米、长 37 厘米

碑状： 碑残。周边蔓草纹饰。字迹清晰

今存地： 宝鸡南昌宫

碑文录自： 原碑

碑文：

重修玉泉观图碑

凤口陈仓致仕（下残）

原夫太极未判，道（下残）

玄学为万世开太（下残）

瞻仰人民，皈向玉泉（下残）

则刘纲仙迹面接（下残）

号常宁。西北灵山会（下残）

谓之玉泉者，北地（下残）

出于外，浸润蓬壶之（下残）

仍以至今。昔丹阳、长（下残）

朝三丰老仙尝处此观（下残）

三清正殿、三官、五师（下残）

国朝平定之后，于是先师（下残）

卢易安乃云山之高（下残）

易安创塑金粧五彩鲜（下残）

上新绘图镌石，来求文（下残）

姓卢氏，字嗣真，号凝扬（下残）

上命敕授钦差奉使四方，采（下残）

元始后天地而无终，非（下残）

玄玄道教，泽及口合，（下残）

金门羽客玄教晚学（下残）

宝鸡县道（下残）

时大明正统十一年龙集丙（下残）

宝鸡县知县刘通　县丞（下残）

3. 新建南昌宫三清殿记

年代：明弘治八年（1495）

篆额：王世安①

撰者：黄荣祖

书丹：白鸾②

尺寸：碑高 155 厘米、宽 83 厘米、厚 22

厘米

碑状：碑残缺上部

今存：南昌宫三娘殿的台阶旁

碑文录自：原碑

碑文：

新建南昌宫三清殿记

（上残）③ 知事兼赞三营军事永嘉黄荣祖譔

（上残）④ 浙江道监察御史邑人白鸾书

（上残） 河南渑池县知县邑人王世安篆

（上残） 陈应昌持其师祖道录司右演法兼神乐观五音□提点
正一仙官养浩吴公所述事状来请记，新建南昌宫（下泐）

（上残） 县东六十里有古蓬壶玉泉观寓焉，东接扶风，西达汧
水，面乎秦岭，背倚周原，地势秀丽，松柏森郁。虽处□寰（下泐）

（上残） 所也。肇自有元长春丘处机应诏之后，而真侣侯志
玄辈恢宏其制。历世既久，栋宇倾覆。至我

（上残） 卒，其徒巨冲礼遂为玉泉观住持。能节缩浮费，罄
其衣囊，慕好道有力之家，远近士民闻者，咸乐为资助。先建南

① 王世安，宝鸡人，曾任河南渑池县知县，也是书法名家。可惜石碣上半残缺，观内存一块
"重修三清大殿昌上宫碑记"碑额，不知道是不是他写的。

② 白鸾，生卒年月不详，明代清官，字孟禽，号凝阳，今宝鸡市渭滨区神农镇人。幼时聪颖，
博闻强识，明成化二十二年（1486）中举，次年（1487）中进士，后任行人（管传旨、册
封）、浙江道监察御史、山西巡按等职，为官清正廉洁，弹劾不避权贵。后因谴责副使杨忠溥
被谪，降为县丞，辍职归里后，病殁宅中。其诗文多已散失，唯《益门镇记》尚留传至今。

③ 应为"通政司"。

④ 应为"进士文林郎"。

昌（下泐）

（上残）一月十七日，落成于成化十六年三月初四日，皆上施璃璃，四垂脊兽。望之辉焕。云日动彩交晖，与夫渊默之房大（下泐）

（上残）□勤矣，愿为之记，用垂不朽。余唯玄元为教，其来有自昔太上老子乘青牛入关，以道德之旨，授尹真人喜，本之以清（下泐）

（上残）醮祭之科，使人首过谢罪，合而为一。世□□教，夫清净无为者，自治之□醮祭者，济人利物之效，历代崇奉，犹一（下泐）

（上残）有观，修真炼己，谈玄养性之士，在在有之，况关西乃故都会，凤翔宝鸡乃名郡大邑者乎！冲礼县之暖泉人，其先有仕（下泐）

（上残）氏冲礼雅好坟典，不荣仕进，清修苦节，精求玄奥。凡修炼祈祷之术，咸□要旨。方外之名，隐然日著。及领札上能泛然

（上残）养浩眷授尤密焉。兹建大役，何可得耶！我

（上残）□举宜公为之请记也，于是乎书，俾来者知所自云。

岐阳义官秦麟同男秦吉勒石

（上残）门徒　任宗岩　王宗云　王宗惠　赵宗仁　马宇玄
　　　　　　□宗顺

门孙　石明秀　任明深　李明世　巨明真　张明福　付明暹
　　　　王明阳　罗明镇　刘道明　王明章等立石

4. 重修小蓬壶记碑

年代：清道光五年（1825）

碑篆：重修小蓬壶记

篆者：生员李象元

撰者：例授修职郎儒学训导李作栋①

书丹：例授修职郎儒学训导李作栋

尺寸：碑首：通高 100 厘米、宽 80 厘米、厚 26 厘米

碑身：高 197 厘米、宽 72 厘米、厚 26 厘米

碑状：石碑青石质，断为三块，一块碑首，半圆形，两侧为高浮雕二龙戏珠图案，中央阴篆刻"重修小蓬壶记"六个篆字，2 行。另两块为碑身，碑身表面已风化，文字模糊，两侧阴饰蔓草纹边栏，碑座已佚。碑文楷书，共 10 行，满行 60 字

今存地：碑首在南昌宫转角楼东北方向的墙根下，碑身在距离 2 米的外院中

碑文录自：原碑

碑文：

重修小蓬壶记

例授修职郎吏部保铨儒学训导贡生、社人李作栋谨撰并书

---

① 李作栋，宝鸡人。自号小蓬莱山人，清道光六年岁贡生，擅长楷书，楷中带草，洒脱流利，精诗赋。另一块为镶在转角楼墙壁上的《小蓬壶地亩记》。除了这两块书法碑刻，钓鱼台风景区管委会还藏有其撰作的碑记。

邑儒学附学生员社人李象元篆额

闻之海有神山曰蓬莱、曰方壶，仙者之所居也。小蓬壶之名，盖卜诸在今宝鸡县城东六十里许周原之麓，有元长春邱真人昔曾居之地。以仙灵名，非口饰矣。邑侯浮梁邓公纂《志》，其幕友郑凤仪为诗以纪其胜迹，所留为吾邑一大观也。乃历年既久，日就倾圮，栋宇摧崩，荆棘芜秽。每一流览，不胜荒凉之感。居人士久欲葺之，而惮其功之难也。道光三年春三月，李君□、袁君生节首倡义举，约三社七百余家，得共事者百余人，录吉兴工。邑侯刘公适临、虢镇社长请于巡政陆公而见之，慨然捐廉。由是城关镇市，以至远乡异县好善之士，闻者咸乐为之助，前后共施数得千余金。于是或仍旧以更新，或改作以壮观，朴斫继以丹膜，土阶易以碱礌。越次年冬十月，遂成焉。抑何成功之若易耶？昔者李唐御世，追尊太上为元元始祖，诏天下立宫、立观，然命小蓬壶所自建，不必于时，始可知其时为极盛也。历五季，以至有元邱真人自栖霞西游，驻锡于兹磻溪之南昌宫、虢县之常宁观、磨性山之混元洞，皆有遗迹。及其应元太祖之诏，对以修身爱民，上天好生恶杀数语，苍生胥受其福。后四年，敕居燕之太极宫，王天下道教事，并敕所居之地改观为宫，而小蓬壶亦即其故寓也。其所以至今不毁者，仙区灵境之所存，宜乎人人乐于输□而成功之若易也。蓬柏烟霞，自成今古；壶中日月，别是地天。则甚矣！仙风之不泯也；则甚矣！人心之好善也。一木之施，一畚之力，咸勒石识之，不敢忘劳也。

宝鸡县正堂刘　捐银肆拾两

宝鸡县儒学正堂杨　捐银壹封

宝鸡县儒学副堂张　捐银壹封

宝鸡县城守营部厅张　捐银伍两

宝鸡县右堂姜　捐银壹封

宝鸡县巡政厅陆　捐银捌两

大清道光五年岁次乙酉孟冬月上浣縠旦

5. 小蓬壶地亩记

年代：清道光五年（1825）

书丹：岁贡李作栋

尺寸：碑高 59.5 厘米、横长 95 厘米

碑状：此为壁碑。字迹清晰，保存完好

今存地：宝鸡南昌宫

碑文录自：原碑

碑文：

小蓬壶地亩记

　　小蓬壶由来久矣，元以前未有记也。自邱真人居观后，其徒李福林立宗派碑记其地，则正曰段而已。明正统十一年，卢易安立"观图碑"，记其西至虎沟，东至官道，北至原顶，南至横沟，亦就地之形胜概言之。越今又历四百余年，往迹浸湮，阡陌改易，而右界不可复浅矣。高泉有水磨，业已倾圮。基址犹存，则修葺有待也。其余田地岁有侵削之患，社之人虑其愈久而愈失

也。往者既不可考，来者不容终昧。今就现在所耕地畔，度以弓尺亩数若干，坐落何在，刊诸片石，以告后之主是观者。

庙基周围内外地：北至原顶，南至渠南坡跟，东至官道，西至虎沟。

庵塲地：西长三十五杆一尺，东长三十七杆，南阔三十五杆一尺五十，北阔三十一杆一尺。共地五亩。

水沟地：南阔七杆三尺，北阔四杆一尺，中阔七杆三尺，中长七十五杆。共地二亩。

东社城北地：北阔一十六杆，南阔一十五杆四尺。中长八十四杆。西南长角，南北长八杆，东西两阔俱七杆一尺。共地五亩八分。

西高泉磨性山下川平地：五段，共地八亩。又水磨窝地一段。

东崖李作栋书

道光五年岁次乙酉冬十月阖社人等同立石

6. 重刻小蓬壶记碑

年代：1982 年

今存：南昌宫山门外

立者：宝鸡县人民政府

碑状：无碑文。楷书共五行，保存完好

碑文：

重刻小蓬壶记碑

文物保护单位

重刻小蓬壶记碑

（清）

宝鸡县人民政府

1982 年 7 月

7. 南昌宫碑

年代：1982 年

今存：南昌宫山门外

立者：宝鸡县人民政府

碑状：楷书，共四行，保存完好

碑文：

南昌宫

文物保护单位

南昌宫

宝鸡县人民政府

1982 年 7 月

8. 重修小蓬壶碑记

年代：1994 年

书丹：周克晓[①]

---

① 以下诸题名均刻于碑石左下角空白处。

尺寸：碑宽75厘米、长211厘米、厚11厘米

镌刻：李军祥

今存：南昌宫

碑文：

重修小蓬壶碑记

小蓬壶系宝鸡县□□□□□□□□□元道教龙门派创始人邱处机长春真人□□□□□□□儒道。道光三年改名小蓬壶，以示壮观。其地山清水秀，仙风灵境，实属道教之胜地也。历代均有维修，记其永久之胜境。一九八二年，经宝鸡县人民政府考证确立为县级文物保护单位，并定为古文化遗址。一九九三年五月二十日，经县人民政府同意开放小蓬壶道院为道教活动场所，由段□①童道长驻庙。然历史沧桑，自清末至今，庙宇年久失修，多有残缺，破坏甚重。幸四方好善之士，供献香资布施，于一九八五年动工，至一九九〇年完工，修复转角楼、娘娘殿、文三宫殿、武三宫殿。重修玉皇殿、菩萨殿，基本恢复昔日小蓬壶之原貌。尚留山门、②殿极待修复。为铭记功德者，特立碑记以永存。

宝鸡县周克晓书丹③　　　凤翔李军祥镌刻

驻庙道长　　□□□④

会长　　王玉芳　李□□⑤　李忠　高瑞瑞　靳炳发

公元一九九四年古历甲戌年七月十二日

---

① 人为铲除。

② 碑石原缺。

③ 以下诸题名均刻于碑石左下角空白处。

④ 人为铲除。据碑文驻庙道长应为段□童。

⑤ 人为铲除。

9. 皇清□□碑记残碑额

年代：无

今存地：宝鸡南昌宫

碑文：

皇清□□碑记

10. 宝鸡南昌宫百人捐资花名录①

---

① 碑原无名，编者增加。

今存：宝鸡南昌宫

碑文：

宝鸡南昌宫百人捐资花名录

　　按：碑文辑录近百人捐资修建南昌宫壮举。花名及具体钱数，从略。

11. 岳景巍立南昌宫残碑

年代：无

碑状：碑残。周边蔓草纹饰。字迹清晰

今存地：宝鸡南昌宫

碑文录自：原碑

碑文：

岳景巍立南昌宫残碑

　　（上残）者为天地赞化，育为生民正性命为往圣启

　　（上残）阐寰中历代崇敬，设立宫观，焚修香火，有所

　　（上残）志恒，因胜景多繁而建支左则诸葛遗风石

　　（上残）渭滨姜公钓台西南磻溪长春成道正西古

（上残）地灵人胜水秀山名囿逸其地而建之宜矣。

（上残）侣者焉。两耳泉溢，乃日月之泉，其水流而不

（上残）天君泰然，有百体从命之气象，古老相传。

（上残）植损坏，殿堂倾颓，尤存者

（上残）阁，雷祖之殿宇而彩画尤未备焉。本观道士

（上残）完，重修雷祖之殿，水轮蔬圃，雷神十有三尊，

（上残）俗入圣之场，寿山福地之乡，今已完成，炳然

（上残）损坏颓覆者，随时修补之，以是为告焉。易安

（上残）方外道，以固身法以济人。奈易安父师俱承，

（上残）以言显道，恃言以久，且所以久者，先口地而

（上残）于是为之记。

（上残）立天立地　玉书载场

（上残）真　　本观前住持岳景巍上石

12. 贾聪残碑

年代：无

篆额：任海宾

撰者：阳武儒学教谕贾聪

书丹：凝阳道人

立碑：本观住持卢易安嗣真等

尺寸：残碑高 72.5 厘米、宽 53 厘米

碑状：碑残。周边蔓草纹饰。字迹清晰。

今存地：宝鸡南昌宫

碑文录自：原碑

碑文：

贾聪残碑

（上残）茫，两仪肇分，道在天地，成位乎中；道在圣人，圣（下残）

（上残）轩辕问道于广成，汉帝亲谒于河上。道兴于世教（下残）

（上残）者，建修有自来矣。乃前代真人广阳子侯志玄、张（下残）

（上残）背倚凤原，东有显圣，庙貌灵湫。东南太白高峰，南（下残）

（上残）正北老君仙坡，东北周公圣庙、润德泉溢以见，其（下残）

（上残）鸡神白鸡泉，乃曰玉泉，亦曰小蓬壶，乃与蓬莱之（下残）

（上残）中心千枝神柏丛然茂盛，若宫观之心于其中（下残）

（上残）真君曾游居于此。我

（上残）以胜景昭昭明明显著，况年久月深，兵革泯没，木（下残）

（上残）堂殿略有之矣。

（上残）云山任凤翔之。道纪率领诸道鼎新通明之大（下残）

（上残）遂发虔诚之心，将未完者继先师之为，述事已（下残）

（上残）此观乃古之建修，今之丛林，修仙慕道之所。超

（下残）

（上残）以彰表显，以俟后之贤人君子。此观傥有疏漏（下
残）

（上残）紫云，其父王氏，玄妙其母，学道于明师，有志于
（下残）

（上残）寻真，得其精微道要。官民请祷，应期感孚。所谓
（下残）

（上残）也，而不离于名，非言也，而不外于言；得不在兹，
（下残）

（上残）二教同功，名扬万代。精一无二，护国家（下残）

（上残）仓隐士凝阳道人书

（上残）司道会任海宾篆额

（上残）下元日，本观住持卢易安嗣真等建立

（上残）再柔　主簿张翱本府都纪　王玄宁　副纪王（下
残）

13. 袁必跆残碑

年代：无

撰者：吏部奉旨儒学教谕郡人袁必跆

尺寸：碑高 134 厘米、上宽 53 厘米、中宽 30 厘米、下宽 11 厘米

碑状： 第一块碑呈上宽下狭的契形状，周边蔓草纹饰，字迹清晰

今存地： 宝鸡南昌宫

碑文录自： 原碑

碑文：

袁必跻残碑

（上石残）吏部奉旨即署儒学教谕郡人袁必跻谨撰

（上石残）于山形水势之区者，人易知；蕴诸藏风取气之域者，难知也，故三献而始显。夫璞王非二献而口知块石之可以（下石残）

（上石残）既而谁知野获之足重耶！由是而推之，凡察地脉风景有同揆者，即如陈仓东里名曰暖泉，不数武而奇（下石残）

（上石残）铭，继自宪宗之五年，成诸孝宗之十有六年，中间曾经一十九载，其设施之周密□□□绝□前（下石残）

（上石残）革之壮观者，失其大半。幸值家室盈宁之际，人兴既富方毂之思而三社耆（下石残）

（上石残）向之鲜丽夺目者，今复望之而俨然矣。向之考钟伐鼓而祈福清净者（下石残）

（上石残）像仁寿，渭水之潺湲临诸前，源远流长。潜心静会，当年之创，迨（下石残）

（上石残）奇逢，是亦块石观璞玉野获，视麟瑞之。凡胎肉眼而已。（下石残）

（上石残）者为能知之，所以田泉之吉地，克建此坛坫也，（下石残）

（上石残）清净之地而继续重新妥侑，弗替其莸（下石残）

（上石残）醇良。仙坛隔代久，人心享（下石残）

（上石残）生员 李养俊 李允恭 李可弟 齐必亨 李允

白 李相 奕从仁 李闻基 李作（下石残）

（上石残）生员 奕作贤 胥丙（下石残）

14. 重修三清大殿南昌上宫碑记碑额

尺寸：额高 67 厘米、宽 30 厘米

碑状：残存碑额，中篆刻"重修三清
大殿南昌上宫碑记"，3 行，行 4 字。字迹
清晰

今存：南昌宫

15. 录功纪德永垂不朽碑额

录功纪德永垂不朽碑

尺寸：碑额高 36 厘米、宽 21 厘米

今存：南昌宫

碑状：碑额中篆刻"录功纪德，永
垂不朽"，2 行，行 4 字。

九　宝鸡市虢镇香花山道观、铁牛庙道观碑目

　　香花山道观，又名"香花洞"，位于陕西省宝鸡市陈仓区（原宝鸡县）虢镇城东15公里的阳平镇晁阳村。

　　香花山名来远古。史载周成王曾年游历至此，见松柏参天，香花遍地，游不尽兴，因名"香花山"。先秦时，秦宪公、秦德公先后迁都平阳（今阳平镇）、雍城（今凤翔县）；香花山东襟平阳，南屏雍城，曾为驻防要地。传说西汉元封（公元前110～前105）时期，九天圣母命七仙女代劳巡狩，检校人间善恶，显化一方，土人见之，仙姑化石而僵，遂名"七娘坡"。唐代，药王孙思邈真人漫游民间，采药至此，正当九月菊香，恋而不去，即在当地治疗民疾。时人感念药王恩德，复名"香花山"。香花山地属京畿道，是北达岐雍、南渡渭河的必经之地，曾繁华一时，数度兴废。唐末，梁王朱温与岐王李茂贞为争夺唐昭宗，激战于虢县城北、凤翔城外，使香花山建筑毁于兵燹。及至南宋，蒙古大军进入关中，围困京兆（今陕西西安市），进逼凤翔。金兵坚壁清野，固守待援，使地处水陆要津的香花山再度毁损。元明以后，随着渭河的南移，道路的开拓，香花山虽然失去了昔日重要的战略地位，但随着道教全真派的兴盛，香火又逐渐旺盛起来，成为陕西关中地区西部的道教名山。

相传香花山道观始建于隋，鼎盛于明。兴盛时期，香花山殿宇鳞次栉比，亭阁遍布冈峦，碑石多达 20 余通。由于历代屡遭战火浩劫，古迹被毁，碑石尽失，其建观年代已不可考。20 世纪 80 年代以来，几经修葺，香花洞道观焕然一新。天然洞群有药王洞、娘娘洞，洞内分别塑有三官大帝、黄帝、玉皇、老君、药王、七仙姑及全真教五祖七真等 50 余尊神像，及药王爷诊龙治虎、为民舍药和七仙姑栩栩如生、教化民风的彩塑。1988 年，香花山道观被宝鸡县民政局批准为道教活动场所。2005 年，陈仓区道教协会正式成立后，会址由磨性山迁设于道观内。

铁牛庙，古称清泰宫，在今虢镇东街。近年来新修葺，庙院殿阁粗具规模。

观中有"护牛亭"一座，存有两碑。高约两米有余，形制宏大，亭内另有一通古碑，亦记录布施情况。碑文涉及"同治回乱"等一些史实，颇具史料价值。

1. 重修香花山道观碑

年代：清嘉庆六年（1801）

按：据道观住持全真龙门派第二十代传人江明修道长告知：现仅存两块碑石，即清嘉庆六年"重修香花山道观碑"和民国四年"重修香花山道观碑"，均被压在旧戏台下，无从拓抄。江明修，坤道，现任宝鸡市道协顾问、陈仓区道协会长。

2. 东阳堡重修清泰宫碑记

年代：清光绪二年（1876）

撰者：严岐节

碑状：碑高两米余，形制宏大。碑阴为功德主名单

今存地：宝鸡虢镇铁牛庙碑亭中①

碑记：

东阳堡重修清泰宫碑记

盖闻祭祀之典，有其举之莫敢废也，故近年军需以后，几被兵焚之，庙宇无不渐欠修理。诚以一方有人，一方既有神，神所凭依之处，人未有不生其畏敬政祀者也。

东堡东南隅有圣母宫，今之所谓清泰宫者，其遗址耳。惜□碑碣无存，未由考其所始。顾自我国家承平以来，屡经补修，历有所迨。同治六七年，经回匪扰乱，焚烧殆尽。堡之父老目睹遗像暴露，不忍生视，受集众共议重修，众心踊跃乐存。既为之，鸠工庀材，于光绪元年二月兴工，特建大殿六楹，以及关帝、文昌、药王、牛王、太白诸神。建献殿四楹，共途迨之，其以便陈俎豆牺牲。东挟殿两楹以及三圣，西挟殿两楹以及圣母。又奎楼、钟楼一座，小大山门两座。院东起厦房五间，复于山门外西边龙王庙两楹。二月动工，迄十月工斯告竣。栋宇壮丽，金碧辉煌，其费金两千有余。其工顾不哉！众议以宫内所记，本非一神，不宜偏称，遂更其名曰清泰宫。盖□一方清泰，门神保佑之议也。今岁卜吉立碑侧，而知余为记。观天宫之形势，东连岐雄踞，闻辅之险，西接千、陇，秀钟吴岳之灵，周原北枕而主山高，渭水萦而襟带远，此一方大观也。

地既有灵，人亦自杰。从此入庙享祀者，睹壮严起之心同在，同灵有感有应，民和而神降之福，即在此依据也。已因为详记由来，以为后之钟事者，叔庶已有举无废，而目之可以不朽。已至于话关于尊神之功德，或于民以死勤事、以劳定国，为民制大蕃杆、大祭头，列在记，固无庸为之，更赞一词也之云尔。

---

① 亭内另有一功德碑，为捐施人名，略。

敕职授即前渭南县教谕保耀例林

己未恩科举人弟子严岐节熏沐顿首敬

庠禀科举人弟子权笃熏沐顿首敬

邑庠生员弟子王化西

生员弟子王祖荣同前

总管人、经理人、督工人（省）

光绪二年岁次丙子桃月上浣穀旦

3. 重修香花山道观碑

年代：民国四年（1915）

按：据道观住持全真龙门派第二十代传人江明修道长告知：现仅存两块碑石，即清嘉庆六年"重修香花山道观碑"和民国四年"重修香花山道观碑"，均被压在旧戏台下，无从拓抄。江明修，坤道，现任宝鸡市道协顾问、陈仓区道协会长。

4. 重修虢镇铁牛庙碑记

年代：1999 年

撰者：虢镇东堡村铁牛庙管理委员会

碑记：

重修虢镇铁牛庙碑记

铁牛庙位于古城虢镇东门外，其东迎太白之雄，西接吴岳之奇，南呈秦岭之祥，北启周原之秀。历经虢都、秦邑、魏郡、唐州等数千年青史，倚原俯水，襟城卫堡，自古乃是胜迹宝地。据史载，铁牛庙在战国时为秦宣太后宫址的一部分，秦汉时为皇帝郊雍亲祭渭水之神的祭址，宋金时为两国贸易的主要权场。因庙内原主奉圣母，故早称清泰宫。后因庙下渭河时有泛滥，危害生灵，先民根据五行之说，于清乾隆五十一年在宫内铸造铁牛以镇洪水。斯牛极为精美雄壮，而渭水不再危及虢镇，遂使铁牛闻名西北，是故民间自此皆呼清泰宫为铁牛庙。庙经历代修葺到清末颇具规模：以坡起势，中轴为线，南北排列，错落有致，庙宇巍峨，拱斗飞檐，雕梁画栋，气势壮观，与附近的东门城楼、明代宝塔、清朝牌坊，相映生辉，宛如仙境，形成西府一大名胜。怎奈民国战乱，十年浩劫，几被全毁，仅留山门，使三界无宁，山河失色，父老扼腕。今逢盛世，百业兴旺，民心思治，政策英明，故而乡亲父老皆有重修铁牛庙之意。为弘扬传统文化，修复家乡名胜，教化人心，净化乡风。我们顺应民意，经乡亲们推选成立铁牛庙修复委员会，于九二年重铸铁牛，九八年因地制宜，重修了砖混结构的二层仿宋式歇山顶的依山阁楼。根据原貌，在一、二楼敬塑三太白、文昌、药王、关帝、财神、魁星等金身，在一楼诸主神位上增奉城隍之尊容，使庙内主神基本齐全，并新建砼木结构两层仿清式卧牛亭。工程先后持续一年，共耗资二十余万元，于九九年农历四月初八隆重开光受飨。在修复铁牛庙过程中，乡亲一呼百应纷纷解囊，鼎力相助，令人感动！为褒扬众民功德，特刻石记叙，以示不朽。

虢镇东堡村铁牛庙管理委员会

公元一九九九年十月吉日恭立

会长：靳鹏福

委员：杨清泰　靳秀芳　谢玉霞　杨素霞　郭鉴洲
　　　刘素霞　宋秀霞　付芳娥　单周田　刘秀果

书丹：王志哲

雕塑：卫红指等

5. 修复铁牛庙记

年代： 2008 年

撰者：虢镇东堡村铁牛庙管理委员会

记文：

修复铁牛庙记

铁牛庙始建于唐代，盛于宋代，历经一千三百多年的洗礼。屡损屡修，至解放初乃具规模，"文革"中惨遭浩劫，庙被拆，铁牛遭毁，一片惨景。

一九七八年后，百业俱兴，社会和谐，广大村民都有修复铁牛庙之愿望，遂于一九九八年十月在村老龄协会的支持下，组建了由罗毓春、靳鹏福、靳秀芳、谢玉霞、罗建文为成员的修建铁牛庙领导小组，又于一九九九年七月正式成立了铁牛庙管理委员会，制定各项管理制度，修复工程鳞次展开。一九九八年随地势修建了六楹砖混结构的二层楼阁，二〇〇〇年修建了安放铁牛的砼木结构仿宋式六角两层琉璃瓦楼宇，二〇〇二年修建了砖混二层仿古廊楼，二〇〇三年重铸了铁牛，二〇〇四年修建了歇山式飞檐临街北山门，二〇〇六年东堡村投资万余元的水泥砖料协助修建了附有钟、鼓廊的亭阁式南山门，二〇〇七年修建了通往牛亭的走廊，二〇〇八年春修建了五间长廊，庙内外彩绘一新。大殿一楼安置了城隍、关帝、财神圣像，大殿二楼安置了三太白、药王、文昌、青龙、白虎圣像，二楼廊上安置了魁星、八仙圣像，大殿西侧一楼安置了圣母、娘娘、龙王、夜叉圣像，东侧修建了土地、孤魂龛，牛亭西侧五间长廊塑置了西虢警世院。

此建筑群先后投资八十余万元，规模之大、布局之精、结构之妙、档次之高，在关中西部少有罕见，被市、区人民政府公布为重点文物保护单位和文明宗教活动场所，成为西府一带名胜景区和游览胜地。西虢古地，人杰地灵，铁牛奇观，千古留名。昔逢难遭毁，今有幸重修，凭仁人志士之功，依能工巧匠之手，还庄严肃穆之貌。

修复铁牛庙在艰难中起步，困难不少，幸有众乡亲和各界鼎力相助，诸多善举令人感动。特别是杰达房地产开发公司经理张杰捐助一万元，东阳建筑公司捐助工、料、现金十余万元之多，东阳租赁站无偿提供了六千余元的钢模，东阳沙石厂无偿资助了三千余元的沙石，东阳纸箱厂、东关加油站、东关市场等单位在修建过程中都做了不少的贡献，诸多老人义务奔波投资投劳，彰显了本地勤劳、忠厚、善良的纯朴民风。特勒石铭记，以启后昆。

虢镇东堡村铁牛庙管理委员会

二〇〇八年四月吉日　恭立

6. 重修铁牛庙铭记碑

年代： 2015 年

撰者： 蒋五宝　王天才

书丹： 王书刚

镌刻： 刘银虎

碑文：

重修铁牛庙铭记碑

虢镇铁牛庙为关中西部著名的道教圣地，始建于唐，兴盛于宋，衰败于民国战乱，毁泯于戊申年破四旧狂潮之中，惟留铁牛遗角独存。原庙南山门，因红蛇悬梁，岁少惧，畏拆而幸免于难。昔日飞檐流角、红柱绿瓦之庙宇，夷为平地。山门冷落，香火几灭，神灵窝居，庶民膜拜无所，天怨民愤，重建铁牛庙乃众望所归。靳鹏福先生承民愿、顺时宜，择机筹建庙管会。自戊寅年秋始，携同仁、抵非议、拒商风，集群策之优，纳众贤之智，启庶民之迪，借物阜年丰之遇，倾心致力重修铁牛庙。有识之士，应者如云。靳老不顾七旬之躯，率众奔忙十七载，免记其酬，无怨无悔，日夜操劳，筹款聚资三百六十余万元，先后修建殿台楼阁、桥廊四十余间，新塑神像四十余尊。重建之铁牛庙，添珠集贝，琢石雕木，霞瑞辉映，宝殿庄严，门楼宽阔，恢弘大气，耀眼生辉。祖师圣像、浮雕、壁画，庄重威严，栩栩如生，光明祥和，香火鼎盛。再显庙宇当年之辉煌，成为西府民众参禅悟道之胜地，成为善男信女祈福纳祥、消灾解厄、祈求平安、教忠育孝、生子还愿的祭拜场所，成为有求必应的民间神灵福地。靳老力鼎庙宇重建，工标誉满乡里，功不可没，令人敬仰。谨书其铭，立碑记之，铭其功、彰其德、显其志、扬其名、倡其行，以其百世流芳。亦冀昭示后人，弘扬善德。玄门开天宇，道观通九州。愿铁牛庙佑护黎民，百福具臻，辉煌永驻。

虢镇铁牛庙管委会

公元二〇一五年农历十月初六日　立石

撰文：蒋五宝　王天才

书丹：王书刚

镌刻：刘银虎

十 宝鸡市益门堡道观碑目

　　益门镇，即今陕西省宝鸡市渭滨区之神农镇，位于清姜（古名清江）河西岸，距市区 8 公里。1958 年，因建益门乡于益门堡而得名。益门镇作为古代宝鸡通往四川的门户，其在当时的政治、经济中占有不可忽略的地位。因是古益州之咽喉，其地势险要，易守难攻，历来为兵家必争之地。史载"凡有事梁益者，必取道于此"，故名益门。清康熙皇帝的十七子爱新觉罗·允礼（1697～1738）曾有《益门镇》诗一首，描述古益门镇的雄姿。诗曰："峭仞奔霆会益门，乱峰中裹一丝行。更登大散关头望，无数云山此送迎。"

　　益门镇的古庙宇，更是数不胜数。有通仙观、诸葛亮庙、老子说经台、药王庙、祖师庙、灵官庙、菩萨庙、关帝庙和吴公祠等。据《宝鸡县志》记载，宝鸡县南益门镇之通仙观，旧址乃散关令尹喜故宅。其宅院内有道家创始人老子给尹喜授经的"说经台"。其中吴公祠，又称吴涪王庙、武安王庙、吴玠吴璘庙，祭祀南宋抗金名将吴玠、吴璘昆仲。淳熙中，吴玠（1093～1139）追封涪王，谥武安，世称涪国武安王。吴璘（1102～1167）封信王，谥武顺。

　　益门堡村二组的关帝庙是个小庙，坐落在戏楼西面，背后紧偎宝成铁路 1 号隧道旁、距离村口不远的河边。关帝庙院内收集的碑，按年代约有：明万历碑，清顺治、嘉庆、道光和咸丰碑。据看庙人叶林清介绍，吴公祠和关帝庙原来都是建在西山的半山坡上，1955 年宝成铁路修建至此时，吴公祠和关帝庙的主殿被拆掉，只留下了关帝庙的前厅。原来祠庙的神像早已损毁，现在的关公像大约是20世纪80年代重塑的，放置在前厅里供人祭拜。吴公祠拆迁过来的神像一直没有再塑，只保留下《重修大王祠碑》等几块碑刻。二庙合一，众多的石碑汇集于此，因此如今的关帝庙，变成了宝鸡的一个"小碑林"。20世纪五六十年代，庙里原有个电磨坊，村干部在磨坊里挖了个坑，把很多残碑埋在了里面，但村民们说，埋碑的具体位置现在已记不清了。

　　新中国成立后，川陕公路，宝成铁路相继开通，交通日趋便利。益门镇已渐渐失去了它的历史地位。

1. 白鸾政绩碑

年代：明正德五年（1510）

原存地：益门堡关帝庙

今存地：区博物馆

按：1984年，附近驻军在清理营区时，在关帝庙附近的隧道内清理出明正德五年（1510）竖立的白鸾政绩碑，后来上交给了区博物馆。

2. 重修益门口汉寿亭侯关帝祠记

篆额： 白登云

年代： 明万历十一年（1583）

撰者： 金台居士范稽古

题扁： 刘兴隆

书丹： 白必亨

尺寸： 碑高 152 厘米、宽 68 厘米

立石： 会首陈克敬等

碑状： 碑额已佚。碑沙石质，风化较严重。周边芸草纹饰。字迹尚清晰

今存地： 宝鸡益门堡

碑文录自： 原碑

碑文：

重修益门口汉寿亭侯关帝祠记

金台居士范稽古撰文　　　后学刘兴隆题額

据镇形：江山环抱，毓西南之秀气，故其俗仕侠慷慨，神之庙祝于兹者，尤灵异焉。镇之西有关公祠，历年久垣域。□□□老陈兄敬等相谓曰：公汉世之臣，今庙貌额弗侪。环居左右，坐袒其坏而不为整饬，神岂安之哉？遂输财鸠工，凡宫殿之墙垣门屏之类，敝者新之，缺者增之，倒置者起之，浅隘者辟之。仍于庙右置沃田一区，为守护者资养。癸未仲春，厥功已完，览之日，耀霞飞门阑之文也。竹芭松茂，墙垣之固也；磨斗翔天，宫殿之峻也。巍然可仰赫面长须龙象□之威也，颐□可畏。予叹曰：伟哉斯宫！神其尊之。诸君请记，遂记曰：丕显哉！公之忠昭乎！汉史不赘公之神沛乎！后世可历指焉。乃若□主攘夷狄、铢奸谀忠魂，未尝一日解。至疾病必祷，水旱必祷，物不得其平必祷。兆之冥寘者屡验之甚爽，况当时越□蚕□免之境，历鸟道、羊肠之险。出入云栈，与魏、吴相角。瀑布古传，勒骏马益门，谁谓无遗灵耶？昔人立祀于清江之浒关，岂□据而徒设哉！近年以来，貙氓孔化虎，咆哮出山谷，白昼哑人，为害甚惨，今稍息仅免。行居者惊备，议者谓公不忍无辜被害，故默以驱除之。

呜呼！天不祚汉，未能遂恢复之计于当时，二千年后，胡为而能卫社稷与生民耶？兹盖堂堂正气如水□地中，天下如此，万古如此。今际有道之运，奋奋以潜翊之，故至蠢至猛如虎狼，且畏而避之，况灵于虎狼而所性如之者，宁不惕惕然恐耶！况刚方正大如公者，宁不兢兢然敬耶！今边隅澄清，国家享磐石之固，虽圣天子贤宰司之攸致而义勇之默赞者，亦不可不铭之金石也。记竟，复或韵语一章。春祀秋尝，俾歌舞者吟哦之，以迓神云：

水色山光笼绛宫，行人指点概髯翁。已知天意终微汉，使破心力竟匪躬。刃面余锋犹凛凛，马蹄劲气益彭彭。悠悠千古忠魂在，胜似昔年恢复功。

　　益门后学白必亨书丹　　　后学白登云篆额

　　时万历癸未春二月吉日

　　本镇会首陈克敬　陈口　刘东　张绪　刘绅　张蕃　张吉彭继荣同立石

3. 顺治丁亥碑

额题：皇清

年代：清顺治四年（1647）

立石：宝鸡县知县薛志前

尺寸：碑高138厘米、宽57厘米

碑状：碑圆顶，额楷书。碑周边蔓草纹饰。螭座为后配。碑体完整，碑面风化严重

今存地：宝鸡益门堡关帝庙中院廊下

碑文录自：原碑

碑文：

顺治丁亥碑①

皇清

顺治丁亥奉

肃王令旨开平栈路□□（下泐）督察省二副总兵赵启祥

钦命总督三边军门（下泐）关西军指挥佥事李攀惠

钦差总督三省户部王□　□县府知府靳彦选

钦差巡抚都察院黄（下泐）督工通判张敦素

钦□□关西道副使白（下泐）知府推官李淮

督标督工都司李英杰　　　王曰然

抚标督工都司邢国玉　　　王定猷

鸡县知县薛志前立石

巡检刘文学

百户杨启□

4. 诰命圣旨碑　附碑阴

年代： 清康熙三十六年（1697）

尺寸： 约 1.5 米高

碑状： 石碑碑帽已佚，碑身浅埋入土。约有 1.5 米高

今存地： 益门堡贾村镇陵一村老母宫的小庙前

碑文：

诰授中宪大夫江西吉安府知府强公致中②（右泐）诰封恭人

---

① 碑原无名，编者增加。

② 强致中，清顺治十一年（1654）中举，历任怀柔县知县、户部四川司主事、吏部福建司员外郎和刑部湖广司郎中，江西吉安府知府，兼管著名的景德镇官窑。强氏一族是贾村塬大族。

容氏（石泐）

附碑阴

按：碑阴是诰命书[1]，并钤盖"制诰之宝"之章。

5. 禁采兰草碑记

年代：清雍正五年（1727）

撰者：杜赍生[2]

碑状：碑身麻石质。上面刻着许多小字，已
泐湮，难以辨认。小字上面有 6 个较大的字，
"禁采兰草碑记"还较为清晰。碑脚旁遗有一个
像是碑座的石头。现今之碑是 2012 年在雍正五年
旧碑的基础上加以清整后复立的，碑阴镌一株兰
花，秀丽典雅

尺寸：碑长约 150 厘米、宽约 50 厘米、厚 15
厘米

今存地：宝鸡渭滨区神农镇益门堡村三组三凤台

碑文：

禁采兰草碑记

宝鸡县知县杜为禁采兰草事。

宝邑旧例，地方官于二三月内命益门镇四村百姓，入山采取
兰草，常被虎狼毒物伤身殒命，本县莅任后闻之，深为悯恻。随
据各堡居民人等公吁到县，为此永行禁止，令小民勒石，以垂久
远。是为记。[3]

---

① 内容大致为：江西吉安府知府强致中因政绩和品德卓越，特授予中宪大夫四品官阶，夫人
　容氏诰封为恭人云云。
② 杜赍生，清代四川阆中县人，举人出身。清世宗雍正五年（1727），任宝鸡知县。
③ 碑文据《宝鸡县志》补入。

6. 奉旨修理栈道碑

年代：清乾隆六年（1741）

尺寸：碑高 140 厘米、宽 72 厘米、厚 12 厘米

碑状：碑沙石质，已风化。

今存地：宝鸡益门堡

碑文录自：原碑

碑文：

奉旨修理栈道碑①

奉旨发帑修理栈道

□□乔□

乾隆六年八月二日上（下泐）

7. 禁供兰草告示碑

年代：清嘉庆十年（1805）

撰者：何其傛②

尺寸：碑长约 70 厘米

碑状：碑为卧碑。碑质为石灰岩。边饰蔓草纹，碑文楷书，保存

---

① 碑原无题，编者增加。

② 何其傛，时任宝鸡县令。

较好

今存地：现镶于益门堡二组关帝庙前殿的前檐墙壁上

碑文录自：原碑

碑文：

禁供兰草告示碑①

特授宝鸡县正堂加五级又军功加一级纪录十次

何为永革陋规，免扰累事。查得旧规：每年二三月间署中差役在通川、永丰、太宁三里采买兰草，以供署中赏玩。而该□转责之乡保，乡保因而科□里民以供。是役为中去役籍端需索乡保，乡保据名序摊，展转衍于弊，难枚举，以至三里之民，均受其系。窃念兰草微物，亦关紧要，止以供数日之玩弄，而令我民岁岁受累，心复何安。本县莅任成业，将此陋规革除。但恐里民未能周知，而衙役乡保人等仍藉此科敛累民，亦未可口。今行出示晓谕，为此示仰三里军民人等知悉。自此之后，永不用尔等再供。是役其署中衙役，从该处乡保仍行需索、借端科派者，尔等指名禀案，以凭严究。本县言出法随，决不姑宽。毋违。特示，右仰通知。

嘉庆十年二月三十日

告示　押

益门镇大湾铺绅士　徐鉴昭　张养志　张腾蛟　张汉元

谈义　张登高　张养生

乡保　张宏义　武建业同居民人等勒石

8. 重修关帝庙碑记

年代：清道光十四年（1834）

篆额：邑武生彭重英

---

① 此碑又名《永革陋规告示碑》。

撰者： 修职郎徐鉴昭

书丹： 邑弟子谈三坟

尺寸： 碑高 160 厘米、宽 71 厘米、厚 14 厘米

镌刻： 富平石工刘正祥

碑状： 碑无额。四周几何纹饰。字迹清晰，保存完好

今存地： 宝鸡益门镇

碑文录自： 原碑

碑文：

重修关帝庙碑记

雍州居四关之中，宝邑西南隅，渡渭而南十余里，即蜀道出入厄塞要地。镇曰益门，旧有关王庙，莫稽所始，盖祀汉寿亭候者。后世以神异，加王封，因称庙云。镇之民化凶为祥，回沴为和。据形险阴为捍御，悉有征应。神之庙祀于兹者，有异灵焉。顾历年多所像貌已秒，垣宇既颓。况以忠烈未泯之精英，当咽喉锁钥之地，则庙可使之终圮哉？前明万历年重修，我朝乾隆年重修，俱有碑碣牌匾。前人屡整饬而后人不知补葺之，何以酬神貺而绍先烈乎！遂输财鸠工，饰神像，修墙屋，罔不整密焕然复新。诸君俾余为记。余惟帝之勋德垂史，名节震世。何敢措一辞，独惜史传为王虎臣，有国士风，而于大者弗及，后世君子莫为深论，岂陈寿之见耶？东都之季，操窥汉鼎，权据吴会。二

袁、公孙，称侯称牧，其才智勇略之士，不拥兵角立，则观望强弱，以为去就，不复知有刘盛昭烈。虽有志恢复，奔北流离，无识正统者。帝以神威雄姿独识帝室之胄，委身事之，辞义孟德，绝婚仲谋，生死颠顿之际，不为震撼。天若祚汉，耿、邓不足称矣。决择执守之正真，所谓托孤寄命，临大节而不夺之，君子人也。武侯而下，讵有此乎？虽然寿帝魏寇汉孔明、伊吕之师、谓之将略非长，其不知帝也宜矣。今祀庙遍海内，视当时窃据篡盗不再传，而残戮败坏遗秽无常者，何如耶？使得削平江左，整旅而出寻，虽阴陈仓故道，北定中原，其心固未尝一日忘此路也。殁而有神，必知眷享于此矣。是故铭诸金石，非特不没人善，而实不忘帝德也。已是为记。

明进士浙江道监察御史山西巡按白公□鸢十世孙喜、新智、知凭、知艮、聪，合族捐银二十四两

例授修职郎候铨儒学司训岁进士徐鉴昭撰文

邑弟子谈三坟书丹

邑武生彭重英篆额

首事人	彭嗣祖	施银十五两
	谈钊	施银十三两
	张鸢	施银十三两
经理人	张大典	一两二钱
	张贵	六钱
	杨贤礼	一两□钱
	杨格	六钱
	何致中	一两二钱

武进士　徐鉴昭　范中莲　段章　以上各捐银二两四
　　　　吕绎如　张尚礼　张思齐

富平石工刘正祥镌

　　住持　　　刘礼福

大清道光十四年岁次甲午应钟之月毂旦立石

9. 益门符家村关帝庙

年代：清道光十九年（1839）

碑文：

益门符家村关帝庙

　　按：碑记记载少，符家村关帝庙始建于康熙初年，雍正八年，嘉庆九年，道光十六、十七年皆有重修。村人呼关帝为"福神"。1995 年 8 月，符家村人又重修了关帝庙。碑文缺。

10. 大王祠碑记

年代：清咸丰十年（1860）

撰者：登仕佐郎徐联甲

书丹：谈三坟

尺寸：碑长 93 厘米、宽 61 厘米、厚 13 厘米

碑状：碑无额。周边草花纹饰。碑面石花较多

今存地：宝鸡益门镇晁峪乡太寅关帝庙内

碑文录自：原碑

碑文：

大王祠碑记①

　　大王祠创建于益门镇者，不知肇自何年。嘉庆岁在强圉赤会

---

① 碑无题目，编者增加。碑记南宋名将吴玠、吴璘兄弟在益门镇抗金之事，表彰吴玠兄弟的功勋，说他"功同武穆（岳飞）"。吴玠逝后，被朝廷追封为涪王，被益门当地民众尊称为"宋世大王"。

若重修①，迄今四十余载。风雨飘摇，丹垩剥落。□□门，院墙颓圮无存，其将何以迓神庥也。爰有会末刘大文等，不避嫌谤，直任怨劳。于是倡众募赀，聚砖□创建山门一楹。庙左旧有道厅三间，塌圮多年，整饬扩充，移建山门之右。山门之左，创建二楹街房五间。圣会香火设馔之资，门外帮砌石崖百丈，门内匠工辐辏，不日成之，祠貌焕然一新矣。工经于咸丰六年孟□，文以志捐赀姓氏。适有客问余曰："大王谁？何也？其姓氏爵秩功绩，可得闻欤？"余考之邑乘，并据天水郡□：吴也，兄讳□，弟讳璘，字□乡，陇千人也。少精骑射，攻战积功。绍兴初，王败兀术于神岔。隆兴十二年，□□都统制璘为检校。少□鏖战于仙人关等处。血战连日，金人屡败，数年不敢窥蜀。王终以大散矣为□，□兵于和尚原，遏阻金人，大败兀术。王不仅熟精韬略，且自著《叠阵》《地网》各法，今皆可考。乾道初年，薨□于益门镇。迨后以屯兵牧马之大王岭、和尚原一带地方，产物悉归于祠，以供祠用。益祠之建也，其英烈□施雨泽、驱蝗虫，且御大灾，捍大患，化凶为祥，回沴为和。其以佑斯民者不可殚述也。考之南宋精忠以王为最，故余父题其祠额曰："功同武穆"。其声灵之赫濯，皆可得而闻也。邑人杨申木②诗云："高原虎踞万山中，□北能争秦栈险，东南可使蜀江通。扼关有将擒千虏。当道无人返两宫。试看岩头松磷迹，至今血泪洒秋□。"

例授登仕佐郎侯铨巡政厅徐联甲薰沐撰文

钦典春望公举乡饮耆宾谈三坟沐手书丹

首事人　刘大文　徐联甲　杨射斗　各施银二两

　　　　谈三坟施银一两　　　　　　吕廷洞施银一两

---

① 强圉即干支纪年"丁"，赤会若亦作赤奋若，干支纪年"丑"，嘉庆丁丑即嘉庆二十二年，公元 1817 年。

② 杨甲木，乾隆辛酉科选贡，今渭滨区神农镇人。

吕振齐　　杨英灵　　马祥瑞施银□□　　　杨淑灵

何臣汉施银三钱　　何登龙　　彭输施银二钱

徐连级施银一钱　　徐全仁　　杨模　　　杨清灵

杨卓灵　　徐英　　　段希鳌　　吕兆熊　　徐肇基

刘忍　　　刘举

刘正　　　徐印月　　沈习周　　张世福　　董宗昌

赵吉祥　　张中　　　张钧施银一钱　　　吕廷正施银一钱

杨复灵　　孙秀各施银三钱　　马廷璋　　杨景太

何生金　　姚书善各施银两钱　　　　　姚新施银八钱

姚蕊　　　张亚芝各施银六钱

时咸丰十年岁次庚申姑洗月上浣榖旦立石

11. 兰草碑复立记事

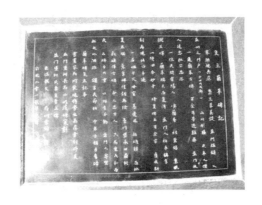

年代：2012 年

撰者：巨侃

书刻：马珂

立碑：益门堡村民委员会立碑

碑状：碑青石质

今存地：宝鸡益门镇三凤台三霄神女大殿旁

碑文

革陋规典范，禁兰草美谈。益门雄镇，入蜀门户，山川形胜，民阜人杰。

一通兰草古碑，百余年芳迹难寻，益门后人徒念杜公恩德。

一位民间有缘人，嗅兰香，结兰缘，慧眼识兰碑，兰草碑失而复得，益门人拍手称幸。

一双回春妙手，修复碑文百余字，旧痕新刻再现杜公手迹。

一届地方父母官，慕遗风，拓雄镇，原址复兰碑。兰草碑佳话再续，益门堡承旧鼎新。

新碑伴古碑，今人思古人，只为爱民和为民。石碑千斤重，口碑重千钧。益门人寄望：拓文化渊源，跃富民节拍，千年古镇自奋蹄！

兰草碑复立记事

书画家马珂发现、博学生高蓓书刻修复

益门堡村长马小峰护碑策划

益门堡村民委员会立碑

巨侃撰文　马珂书刻

公元二〇一二年十月

12. 后墙碑

年代：清代嘉庆、道光年间

按：在村民引领下，我们绕出庙门，沿着杂草丛生的铁路线防护网走到庙背后，才看到了这块碑。碑似乎是青石质的，约一人高。砌在庙后墙的右侧墙上，上面的一团墨迹，表明以前被拓印过。碑上具满人名，有徐鉴昭①等捐石建庙字样。这块碑的正面嵌在墙里看不见，

---

① 徐鉴昭之名也出现在"永革陋规告示碑"上，其人是一名热心镇上公益和文化事业的乡绅。

但从徐鉴昭先后出现在嘉庆碑和道光碑上可以判断，这块碑应是制于清代嘉庆、道光年间。这块碑因靠近铁路，又值小雨，关帝庙管事人认为危险，不同意做拓片。

十一　宝鸡市陇县温水镇老龙殿道观碑目

　　老龙殿在陇县西北7.5公里的温水镇温水乡柴家洼村。山腰石缝间流淌着一溪清水，隆冬不冻。《雍大记》载："其水隆冬不冻，一名汤池。水沸如汤，故名温泉"。这就是古陇州八景之一的"温溪不冻"。其地山势幽邃，水从山腰石缝进出，顺崖石流下。山脚下有座庙宇，现殿前无山门，据看庙八旬老道人说：民国末解放初，此处朱梁画栋，林荫映辉。因庙内祀"龙王"，故名老龙殿。现庙已败坏，唯存大殿旁两株松柏，郁郁葱葱。庙左现有丰收水库，侧有地震台。老龙殿以其温泉而闻名。在老龙殿庙宇脚下，一连排列着几处温泉，以珍珠泉最具特色。珍珠泉约三尺见方，清澈见底，泉底为石质，水从石缝中进出，在水面形成水沟、水花，似颗颗珍珠晶莹剔透、明光闪闪。冬季水温在15℃以上，因而水面热气腾腾，与泉外冰天雪地景

观形成鲜明的对比。民间传说，常饮此水可治胃病，洗浴可明目和治疗皮肤病，伏天喝此水用来防止流鼻血，产妇喝此水可增加奶量和提高乳汁浓度等。因而，来此朝山游览者，都要饮用一碗珍珠泉水。1970 年，政府利用温泉水源，在珍珠泉下方修建了丰收水库，为老龙殿又增添一处景观。

现存碑位于山下庙殿左右及上山途中，因年久，碑石面模糊，字迹难辨。道途旁有几块残碑倒卧草丛，立者则用木石支撑，随时有仆倒之虞，游人不敢靠近。

1. 重修温水镇龙王庙记[①]

额题：皇清

年代：清康熙四十七年（1708）

撰者：知陇州事宜思让

书丹：马奇生

尺寸：碑高 100 厘米、宽 63 厘米、厚 5 厘米

碑状：碑额楷书题"皇清"二字，旁线雕双龙。碑四边蔓草纹饰。字迹清晰，保存完好

今存地：陇县温水镇龙王庙

碑文录自：原碑

① 《民国陇县野史》卷三记载有"重修老龙殿碑记清康熙四十七年（1708）立，碑佚"。《民国陇县野史》，王宗维编撰，手抄本，分上下两编 12 卷，约 40 万字。上编卷一至卷八，为述古部分，记述了陇县的建置沿革、疆域、城池等 35 个篇目；下编卷九至卷十二，记录了清光绪三十二年（1906）至民国 38 年（1949）期间陇县的禁烟、政治、军事、文化教育、征丁、差役、灾异等大事。王宗维，字守贤，陇县东南乡菜园村人。《民国陇县野史》卷六［民国三十四年（1945）手抄本，1985，中华书局影印，第 312 页］记载康熙四十七年"重修温水镇龙王庙记碑"已佚，然则此碑未佚，乡民为保护，深埋地下。笔者见到时，是挖出重立的第五天。有幸也。

碑文：

重修温水镇龙王庙记

　　陇州治之西北十五里许有泉源出太乙山，清流喷涌，隆冬不冰。功能却疾，旱岁御灾，无不响应。是以里人立庙祚其上。镇曰温水镇，泉曰温水泉，庙曰龙王庙。四时远近祭享不绝。三韩宜思让于乙酉之岁，奉天子明命来牧于斯，迄今四年，雨旸时若，物阜民安。犬不夜惊，桑麻乐利。虽未几俗矣化成，仅能家给而人足。乃于戊子仲夏，雨泽衍期，赤日炳烈者匝月，让率属员、绅衿耆庶书役，虔诚步祷于尊神，应时油然沛然而勃然者，四境沾足矣。让念民天有赖，皆神力之通而州牧阴受其福，可无以报乎，遂鸠工庀材，捐资重修庙貌，不期月而告成。工竣之日七月既望，爰为记云。

　　奉政大夫知陇州事加一级纪录八次宜思让　生员马奇生书石

　　承务郎同知陇州事黄士璟　乡约俱国栋督工

　　石匠　宋友　赵良

　　工匠　王承乾

　　时

　　康熙四十七年岁次戊子南吕月吉旦立

2. 重修龙神庙记

年代：清道光九年（1829）

撰者：修职郎张淳雅

书丹：李来桂

今存：陇县龙神庙

碑状：碑保存完好。蛎头刻双龙戏珠。碑文字迹清晰。因不能靠近，无法做拓片及测尺寸

　　碑文录自：原碑

碑文：

重修龙神庙记

州治之西二十里，旧有老龙殿，其创修由来久矣。殿座下有流泉一脉，潺潺然从石空中涌出，潆洄旋转之。今遂积细流而成巨浸焉。土著者□①曰："此古神湫也。"陇人祈霖辄应，以故隣封之。岁旱而祷雨者，常络绎不绝。此非湫之灵，实神之灵。有一默相之斯神灵而湫亦并著也。其灵焉，乃历时既久，将就坍塌。睹庙貌者，群抱今不如昔之感，而太息咨嗟，每彷徨而不忍去。岁己丑，有住持李合居者，蒿目惨心，立愿重修，爰出金粟鸠工。渐次整理，重修大殿三楹，创建献殿三楹，余则施以黝垩，涂以丹臒，金碧采画，光耀照人。彼从前之将就坍塌者，□②期无弗焕然。□观秩然就绪，则妥神灵，而望报赛亦安，在今之不如昔也。是工也兴于暮春三月之初，竣年□七月之秋，凡阅三季而庙始落成。□虽曰住持之力，实则诸檀越之有以共勷其盛事也。由是兴云降□③，以应陇人之祷，以昭神明之灵不悉于兹可以也乎。故特记其事之巅末，且为后之主斯庙者知所劝云。

例授修职郎即补教谕己卯科举人张淳雅撰文

学徒李来桂书丹

本庙住持熊本魁　　　徒　李合居　孙合珠

徒孙　刘教兴　李教绪　张教纶

共捐费金二百四十六千文

道光九年岁次己丑秋八月望五日　　立石

---

① 疑为"金"字。
② 此处数字因支撑木阴影挡住，拍摄不清，不能识别。
③ 此处数字因支撑木阴影挡住，拍摄不清，不能识别。

3. 龙神庙重修碑记

年代：1992 年

今存：老龙殿龙神庙

碑文录自：原碑

碑文：

龙神庙重修碑记

夫天下郡国，非山水不兴者不为胜，山水非楼观登临者不为显。温水乡龙神庙位于城西二十余里之太乙山下，四周山环水抱，叠峦关厄，与景福、龙门一脉相通。其中殿宇轩昂，栉比鳞次，错落有序。殿座下有甘泉喷涌。水质甘冽，清沏见底。泉中游鱼屈指可数。水从泉中流出，川泽萦带。积细流而成。山间湖泊每逢春夏之际，云消雨霁。碧波荡漾，水天一色。登临其境，使人心旷神怡，万念俱寂。游者常络绎不绝。碑考龙神庙历世已千百年矣，人事沧桑。庙几经兴废。清康熙四十七年，陇州知事宜思让、同知黄士璟，荫受州牧，曾捐资重修。道光九年，主持李合居出金粟修葺。整理大殿三楹，创建献殿三楹，其余皆涂以丹腹，金碧彩绘，使庙貌焕然一新。其后有安徽人饶自修主持此庙，饶道生性宽厚，待人和善，虽八十余岁，仍鹤发童颜。声音清朗，步履矫健。后无疾而终。十年浩劫，龙神庙荡然无存，满目蓬蒿。狐兔为巢，惊其骇瞩，蒿目惨心。三中全会达人明时，宗教待举。上级领导，当地会首，及广大善信人士奔走呼告，龙神庙又继废墟兴建于一九八七年正月十八日。经众会首之艰苦努力，各方仁人善众积极捐赠。同年三月二十日在旧址上建成龙王大殿九楹，左侧建雷神殿三楹、客堂三楹、修造云厨三楹，皆形制古朴。初建告竣之日，四方善众莫不焚香拜谒，其盛况空前。去岁天大旱，禾苗枯焦，人心惶惶。主持王法明道长及众会首悲天悯人，立愿求雨。精诚所至，神灵无不应验。六月二十四日天降甘霖，万民欢心，纷纷捐资重塑龙王、雷神金身。于本年二月二十九月工程告竣。龙王殿斗拱飞檐，巍峨壮观。雕刻玲珑剔透，人物、花卉、鸟兽、虫鱼，栩栩如生。左侧雷祖殿，流霞飞翠。依山傍水，如鹏鹄展翅，气势雄伟。丹膜描绘，金碧辉煌，光彩照人。漫山遍野，广植松柏，它日之老龙殿，则苍松翠柏，郁郁葱葱。山桃野杏，争奇斗艳。入其境，何异仙山琼阁。迎神之日，山明水秀，海晏河清。太乙山瑞气萦绕，众善男信女，四方游客云集碧水湖畔，其仰神灵之圣德也。

公元一九九二年农历六月二十四日敬勒石

4. 老龙殿石拱桥落成记

年代： 2004 年

撰者： 胡百川

书丹： 闫丰厚

镌刻： 张拴怀　张学怀

今存地： 陇南老龙殿

碑文录自： 原碑

碑文：

老龙殿石拱桥落成记

　　道典云："道生一，一生二，二生三，三生万物。""人法地，地法天，天法道，道法自然。"老龙殿石拱桥是道学宇宙观的产物。老龙殿以自身的文化内含，赢得了温溪不冻的誉称。置身于古城陇州八景之一，永记史册，常享欣誉。它坐落在山青水碧的太乙珍珠泉之麓。太乙山又是得天孤实的罕生钟乳而吸引远近浏览者，闻讯于世。据考老龙殿自明永乐三年修建，清康熙四十四年、道光九年重修。又经当代多次增修，扩建改建提高以来，殿堂碧宇辉煌，环境高雅，觅颖林木含香吐翠，碧水静波相映，不少文人雅士、学者、山人、墨客、外宾络绎继继，堂堂受襄，真乃世外桃源，人间仙阁。为了发扬国光，张大秦风，开发景区，服务众生，开拓旅游事业，众会首集思广益，开衢通途，决策宜修建一座构通南北交通的石拱公德桥。在党的宗教政策指引下，在各级政府领导下，全体会首团结了温柴儿女和公德善事居士齐心合力，经苦寒，熬酷暑，奋战了一百五十多个日日夜夜，完成了七百六十七方土石沙泥，下挖回填、砌筑等艰巨任务，投工七千二百多个，耗资一万八千四百余元。于二〇〇二年六月胜利竣工，为广大人民迎来了欢欣和鼓舞，真乃造福千秋万代的壮举。群众深有感慨地说："殿沟石桥多风流，就地取材自己修。墩在西南坤子口，行人车辆都能走。游客欢庆咱拍手，子子孙孙共享有。"

公德桥的诞生，弥补了历史空白，杜绝了昔日过河跳列石、焚拜湿裤的现象，锤炼出了温柴父老和善事居士艰苦奋斗、创业的愚公精神，涌现出了大公济众、克己宽人、遇贤思齐、热衷善事的不少单位集体和许多争做好事的有识之士。县水电局对工程大力支持，在筑桥开路施工中，加快了进展步伐。温水镇政府重规这一工程，为建筑材料打好了可靠的物质基础。药王洞道院伸出同道友谊的双手，给了热情洋溢的实体援助。柴家洼温河等村委组织劳力，坚持不懈、同心协力。石工、木土、水泥、电工有机配合，体现了精益求精的责任。包干运输后勤等方面，出现了不少平凡而又感人至深的无私奉献者。为了颂扬上述当代新形愚公的崇高风范，铭记出大力、流大汗的功德众生，特敕石共勉，以激后裔。

大桥设计魏长泰　　　石工王红定

世界艺术名人菏泽书画院名誉院长胡百川撰文

陇县天成镇王家庄村　闫丰厚书丹

陇县城关镇神泉村石刻大师张拴怀　学怀　古刻

公元二〇〇四甲申年七月十二日立石

5. 新建龙凤宫碑记

年代： 2005 年

撰者： 郭家康

镌刻： 张儒林

今存地： 陇南老龙殿

碑文

新建龙凤宫碑记

相传八宝太乙山老龙殿之水是老龙君与卧龙山水眼沟九天圣母用斗智从地下引来于此，九天圣母与老龙君结下了神缘，要来老龙殿看水。一九七六年国逢大难，又遇大旱，春夏之交，禾苗枯焦，民心惶惧，主持王法明、闫李会及众会首悲恤民情，立愿向九天圣母求雨。精诚所至，神灵显应。甘霖沛降，万民欢欣。从一九八六年起依次修建老龙殿三间，雷祖殿三间，僧房、厨房各三间。又于一九九三年二月动工修建龙凤宫和子孙宫。二〇〇三年十月，开光迎神。前后历时十年。其间主持及众会历经艰辛，任劳任怨，奔走募化，筹集款物。广大村民及善信人等云集踊跃捐资捐物，投工，使得工程完满竣工。

龙凤宫坐落于老龙殿东南角珍珠泉之南水库畔。四面飞檐斗拱，巍峨壮观。雕刻玲珑剔透，巧夺天工，宛如玉女婷立鳌头。后依太乙山前，旁湖光水色，四周清泉潺潺为鸣佩。环山水相映，霞光粼粼。夏秋之际，云消雨霁，碧波荡漾，水光潋滟，犹如蓬莱仙岛，秋冬之交，烟雾缭绕，水天一色。山色空蒙，恰似海市蜃楼。塑像栩栩如生，壁画惟妙惟肖，人物花卉、鸟兽虫鱼，活灵活现。身临其间，心旷神怡。诗情画意，流连忘返。为留念众善信人等相助之功德，故撰文以记之，勒碑铭刻，以垂后世焉。

　　撰文　郭家康　　校阅　袁鸿忠　　石刻　张儒林

　　公元二〇〇五年二月二十日

十二　宝鸡市陇县新集川雷神山道观碑目

雷神山离龙门洞不远，山虽不高，但山路崎岖，尤其雨后，泥泞难行。平时无人上山，无香火，庙门虚掩，路人可进入躲避风雨。存碑二。

1. 雷神山晓谕碑

额题：皇清

年代：清咸丰四年（1854）

书丹：山西河津县高光明

尺寸：高 147 厘米、宽 60 厘米、厚 12 厘米

镌刻：薛思匡

今存地：陇县雷神山雷神庙

碑状：额线雕双龙戏珠，周边有纹饰。碑质良好，字迹清晰。

碑文录自：原碑

碑文：

晓谕碑

特授陇州正堂加五级纪录十次得为出示晓谕事：

近闻河州回匪聚集多人窜入州境，肆行偷窃，除选派干役查拿外，合行出示晓谕，为此示仰居民人等知悉。自示之后，如有回匪潜入境内扰害滋事，许尔等纠约村众，互相兜拿该匪等，倘敢持械拒捕，尔等各执器械抵御，杀死即照格杀以论，毋违特示。窃闻上古之世，乡田同井者，出入相友，守望相助，疾病相扶持，未始不叹风俗之美盛也。迨至叔季，人心不古，往往有无羞无耻之徒，偷盗人之五谷，砍伐人之树株，种种伤风败化之事无不为，已无恐禁之，恐日炽盛。今我铁马河前牌四社人等，演戏三台，会众公议，严立禁章五条，以肃风化。一禁偷人五谷；二禁拔人麻禾；三禁割人苜蓿；四禁伐人树株；五禁牲口践食田亩。每年各庄议一巡查之人，轮流看顾，但见犯此五禁者，无论男妇，罚戴铁项圈一个，上挂铁牌一面，以羞辱之，令其悔过自新。徇私纵放者，亦以铁圈罚戴，设或羞愧自尽。四社公判，若是风俗既正，外盗亦宜严御。但有贼匪潜境扰害，当遵州主严示，纠约社众互相兜拿，以靖地方。乞食赖徒成群放刁者，与贼匪一类，亦当公阻。且贼匪犯案，诬报我社良民者，亦该四社公保。凡我同议之人，既议之后，不得违背。但遇有事，该值年乡

约保正巡查人齐集，四社人等同到雷祖庙公所议处，恐后有事之日，人各畏避不理。因立合庄碑记，以永垂于不朽云。

山西河津县高光明谨书

承头人　高进喜　高尚志　马应瑞　王顺　　孙樑栋　孙成

马珠　　宁福　　胡琏　　付德贵　赵全祯　高祯

白典　　陈举　　赵登贵　刘文孝　张有　　尚荣

陈隆　　王恒春

乡约　　赵昇　李顺　姬生花　张荣贵　刘义　崔文义同立

咸丰四年岁次甲寅阳月吉日立　　津邑　薛思匡刊

2. 重修扩建雷神山会院

年代：1998 年

今存：陇县雷神山

碑文：

重修扩建雷神山会院

破四旧毁，开放复兴，重修大殿三间，增开左右门。杨总敬联，像画复全。扩建北楼三间、库房二间、戏房二间、东西灶四间、女宿舍二间、山门一间、孙杨菴四库，共四院廿一间。磬鞭池井、车路大缸、双狮崖缸，农具齐全。北东路碑电通明，录视扩机，掘自然景，石龙凤象。善资支资额过二万。省批雷神山成龙门洞森林公园一处风景区。

刘家河陈有机走龙 15 元　　　凉水泉孙根仓副总 15 元

郭家山赵军先生 15 元　　　森林公园王孟祥 35 元

李玉满 50 元　　　袁来定 35 元

新集川乡政府崔凯 30 元　　　保家河史玉林名兽医 30 元

相家河保玉科会长 10 元　　　刘家河柳毓科东大 15 元

白杨林高振国农商 30 元　　　崔保生会长 15 元

史家庄常根有会长 15 元　　　屈杰村干 15 元

翟保贵支书 20 元　　　阴坪里韩兴明气功师

常保定队长 10 元　　　陈家庄李文真会长

曹让成大善 15 元　　　付家崖赵华队长

磨儿下王文学主任 15 元　　　代金虎木师 10 元

南迁中杨书元总会 15 元　　　南坡里马勇主任 20 元

后山里王清玉会长 15 元　　　赵英匠工 10 元

李家坡王福祥会长 15 元　　　杨家菴丁青会长 15 元

冯贵仓支书 15 元　　　新集子张志义北大 15 元

凉水泉孙成林木师 10 元　　　刘志强会长 15 元

李家山杨保元会长 15 元　　　刘宗录会计 15 元

杨志元大善 10 元　　　石秀银司机 15 元

杨真元木师 10 元　　　拐沟里张志强支书 20 元

杨铎元木师 10 元　　　张沟原刘贵姓会长 15 元

王汉成瓦师 10 元　　　西家沟陈敏科会长 15 元

深圳杨正元科长 100 元　　　新庄里夏生仓北大 15 元

庄科理代志选南大 15 元　　　狮子湾赵林儿会长 15 元

何高社会长 15 元　　　张金祥支书 15 元

何振开木师 10 元　　　省水利庭张勇 50 元

代宗仁校长 20 元　　　白草山石满成名医 30 元

公元一九九八年农历六月二十四日立石

十三　宝鸡市千阳县①玉清万寿宫道观碑目

金大定二十六年（1186），邱处机应京兆府统军夹谷清臣之邀，自龙门下山主持钟南道观事务。途经汧阳，见汧河两岸石壁削立，邱处机爱其泉石幽邃，遂乞地数亩，筑全真堂，留弟子蒲察道渊居守。明昌二年（1191），于善庆奉邱处机之命，与蒲察道渊结为方外至交，共居全真堂。承安三年（1198），汧阳县民集资向礼部申买观额，由此扩建为一处大宫观，改名为玉清观。金末，玉清观被兵火焚毁。元太宗十年（1238），于善庆重建玉清观，并将其升为宫，成为金元时期陕西著名的道教场所。至清雍正时，万寿宫迁至"小石门"（现在的千阳中学），民国时期道观被毁。这两块元碑，对研究邱处机在千阳的活动经历及道教龙门派的发展过程，有重要价值。

1. 陇州汧阳县新修玉清观记

年代：金正大二年（1225）

撰者：临潢李邦献

碑文录自：《甘水仙源录》卷十

碑文：

---

① 1964 年 10 月，国务院公布，改"汧阳"为"千阳"。故在本书中会根据语境使用"汧阳"或者"千阳"。

陇州汧阳县新修玉清观记

为山九仞，功亏一篑，圣人之所深惜也。物有垂成而不遂者，君子见之，亦岂无慨然伤悼而欲遂成之心。汧阳玉清观，营建有日矣，既成而后，谋记之于石，以延安令常元亨为文，期日刻之。适西北寇至，以是遂辍，今犹未克摹勒，是可叹也。顷西省郎中粘割公子阳被檄，自朝入于凤鸣，道经是邑，其宰导而谒之。既至，堂庑清肃，门坛阒寂，桧柏森密，竹木丛蔚。而又汧水北来，石壁当其冲，势若窘束不得逞，回折而流，涌湍激射，若雷之殷殷然。其区处域别，皆有嘉趣，或面山而庐，或枕流而轩。山光在目，水声在耳。四顾洒落，殆若世尘所不到，怅然眷恋而不忍去。周行遍历，见素碑莹镜而无字刻，诘诸主观，因得常令所为文。然边幅破裂，字形漫灭，绝去者十二三。读至行尽，每每句不相续。至于经始落成，犹不见其日，但未见为文之始，泰和丁卯岁尔。公曰："石既磐矣，文既成矣，何待而不遽立也？"主观答以兵革之故。公执纸惋叹，卷而怀之，因许以补亡葺缺，而后命工开镌，必为若辈终是业也。一日，仆以事诣府，谒公于普照方丈，公以此文示仆，因命考之。其大略曰：县之东南抵汧之石岸，岸相对如门，土人谓之石门。或传导汧入渭，禹之所凿也。濒岸而北，藉石临水，有地广袤数亩，始全真蒲察师卜庵于此。师操行清高，刻苦于道。由是人敬仰之。既而羽衣黄冠，争筑室于其侧，皆愿执庚桑楚之役。他日，师集其众而告曰："吾与若辈兀兀然日无所为，而栖此烟霞之胜景，具何福缘而享此乐也。与夫作一己修真之地，曷若为万民祈福之宫。吾欲于此起观宇，使神明有所依止，不亦可乎！"众伏膺师训，唯诺而退，皆愿协力而赞成之。乃相与行化于县人，于是远近响应，结缘而来者络绎如市。富以其财，贫以其力，故材木砖甓，凡所当用者，刻期而备。殿宇像设，与其所当修起者，不日而成。既而请额于朝廷，而敕赐曰"玉清"。居无几何，师忽不疾而逝，纩息不属，而视之宛然如生。同学于善庆与门子思师之德，龛其像而事之。其始终可见者如此而已。而公徐曰："子为我国其旧文而更新之。"仆以初未尝亲历其地，且所志者不详，而欲固辞，因语公曰："道家者流，而以清静无为为本，今师劳人之力而靡土木之费，非所谓知其本者也，何以文为？"公曰："不然。常善救人，故无弃人，老氏之微旨也。师佩是言而有度人之心，然人之禀赋各异，天资厚者，善由中出，而易入于道，薄者扞格而不能合，故假神明之像，使日知所敬以畏其外，由之以厚其中也。师岂好为浮夸侈靡者哉！况因夫人之所欲为而为之，非能力使强敛，乌得以是而訾师也。且夫物有既成而微阙者，因而成之，亦土君子之美事也，又何辞焉！"闻公之言，即公之心，则知废者皆可以兴，坠者皆可以起，因援笔而粗书之。

正大乙酉季冬二十有七日记

2. 汧阳玉清万寿宫洞真真人于先生碑并序

篆额： 终南山重阳遇仙宫提点洞微大师马志玄

年代： 元宪宗四年（1254）

撰者： 宣差河南路征收课税所长官兼廉访致仕杨奂

书丹： 终南山重阳遇仙宫提点洞微大师马志玄

尺寸： 碑高六尺五寸、宽三尺四寸①

碑状： 碑文31行，行65字。碑文正书。碑文首尾千五百言，完好如新②

刊者： 西溪浮休道人安悟玄

---

① 据《汧阳述古编》卷下补八。
② 据《汧阳述古编》卷下补八。

立石：宣差陕西并兴元等路道门提点兼重阳万寿宫事赐紫高道宽

碑文录自：《甘水仙缘录》卷三①

旧存地：汧阳县城南汧水北岸玉清官旧址②

今存地：一在重阳宫，一在千阳，一新出土于西安户县甘河镇甘河村

碑文：

汧阳玉清万寿宫洞真真人于先生碑并序

宣差河南路征收课税所长官兼廉访致仕杨奂撰

终南山重阳遇仙宫提点洞微大师马志玄书丹并篆额

西溪浮休道人安悟玄刊

盈尺之璧，径寸之珠，天下皆知其为宝也，不以蕴于山渊而不闻，况于人乎！东鲁宣父，炳辟世辟地之训；历代史臣，列隐逸逸民之传，宜乎绵亘千数百载而不废也。仆儒家者流，窃有志于史学，谨按洞真之行实，斯亦古之所谓宗师者欤！故碑之无疑。师讳善庆，字伯祥，宁海人，高门于公之后。祖彦升，主好时县簿。考道济，韬光不仕。师幼不茹荤，长通经史大义，雅嗜道德性命之学，与马丹阳同里闬。大定二十二年，丹阳演法于金莲道场，翟稚云集，而师预焉，时甫十七矣。丹阳见而异之，且叹曰："向畏重阳谴诃，颇萌倦弛，然得以终其业者，彦升力也。使是儿入道，殆天报乎其家！"听执几杖以从。再年冬，丹阳返真，径造陇州龙门山谒邱长春。长春俾参长真于洛阳，得炼心法，丐食同华间。明昌初，长春归海上，嘱曰："汝缘在汧陇，无他往。夫人需友以戚，不可不择。"复入秦，卜吴岳东南峰，凿石以处，日止一餐。凡可以资于道者，造次不暂舍，绝迹人间

---

① 本碑又见于《汧阳述古编》卷下，《还山遗稿》上。

② 据《汧阳述古编》卷下。

七八年，迄今目其龛曰：于真人洞。友蒲察道渊待之如师，后创观汧阳之石门。承安中，好事者请玉清额，礼体玄大师。寻佩受法箓以辅道救物，远近益加崇敬。泰和三年，陇之州将保赐冲虚大师号。五年再谒长春，启证心印，退隐相州天平山。六年，长春介毕知常缄示密语，督还汧陇，仍易名志道。师再三敬诺，参长生，久之道价隆重，辉照一时，虽黄发故老，自以为不逮也。常谓学仙者存乎积累，赴人之急，当如己之急。八年，南征凯还，悯其俘累，必尽力购援而后已①。元光二年，陇山乱，中太一宫李冲虚闻之，举以自代，不起。正大改元，上悼西军战殁，遣礼部尚书赵公秉文祭于平凉，充济度师。秉文高其节，图像荐诸朝，召之，又不起。二年饥荒，或言直秦岐之咽，过客无别，岁计奈何。师曰："吾门一见其难，而遽如许，不广甚矣。"言者悚愧。未几秋大熟；迁五姓洞真观，环居弗出逼，中使络绎不绝，起而应之，遂领中太一宫事。七年，河南不雨，召近侍护师降香济源，上初期望祀于宫中，而临河阻风，铁札既沉，析鼓棹前进。登岸，风如故，立致甘澍，特旨褒异，兼提点五岳佑神观。天兴二年春，京城送款于我朝，驿访高道，以师为之冠。秋七月，约由中滦渡北迈。时苦于饿，依附者众，船人疑其有金帛，迤逦沿流而下。夜将半，遇一沙渚，委之而去。黎明惊涛四涌，莫不仓皇失措，会八柳树堤溃乃定。徐谓弟子符道清曰："今日之事，非尔不能济。"道清秦人，不安于水②，承命捷若神助，俄赂二舟驰迓，举脱其厄，其临事如此。过魏、过鲁、过赵，诸侯郊迎以相蹑，拥彗以相先。玄通子范圆曦，方为人所尊信，主东平上清宫，闻风虚席引避，良有以也。乙未秋入燕，致

---

① 按《通鉴》，金泰和八年为南宋宁宗嘉定元年，先是韩侂胄倡议伐金，金人分道南侵，至嘉定元年，和议始成，金人北还。碑中所云，即指其事。
② "安"字疑系"谙"字之讹，作"安"亦通。

祠处顺堂下，适清和嗣教门事，侍之如伯仲。丙申，燕境大旱而蝗，俯徇舆情，投符卢沟，乃雨，蝗不为灾。戊戌夏四月，诏天下选试道释，进号通玄广德洞真真人①。秋七月，掌教李公真常奏请住持终南山重阳万寿宫，适北京留守乌公筑全真观奉之。庚子，京兆太傅一移刺宝俭总管田雄交疏，邀师会葬祖庭，即日命驾入关总宫事。慕白云、李无欲实纲维之，而曹冲和志阳实润色之。丙午夏五月，西游巩昌，以汪侯德臣敦请故也。冬，盘桓秦亭，宾僚刘泽瑊、王道宁、焦澍，朝夕左右，动静语默，具西州录。丁未春二月还宫，张道士来中，躬拜庭下，师坚让不受。执事者曰："真人寿垂九秩，簪冠满前，以此而处渊源之地，过矣！"师曰："礼无不答，大白若辱，广德若不足，老氏有之。以丹阳接一童子，必答焉，忍自尊大耶！"庚戌②冬十月二日沐浴，正襟危坐，犹平日。望日留颂，以寓"生不必乐，死不必状"之旨，曲肱敛息，坦然顺化，春秋八十五。后九日，葬于宫之西北隅，有《洪钟集》行于世。镇阳冯侍郎璧传其事甚悉③。在汴则尚书左丞张公行信④，平章政事侯公挚，司谏许公古⑤、礼部尚书杨公云翼⑥、王府司马李守节、修撰雷渊⑦、应奉翰林文字宋

---

① 《汧阳述古编》卷下云："金元时道流颇盛，真人亦宁海人，始学于丹阳，后学于长春，又尝问道于长真。碑中所云，真人道术不亚于诸子，而元至大三年加封师真人敕，凡重阳、丹阳、长真、长春四真人之号皆列敕内，独无洞真真人之号。《祖庭仙人内传》云，长春弟子十八人，可考者四人，亦无洞真之号。重阳、丹阳、长真、长春所著之书，杂见道藏目录及钱竹汀氏《元史·艺文志》，而《洪钟集》之名，两书均未载。是真人事迹，实赖此碑以传也。"
② 真人卒于庚戌年，为元定宗皇后称制之三年，南宋理宗淳祐十年，明年春，岁在辛亥，为元宪宗元年，南宋理宗淳祐十一年。紫阳先生之文作于是年，其立碑纪年被人凿去，不可考矣。
③ 冯璧字叔献，金时真定人。《金史》有传。亦见《元遗山诗集》。
④ 张行信字信甫，金时莒州日照人。《金史》有传。
⑤ 许古字道真，金时献州交河人。《金史》有传。
⑥ 杨云翼字之美，金时平定乐平人。《金史》有传。杨云冀著述甚多。亦见《元遗山诗集》。
⑦ 雷渊字希颜，金时浑源人。《金史》有传。亦见《元遗山诗集》。

九嘉①；在燕则陈漕长时可、吴大卿章、张侍读本；在关中，则参省王辅臣、郎中邳邦用、讲议来献臣、同德寺丞杨天德、员外郎张徽②、中书掾裴宪、经籍官孟攀鳞③、署丞张琚④，盖当世景慕者也，容力取而言诘谴之哉！师间气天挺，谦慈夷粹，似简而不失于倨，似和而不涉于流，信乎其难名也。四方学徒，不可胜数，虽久于其事者，未尝见喜怒之色形于颜间。察其日用之常，则寒暑风雨无少变。六十八年，胁不沾席，衣不解带，可谓慎终如始矣。与人言，惟正心诚意而已。至于啬神颐真之秘，苟非其人，闭口不吐，恐失之强聒也。精洁俭素，不习而能，一履袜之细，至经岁不易，肯以丝毫利诸己耶。东彻海岱，南穷襄邓，西极洮巩，北际燕辽，瑰踪玮迹，章章可考。葬之明年春，仆以南漕长告老燕台，无欲子促其徒往返六千里，恳征文石。

呜呼！玄鹤不来，青山已尘，遐想岩扉，强勒之铭。铭曰：

惟道与天初同原，方术分裂无乃繁。至人跃然起海门，丹阳嫡子重阳孙。

空山大泽环四垣，隐几坐观万马奔。物生不愿为牺樽，火烈始见玉性温。

西翱东翔动帝阍，岁旱怀诏济渎源。洪流怒涛鲸吐吞，灵符一掷慑老坤。

蚩廉冯与披两辕，焦谷载沃如平反。朝那夜哭战死魂，霓旌豹尾交缤繙。

杨枝麈洒消沉冤，随机应物忘清浑。疾雷破聩电烛昏，功成弗居德愈尊。

---

① 宋九嘉字飞卿，金时夏津人，《金史·文艺传》有传。
② 员外郎张徽，金时武功人，碑林刘处士墓碣，紫阳所撰，张徽书也。
③ 经籍官孟攀鳞，字驾之，云内人，徙长安，谥文定，《元史》有传。
④ 张琚字子玉，金时河中人，著有《韦斋集》，见钱氏《元史艺文志》。

上宾碧落何轩轩，道路掩面法宿恩。洪钟叩南皆玄言，包括郑圃罗漆园。

陆陶殊派契义敦，我舌入笔势可扪。赤书翠琰馨兰荪。

岁在甲寅十月吉日门下三洞讲经清微大师冯道真

宣差陕西并兴元等路道门提点兼重阳万寿宫事赐紫高道宽立石

功德主宣授乾州前征行元帅希真居士刘德山　夫人阎淑善阎敬善　长男宣授乾州奥鲁元帅刘善应　次男宣授乾州军民征行元帅刘善庆

功德主征行都总领左德敏　夫人高氏　男征行元帅左天宠

功德主前陇州长官元帅姬晋

前长官元帅马妙一信　太夫人冯永善　长男宣授元帅陇州防御使姬蒙古歹　次男征行元帅姬寿童

权元帅姬庆童　汧阳县令曳利闹僧　主簿张再立　都监届正典史张□

前陇州达剌花赤断事官木忽乃　男达剌花赤昔立吉思

前陇州达剌花赤高猪儿　男征行达剌花赤高沛哥

同知魏贞　防副杨顼　防判王珪　都目张安　孔目李安

宣差巩昌路都打剌火赤乩乞帖木令　镇国上将军西川行枢密院副使汪良臣

昭勇大将军巩昌路便宜都总帅兼诸军奥鲁总管汪惟正　昭勇大将军都总管权便宜都总帅汪惟孝

武德将军同知便宜都总帅汪□　巩昌路同知都总管孙□　便宜都总帅府经历王□　宣授巩昌路都道录杨□　冲虚大师

按：2011 年 6 月 19 日，西安户县甘河镇甘河村在修建村东部洪济桥时，从桥墩下出土了一通（蒙古）元宪宗时期的道教全真教洞真真人于善庆碑。

该碑青石质，身首一体，通高3.95米，碑身呈梯形，上宽1.16米、下宽1.22米，碑厚0.36米；碑首为六龙攀护浮雕，高1.04米，宽1.22米，中下部为圭形碑额，额内阴刻12个篆书大字："终南山重阳遇仙宫于真人碑"。龟座缺头，高0.69米。碑文正书，共32行，满行65字。上款书"洞真真人于先生碑"，下款书"岁次甲寅十月三日门人……"由于该碑做桥基长期受到重压和振动，出土时碑身已成两截，除少部分字迹漫漶不清外，整体保存较好，惜撰文、书丹和篆额者文字内容模糊不清。碑文主要记述了全真教洞真真人于善庆的生平及修道、演教、修建宫观等重要事迹。

经查碑文与户县重阳宫和沔阳县玉清宫内的"洞真于真人道行碑"和"洞真真人于先生碑"，碑文相同，由此可知，于先生碑有三块，一在户县重阳宫，即"洞真于真人道行碑"；一在沔阳县玉清宫，作"沔阳玉清万寿宫洞真真人于先生碑"；一为户县甘河村新出土之碑。根据碑文"真人卒于庚戌年……"（为元海迷失后称制三年），"明年春……恳文石"，可知撰文时间为元宪宗元年，立碑时间"岁次甲寅"为宪宗四年，即公元1254年。三碑文字相同，重阳宫及甘河村者，拟为复刻复立。

重阳遇仙宫位于户县甘河镇甘河村，传说时任甘河镇酒监的王重阳，在甘河桥巧遇吕洞宾等二仙而得道，后人将此桥命名为遇仙桥。南宋嘉熙二年（1238）蒙古窝阔台汗灭金后，重阳万寿宫主持于洞真在此地建遇仙桥、遇仙宫，以彰大祖师王重阳仙迹。

于善庆，即于志道（1166~1250），字伯祥。于善庆少通经史。大定二十二年（1182）马丹阳自终南归宁海，居金莲堂，于善庆投其门下。马丹阳去世后，刘处玄、王处一令于善庆入关中寻访邱处机。于善庆先至终南祖庭拜见李灵阳，继遵其嘱往平凉参见崔羊头，后赴陇山龙门洞，以邱处机为师。大定二十五年（1185）邱处机令他往洛阳致书于谭处端，不久谭处端去世，于善庆复返关中，翌年随邱处机居终南祖庭。明昌二年（1191）邱处机被迫返山东，嘱于善庆往汧阳石门全真堂，与蒲察道渊为道伴，隐居陇州吴岳，凿洞而居。泰和三年（1203），陇州牧保奏他为"冲虚大师"。泰和五年（1205）赴山东栖霞礼拜邱处机，经邱催促西还。过相州林虑（今河南林县），隐居天平观。次年，邱处机遣时任终南祖庭住持的毕知常持帖前往天平观，催其速返汧陇。于善庆见邱处机寄大任于己，更名志道，西返关中。泰和八年（1208），宋金和议以后，大批宋俘滞留关陇，许多人前往吴岳求度为道士。于善庆收留数百人，使他们于汧、陇、凤翔各地分立道观。正大三年（1226），金廷遣中使专召，就任中太一宫提点。天兴二年（1233），大梁降于蒙古。蒙古朝廷遣使访求三教名人，于善庆名列榜首，被召北上。太宗十年（1235），朝廷选试道释，于善庆被授"通玄广德洞真真人"号。当年七月，任终南祖庭重阳宫住持并主领陕右教门事。此后的 15 年里，于善庆对重阳宫进行了大规模扩建，并主持修建了甘河遇仙宫、磻溪长春成道宫，在重阳宫承办了会葬王重阳大典，主持了罗天大醮。又应巩昌（今甘肃陇西）总帅汪德臣之请，赴陇传授全真道教义。著有《洪钟集》行世。

十四　宝鸡市千阳县高洞沟道观碑目

高洞沟道观位于陕西省宝鸡市千阳县城西 1.5 公里处，即城关镇段坊村境内宝平公路北侧的悬崖边，系一塬边半漏斗状冲刷槽。面积约 6.67 公顷，斗口约 150 米，高出千河河床 70 余米。东西两侧危崖壁立。沟壑纵横，参差掩映，翠柏苍郁，崖半壁有数处穴洞，峻险雄高。观内殿宇鳞次栉比，角亭耸立。

据史料记载，此区内原有一座关帝庙。传说清同治年间陕甘回变，百姓躲难，掘洞藏身于崖上，惊险之际，关帝显灵救了众生。此后，百姓敬奉神灵，捐资供果，兴建帝庙。"文化大革命"中，殿宇被毁，后信徒自发集资再建。景区内现主要景点有：关帝庙、玉皇殿、圣母洞、混元洞、救苦庙、太白庙、黑虎灵官亭、子孙宫、钟楼等，每年正月初九举办庙会。

1. 重修高洞沟道院碑记

年代：1997 年

撰者：张美明　张玉铭
李福荣

书丹：李福荣

镌刻：张拴怀

今存：千阳高洞沟

碑文：

重修高洞沟道院碑记

高洞沟位于千阳县城西两公里石家崖村东侧，因沟巅的悬崖绝壁上有洞而得名。接洞建有关帝庙，庙之东侧有戏楼一座。据考：此庙始建于明朝万历二年。追溯得知，住庙道人雷振海掌管庙务四十年，自一九二〇年至一九六〇年之久。因无继人，屡遭圮毁，已成废墟。后群众渴求重建，慷慨解囊资助，捐资万元、数拾元者不乏其人。以侯扁娃为首，于一九八〇年至一九八五年接洞，重建美关帝庙三间，洞内有美关帝塑像。继有王皂喜、侯桓新先后主持，鸠工备料，进行修葺，历经十余年建成宏伟现状。善男信女纷沓而至，每逢孟春初九日关帝古会，孟秋十五日娘娘古会之时，香客络绎不绝。人来车往，肩摩毂击。进香者焚香燃鞭，烟冲云霄；炮声震耳，为精忠昭赤日、大义贯青天的民族英雄而祭奠。纵观全貌，其沟面南，倚卧于北埂沟壑，上下共有三个台阶，分别建成三院。庙依山势，殿随地形。巅顶建亭，崖壁凿洞。布局得当，错落有致。上院面积约两千平方米，平卧在三十米高的环形崎崖之阳，为建筑主地崖上，正中央接洞，建有半六棱形飞檐翘角。亭名为混元洞，洞内有混元老祖像。其东侧有六棱飞檐翘角灵官亭，内有灵官像。西有六棱飞檐翘角黑虎亭，内有黑虎像。东西两亭，遥相呼应。崖壁中段有四洞：自东而西为药王洞，菩萨洞、祈子洞、关帝洞。洞前接有三间关帝庙，洞内皆有塑像。洞之东侧有三间加穿廊飞檐翘角灵霄宝殿，门前支撑穿廊的一对龙抱柱，引人瞩目。殿内正中有玉皇大帝像，左有天官、地官、水官，文三师像；右有雷祖、无量祖师、张天师，武三师像，与文三师相对。殿东侧有巍峨屹立的舞台。洞西侧有小院一所，为住庙人食宿之处。洞前有莲花形花坛。坛前有四柱飞檐翘角空亭，有跃跃欲飞之状。亭前有孤魂塔。中院面积约三百平方米，靠崖有高洞三孔，为儒道佛三教洞，内有孔夫子、太上老君、燃灯古佛像，洞前有救苦殿。殿内正中有救苦天尊像，左侧有秦广王、楚江王、宋帝王、五官王、阎罗王像；右侧有卞诚王、泰山王、都市王、平等王、转轮王像，与左侧五王相对。下院面积约六百平方米，依崖正中建有三间太白殿，殿前东侧有灶房两间，西侧有僧房三间，与东房相对。洞殿内的泥塑神像，形神兼备，情态各异。壁画全部工笔彩绘，线条飘逸生动，细腻柔美。人物逼真，栩栩如生。龛殿建筑皆红砖翠瓦、雕梁画栋。格窗花门，大都是斫檐藻井，翘角飞拱，高雅富丽，金碧辉煌。奇丽的建筑，颇具民族传统风格，堪称为劳动人民和匠师们的辛勤汗水与高度智慧的结晶。灵霄宝殿前面的两棵娑罗树，周身开花，鲜艳夺目，果实似穗，下垂如裙。游人立□，全沟上下，翠柏森森，白杨参天，花木丛生，绿草如茵。夜间沟内灯泡星罗棋布，通亮如昼，美不胜收。更有精通岐黄之术的道人，为民驱瘟除病，是当地群众向往之地。沟巅平畴沃野，阡陌纵横。沟东临纵贯南北的千灵公路，沟南直通陕甘两省的宝平公路。横卧在公路上，仰望沟巅的三座亭子和中下院的全景，一览无余。面南极目远眺，青凉山巍峨之状，尽收眼底。成为此沟的天然屏障。宝中铁路蜿蜒横行于山麓。沿麓的千水奔流东下，波光粼粼，与日月争辉。依山面水的高洞沟，建筑瑰丽，景色绮异，令人目不暇接。实为千阳盛景之最，为游人所青睐。千阳，古陈仓，为宝鸡的门户，四方通衢，便于游者寻幽探胜，欣赏奇景。但向无贞珉载其始末盛况。一九九〇年，上级批为旅游景点。一九九七年八月五日正式开放，今特立碑石，聊记崖略，期垂永久。

张美明　张玉铭　李福荣　撰文　李福荣书丹

陇县神泉张拴怀刻石

2. 关帝神钟碑记

额篆：中华

年代：2002 年

篆额：宋智文

撰者：李福荣

今存：千阳高洞沟

碑文：

关帝神钟碑记

　　钟声闻于天界，福禄降临人间。千阳农禾屡遭暴风恶雨、冰雹灾害而无神钟以驱之，故群众渴望铸造神钟的意愿已久。高洞沟道观会长侯恒新首倡铸造关帝神钟，一呼百应，张银生、石居霞挺身而出，不辞辛劳，四处奔波效力，取得了广大群众的资助。在群策群力奋争年内，终于众志成城鸠资一万三千元，由凤翔县糜干桥镇大新村农具厂彭光乾、彭红卫等负责铸成五千斤重的大钟一口。会首侯恒新宵衣旰食，率众鸠工备料，费尽千辛万苦，历经数月，建成四柱两层镶柱碣、飞檐翘角彩绘一新的钟楼，为使此功德芳名不致磨灭，特立碑石，聊记崖略，以垂永久。并将慷慨解囊之仁人志士、善男信女之无私奉献，依次胪列于碑阴，以彰其义举，名垂千秋。

　　会长　　侯恒新　　　支持人　张银生　石居霞　　铸工　彭光乾

　　木工　　罗世奎　　　石工　　李建照

　　篆额　　宋智文　　　世界艺术家协会陕西省书法家协会会员

　　　　　　　　　　　　曾获第三届希望杯全国教师书画大奖赛一等奖

　　　　　　　　　　　　世界华人艺术大会香港大型艺术展金奖

　　李福荣撰书

　　公元二〇〇二年岁次壬午十月初一日立

3. 高洞沟戏楼重修碑记

年代： 2009 年

撰者： 马甲午

书丹： 孙强

镌刻： 师顺珠

碑文：

高洞沟戏楼重修碑记

　　高洞沟地处千阳县城西两华里处，洞天灵秀，福地长乐，人杰地灵。在此坐落关少圣帝君宝庙一座，对面崖前有民国后期修建土木结构单面戏楼三间，用于当时过会娱乐之地。解放后因破四旧、立四新运动之影响，于五十年代拆毁至今。近年来，为宏扬道教事业的发展和广大信教群众的强烈要求，经庙管会研究，今年重修本庙院戏楼一座三间，为砖混结构，造形美观大方。总投资拾万余元。动工后，广大有识之士对此工程极为关注和大力支持，积极捐献财物。现将捐献财物的功德名单公布于后。名流百世，作为历史记载，名垂千古。特立此碑。

　　修建总负责　　武祯祥　武生玉　马甲午　张鹤海等

　　撰文　马甲午　　书丹　孙强　　刻石　师顺珠

　　公元二〇〇九年岁次己丑正月初九日主石

4. 整饰高洞沟庙宇记

年代： 2011 年

撰者： 陇山松

碑文：

整饰高洞沟庙宇记

　　高洞沟兴建有年矣，迄今复修，添建轮焕修饰，已非一次。诸位尊神御灾捍患，招财纳福，可谓大矣。但岁月云遥，庙宇殿阁飘泊于风雨中而被剥蚀，屋面瓦损而漏雨，神容失色，壁画剥落，丹膳陈旧。瞻拜朝谒者，疚心慨然。辛卯岁初，会首倡议重新之，民众响应。会同众会首等议决，于是年古历四月初一动工，对关帝庙、玉皇殿舞台，屋面重新整修，增饰脊兽。对混元老祖、玉皇，及黑虎灵官与诸神之班神，一一施章设彩聿新；对玉皇、关帝尊神，增置铝合金神龛；又对玉皇殿、关帝庙及药王、观音、祈子娘娘等神庥门窗装置玻璃。是役时历三月至七月二十五日全部竣工，总计耗资伍万余元人民币。定于是年古历九月十三日举行诸神开光庆典。月无虚日，执事者勤勉，经营倍力；劳役者争先趋事，以相其劳，善始善终。夫整茸高洞沟庙容之举，不但提升寺庙文化品位，且使诸神安妥。神悦民钦，可谓功德大焉哉！

　　会首　武生玉　　副会首　马甲午　张鹤海　李勤有　武治
顾问　武祯祥　　撰文　陇山松　　画师　岐山刘开科
公元二〇一一年岁次辛卯九月十三日榖旦立

十五　宝鸡市千阳县泰山宫道观碑目

东岳泰山是五岳之首，古人认为，泰山神作为泰山的化身，是上天与人间沟通的神圣使者，是历代帝王受命于天、治理天下的保护神。以后各地都建东岳庙，皆以山东泰山的东岳庙为祖庙。

始建于宋代、兴盛于明代的千阳泰山庙，现存于千阳县城东北角众多楼宇中。从一个小门进入，就是泰山庙的正殿，内外俨然明代风格：立柱粗大简朴，斗拱严谨有序，虽不饰雕琢，但俊朗的气度显而易见。门楣上部匾额为"东岳大帝"。殿内有现代泥塑和彩绘，色彩明亮、线条流畅、技法娴熟。在正殿的房顶上，垂脊与戗脊上覆蓝色琉璃筒瓦，由于风雨的侵蚀，已经残缺不全。在房顶正中间的房脊石上，雕刻的龙，线条流畅，活灵活现；雕刻的牡丹，花朵硕大、色彩绚烂。在透雕琉璃花脊上有两对鸱吻，一左一右，遥相呼应。两只背对的鸱吻中间，有一个"小房子"，据千阳道教协会道士介绍，"小房子"叫子牙堂，相传是姜子牙封完神后没地住，就住在房脊上。泰山庙正殿里面梁架结构完整，明嘉靖二十三年（1544）、清末时期都曾重修过此庙。

如今的泰山庙虽显残破，但斑驳的琉璃瓦和色彩依稀的脊兽依旧能够显示出这座建筑的非同寻常。泰山庙保留有浓厚的宋代九脊殿建筑风格，是宝鸡地区内保存的为数不多的古建筑之一。以前，泰山庙香火非常旺盛，经常有信徒前来祭拜，而如今只有一些零散的游客前来观看。

　　前几年，泰山宫院内有四通石碑，两通是 20 世纪 90 年代修葺时所立，另外两通中一块是清道光十九年（1839）重修魁星阁的记碑，碑首不存，记载重修魁星阁的有关事宜。另一块是清道光二十一年（1841）刻的石碑，记载庙内香火和地产等情况。近年来，陆续出土的碑碣也堆放在这里。《通微真人蒲察尊师传》碑出土地离泰山宫只隔三四条街区，故附属于此。

1. 通微真人蒲察尊师传

碑额： 篆书"通微真人蒲察尊师传"，3 行，行 3 字

篆额： 三洞经箓法师知常子杨志春

年代： 元世祖至元十七年（1280）①

撰者： 终南筠溪天乐道人李道谦②

书丹： 三洞经箓法师知常子杨志春

刊刻： 安悟玄

尺寸： 高 220 厘米、宽 96 厘米、厚 18 厘米

立石： 提点真静大师鲍道元

碑状： 该碑长方形碑身，半圆碑首，身首一体，阳刻花篆纹。碑文楷书，共 26 行，行 50 字③

① 《汧阳述古编》卷下按："此碑年号已经凿去，今考碑云：'正大之兵，观罹劫火。大元革命戊戌秋，于洞真得旨住持终南。'正大金哀宗年号，戊戌为元太宗窝阔台之十年，南宋理宗之嘉熙二年，是时金已亡矣。碑建于庚辰，是为元世祖至元十七年。道谦自称天乐道人，此时未赐真人之号，至元成宗元贞元年始赐号也。《关中金石记》，误以元贞为贞元，贞元乃金海陵王年号，元有元贞无贞元也。此碑未经前人著录，李云生大令始访得之。"
② 李道谦，字和甫，汴梁人（《盩厔县志》云盩厔人）。初事洞真真人，至元十四年安西王开府陕西，着提点五路道教兼领重阳万寿宫事。贞元元年，赐号天乐真人。
③ 石碑埋在千阳县城的某个居民小区楼下。当时我们在现场看到，石碑碑身浅埋于地表，碑面被一层浮土和杂木覆盖。道协人员清理后，碑面显露出来。碑文字迹清晰，但末款字迹已辨识不清，只看出"有元……大将军……立石"等字。据道协人士讲石碑所在的这个居民小区，以前是城关粮站旧址。石碑在 20 世纪 50 年代粮站建立厂房时曾被人发掘过，由于没有合适的保护方式，被就地掩埋一直放置到现在。据《汧阳县志》记载，碑文中提到的"石门"，即今县城南千河北岸一带，石碑埋藏地，正是元代万寿宫旧址。公元 1186 年邱处机途经石门时，筑"全真堂"，并命道渊为住持。全真堂后来发展成万寿宫，是金元时期陕西著名的道教场所。至清雍正时万寿宫迁至"小石门"（现在的千阳中学），民国时期道观被毁。

旧存地：千阳县城南

今存地：千阳县城某居民楼后

碑文录自：原碑

碑文：

通微真人蒲察尊师传

师姓蒲察氏，讳道渊，通微子道号也。家世上京，乃祖以金朝开国佐命功封世袭千户，遂为燕都之巨室。上世以威武起家，故宗系莫得共详。师于天德四年壬申岁生，气禀特异，方在襁褓，乳母以荤口哺之，必泣哇而后已。迨龆龀间，遇道象辄自瞻拜，敬慕不肯去，见羽士过门，必延致于家，特为设斋供养之。年既冠，父母欲议昏，师闻之，跪告于前日："尘俗之事，性非所愿，乃所好则神仙轻举之业。"父母责之日："吾家世袭簪缨，赖子以承门荫，宁容有是请邪。"遂择良配定之。及结约之日，预夜，母梦妇缘经而入，惊且问日："何故此服之不祥？"妇日："夫新丧矣。"既觉，母日是妇不利于吾儿，遽绝其姻。师即私遁于溧阳之南山，得一岩穴，木叶积尺，旁有清泉，就为栖遁之所，惟啖柏饮水而已。数月，樵者见之，告于山下居民，争相供奉。师丹心潜公，精感仰彻。忽于定中见三仙人衣冠整秀，飘然而来，曰："闻子好道，故来相过。夫道无师不度，道贵有传。子今块坐于斯，以求至道，殆犹寻乔木而访渊鳞耳，断无可成之理。宜速下山，求师可也。"师乃还家，已逾岁矣。由是求师学道之心愈切。一日，于燕市中见货药道流，以狡狯惑众，师厌观之。旁一走卒言日："此妄人耳。吾关西有丘师父者，真神仙人。"师闻之，延于肆而饮之酒，询得其详。是夜，梦一道者鬅头木屐，身披鹿皮，西南而行，愈逐而愈不及，遂泣呼之。道者回顾日："子慕道虽勤，因缘未契。后年三十可相见也。"觉而志之，常往来于燕山易水之间。无几何，二亲俱下世，方舅氏得官长安，因从入关。舅氏又欲择姻，师于一室自洁其形以免。政疮燉之际，夜梦昔中所见三仙人传之以药，未及旬而愈。时清明，因游兴庆池，遇女冠镏琼，问长春师所在，琼曰："吾师今隐陇山。"翌日径往参谒，比师将至，长春预告弟子毕知常曰："有自燕都来受教者。"须叟师至，见长春髭头木屐，克肖向梦中所遇。时大定之辛丑岁，师甫三十矣。长春命躬执采汲，奉侍道侣，勤劳既久，屡蒙印可，于道大有所得。丙午，京兆统军夹谷公因师请长春下陇山，居终南祖庭，道过汧阳之石门，爱其泉石幽邃，乞地数亩，筑全真堂，留师居之。师徜徉林麓，栖真养浩，以行其所受之道①。明昌辛亥夏，宁海洞真于君奉长春命来与师同处，结为方外友。陇之州将多国朝贵族，稔知师门第，及慕其高洁，时来参拜，师必以爱民崇道之语教之。乙卯，朝省沙汰道流，幽人逸士，竞归陇川，依师得安者众。承安戊午，县人输资礼部，就全真堂买玉清观额，大建琳宇，玄化鼎盛。适岁饥，师倾其所有赈济，赖以全活者甚多。里人无赖恶少辈，师以祸福之报劝谕之，不数年，其俗丕变。泰和甲子，忽语其友洞真曰："长春有阆风之召，吾将归矣。"未几，示微疾而逝，春秋五十有三。洞真龛其象而事之。后值正大之兵，观罹劫火。洎大元革命戊戌秋，洞真得旨住持终南重阳宫，主领陕右教事，遣门人兴复玉清遗址，仍命改葬师于宫北之天池。自掩圹之初，群鹤翔舞，其已事而去，万目共瞻，以为异事。岁辛亥，掌教真常李君奉朝命追赠圆明普惠通微真人之号云。

　　□□□□□岁在庚辰端五吉日　　提点真静大师鲍道元立石
　　□□元帅□□□□、宣授定远大将军乾州军民元帅汧州守镇

---

①　《盩厔县志》，笃溪亭在重阳宫西北隅，于洞真居此，名为笃溪。后李道谦复为堂于上，吟咏其中，积诗十一帙名《笃溪集》。

万户刘善庆

　施主千户緱惠室人雷氏

2. 陇汧州□□会揭巩王母殿碑记

年代： 清乾隆十五年（1750）

撰者： 景阳山人郭阳赵□行撰并书

碑状： 碑无额。周边蔓草纹饰。字迹欠清晰，碑末部分漶漷不清

今存地： 千阳县泰山宫

碑文录自： 原碑

碑文：

陇汧州□□会揭巩王母殿碑记

余披阅《鲁论》，记圣人之慎斋，观漆园氏道，颜子之心斋，故知二氏以饮食名者，有所取□去焉。子朱子曰："斋者齐也"，所以齐其不□斋也。齐□者何一而已。然则圣贤以义理养心，以饮食养体，终始本于一敬而已矣。人维善，成性之后，自知诱物化理，汩干欲在人，□天不□善□者也。虽然，亦或生之有异秉，受之各殊耳。关中陇上，汧水之间，山川峻□，风土融和，生人于□气局齐达。晦菴翁曰：若以善导之，必晓□□，感兴起由□□义，如我汧陇诸公准诸斋，各以立斯会，功于日用奉诸饮食，诚所谓立体作用，性中之仁，诚中之敬，将以流行而不息焉。老矣则会□□来□□屡勒诸石，发诸區额。虽岁时之丰歉，人事之裕以硗，未尝相废。迩来□孙公毓秀、李公继善承志踵诸前行人□善信，各输汗资。□重葺于母□圣殿，复勒石于山左，俾方来仁人，感发奋之志，承而善树福德，广良田，充义理，流性仁于无疆。宜以为记。

　化主　赵（下泐）

景阳山人郭阳赵□行氏撰书①

时乾隆十五年岁次庚午季夏上浣毂旦虔谨

3. 汧阳县重修魁星阁记

年代：清道光十九年（1839）

撰者：知凤翔府事豫泰撰并书

碑状：碑无额。字迹清晰，保存良好

今碑存：千阳县泰山宫

碑文录自：原碑

碑文：

汧阳县重修魁星阁记

星之为象昭昭也，与人事息息相关，毫厘不爽。东璧为文章之府，专司文事。张说诗云："东璧图书□"是也。然则文人之所祀者，宜莫如璧矣，向何有于魁哉？或曰：魁乃奎之讹，宋乾德五年，五星聚奎，奎主文章，盖天下文明之象。不知奎十六星，天之武库。宋时五星，实在奎璧之间，故虽大儒迭兴，向中原末靖，此史官之误耳。魁岂奎之讹乎？或又曰：斗魁戴筐，六星曰文昌宫，一上将，二次将，三贵相，四司命，五司中，六司禄，故辅臣列位于文昌，是文昌亦主文教，司禄籍，与斗魁近，故以文昌而误祀魁斗耳。不知文昌早列祀典，人所共知。故建文昌宫者，每并祀

---

① 下功德主花名，漶漫不清。

魁星，则魁星之祀，不惟非奎之讹，且亦非文昌之口而实为魁明矣。特是魁亦不一耳，室宿中有八魁星，径北躔东南九星，曰八魁，此室宿中之魁也。南斗南二星曰：魁为天梁，又为天库，此南斗宿中之魁也。安见文人之所祀者，必其为北斗之魁耶？尝考天皇会通八魁，主设机阱。《星经》：南斗魁主兵，皆无与文事。惟考北斗四星，方形为魁，亦为璇玑象号，今之主取运动之文，且在文昌之前，实所以转运文昌者也。陆象曾魁星赞曰："于赫尊神，斯文枢机，爰锡珪。"魁星赞曰："司天秉笔，文运如经。"魁星之为斗魁，其义确然不爽。观其像，左执斗而右执笔，则斗者非北斗乎？笔者非斗柄乎！汧之城隅，旧有魁星阁，不知创始年，久倾圮。邑宰罗公贤令也，抚民事神，不遗余力，见问之圮而更新之。既成，问记于余。余既嘉贤宰之能，尽心民事而达天道，仍嘉其与余有同心也。故因其问记而辨其同异，考其是非，以使世之疑魁星者，泮然释；并使世之信魁星者，憬然祀矣。是为记。

知凤翔府事豫泰撰并书

知汧阳县事罗曰璧倡捐重建

邑学如作模临

道光十九年岁次己亥二月谷旦

4. 东岳庙香火地亩碑记

年代：清道光二十一年（1841）

撰者：罗曰璧

今存地：千阳县泰山庙

碑文录自：原碑

碑文：

东岳庙香火地亩碑记

　　东岳庙之香火地亩坐落北山深滩陷，共七十四段，计地一顷一十八亩六分三厘。□□庄基一处，土窑三□载仁孝里八甲土□□斗。乾隆三十四年，洁白里民杨起奉因粮力支应送入庙内以充资，仍将地亩佃耕，年纳佃钱一千五百文，粮差，庙事输纳，会首贡生耿涛给其佃契执照。既嘉庆十六年增佃钱至三千文，及杨起奉之孙杨计本孤身无耕种（下泐）退还至庙中，私自转香火之会首景珍。王积五□查如□案涣讯断，令杨计才退地还庙，将前给佃契涂销，合具遵依存案。嗣景珍等禀称□权先愿□郭印祥作保，领种公议，不出秋租纳市钱三石，随断以一石□肥地已□理，香火以二石交会首录管。除完粮外，积蓄生息，为岁修赀用。准具领保状，存卷。饬令照清丈亩数耕种，毋得遗失。倘日后有愿佃耕，□具退状，将原地交还庙。佃所有槎丈数目开列后，住持辨本。

　　计开山地一所，坐落深滩陷细岭沟，距城七十里。东止山鼻梁为界，西止岭下赵万年、赵西礼地□界，南止王福地水渠为界。□止徐宽地土麦□，徐彦龙地水渠为界。依南东西岭一条险阻坡地一所。

第一段：宽五槎，长十槎，合地二分八毫。第二段：宽五槎，长二十六槎，合地五分四厘一毫。第三段：宽二十槎，长十九槎，合地一亩五分八厘三毫。第四段：（下泐）槎，长四十槎，合地五分。第六段：宽十槎，长十一槎，合地四分五厘八毫。第七段：东宽二十槎，西宽十八槎，长八十槎，合地六亩三分五厘。第八段：（下泐）槎，合地二分（下泐）二毫。第十段：宽十槎，长十槎，合地四分一厘六毫。第十一段：宽二十槎，长三十槎，合地（下泐）长六十槎，合地四亩二分五厘。第十四段：宽三槎，长三十槎，合地三分七厘七毫。第十五段：宽二槎，长三十槎，合（下泐）十槎，合地一亩六分六厘。第十八段：宽二槎，长二槎，合地一厘六毫。第十九段：宽六槎，长二十槎，合地五分（下泐）亩四厘。以上共二十一段，共合地三十亩八分七厘六毫。

依北东西岭一条阴阳坡地一所。第一段：宽五槎，长十槎，合地二分八毫。第二段：宽三槎，长五槎，合地六厘二毫。第三段：宽四槎，长十五槎，（下泐）八毫。第六段：宽二槎，长一槎，合地六厘六毫。第七段：宽十槎，长十八槎，合地七分五厘。第八段：（下泐）十槎，合地八分三厘五毫。第十一段：宽十槎，长十槎，合地四分一厘六毫。第十二段：宽三槎，长（下泐）十四段：宽四槎，长八十槎，合地一亩三分三厘。第十五段：宽二十槎，长九十三槎，合地七亩七分（下泐）十八段：宽十槎，长十二槎，合地五分。第十九段：宽二十槎，长二十一槎，合地一亩七分五厘。（下泐）槎，长十槎，合地二分八毫。第二十三段：宽四十槎，长四十一槎，合地六亩八分三厘。第二（下泐）六段：宽十五槎，长五十槎，合地三亩一分二厘五毫。第二十七段：宽六槎，长六十槎，合地（下泐）地二亩三分七厘五毫。第三十段：宽二十槎，长三十槎，合地二亩五分。第三十一段：东（下泐）第三十三段：宽二十槎，长四十槎，合地三亩三分三厘。第三十四段：宽二十槎，长四十槎，合地五亩。第三十五（下泐）长四十槎，合地一亩六分六厘六毫。第三十九段：宽十槎，长四十一槎，合地一亩七分八毫。第四十段：宽二十槎，长（下泐）槎，长三十槎，合地一亩三分七厘一毫。第四十四段：宽十五槎，长三十一槎，合地一亩九分三厘七毫。第四十五段：宽（下泐）宽十五槎，长二十八槎，合地一亩七分五厘。第四十九段：宽五槎，长十二槎，合地二分五厘。第五十段：宽（下泐）三十九槎，合地五亩四厘。以上共五十三段地，合地八十七亩七分五厘七毫，土粮一斗（下泐）

　　道光二十一年岁次辛丑孟春月日知汧阳县事罗曰璧谨识

5. 汧阳新置义冢碑

年代：清光绪十三年（1887）

立石：正堂李

今存地：千阳县泰山宫

碑文录自：原碑

碑文：

汧阳新置义冢碑

　　光绪十三年十一月，署正堂李立石

　　新置义冢

　　城隍庙内另立榜示章程六条

6. 修葺泰山庙主殿碑记

年代：1996 年

篆额：樊晓祖

撰文：陇山松

书丹：李新忠

镌刻：张铎财

今存地：千阳县泰山宫

碑文录自：原碑

碑文：

修葺泰山庙主殿碑记

邑城内东北隅子遗泰山大殿一座，由来已久。始建何代，旧志未详，访诸耄耋老人，考其建造风格，当为宋代之筑。今残存者，乃清道光十七年邑令罗曰璧主事间恻然于庙貌颓圮，捐廉劝修之状，距今百六十年，其间尚无补葺之举，故其历经沧桑。岁久倾圮损残状为：西山墙将倾，致西屋面塌穿；西大梁已折，大柱朽坏；前檐东拱斗翘角毁落；屋面脊兽及瓦页大面积破损。其凋零之状，路人见而心悸。幸有识之士倡葺保护古建，不可视其坏废。适逢城内第三村民小组鼎力支持，出资庇材葺治之。乙亥秋成立以王鸿岐、陈映泰等七人为首的修葺领导小组，呈文请令，上下协调，勘测寻觅高工测计，制订修葺方案。然耗资费力困难成，遂求助专款无果。多蒙各单位支持，并委托城内第三村民小组修葺管理保护。经众议定，宜分期实施，目下急于完成抢救工程。城内三组出资料，折计六万一千三百六十元零五角八分，投劳四千个工日。然缺口尚巨，又发募捐之召。向善者凡捐六千余元（详见碑阴），料实工坚。丙子春动工，按方案实施。塌者修之，断者换之，倾斜者扶正之，缺者补之。历时半载，恒期安全乐利如实竣事。另添建寮舍三间，增修庙门一座。期间主事者均系家食自备。向善者弥廑宵旰尤勤，捐资者慨然解囊。众志成城，一诚同心共举。

猗欤！美哉！综计耗资陆万伍千伍佰玖拾陆元伍角捌分，投劳肆千肆百壹拾肆个工日。夫诚克同心业，则玉成诚心事，泰山即诚心爱物也。千民诚心报泰山，即汧民诚心为善也，谓之理气贯通之道。修葺泰岳庙之举，则民情见焉。今其庙修补完工，首事等属余为文以记。适有疑而问曰：泰山何神也？余曰：泰山乃五岳之首，天地五孙盘古氏五世后代金虹氏是也。即尊奉之山川神，传言主管人间生死。于汉武帝时，由泰山兴起，而后遍及各地，历代帝王定为国典之制。每岁庆祀相继，各代皇帝诏封，宋朝尤甚，凡登封者七十二家。又问汧邑祀黄飞虎为泰山神，而庙在城内，何也？余曰：出于《封神演义》附会之故，吾不苟同，概由原来想象之天神于社会长河中演为人格神而已。诚然，泰山乃天下第一大山，非一方之山，故当共祀之。登泰山而小天下，方知泰岳之巍巍乎！奕奕乎！其意无穷。其庙修葺竣事，拟竖两碑，一记原貌，一记此次艰辛。诚心同力，修葺□□保护维持之况，不徒修庙之举将取用无穷焉！

千阳县城内第三村民小组

千阳县城关镇城内第三村民小组组长

泰山庙修葺管理总负责　王鸿岐

泰山庙会首　陈映泰　郭满堂　蒲鸿昌　罗金学　李玉拴

　　　　　李得田　蒲正芳

撰文　陇山松

篆额　樊晓祖

书丹　李新忠

石师　张铎财　张□□

公元一九九六年岁次丙子秋七月十二穀旦立

7. 千阳县泰山庙碑

碑额篆题："泰山庙原碑记"六字

碑文：

　　按：碑石上只有"泰山庙"三字，并无记文。

十六　宝鸡市千阳县城隍庙、药王庙道观碑目

　　千阳县城隍庙，位于泰山宫后面，隔着两三条小巷的药王洞巷口，现与药王庙合并，共处一个院内。现庙无庙门，庭院开放式，只存一排殿宇，供奉城隍与药王，院中有数块碑（包括一残碑，还有一块，埋入土内约三分之一）。一个硕大的焚香炉，立于庙巷口。宫内留守一名道士。

1. 汧阳县城隍庙新建乐楼记

额题：城隍庙乐楼记

年代：明万历三十二年（1604）

撰者：廪膳生员肇林

尺寸：碑连额高 88 厘米、宽 75 厘米

碑状：额题"城隍庙乐楼记"，3 行，行 2 字，双线篆书。两旁为祥云图形。碑边卷草纹饰。字迹清晰。半截入土，残存二分之一

今存地：千阳城隍庙院内

碑文录自：原碑

碑文：

汧阳县城隍庙新建乐楼记

是庙乐楼告成，议者以为我太祖高皇帝迅扫胡元而平定中原后，即封天下城隍之神，令冥司一方捍御灾患，儆戒奸贪，为民神功，迄今已二百三十余年。兹汧邑一旦创建乐楼，得毋缓独乐楼然哉，则庙宇之立曾缓也，又不独庙宇。至城郭今治之西五里许，坐昆□石头谓其在汧水之阳也，其城向东而报赛乐楼无不备，若文庙儒学亦南隣焉。惟昔人不惟农工商贾，俱享丰衣足食之庆，而诵诗读书者多慰想当年何甚盛也。闻之人尝曰：县主多未荣归，后之来宦故地。呜乎！徒为一身幸究谋而不为百姓长久计。延及嘉靖，百万生灵胥遭昏垫，谁云非轻秽者之贻害也。越次年，建□之秋，一时难以卒办。节年享赛，止张设棚帐贡事。至隆庆末，非长虑也。每同家君郝钦相议乐楼事，遂约同志者二十余，兰茂、张显仁、黄理、张以□、魏应时、李尚禄等聚财命工建修神庥以悦。众志以备，风雨之阻以节张设之劳。况二门、

乐楼□三之故老曰：斯庙也，兆泊恢弘；斯楼也，比前壮丽。是可见报之缓哉！自会首籖告终至今，缺碑以记。旧会诸人再行润色为文。予不能文，又不敢以不能辞，故原始要终以叙数言敢。

大明万历三十二年岁次甲辰秋七月吉旦 儒学廪膳生员肇林

王籖 男一清 田孝 男惟宰 惟善 惟明 王六 男海汉

社会人 郝钦 男国桢 张思敬 男□会 兰茂

男秉显 秉著 杨鸣岐 男汝得 张显仁

男述古 述贤 黄理 男伦 王仁民

男瀛 张云凤 男纯 张大孝

2. 药王洞重修碑记

额题： 皇清

篆额： 张彤彦

年代： 清乾隆四十九年（1784）

撰者： 廪膳生员韩玙

书丹： 王廷荚

今存地： 药王洞

碑状： 额题楷书，两侧线雕双龙戏珠。碑周边蔓草纹饰。字迹清晰，保存完好。

碑文录自： 原碑

碑文：

药王洞重修碑记

廪膳生员韩玙撰文

生员王廷荚丹书

工书张彤彦篆额

汧邑城隍庙东数十步，有庙一所，正殿三楹，前列献棚，药王神像居焉。而以洞名。嗟乎！洞之为言，空也，幽也，深也。

名乎此者，大约凿崖而成，掘地而就，或砖石之砌，天生之穴，未尝若斯之上栋下宇，瓦缝参差者也。洞之名果何昉乎？或曰：药神诞于隋唐之间，慈仁恻隐，知识绝人。其叙《千金翼方》，及粗工害人之祸，实开千古之洞天。洎结后圣果时，亦以坐化洞中成名。故今之立庙，亦以洞名也欤！或又曰：事贵溯初，名当仍旧。如汧阳阁之无阁而以阁名，玉清观之无观而以观名，天下之问其名，则是问其实，则非者随在皆是是。或今无而前有之，故名耶？或又曰：圣庙建成西北隅中，幽深静寂，人之跻仁寿而拜休嘉者，莫不有洞，洞之敬，故先辈之标题，得以是名乎？然吾尝闻忠义神灵所在，惟人钦祀，况药圣之德洋恩溥，巍巍乎唯天为则，浩浩乎民无能名，则庙名是否亦何必深辨也哉！今岁十月之初，有请予者，言洞之重修已九载矣，尚未刻石以记。予问其故，则起于乾隆四十一年春，至八月而工竣。

呜呼！成功何若是之速，勒石何若是之迟也。夫迟之久而终必勒石，则后之顾名思义，迭为更新，亦如凿崖掘地之不朽云。尔是为记。

敕授文林郎知汧阳县事加三级随带军功纪录七次　陈文谟

特授修职郎庚寅科举人拣选知县借补汧阳县儒学教谕　王　遴

特授修职郎拣选教谕借补汧阳县训导丁酉科拔贡　乔通汉

特授关山营分防汧阳把总带功加五等纪大功二次　陈洪得

敕授登仕郎管汧阳县尉事加一级军功纪录四次　李绍高

　　兴盛当　世德当　武举耿怀璧　生员武熊飞

生员耿星煜　生员耿星焕　生员张自新　生员刘洁

生员王衣铭　医学徐辉　　监生沈锺英　监生沈彬

监生李廷琏　监生黄通理　生员王世统　生员裴正宗

会首范吉淹　张曰琏　刘养泰　张容　马骥

木匠张大　李自修　任仪　郝钜　李周

石匠赵崇科

时乾隆四十九年岁次甲辰仲冬吉旦日立

3. 重修正阳山锺离坪斗姥宫碑记

碑额①：皇清

年代：清咸丰九年（1859）

撰者：乡饮正宾张四维

书丹：生员萧士芬

碑状：碑周边雕有花卉、花瓶等饰
纹。碑面有三处裂纹，但未损字，似竖
碑时损裂

碑文录自：原碑

今存地：城隍庙焚香炉前

碑文：

重修正阳山锺离坪斗姥宫碑记

尝思有闻（石裂）于先者乃有继于后，有□于古者，乃有述
于今。凡事类然，况在神灵凭依之地乎！正阳山锺离（石裂）坪
旧有斗（石裂）姥宫之遗踪迹（石裂）不知创作何时，重修几
次，覆圮某年。近来仅有破砖残瓦，莫蔽风雨。山下人民见
□（石裂）莫不惨目酸心，以为虽至□穷孰与？于是会首解荣、
刘建勋等聚众公议，动工营建，凡在会者（石裂）莫不欣（石
裂）然乐输。第见聚米为山，积金成堆，庀材鸠工，选丁拔夫，
背瓦运砖，历数月而功告竣。□爰（石裂）计寝殿三间，神像五
座，举为金身，何莫非在会善男信女好善乐施相与有成哉！是役

---

① 笔者见到碑额中为楷书"皇清"二字，而碑文中作"邑儒学生员九皋胡鸣鹤沐手篆额"，
当为篆书，当是后错配之额，碑非此地原物。

也□始于咸（石裂）丰八年二月，落成于八年六月。后之有意继述者，后之视今亦犹今之视古也，可即□从而开创广廓之，亦无不可。是为叙。

　　乡饮正宾　张四维沐手撰文

　　邑儒学（石裂）生员九皋胡鸣鹤沐手篆额

　　邑儒学（石裂）生员芝轩萧士芬沐手书丹

经理会首	魏家滩	张盛	魏均	魏珠	魏起
	高西村	何应花	李生新	王喜德	李兴
	解荣	刘建勋			
庠生	吴兆祥				
	拐湾村	雷明	王城	郭明道	党清明
	药树村	罗文仓	李海		
	刘家滩	刘顺有	阎年	刘顺祥	刘果
	郭家寨	汤博	汤廉	汤先	
	□刘堡	屈遇奎	刘义存		
	胡家岭	王前	传德□同立石		
住持道人	张元廷	陈亨林	叩化		

　　时咸丰九年岁次己未桐月谷旦　　　　石工　隽成业刻字

4. 迁建城隍庙碑记

年代： 1998 年

篆额： 高俊峰

撰者： 松福仁

书丹： 李玉泉

镌刻： 张铎财　张林涛

碑状： 额雕双龙戏珠。中篆"迁建城隍庙碑记"二行，一行 4 字，一行 3 字。碑两边镌花瓶纹饰。碑文字迹清晰，保存完好

今存：千阳城隍庙

碑文：

迁建城隍庙碑记

千阳县之城隍庙久矣。据邑志载：明嘉靖二十六年洪水没其故新城址，惟城隍庙在。故城北麓，未遭水患。二十七年，移建于新城西北隅。后经明清两代几经重修增建，遂为宏伟壮观之古建筑群也，据今四百余载矣。旧有正殿、寝宫、月台、侧殿，相峙钟鼓二楼、献殿、退亭、牌楼、仪门、戏楼。规模格局错落有致。殿内塑像威严。侧殿塑有游狱之神妙故事，森然可畏矣。院中古柏参天，碑碣数通。山门砖木歇山式结构，门房下两侧塑有哼哈二将，前有照壁，庙门两侧竖铁旗杆一对，及造型雄威之石狮，蹲其左右。其庙执司法器、祭器、乐器、几案、察院、善厨，无不悉备。建国后，辛卯岁拆除易作机关办公之所，戏楼于丙申年拆除。香火遂绝，原貌不复存矣。壬申年六月十五日，幸有好善者请城隍庙神位于药王洞院，与药王同祀一庙，香火复起。然庙窄隘不能妥神灵，亦不能壮瞻仰。乙亥之秋，由总会首毛琨珊、陈存周诸公发起重建城隍庙正殿之举，遂响应若流。广大善男信女乐而支持，成立建庙筹备组共商其事，鸠工庀材，九月初十日破土兴工。至丁丑岁四月，其三转五之主殿落成。四日二十四日，延师塑像彩绘，至七月底竣工。八月一日，以戏曲庆兴，举行开光仪典，庙成而人神胥悦。斗拱翘角，雕梁画栋，巍峨璀璨，可谓为县境寺庙建筑之冠。殿内正中肃坐气宇轩昂之城隍圣像，杨、苏二爷侧其坐。台下分站神态各异之班神，森严可畏矣。庙壁丹青彩绘狱神故事，发人深省。

且绘二十四忠与二十四孝典故图。美工精妙，形象传神。庙内通电，异彩绚烂。城隍庙有幸沐浴于宗教政策之阳光雨露中也。其间诚蒙有关单位仁人善众捐资献料，投工而力助之，主事者辛勤操劳，故事竟成者也。嘻！福缘善庆，功德永著矣！城隍主殿座落于药王洞院，与之一体。凡大小庙堂三座，客寮庖舍七间，总计支付人民币捌万余元，投陆仟工日，义务工贰仟。今规全而理序，合会会首居士诚益爱其教，亦爱其国。遵规守纪，以弘扬道统为己任，拒巫邪于庙门之外。丁丑年八月五日民政局批准颁证，药王洞院为宗教活动场所，每岁古历二月初二日药王会、八月初二城隍会。夫古时建中立极，郡邑均依制建庙祀城隍之仪，相传城隍乃城市之守护神，职除邪恶，庇佑善良，充保民护国之灵，曷敢忘其源流。幸今国运鼎盛，百业峥嵘。开放之光华普照，四方游客乐至云集汧邑，或之祈福，或之览胜，或之贸易。若遇会期，香火隆盛焉。今大功告成，主事者奉状求文，余视其善举，焉敢辞也，则援笔述而铭曰：

巍巍庙堂，辉辉城隍。位镇汧邑，德威并彰。明察秋毫，恶罚善赏。护国佑民，百代永昌。

总会首　毛琨珊　陈存周

会首　　王拴牢　王凤兰　吕彩莲　李玉栓　李三多

　　　　李天珍　李志侠　李银书　李来喜　李喜莲

　　　　李莲莲　李修莲　李秀云　沙招怀　宋玉凤

　　　　孙笃志　武永清　杨莲莲　张文让　张升喜

　　　　张必让　张银书　张理昌　张笃才　郑启科

　　　　强让过　景彩杰　施金学　陈招香　高富贵

　　　　雷玉珊　韩烈烈　蒲玉英　蒲宏昌　王建国

热心庙事者　耿岁劳

工程设计　罗明学

营建工匠　瓦工陇县东南高庙徐八字　　徐铁毛　徐铁虎

木工　　水沟夹咀王有存　谢斌文　王列珠　王存绪

　　　　谢永强　刘拴牢　屈碎堂　王乃林　王长生

砖工　　城关千川张林蛇　张玉川

雕塑　　岐山南庄刘开科彩绘队

千阳县志编辑陇山松福仁　撰文

千阳县城关镇城内刘宝楠　参撰

陇州天成镇蒲谷老叟宗宇闫恭甫　校阅

千阳县城关镇小塬高俊峰　篆额

荣获国家书法大赛二等奖陇邑敏功李玉泉　丹书

千阳县南寨新西村金石技师张铎财　张林涛　勒石

公元一九九八年岁次戊寅八月初一日榖旦虔诚举仪立石

十七　宝鸡市陈仓区西镇吴山道观碑目

吴山山门

吴山道观坐落于宝鸡市陈仓区新街镇西部山区的西镇庙川村吴山，最高海拔2069米，为宝鸡八景之一。古称岳山，乃是中华五大镇山之一。吴山既有北国山势之雄，又兼南国山色之秀，历史文化深厚，自然景观丰富，尤其是镇西峰、大贤峰、灵应峰、会仙峰、望辇峰五大峰并峙，宛如芙蓉；十二小峰林立，直插云天。又有"五湫"（真人湫、石飞大王湫、雷神湫、玉皇湫、西镇灵湫）、"四洞"（真人洞、玉皇洞、雷神洞、餐霞洞）、"二锦屏"（大锦屏、小锦屏）等风景名胜。以其秀、险、丽、奇、幽声闻名遐迩。现吴山已开辟吴山景区、官村峡景区、方山景区、旋瓦山景区等，包括景点100多个。

吴山地区建有道观，据《陇洲县志》记载是始于隋开皇十六年

（596）。隋开皇十六年，文帝下诏准吴山造庙立神，建吴岳祠，又称西镇庙，另建会仙观于祠旁。大唐太宗皇帝诏封吴岳为成德王，建龙庭式殿宇，并重塑金身，亲临拜祭。

吴山吴岳祠是我国祭祀炎帝、黄帝最早的地方，建筑规模宏大。吴山的会仙峰在历史上是众多修道之士成仙得道之地，又是得道高尊聚会之地，五峰都曾修建道教宫观。吴山又是全真教龙门的重要道场，重要道教历史人物全真道士于善庆在吴山天门旁修的"真人洞"犹在。

吴山、吴岳庙古建筑为三处群落。上院位于吴山山腰，主建筑有吴岳大庙宫观、依云楼，另依山建有三皇阁、黑虎灵官及三古亭；神仙沟有珍珠娘娘庙、山神庙；大殿台有关帝庙、三圣母庙；吴岳大殿区内建筑有凌霄门、钟楼、卷棚、礼器室、后寝宫、慈幼殿、蚕姑殿；东建有雷祖、文昌二殿；西建会仙宫、钦差大公馆，并附有御香亭、仰止亭、礼神亭。

吴岳殿及吴山之阳区域经宋、元、明、清历代修建规模浩大，鼎盛期达 280 余间，雕梁画栋，气势雄伟，殿堂楼亭，金碧辉煌。朝廷大员、文武官吏、文人墨客题诗留赋，达 200 多首觐谒碑、祭祀碑、诗词碑、图文一体碑、功德碑等，从唐至清多达 130 余通，素有"小碑林"之称，成为我国著名的朝觐、游览、宗教活动之圣山宝地。

吴山及吴山庙由于岁月消磨和兵匪战乱，屡建屡毁。"文革"中，文物、古柏、碑林毁坏殆尽。1986 年，全真华山派冯万瀛道长接受邀请，到吴山住庙，主持修建了玉皇殿。落实了吴山庙的庙产归属权，使一百多亩山林，收归道教所有。1987 年吴山道观被政府列入道教正规的对外开放宗教活动场所。全真龙门派肖至鑫道长于 2006 年主持吴山道观庙务。目前已建山门和围墙，2014 年又将西侧的玄圃道院进行了扩建。

1. 吴山县令丁芾《潇洒吴山县》十首诗碑

年代：北宋绍圣四年（1097），清道光二十年（1840）二月重立

作者：丁芾①

碑状：卧碑

原存地：宝鸡陈仓区县功镇安台小学内

今存地：宝鸡陈仓区县功镇安台村北宫庙的墙上

碑文：

吴山县令丁芾《潇洒吴山县》十首诗碑

一

潇洒吴山县，岗峦绕四围。官卑新令伊，古旧渝麇趣。

有陶彭泽才，非陆浚仪口。折腰休重欢，适与分相宜。

二

潇洒吴山县，居民仅百家。孤城连阜起，小市枕溪斜。

土润宜栽竹，泉甘好试茶。公余无一事，何处悦纷华。

三

潇洒吴山县，登临四望遥。岚光迎翠曜，野色聚横霄。

林静晨鸦散，汀寒宿鹭翘。欲知民意乐，歌唱起渔樵。

四

潇洒吴山县，郊行路曲蟠。画藏南寺古，川漫北宫寒。

字俗功无补，寻幽兴未阑。一枝聊自足，向美九霄缚。

五

潇洒吴山县，岩居共几层。风清闻远笛，月黑见孤灯。

酿汲南溪水，琴邀北阁僧。城隅修楹稳，衙退即来凭。

---

① 丁芾，北宋绍圣年间任吴山县县令，以"潇洒"为题，作《潇洒吴山县》五言诗十首遣怀，并把这些诗刻在石碑上，镶进庙墙里，以供来者瞻拜和品赏。清道光二十年（1840）二月重立。

六

潇洒吴山县，槐芽旧治雄。民淳庭寡讼，土厚岁多丰。
废垒长蛇积，虚岩大像空。虽非邹鲁地，弦诵满儒宫。

七

潇洒吴山县，风光满泽川。野桃红映水，溪柳翠生烟。
曲岸连幽径，平沙近暖泉。若无尘事役，终日听潺潺。

八

潇洒吴山县，超然与摄斋。清樽聊对月，芳草恣庭阶。
穷达须归命，升沉不系怀。弦歌虽可乐，吾志在江淮。

九

潇洒吴山县，庭虚夏亦凉。云龙藏峻岳，仓木暗稠桑。
种稻连荆泊，分泉过石堂。谁知关塞近，风物侣江乡。

十

潇洒吴山县，云峰信有余。地偏常畏虎，水淖不生鱼。
梦去游乡国，愁来庆簿书。拂衣空有志，何日赋旧欤。

2. 吴山祈香记残碑

年代：元延祐元年（1314）

碑状：碑残。存 8 行 35 字可辨认

碑文：

祈香记

大元延祐元年闰三

皇帝敬遣

御位下必阇赤秃忽鲁

郑立钱赉

□香青镌揣一

□□□

□或德

3. 西镇吴山残碑

年代：明正统十年（1445）

今存地：西镇吴山

碑文：

西镇吴山残碑

维正统十年（下残）

皇帝遣通政使司（下残）

西镇吴山之神（下残）

国家崇重（下残）

4. 望吴山

年代：明崇祯七年（1634）

撰者：李国司

镌者：李□城

今存：吴山

碑文：

华岳之西为吴山，五峰巍巍镇重玄。玄□飞雨多□□，皇明主□称万年。

崇祯七年夏凤司李□城镌、国司题

5. 乾隆五十年残碑

年代：清乾隆五十年（1785）

碑状：倒卧在地上，断成两截，字迹难辨。

今存：吴山庙大殿东三米处

碑文：

乾隆五十年岁次乙丑菊月

6. 西镇吴山残碑

年代：丙申年

尺寸：残碑高54厘米、宽44厘米、厚5厘米

今存：西镇吴山大庙

碑文：

（上残）曰比岁尝命（下残）

（上残）神昨于丙申孟冬之（下残）

天赐元储亦

神麻赞佑□□用致

神□鉴歆（下残）

神佑焉尚（下残）

钦差赍（下残）

7. 钦赐寿官天益李公之墓碑

年代：清咸丰七年（1857）

撰者：邑庠生员□□遵
书丹：邑庠生员杨攀桂
刊石：李本绩
今存：西镇吴山
碑文：

钦赐寿官天益李公之墓碑

时咸丰□年岁次丁巳□冬月□□十

五日穀旦　李本绩刊石

邑庠生员□□遵顿首撰

学眷□庠生陈道庄顿首校

邑庠生员杨攀桂顿首书

钦赐寿官天益李公之墓碑

		绩元			荣见
陛兄荣率侄本			侄孙	士成
					欢满

同立石　

			□芬
孤哀子本	清闰	率孙	□亲
			□□
			□成

8. 望吴岳

撰者：万主闲

吴岳镇西方，秋高气霆昂。五峰天地掌，万树毗稽堂。

□势争秦陇，云阴入混茫。□当凌绝巇，一览尽□湟。

9. 祭吴山文

额篆：双龙戏珠，天庭中楷为"中华"二字
年代：2005 年
撰者：田溪　吴双虎
书丹：王全兴
立者：宝鸡市陈仓区人民政府
今存：吴山吴爷殿前
碑文：

祭吴山文

惟公元二〇〇五年九月二十二日乙酉中秋，宝鸡市陈仓区长王西科率全区各界民众代表，以虔敬恭崇之心，花果礼乐之备于吴山庙前，恭祭西镇。文曰：

巍巍西镇，如笋拔地，擎天而立，雄踞陈仓故郡。东连华岳，北接崆峒。五峰挺秀，浩气凌空。峰险峦奇，谷幽峡深。县衙峭壁，怪石嶙峋。古木森森，流水汩汩。奇景壮观，震古耀今。虽凤凰筑巢于峰顶，白鹤群栖于青松之美景已成佳话，然三月花开，遍山万紫千红；四月蝉鸣，声震霄汉之大观，更显峰壑之雄奇清幽。呜呼！西镇钟灵毓秀，育物福民。肇自先秦，历经汉晋隋唐、宋元明清。祈国是民，求风雨祭祀规制，陈陈相因。塔庙碑林，形制雄伟。屡受封诰，尊王尊公，远近百姓，四时朝拜；历代文人，频频歌咏。气象弥久，盛况千年。惜沧桑多变，兵匪迭起。碑庙文物，多遭损毁。乃至文革，为祸犹烈。诸多古迹，荡然无存。每念及兹，感悟惊醒。喜今改革开放，国富盛世。政通人和，百废俱兴。山市建设，大有改改。创卫创模，业已告成。区域经济，阔步向前。乃欲重修庙宇，再复盛况蓝图。初负鸿猷已订，有西镇之盛名鼓召，有全区之戮力齐心。嵯峨西镇，必将再兴气象，重振山岳，祐佐一方，造福全区。祭礼告罄，伏惟尚飨。

　　田溪　吴双虎撰文　　　王全兴书丹

公元二○○五年九月二十二日宝鸡市陈仓区人民政府立

10. 复修吴山财神庙碑记

年代：2007 年

撰者：李逢春

今存：吴山

碑文：

复修吴山财神庙碑记

　　国人敬奉财神，约起源于唐宋，盛行于明清。因钱财是为人生第一要物，无此物，则无法解决衣食住行问题。所以，古往今来，大凡士农工商，都希望有财神暗中相助自己发财。吴山为吴姓氏族的发祥地，又是中国五大镇山之西镇。五大镇山，按五行分镇中华五方，东镇沂山为木，南镇会稽山为火，北镇医巫闾山为水，中镇霍山为土，西镇吴山为金，金为五行之首，故吴山历来就是士民商贾祈福求财之地。吴山财神，乃有求必应，因而香火极其旺盛。相传北宋有财神庙，后因战乱而毁。今冯君宏波开发吴山，经七载苦心经营，吴山已初具规模。为恢复历史旧貌，遂复修财神庙，内塑文财神比干，阴财神介子推，武财神赵公明神像三尊。现圆四方善男信女求财祈福之梦，亦期神威再显，荫佑吴山一方物阜民康，社会和谐，故此为记。

　　枕霞山人李逢春撰文

　　丁亥年仲夏

11. 重修吴山老庙碑记

年代：2008 年 4 月

撰者： 秦志林　陈祯祥
书丹： 孙强
镌刻： 师顺珠
今存： 吴山老庙
碑文：

重修吴山老庙碑记

　　吴山古称岳山、虞山，封禅西镇，群峰相捍，雄镇西方，势贯北斗。秀透云霄，皆出天地造化神功。其名远播，誉载史册。又华夏民族吴氏宗族起源、繁衍、聚迁之祖地。神农氏炎帝，燔柴祭天神之始地，轩辕氏黄帝拜师吴权之初地。自炎帝后裔太岳建岳国，司火神，吴回建岳国，泰伯仲雍建句吴国，舜帝巡狩西岳，吴山泰灵公亲临设祭，秦始皇封禅，汉武帝设五畤，隋文帝造庙立神，唐太宗封王修殿，故国文明五千年，视历代君主靖国镇朝之灵山，士庶万民朝觐游览之圣地。朝野器重，国民共仰。故吴山及吴岳庙修葺规模有增无减。《诗经·大雅颂》曰："嵩高唯岳，唯岳降神。"不仅记述吴山是太公姜尚之祖、伯夷父出生之地，且有服炼气飞升负局，先生药活万计，不取一钱，以药酒救治唐皇孙后的吴岳。宋元年间，修道成仙的于真人，民国年间坐化吴山的王婆，构成为史册有名的仙家，故为道教兴旺的道场之一。岁月流逝，兵匪战乱，破毁殆尽，望之叹息。文革后期，政通人和，宗教信仰，再度复兴。初由众位信仕循门鸠众，共商兴庙之举。简搭陋棚，历经数载。物由天成，事在人为。时巧机至乙亥年，吴山庙会首陈怀玉、王培明，司理庙务，倡议复修，广大村民，闻风而动，不遗余力。伐木取材，背砖运瓦，日计百人。并与贾村塬南皋东庄上下五社众信仕，秉宪兹土。爰陈楮帛，笃谋务成，鸠工庀材。在宝鸡县八里庄林场支持下，重修吴岳殿三间、寝宫一间、黑虎殿一间、灵官殿一间、道房三间、厨房一间，综计耗资二十余万元，投工两万余人次，面粉两万余斤，油盐若干斤。丁亥年，政府再度重视，派肖至鑫道长入山主持观务，与吴山庙众位会首议决重彩装金，再现神明。故树碑立功德于后，虔心以示来者，继而全之。嘱余为之以记云。

神恩浩荡润众黎，千秋功德在于民。

秦志林　陈祯祥撰文

肖至鑫校阅　　　　　孙强书丹

千阳县金石师师顺珠刻石

公元二〇〇八年岁次戊子四月初六日毂旦立石

12. 重修西镇吴岳庙碑记

年代：己卯年

撰者：陇山孙福仁

书丹：县功镇郭兆瑞

碑文：

重修西镇吴岳庙碑记

自古奇山胜景、神庙古刹，有其兴之，莫能废也。宝鸡县新街镇庙川西不数里有吴岳者，乃西秦之巨镇也。其名史书多有众说，有称岳山开山者，或虞山汧山者，实为一山也。《国语》又云：吴山素以挺秀五峰而嘉誉天下，奇峰十七，著者有五，曰：镇西、大贤、灵应、会仙、望辇，翠然为冠。登顶望之，恒有落势。功与五岳埒焉！另有笔架山、王师岭等天成景观，及晴岩飞雨、灵湫幽洞、天门诸胜，当于华山、黄山、峨眉相媲美。历代各有封表。自唐至明，吴山被封为成德公、吴应王。西镇吴山神，相传唐初有一吴医名岳，乃贾村塬人，用酒粕治愈孙皇后之疾，唐王降旨加封吴医，误为降罪，自缢于吴峰脚下，即今之老庙处，后追封为吴爷。虽属先稽，然附会有因。吴山庙，建于隋开皇十六年，而后传十三代。屡毁屡建，轮奂修饰，愈光于前。绵亘千数百载而不废也。粤稽祭祀名山大川之仪，始于秦而兴于唐，则胜于明清。朝廷遣官祭祀吴山，府州县方祭弗息。三年小祭，五年大祭。祭之有制，每祭有碑刻诏旨祭文立于庙祝，以庆洽神人，是故其庙院于碑林立。计有重修庙宇碑、文人骚客诗赋碑，以及汉回文祭祀等碑一百三十余通，素有小碑林之称，遐迩闻名。其中有康熙亲书"五峰挺秀"，及《吴山全图碑》最珍，富有史料与书法价值。可惜毁于丙午之乱。至于昔日吴山庙群之宏伟，今非昔比。以据万历年间《吴山庙全图》示有正殿及寝殿、献亭，旁有冀室、慈幼殿、蚕姑等殿。殿前有东西亭、碑楼，及钟鼓二楼。大门东西角门、琳宫，鳞次栉比，规模辉弘。祭器有库□，畜有房，庙粮有仓，官宿有所，道流栖息有室，莫不悉备。大门外树有大小铁铸盘尼，上凤下狮，日月旗杆各一对，高约三丈，上悬铁吊牌各一，左书"万古英灵生北斗"，右书"五峰浩气镇西天"。其顶各饰铁斗一个，角悬铁旗风铃，风吹铃唱，森然肃穆。院外有金城巨铁坊、奇观对华坊，循庙而西有阆苑坊、会仙宫、圣寿观。进西门为漱雨亭、啸月亭。摄绕而上有天门，上达倚云楼，及左右云房。轮奂既饰，洵堪雄而曾丽，逢会愈盛哉！并于庙东五里之远门建有子庙，和迎接祭祀钦差大臣小息之所，惜原貌不复存矣！幸存者仅有明清所铸两口大钟，以及岌岌可危的四座破庙，其废基宛而在焉。物有天成，事在人为。壬戌年，幸有众会首等循门鸠众，共商兴庙之举。响应者纷纷，时巧机至丙寅年，县遣道长冯万瀛司理道务，又招许志义道士添修寮舍、膳厨各三间，新修西院砖围墙六十余米，不月余竣工。翌年，接塑吴岳大帝等神尊，增饰彩绘。开光之日，香客济济。庙院香火旺盛，每逢会期，皆以大戏庆之。冯道长调离，陈怀玉等承主庙事。庚午年春，又修娘娘及蚕姑殿之工。鸠工庀材，历时一年，六楹大殿按期而就。乙亥年，塑神尊丹青，彩绘庙壁。丙子年，和贾村塬上下五社合为修建老庙九间、琳宇膳房。己卯年正月，于戏楼原基新建砖混结构挂耳室戏楼一栋。至是年三月十三体会期，综计耗资三十余万人民币。夫真伪起千古，褒贬兴万家，何况世有施惠而不费财，劳民而不怨者。错陋之记，在所难免，留待来者评说。今之工竣，民悦盛，况新灵迹具举，岂不美哉！殊不知耗资役劳之苦。兴工以来，若吊瑰材，招巨匠，缮大殿，建道堂、敞客寮、修乐楼，笃谋力举之艰也。尚忆葛德海、周海、刘生成、李森、张生枝、陈喜忠在世之功会人等，诚不忘尚总会首王培明、副会首刘志杰、陈正虎众会首，陈根虎、陈田录、陈宝笙、陈秀峰、陈祯祥、张月月、周春生、张秋生、刘俊青、芦诠完、张辉、赵银、寇秀莲、翟珍莲、贾玉莲议决。藉今岁古会之机，欲树祯石，记重修吴庙今昔之况，及合会弟子之虔心，以示来者，继而全之，嘱余为之以记云。记曰：

西镇五峰挥云天　阆苑福地绮山前。庙托祥云生瑞气，雨顺风调众黎安。

《汧阳志》编辑陇山孙福仁撰文　县功镇桃园郭兆瑞书丹

陇州梨林川南坡里蒲垣华校阅　县功金陵工艺美术部刻石

13. 吴山碑记

年代：近代

撰者：常思杰

校订：范东俊、闫梓亮
书丹：荣国瑞
立者：宝鸡县蟠龙乡东壕东庄小村冯家崖李家庄五社合众
今存：吴山老庙大殿廊前
碑文：

吴山碑记

吴山又名岳山，战国时即名之。自秦吴公做主时，祭黄帝于吴山之阳，始历代国家大典，或遇水旱风灾□□，委使臣临山祭祀。汉《史记·封禅书》载吴山，《尔雅》称之岳山，太伯仲雍奔封之地，其位□在陇县西南，宝鸡之西北方。极百里，高千仞，巍巍雄浑五峰者：大贤、镇西、灵应、会仙、望辇之谓也。□□□□为最挺秀，锷天古柏入云，誉为陕西第二名山。吴山庙宇始建于东汉，后历经修葺，至清代已成宏大之建筑群。咸丰元年春，铸一铁钟，镌铭记之。自唐至清，碑碣石刻百余通，书画名迹甚多。或皇帝御笔、或石，流洒于史，于事精彩纷呈。中国名将吴玠、吴璘打败金兵于是地，遂有高宗赵构望祭西镇□□石千古。庙前有铁龙绕身铁杆一对，顶悬铁斗，旁置铁马，为唐尉迟恭监制，堪称一绝。山门左右古柏□棵，身大五围，不知其

岁。环庙佳木似海，四季如荫。庙内壁画、名联、神话典迹无
算，蔚为壮观也。吴山气□□峻，民国初为王匪友邦窜踞，劫掠
绑票，暴戾四方。尤以民国十五年八月，杀害宝鸡县西街小学十
□名无辜学生，令人发指。后又遭"文革"十年浩劫，山貌全
非。今逢盛世，为使古迹不被湮没，我五社民众，协同庙□全
会，拟修庙宇，重建吴岳，光华夏之文明，便游人之瞻仰。谨立
此碑，光前裕后。是记。

大学本科毕业教育学士大学讲师宝鸡简师校长常思杰撰文
宝鸡县西坪小学毕业大韩村壕国民学校校长范东俊
宝鸡市斗鸡中学高中毕业蟠龙乡小村中学教师闫梓亮校订
宝鸡市高级中学毕业宝鸡县贾村高中中教一级荣国瑞书丹
宝鸡县蟠龙乡东壕东庄小村冯家崖李家庄五社合众敬立

14. 西镇吴山残碑

篆额：阎司论

撰者：阎司讲

书丹：阎司讽

尺寸：残碑高 42 厘米、宽 49 厘米

今存地：西镇吴山

碑文录自：原碑

碑文：

（上残）庙百步许，在王师岭，岭下有湫

（上残）因以名焉，其来旧矣。时或□旱

（上残）庙废而遗址犹存。会郡人闫司

（上残）□以荒凉无所依，于是许其捐

（上残）显著矣，乃躬自登庙告虔□禀

（上残）内与子孙蚕谷一庙并焉。庶神

（上残）之德允达于齿明而禋祀之典

（上残）永远也。是为记

致仕官阎锷

丙午解元阎司讲撰

太学生阎司读丹

学班阎司论额

庠生阎司讽书

□上吴官堂汝仲

住持道士史演书　王全范

15. 地亩槎数残碑①

撰者： 知江阳县事罗曰璧

今存地： 宝鸡吴山

碑文录自： 原碑

碑文：

地亩槎数残碑

（上残）四段计地一有四十八亩（下残），基一处，土宽三

（上残）槎，对照嘉庆十六年增田，□□三年（下残）□计方退地□□□首□地契□□合真。遵□□案□□□禀称□□元朝（下残）

（上残）生息□□修□长淮真领□状，□□□丈亩数耕种，毋得道失焉。日□可（下残）里□□□□为界，西止岩下（下残），一至赵西礼地界。止王福地水沟为界（下残）。

（上残）第二段、宽三槎，长二十六槎，合地三分四厘一毫。

---

① 原无题，编者加。

第三段：宽二十槎，长一十槎，（下残）。

（上残）长六十槎，合地四分五厘八毫。第二段、宽三十槎，西宽十八槎，长八十六槎，（下残）。

（上残）长六十槎，（下残）

（上残）□十槎，长十五槎。合地三分二厘六毫。第□一段：宽二十槎，长□□槎。合地（下残）

（上残）段：宽三槎，长三十槎。合地三分七厘六毫。

（上残）第二十五段：宽二槎，长三十槎。合地（下残）

（上残）□槎，长二十槎。合地一厘六毫。

（上残）第十段：宽六槎，长二十槎，合地三（下残）

（上残）亩八分七厘六毫。

（上残）第二段：宽三槎，长五槎。合地六厘二毫。第三段：宽四槎，长十五槎。（下残）

（上残）□六毫。第七段：宽□槎，长二十八槎。合地七分三厘。第八段：（下残）

（上残）一槎，长十槎。合地四分一厘六毫。第十二段，宽三槎，长二（下残）

（上残）分三厘。第十五段，宽二十槎，长九十三槎，合地七亩七分。（下残）

第十九段，宽二十槎，长三十六槎，合地二亩七分三厘。

（上残）段，宽四十槎，长四十一槎，合地六亩八分三厘。第（下残）

（上残）分二厘五毫。第二十七段，宽一槎，长一十槎，合地（下残）

二十槎，长三十槎，合地二亩五分。第三十一段，（下残）

（上残）第三十四段，宽三十槎，长四十槎，合地三亩。第三十五（下残）槎，长四二一槎，合地一亩七分八毫。第四十

段，宽二十槎，长（下残）

（上残）宽十五槎，长三十一槎，合地一亩九分三厘七毫。第四十五段，宽（下残）

（上残）九段，宽五槎，长二二槎，合地二分三厘。第五十段，宽（下残）

（上残）合地八二七亩七分五厘七毫，王粮一斗（下残）

知江阳县事罗曰璧谨识

16. 残词碑

今存地： 宝鸡吴山

碑文录自： 原碑

碑文：

残词碑

（上残）愁（下残）□未（下残）

（上残）别

（上残）人时醉落花，深若教（下残）

（上残）从惬素心一

（上残）风飞雪舞，春华回首（下残）

（上残）满，忆君家（九川翁住河中，芹谷翁守襄阳，多遗爱，故云）

（上残）院住长春忍见

17. 西镇吴山李良能等残碑

尺寸： 残碑高 32 厘米、宽 24 厘米、厚 4 厘米

碑状： 边有花草纹饰

今存： 西镇吴山

碑文：

西镇吴山李良能等残碑

（上残）通判李（下残）

凤翔府同知李良能

□承宣布政使司右参议周（下残）

承宣布政使司右参政□□中

（上残）都指挥申绍祖

陇州知州张应宿

儒学训导庞□　谢巽邦

全员张策

同立

18. 同知李克恭残碑

尺寸：残碑高66厘米、宽39厘米、厚4厘米

碑状：周边缠枝花草纹饰。

碑文：

同知李克恭

彭钛

陇州同知刘棐

学正　余范

本府道纪司都纪苟崇一

19. 三行残碑

碑状：存3行、6字

碑文：

莲一乃

我欲

寰

20. 西镇吴山残碑（1）

尺寸： 高 64 厘米、宽 32 厘米

碑状： 碑残存 7 行，碑边蔓草纹饰。字迹清晰

今存： 西镇吴山

碑文：

吴山残碑

　　蠲议赈恐徒云云。然则祉安所逃罪哉！

　　皇上犹未即罢斥，而祉人以边防秋事未竣，未敢（下残）皇上乃惟自引咎，而犹令祉供俎豆之役宁不取（下残）上帝鉴临

　　明神赞相惟所厌恶特重遣罚勿既以灾异贻吾（下残）

　　君之忧秘明神之眦，是所以为西土之镇者乎！谨告

21. 西镇吴山残碑（2）

尺寸：残碑高 40 厘米、宽 32 厘米、厚 4 厘米

碑文：

西镇吴山残碑（2）

（上残）不然。夫岳镇（下残）

（上残）家封吴之所可（下残）

（上残）正名分，不可以（下残）

（上残）城隍神号一体改（下残）

（上残）要道为（下残）

22. 西镇吴山残碑（3）

尺寸：残碑高 34 厘米、宽 23 厘米、厚 3 厘米

今存：西镇吴山

碑文：

西镇吴山残碑（3）

（上残）水旱疾疫山川

（上残）敬谒

（上残）风调民安，物阜边尘

（上残）岁月云

（上残）效神功，五峰高出

（上残）稻舜田民庶乐朝

（上残）同

23. 西镇吴山残碑额（4）

年代：清

碑状：碑为碑阴，只见龙尾。中镌"皇清"

二字

24. 西镇吴山残碑额（5）

碑状：碑刻祥云，中拥太阳花，下刻双猴，碑中庭刻"碑阴"两字

25. 西镇吴山残碑额碑阴（6）

碑状：碑刻祥云，中拥太阳花，下刻双猴，碑中庭刻"碑阴"二字

26. 西镇吴山残碑额碑阴（7）

碑状：碑上半部刻祥云拥日，下刻双凤。碑中部刻"碑阴"二字

27. 魁星楼碑文

额题：中华

年代：2015 年

撰文：秦志林

碑状：额题楷书

今存地：吴山西镇庙川村安头庄

碑文：

魁星楼碑文

中华文明渊源流长，文化博大精深，纵观古今，凡明君英主、贤臣良将、英雄俊杰、志士仁人，无不出自于儒学黉门。吴岳脚下，一水河畔，物华天宝，地灵人杰。民风淳朴，学风浓郁。座落于庙川村安头庄之魁星楼，缘因历史悠久，年代无考。改革开放后，本村弟子，四方乡民，为求学升迁，迎祥祈福。每逢初一、十五庙会之日，拜谒于神庙，络绎不绝，香火旺盛。在会首及本庄群众同心协力下，于原址重建魁星楼一座。历经三载，不辞辛劳。楼以八卦为台基，台高一丈四尺，方阔四丈二尺，运用土石方贰仟余方。塑魁斗、文昌二星君法像，迎龙堵脉。庙会定于每年四月十五，供四方乡民朝觐拜谒。诚愿在校学子、子孙、后代，奋发读书，学有所成，光耀门楣，报效祖国，造福于人民。特立此碑以记。

撰文　吴山民间文史传承人　秦志林

会长　马来保　陈宝全

会员　陈虎娃　陈保祥　陈岁友　陈秀峰　陈金

公元二零一五年古历三月初一日敬立

十八　宝鸡市岐山县资福宫道观碑目

　　资福宫，旧名通玄观，俗称符太师庵。位于岐山县城南6公里处庵里村，为西岐外八景之一。相传始建于隋唐时期，元初由全真教徒重建，清同治十三年（1874）重修，供奉道教诸神。

　　资福宫占地九亩，坐北朝南，雍川河从南蜿蜒流至门前崖下，转而又向东流去。庙对面有五个小原头，分别有五条小溪汇入雍川河。现宫观内存有老君殿古建筑神殿一座，高0.5米、圆柱直径0.6米、四边各1米的旧式莲花柱座一个，还有千年紫金兰树一棵。原有高约2米、直径2米左右铸钟一口，内外刻有文字，以药方为主，只可惜在大炼钢铁年代被砸毁。

　　1953年资福宫改为村小学，所幸主殿五间四角翘檐古建筑被作为办公室保存了下来。无梁门也完好无损。无梁门上方镶一石匾，上书"资福宫"三个大字。门内上方石匾记载着全真教张明显及门徒李元真、聂元玺等名字。

　　2008年，学校迁出庙宇，该村民众重绘了太上老君81幅壁画，恢复了道教宫观文化。

　　资福宫内有元至元二十六年（1289）道士王道明撰的《创修通玄观记》，碑文表明：金元间本县马江乡楼底村人符道清13岁出家修道，师于洞真大师，后得"清虚大师"法号。晚年归里，择地官村，创修通玄观道院以居。符道清死后，门人杨志清等扩建庵内殿宇，遂成为道家圣地，后改称资福宫，俗称符太师庵。

1. 重兴文宪王庙之碑

年代：金兴定五年（1221）

撰者：凤翔府录事判官游叔

尺寸：高 17.5 厘米、宽 62 厘米

碑状：碑佚，现仅存碑下须弥座

原存地：周公庙中乐楼外西南隅

今存地：碑石佚

碑文：略

按：碑文记载兴定四年，邑宰李守节斥逐霸占周公庙作道宫之道士，以及继任张衮重修殿宇之事。

2. 大元凤翔府岐山县官村创建通玄观记

篆额：陕西五路西蜀四川道教提点、玄明文靖天乐真人李道谦

年代：元至元二十三年（1286）

撰者：三洞讲经知常盛德大师、诸路玄学提举王道明

书丹：开玄崇道法师安西路道门提点孙德彧

尺寸：碑高 300 厘米、宽 104 厘米

碑状：碑文共 26 行，行 52 字

立石：至元二十六年（1289），南至通玄观提点、通真大师杨志明，岐山县威仪董守常等

刊者：高陆汤泽

原存地：孝子陵乡庵里村小学内

今存地：有拓本存岐山县博图馆

碑文录自：民国《陕西省通志稿·金石志》

碑文：

大元凤翔府岐山县官村创建通玄观记

岐，古之名邑也。自大王开基，肇有兹土，积德忠厚，民从如归。文武缵承，大集厥勋。传世三十，历年八百。前代帝王运祚之久，未有如周之盛者也。且圣哲之诞生，莫不由风土英灵之所钟萃；而山泽之增辉，莫不由道化仁声之所传扩。人以地灵，地以人重，理势相须而然也。寥寥千载之下，是岂忠信才德魁奇之士，复生其间乎？显而在上必见于致主泽民，隐而在下不失为行父达道者，吾于冲玄子符公得之。

公讳道清，字子明，岐之楼底人也。祖父钟善，以望族名世。公天资耿介，状貌奇伟，夙有道心。十三辞亲出家，礼汧阳玉清观洞真于真人，受业于凤城之岱岳观。金元光中，适兵后，郡人捐赀，斧拾遗骸瘗之。乃设醮三昼夜，以公为济度师，大获灵应，声动使府，保申于朝，赐紫，授清虚大师号。正大间，玺书请洞真师提点汴京中太一宫，公侍往，预知宫事。癸巳之变，从师北徙，过中泺渡，值夜将半，舡人疑其有金帛，欲陷害之，委之夹滩而去。黎明四顾，则尚阻深流。时共济音百余人。三日粮匮，众惶不知所措。公素不安于水，承师命，慨然自奋曰：饥与溺均死也。其如百人之命何？即向空若有所祝，解衣蹈水，竟达北岸。少顷，掉二舟回迎，举脱其厄。大元革命，公至东平，普照真人范公一见心赏之，请主持上清宫，乃保充本路都道录。七八年间，上下肃然，道风淳静，盖正容悟物，以身率化者然也。而又符箓精严，效应神达，四方救治者日接不暇。每旦汲水贮之大盏中，以法祝之，逮暮则无余沥。辛丑春，以祖庭会葬重阳真君，发轫西归，自元内翰商参政、杨寺丞而下，一时宗工巨儒以篇什饯行者甚多，其为人所赞重如此。及抵乡里，卜终焉计，择地官村，背负神冈，前临流水，林麓葱倩，气象宏敞，喜曰："吾得修炼之所矣"。即率徒具畚锸，除荆榛，葺为道皖以居。洞真师过而额之曰："通玄观"焉。公方议大为创造，以崇像法，而天不愍遗，乃以乙卯季秋去世。门人杨志明、董守常领众诱邻俗，叠台运础，鸠材庀工，于旧堂之前创无极大殿，左右洞房三十余间，后建开化之殿及师堂云室，方丈厨库。又于观西五里之温家碥置立碾磨、油房，纺车、园圃，内外相瞻，无不周备，比于曩日焕然可观。功既成矣，志明等为公之行实与观事始末不可湮没而无闻，乃模其师叔清微子所录公之事迹，求为记之。仆退让再四，不获已，姑为陈其梗概。

夫道者，贯有无合内外之理而言也。通玄之义，道经所载非一，与大易所谓"寂然不动、感而遂通"者同一根极。玄其体也，通其用也。玄而通自本以降迹，通而玄显仁以藏用。今岩穴之士，草衣木食，块坐幽寂，若于人事绝者，自谓玄之又玄可矣，一旦使之应世，未有不为生死、是非、利害之所惑，则道果安在哉？迹符公之出处，身在羽流而刻意励行，至于临患难能舍己以济众，向使得志居位，则视民之饥由己之饥，溺由己之溺，必能禹稷之事。观所谓忠信、才德、魁奇者，岂悠悠浅丈夫之所能乎？诚有得于通玄之理者也。要之江汉炳灵，世载其英，诞生贤哲，为世仪表。有以见地灵人杰，玄相发挥，仙宫道院，因之立焉。不特此耳，前汧阳玉清宫主清微子冯公讳道真者，道业清高，名振陇右，于公为同门心契，亦岐人也，故并记之。

至元二十三年春

三洞讲经知常盛德大师、诸路玄学提举兼提点终南山甘河重阳遇仙宫事、赐紫王道明撰

宣授陕西五路西蜀四川道教提点、特赐玄明文靖天乐真人李道谦篆额

应召讲经开玄崇道法师安西路道门提点孙德彧书丹

至元二十六年岁在己丑日，南至通玄观提点、通真大师赐紫
杨志明

提点真靖大师岐山县威仪赐紫董守常

外护功德主中顺大夫前河南陇北道提刑按察副使巨敏中

岷州长官元帅王囊家台，从仕郎麟游县尹兼岐山县事窦思
永　等建

十九　宝鸡市岐山县鲁班桥道观碑目

　　鲁班桥道观，又名鲁班庙，位于陕西省宝鸡市岐山县故郡镇杜家村。鲁班桥道观李圆森道长介绍，这座道观以鲁班命名，是因为对道观建筑工艺的夸赞，修建者并非鲁班。这座道观临近鲁班桥，随之也被当地人称为鲁班庙或鲁班桥道观。

道观依山而建，分为上、下两部分，山下是关帝庙，山上是弧形连排七孔窑洞道观。进入第一道大门，可见关帝殿和鲁班殿两座大殿，大殿红砖白墙，窑洞内原有塑像，在"文化大革命"时被毁，窑洞上方分别刻有崇德洞、三教洞、老祖洞等名字。近观窑洞，洞门上梅花、蝙蝠等砖雕图案生动形象，窑洞顶端的牡丹、卷草和游龙等仍然栩栩如生，砖雕做工十分精致讲究。

李圆森道长听老人讲道观始建于明代，最早有资料记载的道士是清末一名姓董的扶风人，他一生坚守道观，直至离世。道观在清末、民国时期的三十年代有数次翻修。每年农历正月初九、六月十三是鲁班桥道观的庙会，香客们大都在山下的关帝殿和鲁班殿活动，鲜有人上山去看道观遗址。如今，鲁班桥道观虽然局部道路和墙体有垮塌，但依山而建的建筑主体依然存留，尤其是山顶的半圆形连排窑洞群落保存完整，独具特色，砖雕也格外细致讲究，是西府地区道观建筑的精品之作，值得保护和研究。

沿大殿西侧的台阶继续上山，在拐角处可见一通近代《重修关帝庙》的石碑，碑上记载原庙于1966年被毁，现有庙宇为20世纪90年代重修等内容。另在两孔窑洞之间的砖墙上，刻有一些重修记事碑文，碑文提及道观原名万灵山玉皇殿，这是鲜为人知的。遗憾的是我们赶到时，天已擦黑，未能做拓片。

1. 重修庙宇功德碑

年代：民国二十四年（1935）

碑状：碑嵌于墙内。

碑文：略

按：碑文记载重修庙宇捐款人名及捐款数额，（人名略）字迹清晰，保存完好，碑文略。

2. 重修关帝庙

（碑文缺）

3. 修真内外火候全图 ①

年代：碑无年月

尺寸：拓片碑高174厘米、宽72厘米

---

① "修真内外火候全图"碑，我们未能看到，幸得友人赠送拓片，在此特表感谢。这也是鲜为人知的，第一次公开披露！

绘者： 龙门朝天羽士郦圆觉

书丹： 阎筱溪

镌者： 岐山石工王永仙

立石： 岐山万善桥前灵山青龙道场众人

碑状： 图文上下左右布满阎筱溪所作笺语。

字迹清晰

二十　宝鸡市眉县太白山莲花洞、 太白庙道观碑目

　　陕西省宝鸡市眉县汤峪口太白庙，位于太白山北麓，太白山国家级森林公园入口处东列南山半坡。四周群山伏围，层峦叠翠，面对龙凤大山，门前山脚下汤峪河犹如一条玉带穿流而过，常年奔腾不息。下有著名的天然景观——神功石。

　　太白山仙道传说很早，相传汉初有栎阳（今西安市临潼区）人谷春隐于此，后世为其立谷春祠。汉成帝时，又建有太白山神祠。唐天宝间，封太白山为神应公。唐宋时，有众多道士隐于此山，相传孙思邈就曾在太白山采药行医。历代诗人李白、杜甫、白居易、韩愈、苏轼、梅询等还曾登山赋诗，不少人还与道士交往谈经。宋初封太白山为济民侯、明应公，《云笈七签》列为第十一洞天。清乾隆年间封太白山神为普润福应王。

　　太白庙主要供奉太白山神。太白山周围的太白庙很多，现以汤峪太白庙为最。据说此处历代祷雨有灵应。宋皇祐五年（1053）春夏不雨，凤翔知府李照遘祷雨有应；嘉祐六年（1061）大旱，凤翔府苏轼祷雨踵验；清乾隆戊寅年五月陕西巡抚毕沅于太白山求雨，应感而成，四十三年（1780）毕沅以重修太白庙陈请，钦颁御书匾额"金精灵泽"四字，六月，又祷雨有验。从此此地就成了十方道

众、善男信女云集说经、传道祈福禳之圣地。

太白庙整个建筑群整体布局严谨，均属仿古建筑雕梁画栋，异彩纷呈，气势雄伟，颇为壮观。整体建筑共分三层。

进入庙门的第一座殿堂是灵官殿，内奉护法王灵官王善。其手执金砖，横眉立目。相传王灵官善察人间善恶之事，驱魔降妖，却邪治病，祈晴祷雨，号称太乙雷声应化天尊。

灵官殿的右侧是二郎庙，供奏二郎神。二郎神为水神，相传蜀守李冰治水时，有蛟龙为患，其子二郎力除蜀郡之蛟孽，有水功，被封为"清源妙道真君"。

沿着二郎庙与灵官殿之间的通道拾级而上，则是该庙的第二层建筑，此层为三孔窑洞。中窑内座三太白，三太白乃殷纣王时叔齐、伯叔、周贲。据《史记·伯夷列传》记载，伯夷、叔齐是孤竹国君的两个儿子。武王灭商后，曾派降周武将周贲到处寻找伯夷、叔齐，周贲见两人耻于食周粟隐于太白山，心中十分惭愧，不仅没有相劝反而也留在此地，后葬于太白山。后姜太公封神，认为此三人至仁至义便封为太白神，享受人间祭祀。左窑内供奉三霄娘娘，即琼霄、碧霄、云霄，三霄为女神，亦是妇女儿童的保护神，每年庙会时节，来此祈福求子、烧香还愿的香客颇多。

右窑为菩萨祠，内供三位菩萨：观音、文殊、普贤，中座观音。寻声救苦救难，随心消厄消灾，道教称"碧落洞天帝主——圆通自在天尊"。

自此往左则可到达药王庙、斗姆阁。沿着石级趋步而上，则是该建筑群最高层——五帝殿五楹，殿内供奉玉皇大帝、天皇大帝、后土皇地祇、中天紫微北极大帝、南极长生大帝，五位道教尊神。

每年的七月十二是该庙的庙会，远道而来的香客信士、烧香还愿者络绎不绝。

我们一行到达时逢下大雨，没有往山深处走，仅驻足于此，匆匆录碑后，即驱车赶回宝鸡。

1. 封济民侯之敕碑

年代： 北宋嘉祐二年（1057）立

撰者： 凤翔知府李昭

立者： 眉县令贾蕃

碑状： 碑额浮雕虬龙相绕图形，碑体硕大。碑质砂石

今存地： 眉县太白山清湫太白庙

按：在眉县清湫太白庙里，矗立着一通硕大的古碑，碑名为"封济民侯之敕碑"，北宋至和二年（1055）西府出现严重的春旱，时任凤翔府知府的李昭，前往清湫太白庙祈雨，灵验，遂上书奏请朝廷为太白神请封爵位"济民侯"。嘉祐二年（1057）三月一日，时任眉县令贾蕃命人将李昭乞封奏状同朝廷敕准文书同刻一碑，即为"封济民侯之敕"碑，立于清湫太白神庙中，以彰灵应，以志滋润之乐。由于当天时间匆忙，未抄录碑文，但县志中有录文。

2. 重修莲花洞碑记

年代： 1995 年

撰者： 何鸣州

书丹： 杜蔚然

碑记：

重修莲花洞碑记

莲花洞为太白山北麓著名道观之一，坐落洪峪谷口。两面峭壁相对峙，草木盘垂其上，谷涧碧水奔流，仰观层峦叠嶂，翠壁环绕，风景秀丽，乃进香游览之佳境。本洞历史悠久，传说昔日太阳时隐时现，山崩地裂，河谷下陷，在山腰、山下闪出石洞两孔，人们利用其自然形势加以修凿，建成庙宇。上塑玉皇、二郎，称玉皇楼；下塑王母、菩萨等神像，称莲花洞。随时日流逝，莲花洞已倾圮无存。一九九零年，善门弟子倡导重修莲花洞，得到当地善男信女和喜舍之家的大力支持。或助钱粮，或出人力，遂即动工兴建。在主事人和木工、画师们的精心筹划、辛勤劳作之下，劈石垒壁，石拱砌洞，经过长期努力于一九九五年八月终于建成，庙貌焕然一新。翠微香霭之中，玉皇楼光辉掩映，隐隐再现；莲花洞腾空飞起，大有凌云之势。四孔窑洞敬塑王母娘娘、观音菩萨、送子娘娘、修炼皇姑等诸位尊神。伴随香火之盛，各显庄严肃穆之相。善门重开，再次教化人民，普度众生，特勒石铭志，镌刻诸善士不朽之功。敬祈昭鉴，是所深幸。

总理事　向忠平　魏文州　郑生财

理事　魏忠孝　赵生林　何志忠　安修果　王义春

　　　赵立权　肖红兵　郑秀梅　谭秀梅　魏文孝

　　　郑文焕　郑乃凤　张凤娥　周生荣　刘云芳

庙管主持　许信妙

木匠　喻中　全凤岐

砌石匠　小法仪　朱益民

邑人　　何鸣州　撰文

现代硬书学会会员　　　　邑人　杜蔚然　书丹

塑画　　太白县瓦圭坡陈东红　下坡荆红霞　勒石

公元一九九五年农历八月初二日立

3. 修建莲花洞善功桥碑记

年代：1997 年

撰者：张存统

碑记：

修建莲花洞善功桥碑记

莲花神洞，内奉菩萨、送子、皇姑、王母金尊，诸神之灵感遐迩，善众早闻其名。由洞往上而攀登，曲折约行将二里许到玉皇楼，即上天玉皇大帝，此楼相传建于清光绪初年。沧桑巨变，迨至五十年代，香火渐稀，楼被拆除，料建于学校，从此变为废墟。莲花洞均系同时遭损。

至八十年代后，政策开放，信仰自由。楼与洞原属董家山、梁家湾、新寨三村善众暨外乡村之善男信女，视此墟丘荒草，目不忍睹，遂聚众商议并集资出力工。建楼箍洞，沿循旧制，再塑神像，丹青绘画，使两处圣地焕然一新。从此，香火渐盛，不亚昔年。会期为古历六月十五，每年此期，恰是山洪泛滥之时，红河东西阻隔，恶浪滔天遐迩，进香之善众往往逗留数日，彼岸难登，甚而降善行之举竟视为畏途。值三村善众发觉，无不惊恐。遂于一九九六年庙会之前，开会协商修桥之事，一时捐资解囊者争前恐后，无钱者报名出工。因而，众志成城，集腋成裘，于六月十三日动工修建，至八月底竣工。桥跨度十五米，宽一米八，两旁设栏杆，系块石水泥箍成，共投资六千八百余元，人工在外，使亘古浪滚之红河，一旦变为通途，三村及外乡善众无不欢庆。今届庙会善桥开典之吉辰，此偌大工程善举盛事，恐久而湮没，故为记勒石以志之。

莲花洞理事会　　赵立权　　向忠平　　郑生财　　魏文洲

组长　　　郑文焕

组员　　　张新会　　范智会　　郑乃凤　　袁有过　　肖红兵

石工　　　王喜根

电焊工　　郑喜林　　郑西会

主持　　　罗凤莲

董家山　梁家湾　新寨三村善众

槐芽镇　　张存统　　撰书

槐芽工艺社　　张心愈　　镌石

公元一九九七年农历六月十六日立

4. 大功德碑记

年代：2002 年

撰文：周延廷

书丹：苏秉让

镌刻：富平宫里赵宁森

今存地：太白山青牛洞

碑文录自：原碑

碑文：

大功德碑记

　　夫太白庙者，乃太白山三位太白神之行宫也，于一九九七年底交由眉县道协管理，移之夕承蒙香港友人谭兆先生慷慨捐资二十万元人民币，才使得整个庙院顺利交接，非此焉能成矣。谭兆先生乃香港慈善基金会创始人，凡公益善事慨然解囊，在所不辞。他好善乐施，在祖国辽阔的土地上到处可闻义出巨资印刷劝善书、解读太上老君说百病药等小册子，赠阅全国大小宫观庙院，广为流传，教化民众，贵尽忠孝节义等事，实乃功德无量。

相传二郎神担山赶太阳，压于汤峪口龙凤二山之下，固而汤峪温泉遍布，百姓得以沐浴疗疾，但二郎神庙已荡然无存久矣。筹集修建，数载未能实现。曾多次捐资，中国道协的香港青松观主持侯宝垣大师悉闻太白庙扩建二郎殿资金不足，随即捐资二万元人民币。香港慈善基金谭兆先生捐资五万元人民币，才使二郎殿屹立于汤峪口，其功德可谓大焉。斯庙接管之初，殿宇设施及不完善，多蒙香港飞雁洞佛道社刘鬆飞居士大力扶持，多方援助，才得以圆满，可谓大功德矣。移交至今，斗转星移，春秋几度，承蒙香港友人和多方善士仁人鼎力相助，整个庙院焕然一新。远观金碧交辉，琉璃溢彩，黛色掩映，气势恢弘；近视则金身庄严，凤舞龙飞，青灯吐蕊，浩气盈庭。身临其境，足以令恶念收敛而善念萌生。相由心生，心随境转，诚所旅游观光之胜地。既是旅游观光之胜地，亦为世人澄心正行之境界。流连其间，必曰是举善莫大焉！施善者功德无量。

　　太白庙主持王兴理 敬　　　周延廷撰文　　富平宫里赵宁森镌刻

　　苏秉让书丹　公元二〇〇二年九月九日立石

5. 太白山汤峪口太白庙碑记

年代：2002 年

撰文：太白庙主持王兴理

书丹：苏秉让

镌刻：赵宁森

今存地：太白山太白庙

碑文录自：原碑

碑文：

太白山汤峪口太白庙碑记

　　太白庙地处汤峪口上行五百米，沿神功石攀端南山腰而建，坐东向西，居南北伸背靠青山，翠峰如屏。南临碧水，万古长流。左有层峦叠岫，右看阡陌纵横。庙院东有上王电站引水渠，西至山门外神功亭，北自药王殿南边石碑，南到二郎神殿之外围围墙。南宽北窄，呈不规则三角形状。院内殿宇重叠，错落有序，以太白宫为太极中心，前后左右按八卦方位，分层倚山而建。自山门依此而进有灵官殿、二郎殿、太白宫、菩萨洞、三宝洞、吕祖洞、药王殿、王母宫。至顶端三皇大殿，共九座二十三间殿宇神洞，其余道房、灶房共一十四阁。山门外一石亭曰神功亭，从神功石沿石阶而上，至神功亭，巍然庙宇尽收眼底。山门雅峙，殿宇峥嵘，肃肃然如城廓宫阙，袅袅分似亭榭楼阁，不亚古观之风，恰似展卷之画阁。游人顿觉兴趣倍增，善士肃然起敬。夫庙乃太白国家森林公园杨文洲书记领导创建于公元一九九七年十二月，经眉县县委统战部协调民政局，依照中共中央办公厅九六三十八号文件要求之精神，由公园管理处与眉县道教协会双方协议审核批准。汤峪口太白庙归属眉县道协管理，自此道协改建庙宇，整修道路，为久负盛名的二郎神新修庙宇彩塑金身，庙内设施，一应完善。太白庙即成为太白山道教文化活动之中心场所。每值夏秋二季，游人络绎不绝，香火日趋旺盛。暮鼓晨钟，幽雅神怡。手添太白旖旎之气韵，倍增游人览胜之精神，从而成为太白山森林公园最大的景观之一。为此，特镌石作念，树碑立传，感戴各级政府。中国道协、香港友人及各界同仁贤达，大力支持，精诚相助，并告谕同道，竭诚思报，弘道扬德，修善爱国。持志守正，勿负众心。谨此为记，昭示后知。

太白庙主持王兴理敬撰文

书丹　张自芸　苏秉让

镌刻　赵宁森

公元二〇〇二年九月九日立

6. 迎仙桥碑记

年代：2012 年

撰文：槐芽

书丹：张心恩

镌刻：张秋生

今存地：陕西太白山

碑文录自：原碑

碑文：

迎仙桥碑记

太白山国家森林公园入口之道观太白庙，乃汤峪口景区第一景点。依山呈阶梯形建造模式，建有殿堂六座，塑造神像二十尊，其规模之大，香火之盛，冠于眉县道教宫观之首。山门前矗立世人称绝之神功石，素为游览观光之游客所向往，尤为敬香拜神之信徒所顶礼。然汤峪河长卧于前，犹黄山之横亘，犹青龙之阻挡，上香拜神、游览观光皆绕道向行，无不叫苦不迭也。盛夏而或暴雨倾盆，山洪暴发，河水猛涨。奔腾咆哮，其声震耳发聩也。一泄千里，其势不可挡也。夫欲制其别者至难矣。岁次乙酉二零零五年，由香港飞雁洞佛道社善信区淑芬捐资港币壹拾伍万元兴建迎仙桥，回向其母张金。是年十月吉日破土动工，零六年五月竣工。通体皆以巨石为料。项平拱坚，车辆行人两用。往来通达，径直便捷。世人皆为此善行表谢意。善款缘起善信纪念慈母恩重，教育成人，永远追思爱慕。因此捐助建桥，以省世人，共存孝心。

  槐芽   撰文

  张心恩   书丹

  唐信元 李哲 监制

  槐芽石刻工艺社 张秋生 镌石

  时公元二〇一二年岁次壬辰四月十四日

7. 都察院铁瓦

都察院铁瓦

今存：太白山青牛洞

现状：遗存数十字，瓦中间细纹双行篆书，唯右上角可清晰辨认"都察院传"四字

二十一 宝鸡市陈仓区景福山道观碑目

　　景福山道观位于宝鸡市陈仓区千河镇寨子村（一说位于陇县城西北30多公里处的温水镇五星村的汤房梁），景福山属昆仑山脉中支，北接六盘山，绵亘千余里，地处陕甘两省接壤之处。主峰海拔1900余米，山势巍峨险峻，境内森林繁茂，飞瀑流泉比比皆是，更有寒潭幽洞遍布山中，为关中山水奇观。迄今已有近百年的历史。

　　汉景帝时，方士娄景曾幽居于此。后邱处机隐居龙门洞，元世祖忽必烈下诏命担任道教陇西路提点的张志宽和副提点贺志真率道众赵大全等12人来到龙门山，以继承邱处机香火，并以祈国家景福为宗旨，命名此山为景福山。其景福也，取大福之义。景福山原为附近山场总名，与龙门洞混元顶山头隔沟南北相望。因邱祖之声誉，使得龙门洞名气盛于景福道院，人们便将景福道院的山头称之为景福山，而将龙门洞单独称呼为龙门山。

　　据传，清末时期，寨子村附近的土崖上有一座破庙，不知建于何代。清康熙二年（1663），河北宛平人田守存整修龙门洞后，在此山御屏风下，兴建云溪宫殿宇，以后不断扩修，成为有名道院。主要建筑有王皇殿、斗姆宫、地姆宫、玉祖殿、邱祖楼、文三司楼、武三司楼、雷神殿、子孙宫、药王洞、灵官楼、田祖殿、八仙岩洞殿、东西客房、云厨等。而玉皇大帝殿、灵官大楼之巍峨富丽，斗姆宫之新奇工巧，雷神峰之嶙峋独秀，八仙岩洞之诡奇幽险，各具风姿。

民国时期，宝鸡县石羊庙李家堡人马鹏（1904～1963）出家于陇县景福山龙门洞，道号圆通，为全真龙门派第十九代弟子。马鹏云游四方，行医治病，妙手回春，被当地人称为"马神仙"。民国十四年（1925），马神仙在这里修起了一座小小的起名为"景福山"道观，他一边劝人行善，一边为人治病，还将自己搜求验证的许多良方，请人刻于碑石之上，竖立庙院，供人使用①。

"文化大革命"期间，景福山庙宇被毁。1989年仲冬，当地信众集资对道观进行修复。1994年、2006年景福山道观先后被市县道教协会评选为文明道观。2014年，陈仓区政协和当地信众隆重纪念马圆通道长诞辰110周年，并举办了"马鹏传略碑"揭幕仪式和祈福法会。

马圆通道长羽化后，由姚明生道长（2005年羽化）、刘至杰道长担任住持。庙产有王家湾庄房，房屋24间，耕地28亩，自垦菜地10亩，养牛4头，由道友耕种。年生产粮食4000余公斤，足以自给。

"文化大革命"中，道院建筑破坏严重。1980年后逐步整修，重建的殿堂有太上殿、太白殿、混元顶殿、三清殿、火神殿、山门、灵官楼、子孙宫、八仙楼、四公祠、湘子湾殿。玉皇洞前洞补修，后洞重建，扩建药王殿1间为3间，并用钢筋水泥改建成高8米、宽4米的旧蹑云桥，上山石磴台阶153级，扩建客堂为3大间，加固客堂，石基高10米。目前，景区内建成上善广场、养善湿地、旱阳洞栈道、大小瀑布溪之源、紫炉烟雾、紫藤廊架、旅游步道、生态公厕、飞瓮崖修复、龙潭广场、九间房护坡、变朽回春、石上谈玄、甘泉润物、混元栈道，加固邱祖殿、邱祖广场，提升改造24潭水景观、观潭栈道等景观及基础设施35处。

---

① 这块"集验良方碑"后来被运往陕西中医学院博物馆收藏。

1. 重修景福山玉皇殿记

年代：清康熙四十八年（1709）

撰者：郡人贡生李致用撰书并题

尺寸：碑高 136 厘米、宽 71 厘米

碑状：碑无额，周边花草纹饰。字迹尚清晰，部分因石花损字。碑末花名部分有剥脱

今存地：景福山

碑文录自：原碑

碑文：

重修景福山玉皇殿记

粤稽舆图曰：名山峙乎西。夫天下之山，难以枚举，而独□时乎。西者，何也？盖西地最高，崑崙居首。凡峰峦绝巘，莫□发者也，而至□陇地尤殊胜焉。陇之山盖敕封赫濯者有五峰。同朝□□曰其超然称奇者有景福并列乎！州西北口十里许，与龙门并峙，高峰插云，壁立万仞，磴道盘云。闹□□□且□时之景□□而其趣更无穷耳。春则木繁阴，鸣禽一下，关关嘤嘤。虽武陵仙源，未足以极幽绝也。夏则石寒水烈，松密竹深。南□乘凉潇洒，胸襟□楚，以涤炎郁也。秋则金风扫林，蓊郁洞开，月委皓素，其气西来。虽庾公西楼，未足以淡神虑也。冬则同云密布，玉树□潺，瑶阶如真。虽子猷山阴未足以畅吟啸也。世之

人又何必徒慕乎！方壶□峤，远□天蓬莱三岛也哉！嗟！仙人存古殿，已无基有遗垠。适羽士田子讳守存，乃燕人也，自康熙二年游谒龙门，复至乎此，美胜景之无尽，睹□迹建庵以独处，起慕化而修葺，竭诚建立玉皇殿五间、三官殿三间、三法殿三间、救苦、灵官楼三间，以及斋堂、厨舍，靡不周备。远近善信谁不羡功圆德满。□此子，孰能识此乎！未数十年，偶经地震，椽飞脱落，榱桷见损。其徒高太福、徒孙李清奇、屈清屿等念师祖之集劳，遂扩基址于宏敞，构大木于深林。云葆藻□，龙捅彤楹，皓壁丹柱，琉璃光莹。文以朱绿，饰以碧金，点以银黄，烁以□，靴如宛虹。高甍飞宇，赫如螭奔。殿堂壮丽，炜焕一新。非图改观，继续前功，永垂久远，世世相承。虽非昆仑之灵□美于灵宫焉。此田子之有赖于徒若孙者，亦见景福之先有赖于田子也。田子其述乎有贤徒贤孙，犹若生□□无何有之乡，岂不陶陶然而快愉也乎！将见远近之善信，共助资以襄乃事者，其景福之无疆，故不蔡而可知也。

时

康熙四十八年岁次己丑秋吉旦立

郡人贡生李致用撰书并题[①]

2. 皇清万岁康熙云游景福山碑

年代： 清康熙年间

今存地： 陇县景福山大顶

碑文录自： 原碑

[①] 下有李致用白文方章一枚。并有塑画、琉璃、铁笔、化主等花名数十人，有的已剥脱，今略。

碑文：

皇清万岁康熙云游景福山碑①

皇清万岁康熙云游景福山，青②旨：勉十里山内无粮碑记

3. 平凉府静隆州县通边野赵二镇灯会碑记

年代：清康、雍年间

镌刻：李玉玺

尺寸：碑高 137 厘米、宽 67 厘米

碑状：碑无额，上部细线雕花草图案。中镌"大清"二字，左右两旁雕云彩，各镌"日""月"二字。碑周边细线雕蔓草花卉纹饰。碑左边已缺，用水泥填补成形。全碑字迹尚清晰可读

碑文录自：原石

今存：景福山

---

① 碑原无题，编者增加。

② "青"疑"请"的破字。

碑文：

平凉府静隆州县通边野赵二镇灯会碑记

尝读大《易》之"作善降祥"，《诗·雅》之"自求多福"。子思之"以诚祭祀"，子舆之"斋沐事帝"，无非使人对越神时，感发精诚，本诸性善，以行善者也。然人心虽诚，眇不可见。伸忱达悃，必资乎物。夫物有清浊精粗，其气有馨秽升降。清通浊滞，馨升秽沉，理固然也。是故武成之柴，望祭仪之灌地，有由然矣。二者盖取诸炎上润下之道焉。前有立成赵人连登郭公，于康熙甲戌岁，倡率诸人，约立供灯善会。佥曰：然。谷脂之精，可以通神明；溅藿菽之液，可以盐梅。遂不惮远道，不懈心力，比年朝谒供献。历二十余年，无少或辍。厥后立仓赵公、可成徐公、启文韩公，悬诸匾额，造诸圣像。继而天寅赵公、可伯石公、天良赵公、弘先任公、国仓赵公，谋诸口石，可潜心之相续，念念绵长，乐取于人，以为善者也。夫供灯油者，取炎上通神明，润下以佐盐梅者也。造黄篆者，成法象，以为作善之津梁者也。悬匾额，勒石碑，垂休声于无穷者也。《传》曰："言之无文，行之不远"，遂援笔而为之记。

赵国昌	石生宝	刘国锦	赵维功	高天福
樊庶美	右满库	赵立兴	郭显库	石印恭
右满盈	石可玺	苏大慧	杨汉栋	陈加功
张文学	赵立有	朱增粮	张显馀	苏大成
韩生伦	赵立荣	赵永茂	张魁	赵云
韩养喜	张世文	罗名世	苏弘业	苏芝
韩金锡	任弘先	石可喜	周世满	么增贵
梁朝选	张世显	郭显良	朱增禄	苏天珮
薛自珠	赵国正	赵国栋	邓世忠	苏天位
梁河选	石奉职	石奉献	杨思诚	赵奉生

徐兴唐　　　刘君先　　　右满厩　　　石可礼　　　苏弘先

铁笔匠李玉玺

4. 同立景福山香火田地四止跤界碑记

额题： 碑额圆形，中刻"碑阴"二字

年代： 清雍正二年（1724）

碑状： 楷书字迹清晰，保存完好

碑文录自： 原碑

碑文：

同立景福山香火田地四止跤界碑记

　　大清田老祖师开山以来，香火田地界畔玉屏大顶、朝阳观、云溪宫、八仙崖口四处地业，各有界畔，四止分明。至康熙皇帝云游在山数十余日，恩将景福山土粮免过，下余八仙岩土粮三升伍合免纲。大顶地界东止喜鹊岭，南止柳树湾山顶为界，西止黄龙澶为界，北止太阳沟水渠为界。香火地在泉沟，东止后沟梁为界，西止二天门为界，南止楼房山大路为界，北止羊门沟北梁为界。云溪宫常住香火地在水滩子，地叁佰伍十埫。东止汤房梁地为界，止西岭汤苑地为界。南止到回沟梁为界，西止楼房山梁为界，北止后沟口为界。八仙崖香火在楼房山陈家淹东止，到回沟为界，南止大河为界，西止黄龙澶，北止镇沟渠、火烟山高嘴大梁为界。

　　老君顶山场地界：东止火烟山为界，南止陈家淹沟口为界，西止透岭子大嵝岘为界，北止黑湾口为界。合山地界，四止分明。由恐后学失业，立地界碑为证。

　　铁笔　　孙良

　　监院　　杨一教

　　经理　　邵一普

总管　尚一证

雍正二年孟夏之月上浣穀旦

5. 平凉府镇原县岁朝景福山碑记

年代：清乾隆三年（1738）

撰者：廪膳生员方承统

尺寸：碑高 161 厘米、宽 66 厘米、厚 19 厘米

碑状：碑额圆形，中刻"大清"二字，旁刻菊花两朵，碑边为芸草纹饰

镌刻：刘光耀

碑文录自：原石

今存：景福山

碑文：

平凉府镇原县岁朝景福山碑记

关西名山不一，华岳为最，崆峒次之，而陇右景福山亦胜也。形势蜿蜒，树木蓊郁。山明水秀之景，绝岩峭壁之奇，大约

与华岳、崆峒等。溯其由来，不知创自何代。侧闻明崇祯间，止有云溪宫，后亦剥落。迨我朝康熙元年，有羽士田公始开创之。募缘鸠工。不数年间，焕然一新。迄今庙貌巍峨，朱宫绀殿，幽雅绝伦，真神人共喜之所。以故远近信士奔赴瞻拜，络绎不绝者，皆田公之力也。于壬子岁田公云游镇原，募化朝山会时，有乡约泽昌刘公首倡一会人等，按年□礼，虽遇风雨不少懈。其虔谨之心，历五十余年如一日也。余因之有感矣。

夫人真诚向善，非徒祈灵造福已也，其心□相印，念念不忘，必有与性相近者。如泽昌公一会人等，无论敝邑造庙、葺殿、甃路等事，乐输资财，共襄盛举。即朝山一事，不但慷慨勤劳之不可及。其性之所好，亦自有不容强者，虽不为造福而然。然而福田广大，有种自然有收，不在其身，则在其子孙。其获报，宁有量耶？兹举也，因泽昌公客岁以七十有六之身，朝华岳、崆峒而归，羽化登仙。其子生员述唐接踵礼拜，可谓善继父志矣。今岁秋八月，与会首刘元善、生员贾纬、吏员刘德仁、和美德，及合会人等，共谋勒石，以垂永久。属余作记。余略次本末，虽曰用劝后之君子，亦以志田公、刘公之功德不朽云耳。是为记。

生员常□讷 刘廷献 席尧 廪膳生员方承统薰沐撰文 会首生员贾纬 张德焕 吏员蒙世泽 朱宗孔 鱼贯 生员耿鹭 会首经历刘绪昌 男吏员刘德仁 吏员刘勋 张栋 秦兆惠 生员贾网 会首刘元善 男生员刘羹 唐孙 刘钦道 惠成 刘瑞 吏员申钧 吏员贾绸 朱自义 刘志唐 医官苟有良 杜守才 生员贾绖 申弘道 生员刘汜爱 游勉 礼生慕大玺 广璁 生员贾系 包国绩 生员张继孔 李仲林 礼生刘瑶 刘彭 贾亦彤 监生贾堪 生员魏宪文 段业厚 张应奇 席厚 马如彪 张宁 吏员和美德段贵荣 张应宾 监生张照 段尔芮

时

乾隆三年岁次戊午孟夏上浣榖旦重立

监生秦鳌　监生姜济　铁笔匠刘光耀

6. 开山祖师实录记

额题： 皇清□□碑记

年代： 清乾隆十六年（1751）

撰者： 陇西郭阳通

尺寸： 碑高 233 厘米、宽 77 厘米、厚 20 厘米

碑状： 碑额题字篆体

镌刻： 牛福泰、李福荣

今存地： 陇县景福山

碑文录自： 原碑

碑文：

开山祖师实录记

高祖田氏讳守存，顺天宛平人也。阀阅名门，簪缨世胄。生有异质，幼而敏慧。初游泮水，牛刀小试，博□于学，长于才，

有一代举飞腾匡君救民之志。后见仕途危险，诈伪滋生，乃幡然曰："吾人自有真乐地，孔圣以不义之富贵，等之浮云。奈何以有尽之身心，而蹈无涯之陷井乎！"于是辞炎凉世入老庄室，弃田园妻子而乐蒲团衲头。云游名胜，得遇至人传授丹诀，胸中已有把柄。于康熙癸卯岁，由武当策杖渡关，谒太华，叩吴岳，抵崆峒，栖龙门。盖倾心昔娄景之遗迹，欣慕乎丘祖之丹灶。无何兵火频仍，民人避处，殿宇荒凉，羽流星散。祖与黄、苗二友，略为修葺。倘□□□奈忽遭谗口疑忌，似又不能托足，遂携徒由八仙崖探奇寻幽。见云溪形势胜若龙门，奋然有开山兴工之虑。刈蓬结庵，饮水饵苓，劈荒榛之蒙茏，践莓苔之滑石。剪樛木之苌萝，除葛藟之飞茎。不畏雪霜，不惧虎狼，砥志之□艰苦万状。初于御屏峰巅，建混元阁、九皇殿，及灵官、山神二祠。继于云溪旧址，建玉皇、斗母、王母、三官、三法诸殿。又重立救苦楼，再立圣母殿，暨诸真亭祠，列于山之两侧。由是至德感化人心，悦服其徒若孙，并玄曾跻跻跄跄，相□□诚将近百数。于乙亥年飘然霞举，众沐其休，肖像于祠，而祖之仙骨，亦在是焉。凡远近善朝谒顶礼者，见殿堂之口列，法嗣之绵绵，莫不念我祖苦心开山之伟功也。迩来嗣众更崇栋宇复辉，真容非盛，□大业之所致，其何以能至此哉！余小子阅山志谱，采录沈、杨二先生记祖之实录，并赞书勒于碑，以垂永久，以志不忘，不亦见□与祠堂并赍而祖师之芳声与云溪同于悠久也。

（其一）赞曰：

至哉田公，惟天效灵。其貌淳而古，其神凝而清。一尘不入，六根清静，五蕴皆空。五眼圆明，内忘其心。外忘其形，依苍松而独啸，临清泉而融融。统纯□全，入于大方。滓滓溟溟，合乎无伦。一真洞然，出类超群。想其宿基，吾知乃蓬莱中人。

（其二）赞曰：公是□家，心性猛烈。参罢诸方，此地休歇。劈开荆棘，葛藤断绝，拜出灵泉。掀翻虎穴，茶柏成林。志坚晚节，来去无碍。灵光洞彻，技起法门。一腔热血，云溪森森，一代人杰。

时

大清乾隆十六年岁在辛未菊月上浣吉日立

铁笔匠牛付泰　李福荣

五代玄孙韩阳校笔

五世孙陇西郭阳通沐手敬书

张阳庆督理谨镌

7. 平凉府华亭县龙眼镇重建混元亭碑记

年代：清乾隆二十四年（1759）

撰者：陇西本山道人郭阳通

书丹：杜来信

尺寸：碑高178厘米、宽60厘米

碑状：碑额圆形，中刻"皇清"二字，旁镌二线龙戏珠。碑边绞草纹饰。

镌刻：朱大镇　赵明刚

今存地：景福山

碑文录自：原碑

碑文：

平凉府华亭县龙眼镇重建混元亭碑记

粤稽圣人以神道设教，原以阐宗风、彰玄范。凡天下辟名山，立元场，以佐王化之不逮者，无非使人舍恶从善。对越神明，改过自新者也。斯山也，由雄关饮源，延衮百有余里。耸顿金星，玉屏开帐。陇山列其前，汧水环其下。其间千峰争秀，万壑竞绝。巉岩嵯峨，宫殿错综而落跂；密林葱郁，台榭参差而掩映。娄景隐迹，曾不于兹而憩息；丘真避诏，得无至此而遨游。

可为百二之名区，诚秦西门之一胜地耳。骚客登临，心畅神怡。达人游览，顿释物结。亦见善信由之而益乐，庸夫睹之而欣慕。是山化也而神化矣，亦以道化尔。是亭也，建之峰巅，其来尚矣。屡经风雨，飘摇壁栋，以之摧裂。适值华邑善信，朝谒于斯，目击心存，欲赞其事而人化之。克襄厥功，不数月而告竣工程。勒石垂铭，以冀延长，俾将来睹斯铭者，观感兴起，庶亭之所以常为亭者，使亭化也。亭不自化，而使乐善之后人而化后人口。是以为记。

本山道人　陇西郭阳通健行氏沐手撰文

会首　　　杨琦　　　吴自海　　杨玉　　　赵起得　　董法先

　　　　　何登荣　　刘友　　　陈益江　　王添荣　　苏明珍

　　　　　杨长　　　张文正　　张银　　　李添成　　杨国泰

　　　　　杨库　　　高进玉　　高辅　　　杨宗贵

玄门弟子　杨冲茂　　高进昇　　刘成印　　董魁

兼理督工　当家马阴阳珏　　徒　　杜来信书丹

时

大清乾隆二十四年岁在己卯冬至日上浣吉日立

铁笔匠朱大镇　　　徒赵明刚　刊

8. 重建圣母殿碑记

年代： 清乾隆二十七年（1762）

撰者： 方壶散人郭健行

书丹： 方壶散人郭健行

尺寸： 碑高 172 厘米、宽 70 厘米

碑状： 碑额圆形，中竖刻"善与人间"四字，旁二龙戏珠，珠中刻"日"字。碑边蔓草纹饰

镌刻： 李朝

今存：景福山

碑文录自：原碑

碑文：

重建圣母殿碑记

窃尝读书，知天地神鬼之道，原于大《易》"先天"一图，诚造化之面目，实甄陶之匡郭也。若天道阴阳，地道柔刚，神妙万物，系□有焉。形体天地，性情乾坤，功用鬼神，正蒙言之神道之设，讵无自而来者哉！惟神也，位正坤宫，功伴造化，以博厚含弘之德容，量品汇以柔顺。广生之道，长养万物，其体也；宁静有常，其用也。运化无方，太乙卫房，岂虚誉欤？元君圣母，适相当也。矧夫祈嗣息者，捷于影响；祷灵湫者，如谷应声，讵非坤元之真灵，凝萃于一隅；母道之施仁诞，敷锡于人寰也哉！今日者殿宇倾颓，神相剥落，衲不忍坐视，遂力募十方，缔造鼎新。故勒石刻铭，以彰圣母之至仁，亦以表善信之功德于靡疆也。是以为记。

　　方壶散人郭健行撰书　贴金信士张天德　张来翠　贡生张乾 薛氏男　监生张中辅　温氏　总纳文汉魁　朱显　芮发志　王添 莱　耆宾邓珽　刘福照　刘凤魁　张盈　监生吕锦云　朱彦清 □员田有年　马魁　耆宾朱自祥　苟怀　段可玉　杨生彦　张 □□　陈寅　白顽　董可义　吕迎□　白满禄　薛孝　赵元　朱 桂　张之翠　白天仓　杨库　宋万得　安金　朱华　马忠仓　□ 达仁　张乾　李满魁　生员邓中恺　□达君　王秘　马秀　耆宾 黎时育　张□福　李则先　刘添珠　刘得先　柳□□　李弘义 薛凤林　赵起财　生员杨□新　生员赵汉弼　□日金　王大臣 朱大镇　本山道人王阳健　袁来法　陈复旺　孟阳冲　段来绪 张复亨　赵阳吉　杜来信　吴复周　马阳珏　王来义　孙复利 蒋阳纯　杨来宗　张复利　杨阳源　甄来胜　吴复喜　王阳林 高来谦　朱复睿　郑阳和　蒋来元　夏复昭　谢复应　夏和得 时大清乾隆二十七年岁次壬午甲辰上巳立　　　　　铁笔匠　李朝

9. 镇原县重修九皇殿碑记

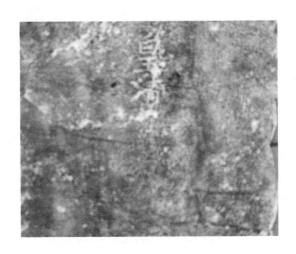

碑额：中楷书"皇清"二字

年代：清乾隆二十七年（1762）

尺寸：残碑高 126 厘米、宽 70 厘米

碑状：碑连体，碑额白纹雕二龙戏珠。碑边蔓草纹饰。碑面漶泐严重，以致碑文无法读

今存地：景福山大顶

碑文录自：原碑

碑文：

镇原县重修九皇殿碑记

（上漶泐）无考与，龙洞门重（下漶泐）雄关之（下漶泐）与龙门正峙为门（下漶泐）相传此（下漶泐）修练于兹。开山曾（下漶泐）闻其众（下漶泐）果香（下漶泐）总者（下漶泐严重，无法识）

龙飞乾隆式拾柒年岁在壬午孟夏初旬毂旦立

10. 景福山眷属输金自修客亭记

额题：大清

年代：清乾隆二十九年（1764）

撰者：陇西道人郭健行

镌者：景全

尺寸：碑连额高 158 厘米、宽 60 厘米、厚 16 厘米

碑状：额题楷书。周边花草纹饰。碑字迹清晰，保存完好

今存地：陇县景福山

碑文录自：原碑

碑文：

景福山眷属输金自修客亭记

云溪宗枝与龙门法眷比肩第，今日蕃衍，较之前辈益觉其盛

胜，然而茅芦屋舍，讵可缺乎哉！矧夫设为元场供应，朝谒不葺之年而补之月种种奔役尘嚣，力募十方，何吾侪之不惮烦耶！前有杨公输资巩殿倡于前，吾辈踵诸旧迹随于后，出金协力，建修客亭七楹。其间有输财者，有出力者，有财力并施者，不勒诸琐石，恐没没无闻。而后之睹斯石感发兴起，破结习，舍悭恪，或由是也。夫是以为记。

陇西道人郭健行撰文

本山道众张一勤出金二千文	郭阳通出金五千文
王阳汉出金一千一百文	王阳健出金十一百文
王阳冲出金五百文	王阳吉出金一千二百五十文
马阳珏出金一百五十文	张阳统出金二百文
谢阳遇出金四百文	王阳林出金三百文
张阳顺出金一千文	刘阳虎出金二千文
陈阳兴出金三千文	靳阳烜出金三千文
王阳惠出金二千文	张来智出金一千文
曾来直出金二千文	刘来成出金二千文
田来顺出金二千文	王来祥出金二千文
高来举出金二千文	高来举出金二千文
马来运出金二千文	王来义出金二千文
吴来静出金二百四十文	石来佩出金三百文
袁来发出金六十文	段来绪出金五千文
杜来信出金一千二百五十文	文来蔚出金五千文
朱来晰出金五千文	张来晟 出金四十文
邹来罡出金二百四十文	甄来胜出金五百文
刘来昌出金二百文	冯来积出金八百文
高来谦出金一百二十文	张来弘出金一百五十文
党来收出金一百二十文	张来同出金一百二十文

张来翠出金二百文　　　　　　王来旺出金五百文

苏来训出金三百文　　　　　　刘来祥出金四百文

张来箍出金一百二十文　　　　郭来俱出金二百四十文

马来成出金三百文　　　　　　郭复缘出金三百文

陈复望出金三百四十文　　　　张复亨出金一百五十文

吴复周出金三百文　　　　　　周复财出金二百文

马复广出金三百文　　　　　　孙复苏出金一千二百三十文

谢复盈出金三百文　　　　　　吴复喜出金三百四十文

王复晓出金三百文　　　　　　贾复妥出金一百文

赵复善出金千□□　　　　　　董复寿出金一千□□

路复会出金三千文　　　　　　谢复安出金三□□

赵复重出金三百文　　　　　　张复平出金三百文

高复鼓出金二百四十文　　　　李本秀出金三百文

李本柱出金三百文　　　　　　李本孝出金三百文

魏本学出金三百文

时大清乾隆二十九年岁在甲申仲春毂旦立　　　铁笔匠景全

11. 镇原县复立朝谒碑记

年代： 清乾隆三十九年（1774）

撰者： 儒学生员方梦熊

书丹： 儒学生员景德明

尺寸： 碑连额高 160 厘米、宽 68 厘米

碑状： 碑拱形额，中刻俗体"福缘善庆"四字，1 行。两旁白线雕二龙戏珠。碑周边蔓草纹饰。字清晰，保存良好

镌刻： 铁笔匠朱大镇

今存地： 景福山

碑文录自： 原碑

碑文：

镇原县复立朝谒碑记

　　镇邑朝山会，先壬子岁，有羽士田公云游兹土，募化朝山长者时，乡约泽昌刘公首个君赐谢公重立碑，予记其山景情形，予早为之详。今生彦杜公等亦立碑以垂永久，仍嘱予记。夫亦尤而效之之意也噫！予何记哉！予第即旧会为之先，有美已传新会为之后，有盛益彰而于以知善之及人入人之深，而流泽之远且久也。夫是以祖传之叟，叟传之孙，总遇风雨寒暑，亦自有不容少懈，则凡后之有心向善，欲求一得，则睹斯碑而慨然兴之；欲除□失，则睹斯碑而毅然去之。以及孝弟、忠信、礼义、廉耻，无不睹斯碑而感化兴起焉。是后之善信长者，一如前之善信长者，吾于斯碑更有以见夫始倡人善，募化之至，入人之深，而流泽之远且久也，故乐为之记。

　　时

　　大清乾隆三十九年岁在甲午太吕月上浣榖旦立

　　儒学生员方梦熊沐手谨撰　儒学生员景德明薰沐敬书　会首申涛美　李大贵　乡耆贺进宁　生员秦肇周　刘自立　白应魁段大德　刘兆鹏　张飞福　杜应芸　刘进□　秦绪周　刘安邦刘操　祀生　张纪　段□　王进周　白应宗　贺□进　刘乾芪朱继先　朱振先　路汶　段思惠　刘仈明　张绍汉　朱瑜　李泉泽　段思有　贾亦奋　席廷相　陈应顺　丁见库　范进有　张映焕　李喜　贺福元　黄兆魁　阎能　谢明伦　贾密　贾昌　孙奉金　监生刘建　秦进周　张伯秋　郭喜　安寿　刘助云　杜生

彦　刘生宝　祀生秦观　秦卜　黄正仓　范光举　张永省　朱国

泰　刘中□　刘仈珍　张履春　莫承忠　秦新周　安臣　惠禄

路生德　生员慕廷严　段一才　贡生刘严　蒙晓　贺秀　朱□兴

段宣英　刘师曾　范二甫　贾科　段梦奇　刘师圣　段珠　刘梦

尧　路能成　秦仕　申子明　张花诰　贾训　刘新尧　祀生刘信

茂　贺进福　李进启　刘豹　白长生　焦清　刘子成　张润　刘

世和　段大成　孟德　段奉寅　张花秀　李进福　王国英　苟圣

魁　路生勋　段思贵　申映璧　刘应宣　姜新柱　贾亦壮　范子

勤　任增月　赵天福　生员刘型尧　朱绪　秦秦义　祀生贺进魁

张国正　郑国祯　段芝　张能新　段学祀　范朝重　生员刘兆瑞

　鼓璞　席宗魁　殴子珍　张能德　祀生张能德　黄维儒　刘全

德　张扶汉　贾寅　刘新国　殴世英　刘自魁　朱显贾　智鲁江

　刘如焕　翟宗善　铁笔匠朱大镇　徒徐登科　阿国秀　朱贞

12. 建置景福山门记

碑额：碑额圆形，浅线雕二龙戏珠。中楷书"皇清"二字。

年代：清乾隆年间

撰者：郡岁贡生阎太经

书丹：儒学生员张炳简

尺寸：碑高145厘米、宽66厘米

镌刻：朱祯

碑状：碑沙石质，周边线雕粗陋花草纹饰。碑身裂为两块，已用水泥补缀，但中下部仍有一裂纹，损字若干。原旁刻石狮一对。碑阴为花名录，15行，行28人名

碑文录自：原石

今存地：景福山

碑文：

建置景福山门记

大凡居止之地，必先有门户而后有堂室，况庙宇之清肃者也。故殿阁为郑重之境，而门楣尤为阨要之所。我景福山曩无山门，仅以薪木蔽塞。天阴夜静，往往虎豹交游，狼虫骤至。既难以防庙中之藏蓄，尤无以壮名山之观瞻，非慊事也。然欲举行者数年而力卒未逮，不能不观望于其间。兹会在城会首概然以新建为念，而鸠工庀材，不日而规模遂成，由是启闭□□，往来有防，山之庙貌亦愈增整肃。视从前之荒凉，盖大相径庭焉。建修之功，洵不可没也。爰刻之石，以并垂不朽云。

郡岁贡生阎太经沐手敬撰　杨宝山　杨宗郡

儒学生员张炳简沐手敬书　监生桑遇霖　监生郭子城　汧阳贡生　景□天　董活　董澄　贺□华　安国元　海朝风　会首杨朋　朱生梅　马成　杨泰　何成肖　张绪　曾长盛　监生桑应春　监生李□积　贡生李玉莪　募化李阳春　崔仕　梁万学　刘成　段□绪　薛文炳　海朝敖　马成　谢清魁　曹运　李忠　连礼　谈侃　刘应成　监生刘振甲　监生陈继舜　生员王纯　布施席待封　刘春　赵俊德　监生王文　监生郭弘业　监生靳鹤　会首贺秀仆　李朝栋　李生花　监生樊应龙　监生党克家　董成　雷芳　陈明魁　田得玉　鲍九思　杨春　李如林　田文怀　朱生梅　鲍九思　崔仕　马威　李忠　曹运　曹长盛　谈侃　悦局　镇原府陈楷　乡约杨逢时　乡约贾名时　怀庆府同大稳　乡约高守良　渭南白朝荣　韩城监生刘炤　封疆程贵　张□　泾阳李选元　乡约贾□　李辅　严大有　蔚天荣　张中金　袁数功　田得春　马连功　薛祥祯　郭存仁　马建饶　巨显荣　吕福强　门□□　田得春　杨得仓　宁进禄　薛文德　郭好　王进儒　杜建业　马

建饶　郑玠　李仰训　解嘉缙　解业缙　宁进禄　杨之茂　乡约

阎大礼　刘应绛　会首宋纯修　田益仑　乡约□□□　蔚天荣

吕福强　李仰训　乡约杨正贤　时口德　张进　张中金　薛文德

马连功　王进仈　杨之茂

　　乾□□①

　　经理　杜来信

　　化主　张复敏

　　当家　王本桂

　　石匠　朱祯

13. 重修景福山云溪宫大顶混元阁、九皇殿、灵官祠、山神祠碑记

额题：皇清

年代：清道光二十五年（1845）

撰者：临经张云衢

书丹：王合正

尺寸：碑连额高 133 厘米、宽 70 厘米

碑状：额题楷书，周边花草、几何纹饰。

字迹清晰，保存完好

今存地：陇县景福山

碑文录自：原碑

碑文：

重修景福山云溪宫大顶混元阁、九皇殿、

灵官祠、山神祠碑记

　　陇之西北七十里有山曰景福，周秦以来，高人隐士、修炼之

所，神仙之泽薮也。曷名乎景福？昔汉娄景飞升于此，景帝敕某名曰景福洞天。历唐迄明，代相沿袭焉。而云溪之名，则自守存田公始。田公者，燕之宛平人也。生长阀阅，早游胶庠，以仕途危险，遂有出尘之想。初脱俗于隐仙庵，后由武当策杖渡关，谒华山，叩吴岳，至龙门而休焉。与黄、苗三公相友善。寻以微嫌辞去龙门，自摩松峡以东，披榛扪葛，穷幽探奇，得今所谓云溪宫者。康熙六年，公来募化于镇邑，静坐十余日无一施者。会朔风怒号，夜半雪深数尺，信士杏某，怜其寒，启户欲纳之。见公枕虎酣眠，身无点雪沾濡，诧为神异。延之家，挑灯煮茗，询所由来。以创修云溪宫告，杏慨发宏愿，请代募。次日约同贾刘诸信士，随缘乞化，得银八十余两。田公欣然曰："布施暂存君处，来岁动工之日，恳延檀越共襄盛事。"及期众携银往至马莹梁，深林蔽日，人迹断绝。险以为妄觅途欲归，适有二虎至，一尊于前，一阻于后。随虎缓行，始抵其处，乃知二虎盖田公之使以识路者也。由是择日兴工，于御屏峰顶建混元阁一楹，而九皇殿、灵官祠、山神祠次第落成，居然一大丛林矣。公以开山始于镇邑，推为山主，每逢朝谒之期，必俟镇邑人至，然后开坛修醮，岁以为常，至于今不改。山旧有建修碑，载地亩界址甚悉。嘉庆十七年，常住彼石合玉私典王母咀下地于土人王氏，恐众据碑理说，因碎其碑，以灭其迹。会人张来福、贺福尤等廉共实讼于陇牧何公，夺契返地，珠批存卷，永为本山香火之资。而奸究之徒，自此敛迹，不敢再肆侵吞矣。奈历年已远，殿宇渐圮。朝谒者惕然。滋惧以为非所以妥神灵而肃观瞻也，共矢重修之愿，各竭囊中之赀，经始于道光十年四月，告竣于十二年十月。其规模较昔为宏敞焉。是役也，首倡者张炳英、贺兆崙、贾永恩、孟凤城、路顺麟、景玉成、王永庆。经理督工以底于成者贾用售、贾永、刘心桂也。今年春，群谋勒石以垂不朽，余为记其颠末如此。至于山之形胜，前有山阴沈子，后有弘农杨子志之详矣，不复赘云。

丁酉科举人临经张云衢薰沐撰文

景福山后学陇郡王合正沐手书丹

龙飞道光二十五年岁次乙巳孟夏中浣之日公立

附：碑阴[①]

额题： 万善同归

年代： 清道光二十五年（1845）

尺寸： 碑连额高133厘米、宽70厘米

碑状： 额题楷书，周边花草、几何纹饰。字迹清晰，保存完好

今存地： 陇县景福山大顶

碑文录自： 原碑

碑文：

镇原县重修景福山云溪宫大顶混元阁、九皇殿、灵官祠、山神祠募化布施姓名开列于后：

道光二十五年岁次乙巳四月清和穀旦

---

① 碑文中列各募化布施主所捐银两数，及工程开销数清单，今略。

14. 重修景福山玉皇大殿功德碑记

碑一

年代：清宣统元年（1909）

撰者：善信陶明

镌者：□永年

尺寸：（碑一）碑残高44厘米、宽50厘米

碑状：碑无额，断为两截。周边无纹饰，碑下半段缺损严重，字迹模糊。故分两部分录入

今存地：景福山

碑文录自：原碑

碑文：

重修景福山玉皇大殿功德碑记

（碑一）：□□□□玉□□□（下石残）盖自□阁以来（下石残）玉清真人（下石残）修炼成真，定日月（下石残）康熙年间，二贤□延见，此山居（下石残）所住诸殿倒塌，神像残倾，以至（下石残）彭圆发上山经理，监院雷弼（下石残）庙宇一切改旧换新。功程告竣于三十四年，（下石残）

时

大清宣统元年（下石残）

碑二

年代： 清宣统元年（1909）

撰者： 善信陶明

镌者： □永年

尺寸： 残碑高 74 厘米、宽 50 厘米

碑状： 周边无纹饰，碑残存下半段，字体手书俗体。碑漶泐甚，字迹模糊较甚，疑是碑一的下半截

今存地： 景福山

碑文录自： 原碑

碑文：

（碑二）：（上石残）然，玉皇之（下漶泐）□□主之而山（下漶泐）以分（下漶泐）地，第一之仙地也。（下漶泐）故为铭曰：景福，待至元（下漶泐）真人（下漶泐）平庆泾然，为山之主，□□八□为道迹，（下漶泐）之九年（下漶泐）人（石残）圯顷，门之人□□二辟，众会首辅成也。自三十年庚□□（石残）十方，其作人等同结□□一□助□先重□下数为（下漶泐）药王、大顶（下漶泐）迹（下漶泐）故永（下漶泐）

善信陶明沐手撰文

邑士生员陈兆瑞校

铁笔□永年（下漶泐）

云溪玄隐太玄□□景福山□□心敬立

季春之月上浣穀旦立石①

---

① 碑二疑为碑一的下半段残碑，但字体稍异。

15. 建修药王洞碑记

额题：清建修药王洞碑记

年代：清

书丹：生员李志显

尺寸：碑连额高 112 厘米、宽 53 厘米

碑状：碑额篆书"清建修药王洞碑记"八字，分 2 行，行 4 字。碑四周花草纹饰。碑立于去药王洞路边山壁上，青苔满布，且风化严重，损字较多。刻痕又浅，致今字迹不清

今存地：陇县景福山

碑文录自：原碑

碑文：

建修药王洞碑记

（上泐）胜境天固呈巧以□□灵，尤□□人点缀以增其善。是地□以人□者也。然使有其地□将□能自须矣。抑使仅有其人而既谋之不成，维有名胜□恐措置末当，必□并□□□□□□其贤士发光，骚人操咏，以保奕世于有永也哉！他不俱论，即如此山与□者焦心劳力，荒度造建，以开剏于其□，则今日亦乌知景福山之果何在也邪！□□□□□□使功来历历俱在当前之人自在会心。予又何复赘哉！而独是看花□□□□□□□□惜也。有□□道人高大□、徒鲁清秀、徒孙刘一乾，华邑赵谱，募家唐孙志士之修其功。已竣，□勉三名人记之。闻之不禁喜此洞之得以有人之谋感□□□□□无所因则殖为□予辈则不使□□□共明□而叹恋，若此碑者石□□□□□□□持也，虽有□□之芳□□□□□□□历年远矣。□若砥□□布□□□□□□□□犹省□成

□□□□五六□□□荒唐无稽□□□□□□（下泐）略远（下泐）
活人，固天下（下泐）信其服名（下泐）之朱（下泐）此之人厥
由窃之意（下泐）（下泐）哉！可记日爰（下泐）时（下泐）

（上泐）生张□□撰

生员李志显书丹

会首（下泐）同立

16. 王崇瀛墓碑志①

年代：民国六年（1917）

尺寸：碑高65厘米、宽38厘米

今存地：龙门柴家沟去景福山路口

碑文：

民国陆年岁次丁巳乙巳月吉日榖旦

王翁崇瀛老真人之墓碑

徒　　齐高禄　牛高凌

孙　　杨嗣宗　王嗣中　彭嗣元　麻嗣源

同宗侄徒　　　赵高慧

监院　温嗣昶　杨嗣信

17. 重修灵台县进香会碑记序（修）②

年代：民国七年（1918）

撰者：灵邑拔贡杨步月

书丹：道衲陈永泰

刻石：石匠边家全

---

① 碑原无名，编者增加。
② 题下有"修"字，不知何意。

立碑：杜元培

碑状：额镌花草，中刻楷书"福寿"二字。周刻宽叶花草纹饰。字迹清晰，保存完好。碑头破损一块

今存地：景福山

碑文录自：原碑

碑文：

重修灵台县进香会碑记序

景福与龙门并峙，为陇东最胜之灵山。由昆仑发迹，崆峒连脉，然自汉唐迄今，骚人仙客无不仰止，高贤逸士莫不栖迟山之巍然而耸秀焉。然而幽深，实汧陇□一形胜之地，其上下寺观皆凭恃险阻划削修葺而成者也。是以娄景、王□曾在此山托迹，长春道人亦于此处成真。其他法门，旧有精心自业高僧□悟觉黄庭者，代不乏人。则此山之钟灵毓秀，不惟与八水争胜，直可与四大□□四至香火之盛，遍集平□湿固朝礼者众。普通秦凤汧陇非由此山之宝筏金轮□耀于斯，大千世界上，乘清□，□胜于寻常寺观，昌克臻此。然则此王也，神仙□□□□□化调元之胜地，人民所攸赖为释灾弭患之名区，所由历代仙迹不□□于今□□也。自前清乾嘉之年，我灵邑集立善会，原有碑记垂后，奈风舞雨磨，□□□□□□□复前烈近，近因民国四年，邑众纠集善缘，复欲立碑垂后，爰乞余而为碑文以志之。呜呼！余固空疏无闻龙门景福之实在形胜，未尝悉其颠末，□□知浮灵之分派，皆由龙门景福之发源也。因不揣鄙陋，勉附俚语数句，以为序云尔。

灵邑二良里八甲拔贡杨步月撰　　道衲陈永泰书

石匠边家全刻　　外与石匠复大钱拾画

经理总会首于瀛州　经理立碑人杜元培　杨永喜　张有库

郑昌霖　姚禾元　杜澎霖　朱正

白席珍

熊兆瑞　于兴云

熊主理　马兴福　虔立

民国七年戊午菊月吉日立

18. 重修景福山云溪宫碑记

额题： 福缘善庆

年代： 民国二十二年（1933）

撰者： 空灵子席勤善

书丹： 抱一子范性善

尺寸： 碑高190厘米、宽63厘米、厚11厘米

碑状： 额题隶书"福缘善庆"四字，碑额四周花草纹饰。碑四边太阳花及几何图形。字迹清晰，保存完好

今存地： 陇县景福山

碑文录自： 原碑

碑文

重修景福山云溪宫碑记

　　昔者龙负河图，八卦列明时之象；龟呈洛字，九畴开叶纪之文。青岩启而六甲飞，黄壤堙而五行缺。故知乾筊远坤符，灵秘法效用。常邀乎圣期研几测深，必贯于神道。是故三才既辨识妙物之功，万象已陈悟太极之致。言之不可以已，其在兹乎！陇邑雍州，故国岐地名邦，五水交会，四山环绕，名胜之区难亦屈指，其间最称奇者，州之西北七十里许有灵仙岩，为汉娄景先生隐迹之所，后更名曰景福山。名山列岳之旧，仙都福地之凑，黄龙负匣，著宝籍于经山；紫凤衔书，荫荣光于井洛。须弥山顶仍开梵帝之宫，如意山中即有经行之地。尔其盘基跨险，列嶂凭霄。日月之所窜伏，烟霞之所枕倚。绿树玄藤，网罗邱壑。丹梯碧洞，杳冥林岫之间；桂庞松楹，寂寞风尘之表。是称名山，实瞰崇冈绵磉，锦渎下侵。重峦玉阜，金陵傍分，绝磴山川，络绎崩腾。宇宙之心，原隰纵横隐轸。亭皋之势，神仙时有停鹤之会，羽客曾语玄关之期。爰有田祖讳守存者，乃燕之宛平人也。居紫禁城。幼而敏慧，长而慈仁。初儒继玄风，云感名玄。经素论灵机，入证妙谛。因心三千法界，由广位而出无明十二因缘。自普济而登彼岸，弘宣誓愿，大拯沉黎。于康熙癸卯年至此，见云溪之胜概，发开山之宏愿，挥觉剑而辟洞天，扬智灯而照昏室。仁徽四表，阖境仰其玄风；威法所感，百城叠其霜彩。斯有康庄妙域光，开不舍之坛，舟楫奈河，昭畅无生之业。于是坐成混元顶、九皇殿、玉皇殿、王母宫、斗母宫、三官殿、三法殿、救苦殿、灵官楼、白虎楼、七真楼、丘祖楼、关帝庙、圣母宫、药王洞、东华殿、金阙殿、娄景亭、雷神峰、八仙岩、田祖祠东道院、西客庭，上方梵刹真宇，蕊珠竹苞，松茂鸟革，翚飞层口，洞辟阶阶玲珑，诚修仙之妙境。了道隐士，悟道登真。游此地者，代有其人。惠泽滂沾，禅门之胥。庆玄风广被，感十方之来朝。数百年来，凡谒洞天福地者有求必应，感而遂通。无何丙寅岁，物烦星移，遂被气运。一炬灰烬，闻之者酸鼻，观之者伤心。迨民国二十二年，镇原县五里八镇山主发心弟子道讳薛君铺善、王君玉善、杨君福善，重修圣母宫。阎君敬善、姬君万财、刘君耀隆建筑田祖祠堂、八仙岩、混元阁二层上坐、混元下坐九皇。郭君荣华、郑君国珍、阎君敬善、敬成雷神峰西道房、东华亭背坐、金阙帝君。姬君万财、阎君敬善、王君玉善、刘君耀隆、邢君万钟创修三母殿。以上各三间。陇县善士弟子李君述唐、韩君秉权建筑玉皇大殿七楹、三官殿、灵官楼各五间。灵台县相结因缘弟子张君有爱恭成三法殿五间。本山法嗣监院任君明奎、田君至文、李君至厚、侯君理全，同成丘祖楼三间，东道院。一切支款，募诸十方。万里山川，拨烟霞而进影；百重寒暑，蹑霜雨以前踪。不数年间，经之营之，月榭已成。雪巢既构，诸神安其馨享。降福禳禳，降福简简，非敢曰改观，仍继续前功而已。斯知云溪非田祖不能显其奥，田祖非云溪不能成其名。虽然，昔云溪之有赖于田祖者数也，时也。今田祖之有赖于善士羽流者承也，缵也。时数定于前而承缵垂于后，田祖之风，世不可泯；云溪之名，代代相承，而政军学商绅民历年乐施之丹忱，亦不可无。今功德圆满，恐年湮日远，风飘雨浸而隐其功绩，有会首阎、姬、刘商之阖山众等，购神碑一，道众邀阎君敬善踵余门，祈余述田祖开辟仙山之本源，创立之神奇，并宫殿之位次，及经理善士之姓字，立诸琐珉，以垂不朽。余不文，何能其芳规芳躅以镇邑。昔田祖访为山主，余时沐德乐叨仙风，聊竭鄙忱，非敢曰为序，略述其颠末，是以为记。

镇原平净庵善缘弟子空灵子席勤善薰沐拜撰

善相弟子抱一子范性善薰沐拜书

19. 同立景福山香火田地四止跤界碑记①

年代：民国三十五年（1946）

书丹：杨理德

尺寸：碑高 115 厘米、宽 57 厘米、厚 28 厘米

碑状：碑额圆形，中镌"中华"二字，旁雕二龙戏珠

镌刻：傅金墉

碑文录自：原碑

今存地：景福山

碑文：

同立景福山香火田地四止跤界碑记

　　田老祖师开山以来，香火田地界畔，玉屏大顶、朝阳观、云溪宫、八仙崖四处地业，各有界畔，四止分明。至康熙皇帝云游在山数十余日，恩将景福山土粮免过。下余八仙崖土粮叁升伍合完纳。大顶地界：东止喜鹊岭，南止柳树湾山顶为界，西止黄龙潭为界，北止太阳沟水渠为界。香火地在泉沟，东止后沟梁为界，西止二天门为界，南止楼房山大路为界，北止羊关沟北梁为界。云溪宫常住香火地：在水滩子地叁佰伍十塃。东止汤房梁地为界，西止岭杨娃地为界，南止到回沟梁为界，西止楼房山梁为界，北止后沟口为界。八仙崖香火地：在楼房山陈家淹，东止到回沟为界，南止大河为界，西止黄龙潭，北止镇沟渠火烟山高嘴大梁为界。

　　老君顶山场地界：东止火烟山为界，南止陈家淹沟口为界，

---

① 此碑与第 231 页的雍正二年碑文大致相同，增加了景福山在陕西、甘肃、云南及口外的下院宫观名录地址。

西止透岭子大嵝岘为界，北止黑湾口。阁山地界四止分明，由恐后学失业，立地界碑为证。景福山以来，陕甘各县下院地止：陇县地有汤房梁，有武灵殿，老龙殿。有龙王庙、上平头、三官殿、温水殿。有老庵。西关有天庆观。城内有土地祠。东门上有长虫观。南门上有火神庙。东观川有武灵殿。程家沟有万寿观。尖山有玉皇庙。青亮有三清、武灵庙。花园头有三官庙。汧阳县有清崖洞、武灵洞。经川县有三官殿。安口镇有药王洞。上关东山有玉皇庵。河州城有万寿观。皋兰县有三皇宫。西宁有老爷山场。凉州有雷坛山场。

东华县有老君山场。□外有宝郭达山场。云南省有九华山场。凤翔府有景福宫。

监院 李至厚 巡照 李理清

殿主 伏至顺 道士 杨理德沐手拜 书

中华民国三十伍年夏月吉日同立

岐山县铁笔匠 傅金墉字□ 拜

20. 重修景福山碑记

年代：民国三十五年（1946）

撰者：陆军步兵少校陈天禄

书丹：陆军步兵少校陈天禄

尺寸：碑额高 75 厘米，碑高 150 厘米、宽 75 厘米、厚 16 厘米

镌刻：傅九龄

今存地：景福山

碑文录自：原碑

碑文：

重修景福山碑记

盖闻仁者必寿，义者定康。作善降祥，作恶降殃。祸福之

分，亦即善恶之别。此诚末世不之箴言、嗟夫！治乱兴衰、倾颓修葺，均为常事，亦非罕鲜之遭遇。景福固属名山胜境，凡有求福禳灾、求财祈子者，所求无不应验，诚祷无不感通，堪称人间福泽之主宰。往昔之创建重修，不知有几，将倾将葺，难以悉举。稽诸已往仙迹，犹存如前。长春登仙后，有田祖成真种种仙迹胜境，楮难尽述。其常住之宗风玄范，井然不紊。愀惜数届，丙寅时变劫转，将前人所建筑之峥嵘庙宇及罗列之晃耀金像，全行焚

毁，荡然无存。其触目惊心之惨状，言念及此，谁不酸鼻。我陕甘众信，永庇是境神麻，不忍坐视。有住持者明祉任公、至厚李公等，更不忍观望源地湮没，于是会同秦陇诸邑见义勇为之士，乐善不倦之绅，大发宏愿。即起浩工多方，苦化力建景福。果如有志事竟成之愿。时遂短措，却集腋成裘，集针而成斧。誓建景福之各邑负责诸公，不吝一切，何畏艰苦。分头竞建，历十数年之久，陇县建竣皇殿七间，灵祖、三官楼各五间。镇原县建竣混元阁、三母宫、子孙宫、田祖祠、八仙殿各三间。东华、雷祖等殿，各一间。灵台县建竣三法楼五间。现在将过去之瓦砾荒芜以变而为蓬莱仙岛、洞天福地，焕然新颖。庙宇辉煌，神像增色。虽不能备美于前人，亦可以启发于后世，使后世之人亦复如今日之补缺修残也。刻功园满，俚言不赘。援序勒珉，永垂不朽矣。是为记。

中央陆军军官学校军官训练班第二期毕业任官陆军步兵少校陈天禄敬撰并书

陇县经理　韩秉权　李发科　李树堂　王殿邦　朱静斋　周文惠　王作福　范生荣　张德三　薛　贵　李志达　李吉荣　阎志功

镇原县经理　姬美财　徐寿山　阎敬善　刘耀德　王国汉　朱良杰　岳生春　刘发影　王云仁　赵世芳　刘典如　杨长林　任汉宗

灵台县经理　景自成　张友爱　彭树古　赵焕明　于铺笨　张肇昌　史邦元

本心道众　任明祉　戚明章

监院李至厚　巡照　李理清　殿主伏至顺　账房杨理德　堂主高至远　皇口主侯理金　黄理存　巡正刘至汉　钟头孙理秀　纠查马理荣　典造张理侣　周宗易　化主刘世稔　马宗正　铁匠任师　画匠冯师　张师　李师　张师　瓦匠徐师　木匠杨师　杨师　孙师　泥水匠陈师　石匠范师　路师　画匠于师　铁笔匠傅九龄

中华民国三十五年清和月上浣毂旦

21. 重建陇县景福山殿宇落成记事碑

额篆：中华

年代：民国三十七年（1948）

撰者：清附生马骏程

书丹：曹文邦

尺寸：碑高141厘米、宽60厘米、厚13厘米

碑状：碑额篆书"中华"二字。旁线雕仙鹤衔梅图案。碑四周几何图案纹饰。字迹清晰，保存完好

今存地：陇县景福山

碑文录自：原碑

碑文：

重建陇县景福山殿宇落成记事碑

自古名山洞府之建修，既有人创作于其前，尤赖有人继修于其后。其开创也固难，而继修也亦不易。创与继，名虽不同，盖栖神妥灵，崇德报功之宗旨，则一也。陇县西北距城七十里有山名曰景福，山峰笋秀，松柏蓊荫，殿宇连亘，神灵感应，诚秦中之洞天福地，陇县之名胜古迹也。稽自汉代娄景先生隐栖于此。迨明末清初，有田祖者，高人也，见云溪形势胜若龙门，辟草莱、剪荆棘，烈为驰名之山洞天地。山系与龙门原系一脉，其名胜亦与龙门相伯仲也，惟数百年来代有废兴。明末毁于流寇，清季毁于回劫，民国丙寅复罹兵火，所有殿宇片瓦无存，旧日乌革翚之状，竟变为荒烟蔓草之场。凡登临者罔不触目兴嗟焉。有主持任明魁及徒李至厚者，道行清高，不忍长此湮没，大发虔诚，立志重修。邀请地方官绅会首，以及各界同志，输诚捐资，以襄善举，惟工程浩大，费用芬繁，又邀甘肃镇原县会首捐资募化，竭力协助。于是鸠工庀材，择吉兴工。计建修玉皇大殿七楹、灵官楼五楹。美哉轮奂，规模宏敞，庙貌竟焕然一新矣。工始于民国二十四年春，落成于民国三十六年丁亥冬季，历十余寒暑。而宏工告竣，诚盛举也。斯役也，虽云乎继修，其实无异乎创作也。董其事者有李君树棠、高君云霄、韩君雄城、王君定斋、薛君贵、曹君福善等。或经营筹划，总其纲领，或监督工程，劳瘁不辞。或职司出纳，涓滴分明。各竭心力，尽其所长。历尽艰辛而莫敢或懈。所谓人有诚心，神有感应，神得栖妥，而人蒙福荫，理固然也。其有今日圆满之结果也宜矣。至轮材效力之善信人等，均得备书芳名，勒诸琐珉，以期永垂永远云。

陕西高等警察学堂毕业、省议会第一届议员、前劝学所所长、清附生马骏程薰沐撰文

陕西高等学堂毕业、省议会第三届议员、现充县参议会议长、清生员朱守训薰沐校阅

陕西省立凤翔师范简师科毕业、历充曹段乡温水镇中心学校校长曹文邦薰沐书丹

经理　李树棠　高云霄　曹福善　韩雄城　王定斋 薛贵

监工　陈兆璋　张发祥　李际荣　鲁世昌

募□　李至厚　李理清　□至顺　侯理全

木工　杨生春　杨正春

泥工　陈生财

画工　张巨文

铁笔　吕师

中华民国三十七年季春之月中浣同立

22. 重修景福山布施碑

年代：民国年间

碑额：平面线雕云龙戏珠。中镌楷书"万善同归"四字，二行，行二字

尺寸：碑连额高 170 厘米、宽 72 厘米、厚 24 厘米

今存地：景福山

碑文录自：原石

碑文：

重修景福山布施碑

按：全碑仅录数十名功德主花名，字迹已漶渺，今略。

23. 马鹏《集验良方碑》碑

年代：1951 年

尺寸：碑高丈余、宽 2.4 尺、厚约 6 寸

撰者：马鹏

立石者：强和亭等人

原存地：景福山

今存地：陕西省中医学院博物馆

碑文：

碑刻名医验方 144 首

按：民国时期，宝鸡县石羊庙李家堡人马鹏（1904－1963）出家于陇县景福山龙门洞，道号圆通，为全真龙门派第十九代弟子。马鹏云游四方，行医治病，妙手回春，被当地人称为"马神仙"。马鹏一边劝人行善，一边为人治病。还将他搜求验证的许多良方，请人刻于碑石之上，名"集验良方碑"，竖立庙院，供人使用。

24. 重修景福山碑记

碑额：镌刻二龙戏珠，中镌"中华"二字。

年代：1988 年

撰者：闫中立

书丹：兰惠溥、李敏功

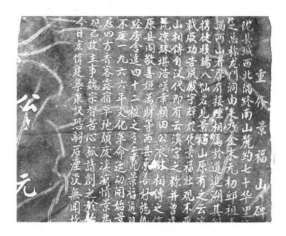

立石：景福山道观山志编写组协同众会首

镌刻：杨抓弟

尺寸：碑高 176 厘米、宽 74 厘米

碑状：碑周边刻八仙图形。今嵌入墙内。字迹清晰，保存完好

现存地：景福山

碑文录自：原碑

碑文：

重修景福山碑记

　　陇县城西北隅终南山麓，约七十华里，远古有灵仙岩。其地者千峰竞秀，万壑争奇，烟云满谷，松柏参天。世传娄景先生隐迹于此。汉景帝时，以此为洞天福地，敕定其名曰景福山，即现在龙门、景福两地。定总称龙门洞，由来乃金末元初邱祖长春悟性于灵山岩，在道教中创立龙门派而得名。景福山独树一帜，成为西北一大道观，与灵仙岩之龙门齐名并寿。数百年来，香火不绝。每岁农历三月会期，朝谒两山者摩肩接踵，相属于道。追溯其创始人，稽诸当地前辈相传，考之山志记载，则系清康熙初年，有顺天宛平人羽士田公守存其人，偕黄、苗两道友先云游各地名山，后栖居陇县龙门。因教派疑忌，携徒移锡八仙岩。见景福山原有之云溪宫旧址，翠屏如帐，峰峦在抱。虽无龙门奇景险峻，平坦宽敞，

殆有过之。孙思邈药洞、葛洪仙丹炉，均有遗迹，遂因之。披荆斩棘，独辟蹊径。四方募化，各地呼吁。不数载，厥功告成。殿宇辉煌，使景福壮观不亚龙门者，皆田公之力。是役也，甘肃镇原善士贺、刘诸公鼎力襄赞，捐募较多。景福道观之开创，田公矢志精诚，动人感物，有以致之。镇原人士之功，亦居多焉。

景福山相传自汉代即有云溪宫之称，并曾建有殿宇楼阁第，无史可证，姑存阙疑。自田公开创云溪始，迄今将三百年，公羽化后，其间几经沧桑，屡遭兵燹，尤以地震之毁为烈，使所有建筑，仅十存二三。萧条荒凉，殊堪浩叹，幸赖田公衣钵相传之信徒高太福等继续修葺庙宇，毁者补之，楼阁损者益之，斋堂库房、经室客舍，无不具备，顿复昔时旧观。嗣后，自民国二十一年至三十三年，陇县韩雄臣、李树棠，镇原县阎敬善、姬万财等两县乐善好施、热心公益事业人士共数十人，以十余年时间，群策群力，不辞艰辛劳苦，募资修建混元阁、三官楼等，并重修玉皇大殿。总计先后兴修殿宇以及香客住宿、道徒诵经房舍达四十二楹之多。至此，景福道观设施益臻完备，景福为洞天福地之说，更名符其实。迨公元一九四九年秋，全国解放后，对文物古迹加意保护，继以宗教政策颁布实施，使景福得与龙门并存不废。一九六六年，文化革命运动开始，景福山划为四旧，在横扫之列，当时仅玉皇大殿尚存外，其它楼阁殿宇、斋堂经室客舍等拆除毁灭殆尽。十年动荡时期，无整间之室可以容身，常住羽士结茅以居，四方香客，露宿草地。颓废凄凉情景为开山以来所无，但党中央拨乱反正，宗教政策开放。一九八三年起，景福山又继续得以从各方募捐修复重建，至今大规模已恢复旧观，此项工程进行。景福道观已故主事魏宗智苦心孤诣，创之于始，其徒闻诚功竭力尽瘁，继之于后。闻道为人，吃苦耐劳，领导有方，各地会首同心协力共赴其事。五年来，灵官楼、王母宫、子孙宫等殿宇相继建成。景福道观始有今日宏伟建筑，众议恐嗣后湮没无闻，故按原委略述梗概，勒石以志，并为之铭曰：

景福胜地，陇坂之西。峰峦在抱，原名云溪。

田公开创，虎示先机。闻道守成，龙门是依。

闫中立撰文　李乐天校阅　兰惠溥 李敏功敬书　杨抓弟刻字

景福山道观山志编写组协同众会首同立石

公元一九八八年农历九日十八日

25. 重修灵官楼碑记

年代：1989 年

撰者：闫中立

书丹：兰惠溥

镌刻：张巨海 张格芳

尺寸：碑连额高 176 厘米、宽 78 厘米、厚 16 厘米

碑状：碑额浅刻二龙戏珠，周边粗花草纹饰。字迹清晰，保存完好

今存地：景福山

碑文录自：原碑

碑文：

重修灵官楼碑记

灵官在道教典籍中记载为掌管火种神祇，专司纠察天上人间之火，并为道教之护法尊神，因之道观内火神或灵官庙宇极为普遍，景福山之灵官楼亦因此而修建。自田公守存于清康熙年间创建景福山场成立道观以后，在漫长岁月中因时局变迁，兵灾匪患纷扰，所有神殿，屡遭破坏，迭经重建修复。建国后十年动乱中，景福山场破坏极为严重，原有灵官楼亦被拆除。一九八三年

落实宗教政策，重修建造过程中，经已故主事魏宗智蓄资深谋位置在玉皇大殿之前，北高约三丈，南高约四丈，东西长达二十余米，南北宽约十米，为长方形建筑。自地面到楼顶共三层，中下两层均七间，顶层五间，按古式楼阁造型为五转七砖木结构。梁柱选用用上好木料，斗拱檐牙均予浮雕彩饰。精巧玲珑，庄严可观，坚固朴实，而且富丽堂皇，较历次所建为佳，故斯楼之建成，可为玉皇大殿之屏障。内塑两灵官神像，威武森严，堪称景福道观之护法。自一九八三年动工至八七年，历时五年之久。始与其他建筑先后竣工落成计，共支付五万余元。凡此皆已故主事魏宗智与其徒闻成功领导筹划，木师苏健民精心设计，及各地会首同谋共商四方善士募捐集资襄助有以致之。道原当家魏宗智于灵官楼立木上樑后即羽化，嗣后一切装饰浮雕等工程均由现主持闻成功完成，其艰苦卓绝之精神与功德，均不可泯没。故景福山灵官楼之重修，既妆点了名山景物，为景福胜地增色，又供香客游人瞻仰观赏神人共乐，诚属盛事。现闻成功道长及众会首共议竖碑立石，俾垂久远，再则镇原县众会首及善居士热心募捐集资，使灵官楼工程始有今日辉煌成就，功绩卓著，另竖碑以表其功。兹列举汧阳、岐山、陇县、华亭等县众会首及历年先后集资募捐人姓名于碑阴，千古流芳。是为之记。

撰文闫中立　校阅李乐天　核对秦泷民

敬书兰惠溥　李敏功　刻石张巨海　张格芳

景福山道观山志编写组协同众会同立石

公元一九八九年古历三月初一日

26. 重修景福山道观碑记

碑额：镌雕二龙戏珠，中篆书"重修景福山道观碑记"九字，3行、行3字

年代：1989 年

撰者：李尊儒

书丹：李尊儒

镌刻：何本善

尺寸：碑连额高 189 厘米、宽 69 厘米、厚 13 厘米

碑状：碑周边有缠枝蔓草纹饰。字迹清晰，保存完好

今存地：景福山

碑文录自：原碑

碑文：

重修景福山道观碑记

陇邑之西，终南之北，有山曰灵仙岩，娄景先生隐迹于此。汉景帝敕为景福洞天，故定其名曰景福山。其间群峰环抱，奇石嶙峋。吴山屏于前，龙门峙于后，实乃陇邑之胜境也。自汉以来，景福即有殿宇楼阁之建，惜无史料可考。据山志记载清康熙初，有田公守存者，顺天宛平人也。少弃官，云游海内，由武当西游八秦，栖身龙门。后因道派分歧，携徒探奇寻幽，见云溪胜若龙门，遂奋然立志开创景福，始卧石盖草、饮泉饵苓。心诚志坚，发人感物，由是遐迩。传闻童叟妇孺感化皈依，喜舍乐施助资建山。初具规模而田氏苦心不辍，不避寒暑，移锡镇原募化十方，得镇邑善士贺、刘诸公之助勤，数年捐资累万而景福之壮观乃厥成焉。镇原为景福之山主者实为田公追述，镇人鼎力之故，藉以宏扬道法，承赞前人之义举。非欲博其虚名也。夫物之兴废成毁，非可予知也。田公开创景福后百有余年，讵遭兵燹、地震之毁，楼阁建筑十存二三。其徒高太福等励志修葺，重建殿宇斋堂略具前规。后至民国丙子年，陇镇两邑之善士仁人募资扩建圣

殿廊庑，斋堂、经舍等，凡道家所宜有者，无不略备。及至丁未文革始起，景福被列为四旧，楼阁建筑拆毁殆尽。其颓圮之状，为开山以来所未有。越十年，政通人和，百废俱兴，景福道观始得复修。公元一九八三年以来，计复修楼台殿宇一十二座，计肆拾柒间及人饮站工程等，计用资贰拾贰万余元。在复修中，龙门道观助金肆仟余元、华山道观捐资伍仟余元，以励其成。而道观之已故主事魏宗智、办道主事闻成功，暨镇邑之已故会首侯廷福等竭力赴事，服勤不懈。经始于甲子之春，落成于己巳之三月。工程将届，恐湮没其事，略述梗概，勒石以铭。

兰州飞天书画学会会员潜山居士	李尊儒薰沐撰书
中国美术家协会甘肃分会会员	段思坎沐手校勘
兰州大学毕业士副研究员	张得祥薰沐敬阅
兰州飞天书画学会会员	姚天佑拜读
陕西省富平县石刻艺术馆馆长	何本善沐手刻石

甘肃镇	鱼怀宝	侯廷祥	慕治歧	柳文明	孟天锡
	段秀芳	席飞第	田有显	黎廷□	沈生运
	段文成	王万昌	郑好重	安海浚	许秀芳
	刘□娥	□□□	贾□□	薰沐勒石	

公元一九八九年岁次己巳三月朔穀旦立

27. 重修王母宫碑记　附碑阴

年代：1989 年

撰者：闫中立

书丹：兰惠溥　李敏功

镌石：张巨海　张格芳

碑状：碑无额，周边粗蔓草花饰。字迹清晰，保存完好

今存地：景福山

碑文录自：原碑

碑文：

重修王母宫碑记 （附碑阴）

景福山王母宫位置在玉皇大殿之上端，自山场开创以后，即建有此宫，为景福山有历史性的建筑。每逢会期，香火綦盛。朝谒景福山者，必登王母宫瞻仰。文革动乱中，景福山建筑物损坏殆尽，王母宫亦被拆毁。此次重修王母宫殿宇五间，造型按古式为三转五系砖木结构。选材精良，建筑坚固，美观大方，非以前所能及。至王母来历，据典籍

记载与传说始于西汉武帝时期，在西汉末年，大词赋家杨雄在他著名的《甘泉赋》中，即有赞颂王母的词句。古典《山海经》亦记载有玉山，其地是西王母所居，因之道教各大道观均建有王母宫，故景福山修建王母宫，亦非无因。遂经众会首议定，自一九八四年七月兴工，由于山势险峻，工程艰巨，有赖已故当家魏宗智与其徒闻成功苦心操劳，风雨无阻，各地会首善居士募捐集资，密切配合，使工程短期完满告成，历时一年两个月，共花费两万一千余元，并于一九八六年春塑建王母、地母、无生母三尊坐莲金身。同年十月举行盛大的开光迎神仪典，为景福山道观建立起不朽功绩。特略述修建原委，与王母有关记载，勒石以志，并刻"慈祥应感"四字于碑阴，以彰其德，俾垂久远。

撰文闫中立　校阅李乐天　校对秦陇民

敬书兰惠溥　李敏功　刻石张巨海　张格芳

景福山道观山志编写组协同众会首同立石

公元一九八九年古历三月初一

附碑阴

慈祥应感碑

年代：近代

今存地：景福山

碑文：

慈祥应感

28. 陇县景福山道观碑志

碑额：碑头镌双龙戏珠，中心镌"中华"二字。

年代：1992 年

撰者：宗宇闻

书丹：李玉泉

尺寸：碑连额高 252 厘米、宽 82 厘米、厚 20
厘米

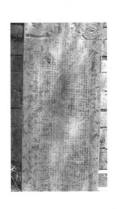

镌刻：王春利

碑状：碑无额，字迹清晰

今存地：景福山

碑文录自：原碑

碑文：

陇县景福山道观碑志

陇邑景福山道教观，乃海内之名山洞府。景者，高大；景福者，以大福护佑苍生社稷也。其海拔一千九百五十二公尺，山势雄峻磅礴，脉通昆仑，元贯华岳，朝元龙门，凤爪雷神。诸峰环立千峰卧，云霞万壑鸣弦琴。奇异口草掩洞府，苍松翠柏映御屏。其天设之幽奇景观，与云溪宫神运鬼工之殿阁，重楼亭榭相辉映。夫先秦汉唐宋元明清，云游之真人羽士、高隐雅客，皆慕恋此仙乡圣地，游而忘返也。道教尊黄老为教祖，奉《阴符》《道德》而立言，其学以清静自正无为，自化而立教焉。斯宗教创于东汉顺帝汉安元年之鹤鸣山，尊老子，称太上老君。其著称《道德真经》《史记》。关令尹喜曰："子将隐矣，强为我著书。"老子乃著《道德五千言》。西汉河上公注《老子章句》为八十一章，分《德经》《道经》，赋于宗教解释，以阐化道教神仙之据。黄帝，民族始祖，号轩辕氏，联炎帝诛蚩尤，而为帝发明衣食住行、农工矿商、货币、文字、图画、弓箭、音乐、婚丧、历数，造指南车，演奇门遁甲，著《内经》《阴符经》，乃黄帝崆峒授受之撰也。太公范蠡、鬼谷子、张良、诸葛亮，四十余家注疏成册，阐扬道家道德哲学，涉纵横兵家之言论，修养丹术之法，讲圣人知自然之道不可违，因而制之历代史志，归之入道家黄老者，其相配之谓也，并尊为道家之始祖。汉初道名法一体，故曰黄老，刑名也。崇其清静无为之治术，便民小息以利生产也。庄子名周，继承发扬老子道法自然之观，自本自根，无所不在。道乃先天地生，道未始有封，万物皆一也。《南华经》为道家经典之一，其文史哲学之研究价值蕴然，先秦时称老庄。道教宗旨内以修身，外以救世，诸恶莫作，众善奉行。太史公曰：其道也，因阴阳之大顺，采儒墨之善，撮名法之要，然则道教学说曾解释诸家经文，与佛学理学家掬其崇尚自然之旨而自养，且推进古典文学艺术之发展，功大也哉！老子曰："失道而后德，失德而后仁，失仁而后义，失义而后礼。失礼者，忠信主之。"仲尼曰："大而化之之谓圣，圣而不可知之之谓神。小德川流，大德敦化"，此即谓老子而有犹龙之叹也。《素书》曰："夫道德仁义礼，五者一体也。仁者人之所亲，有慈惠恻隐之心，以遂其生成。义者人之所宜，赏善罚恶，以立功立事。以此而论黄老之学，乃维冶醒人，俾益怡世者也。"今国运隆昌，政化民安，道风日趋于正，此诚天下太平有象矣。考道教自古迄今，代不乏人。晋葛洪撰《抱朴子》，以归纳其理论与道术。北魏嵩山道士寇谦之，改革旧天师教制，订乐章诵诫新法。南宋庐山道士陆修静，整理三洞经书目录，编著斋戒仪范，道教仪式终归完善。齐梁道士陶弘景，其著作广而影响深。两晋南北朝后唐代，尊道教为国教。道士司马承祯名著京都。道教传人以南正一派、北七真派为最著者也。金大定七年王重阳祖师创建道教全真派于山东宁海，徒众首推马丹阳、孙不二、邱处机、王处一、刘处玄、谭处端、郝大通七真也，皆成道而留巨著于世。其功业显著者，当称邱祖所创之全真龙门派也。则以澄心定意、抱元守一、存神固气之真功，济贫援苦、先人后己，与物无私之真行为教旨，受元太祖成吉思汉所崇敬，则大扬玄风于华夏，为全真派鼎盛之期。今白云观、青城山莫不属其法嗣也。山志载龙门景福田、曾、黄、苗四公与陈明耀诸羽士之道德风范，玄景达化，为世人莫测高深，顶礼膜拜。正己益人，犹赖教徒以存诚去伪、化恶奉善为己任，以道全形，以德济世，以术延命，庶可教兴而与世长存矣。今魏公徒监院闻诚功艰苦淡泊，协十方会首善信功德者，共酿修葺云溪宫于废墟之上，则依地布局，傍山筑阁，匠心独到，巧夺天工，何异金城玉楼琼华之阙、光碧之堂。两条盘龙入道院，一管琼浆喷御屏。其巨变也，天下游客将接踵而至矣。监院数以文见委，绍道更恭侯舍下，遂往。适连日瑞雪，群山玉雕，踏琼瑶，觅仙迹，寻幽览胜。观碑志，访古人，以见日曾识。壬申十月十五，行迎皇开光仪典，晨红光三闪，金轮耀踊，霞云诵暖，阳雪浪迎远客。人潮车龙，钟鼓管弦，经钧传谷，豁然洞明。窃喜文稿成而结缘圣祖，则熏浴沐手，援笔赋之。历年累积功德于山灵的会首，勒石于左，以垂永久。

朱万祥　郑福娃　李碎宝　保玉平　董宏奎　杨喜善

王德元　豆金满　赵换换　李宏斌　闫铁虎　张海玉

周善儿　戚四十　史进贤　马世皇　安海俊　杨森林

崔甲禄　陈杰禄　吴积贤　周玉良　赵积福　赵玉堂

郭贵生　杨禄禄　白志明　赵夺海　张德善　张双都

闫铁牛　李巨宝　王法元　王巨海　弓明金　贾国杰

张治棋　杨善仓　赵毓祥　陈永昌　王兴忠　刘清

许志浩　李爱娃　王满计　魏书化　严今食　李经计

张亚才　张好学　池保元　吕金　　春存明　吕福贵

张七斤　张相儒　马永杰　陈炳逢　吴求娃

大学毕业中教养怡者宗宇闻恭甫撰文

景福山道观监院闻诚功　杨诚德　□□□　　道徒柳信强

邵信忠　张信和

儒林医坛宗师流渠归朴子赵学普校阅

陇县秦陇石刻工艺厂技师杨若柏

王惠兰　王玲娟　杨爱娟　乔菊萍　王春利刻石

陇县城关镇西关村秦陇民勘读　李玉泉丹书

增补漏记善信居士　赵俊俊　赵海海　苏存娥　高养英

李烈过　闫海翠　孙让爱　党存花　刘娥娥　闫巧会

孙彩霞　张夏娥　李粉粉　闫招弟　王水萍　李广善

赵根林

公元一九九二年壬申十月十五

29. 重修景福山吕祖楼碑记

碑额：镌刻二龙戏珠，中篆书"中华"二字

年代：2000年

撰者：吴山逸人赵生玉

书丹：梁正齐

镌刻：杨继柏

碑状：碑周边线刻八仙及花草图形。碑面涂黑，字迹清晰，保存完好

今存：景福山路边

碑文录自：原碑

碑文：

重修景福山吕祖楼碑记

混沌造物，育兹景福。钟灵毓秀，突厄擎天。傍秦岭，依关山，挟千山，势呈枢制。万岭百川为一体，玉屏大顶穿云破雾。悬钟警世，欲摧庶黎于梦觉。蹑于此可晨观羲和扬鞭，暮收若木之彤辉，夜来将探手串星拨月，静耳听天琴之妙弦。极目远眺，天宽日长，苍山如海，浩浩荡荡，波及天际，俯瞰幽谷，宵遽莫测。紫气蒸腾，云桥连横。林荫郁翠，鸟语花香，鹿鸣獐唤，生机泱然。四季山色奇妙多彩，黄青红白，应时而变。如此清虚雅境，古往今来，曾有多少名人高士，累觅仙踪，接踵连绵，汉娄景久住此，修炼成真。汉景帝敕旨名景福，建庙立神，成名胜；孙思邈太玄洞中炼药丸，疗虎医龙名声震；吕洞宾八仙崖洞演道玄，邱处机坎离炼丹烹金鼎，清康熙十里之内免税银。千百年间，道院多次罹难，几经复修，遂有扩建。始成楼宇林立，殿阁遍树，规模宏大的道观。监院并隶属下院于陕甘宁青晋豫川浙数省地，尤以清代田守存、彭圆发，民国任明奎、李志厚诸道长功绩卓著。其中李志厚号善子，为修复道院，曾穿肩拉索，赤足履冰，行陕甘数镇募化有年。其心之虔，其志之坚，受苦之深，思而知之矣。递至文革，道院之再毁。时值改革大化之期，百废俱兴，庙院复列陕西省之保护重点。继有邱祖传人二十三代魏宗

智、二十四代闻成功历尽艰辛，四处募化，众多善士、社会贤达捐资支助，再为修复。历时二十余年，逐次建起玉皇大殿、左右三司楼、三姥宫、灵官楼、邱祖楼、子孙宫、田爷殿、雷祖殿、八仙崖、太玄洞、太上殿、斗姥宫、黑虎崖、观音殿、龙王殿、吕祖楼、丹房、僚房、蓄水池等。近期又由二十五代传人柳信强会长、朱万祥、赵积福等接续塑成吕祖金身巨像及左右司神像。

吕祖者名岩字洞宾，号纯阳子，藉山西永乐，生于唐德宗贞元十二年四月四日，其祖上代为儒士，官居礼部侍郎，海州刺史职。吕岩童年聪睿过人，出口成章，日咏万言。三度京考落榜，愤而浪迹江湖，寻师访友，饮酒咏诗以自慰。行长安酒肆中，遇仙人钟离权，设黄梁梦点化，即彻悟人生，遁入道门。曾云游终南、景福，归隐华岳，修成上仙大道，入列八仙，广为人神敬慕。

夫谓山不在高，有仙则名。景福山峦且高而英灵之气映萃，今又殿宇云洞沿山遍布，高低错落，疏密相兼。画廊明景，斗拱悬甫，巍峨挺秀。其恢宏之态，媚天耀目，光华映地。厥显云溪洞前会百神，八仙崖中聚八仙。人神共荣，天地合颜。众庶践此，皆感尘除烦消，心清性廉，抱朴成真，以享仙福者也。今值吕祖金身开光大典，为昭景福仙山之名胜即彰，道长经理之艰，率信士捐助之壮举，谨勒石永铭。

景福山道院二十四代传人闻诚功　杨诚德　第二十五代传人柳信强　牛信常　邵信忠　黎信义　萧信冉　王信贤　李信仙张信和　□□□

　　　吴山逸人赵生玉撰文　　　　　陇邑赵积善参撰
　　　世秦关西胡百川　　　　　　　陇县耕夫李敏功校阅
　　　宝鸡市书法家协会副主席梁正齐书丹
　　　秦陇石刻艺术家杨继柏镌刻
　　　公元二〇〇〇年

30. 修缮三皇药王洞碑记

碑额：雕刻二龙戏珠，中篆书"中华"二字

年代：2012 年

撰者：田崇山

碑状：碑无边饰

今存地：景福山

碑文：

修缮三皇药王洞碑记

　　景福山者，祈福祈祥之神圣宝地也。以汉景帝问道于娄景先师并敕赐山名流源于今。龙盘虎踞，凤翥云蒸，林海似瀑，耸峰峻立。以天视无私，神功莫测，雄居陕甘交界、关山蜒脉陇山之处。然岁月流逝，宏伟殿堂，有屡毁之劫，我先民圣贤有重建之劳。清代初年，祖师守存田大真人斩萝蔓、劈山场，十方募化，躬体力行，肩背拉索，磨出血痕。费尽千辛万苦，终于建成以云溪宫、玉皇大殿为主建筑，下以八仙岩，上至混元顶，包括南山五十余间庙宇。星罗棋布，善士云集。有大房住云溪宫，二房住八仙岩，三房坤道住玉屏峰。陕西省陇县境内成立菜会、油会、面会，以及绅士农会、商会。甘肃省清水县东麻会、华亭麻会应期而至，全力募捐襄助，所用俱全。每年三月三开山门，至四月八会期，陇邑派做饭人员，轮流不辍。养耕牛三十多头，耕种良田三百余亩。民人烟福臻，香火鼎盛。田祖道徒逾百人。三皇洞以伏羲、神农、轩辕神圣塑像供奉药王洞。孙思邈真人神圣塑像供奉庄严，端坐于自然岩洞。斯年会长牛永勇主持、柳信强奔走相告。全会共议以富有想象力的构思，以信仰责任感一致同意依岩洞壮观地貌为基础，修缮满足民众夙愿和皇图巩固、国泰民安

的向往，熔铸了求医治病者之心声，是蠲烦解醒、度人无量的船。珠含川媚，玉蕴山辉。珠玉点缀，装点了人文景观。陇人张铭中发心施财，协助募化道俗人等鸠工庀资。社会各界齐心募捐，于壬辰年八月中旬，秋高气爽，大吉之期，月余而成以就懿德，功在当代，惠及后昆。经申请，县宗教局批准为景福山道观，是修仙养道者一个温暖的家和著名旅游圣境。无记不能言志，无碑不能记历史。为彰显善信人等辛劳其事，特勒石铭文，并镌募捐者姓名于碑阴，从垂永久。

陇县金艺石刻部勒石

中国国学协会会员龙门派第二十六代法嗣田崇山撰文

会长朱永勇　　主持柳信强　　殿主周信权　　　阅

公元二〇一二年 壬辰 九月初九日敬立

31. 景福山马圆通真人传略碑

年代：2014 年

撰者：王景祥

书丹：王全兴

镌刻：陈勤来

碑状：保存完好

今存：景福山

碑文：

全真第十九代宗师圆通演道真人传略

师姓马，讳鹏，字万九，道号圆通，光绪廿三年（按：1904年应为光绪三十年）诞于宝鸡县石羊庙李家堡。聪而慧敏，颖而善悟。少负大志，立济世之愿。弱冠即有侠气，尝佩刀只身擒寇，除患乡里。及壮，不甘泯灭蓬蒿之间，常图奋发有为之道。适逢民国初肇，年荒世乱，民不聊生。师目睹世间众生之苦，靖难无术，拯民乏力，出世之想油然而生。曰：避世求道，济苦救人，虽难成仙，亦可聊慰此生。遂入龙门洞，皈依全真教道长王永盛为法嗣弟子，赐号圆通。王道长乃邱处机之十八代传人，道法精深，且兼长医术，弘道扬善，祛病扶伤，为时所崇。师隐龙门数载，继师德、承医术，清苦俭约，潜心道业，精进不懈。布仁怀而游四方，传道德之教化，施岐伯之妙药，亦道亦医。路见贫困饥民，即解囊救济贫苦，民众爱之戴之。偶遇患疾之人，无论贵贱贫富，俱一视同仁。或施药，或疗理，除病解厄；患者喜，医者乐，师方欣慰。有患顽疾者，求医无数未果。至师则用数年行医之经验，施以妙方，药到病除。解千年未解之愿，除积日不除之患，神妙若此，百姓感恩，咸谓马神仙。民国十四年，师云游千河杨家沟，见坡崖有谭姓所建之神殿，年代久远，风雨剥蚀而坍塌，触目伤心者良久。复察地形，道气所钟，虎踞之险，龙蟠之雄，流泉匝地，乔木蔚天。临千渭之会，背周原启秀。前与白荆遥遥相望，后与灵山脉脉相通。山明水秀，雅石林泉，顿萌立观度人之宏愿。即率弟子信士，鸿开玄运，虔诚布施，兴工创修景福山道观，历数载方告竣。爰将针灸丹验之方刻石树碑，置其院内供世人抄录。凡求其方者，颇有应验。共和新创，欣逢盛世，师以医术为业，不治之症皆化险为夷，故荣膺宝鸡市人民代表、宝鸡县政协常委，参政议政、共商国是，建树者颇多。师公元一九六四年古历八月二十四日，亲历三朝，寿享花甲之春秋而羽化。

呜呼，神者人也，人者神也。识天机而通地奥，神乎！御甲马而遨陇东，仙乎！孝己老而敬人老，人乎！驱疫疬而拯黎庶，医乎！亦是亦非，何称全真十九代宗师马真君也。浮望日隆，誉获贤达，宗师幽安。

政协宝鸡县委员会常务委员、文史委员会委员　王景祥

敬撰

政协宝鸡市人口与资源环境委员会主任、原陈仓区人民政府副区长　王栓虎　订正

陕西省总工会委员会委员、宝鸡县总工会主席　卢新民校阅

宝鸡县石羊庙高中工会主席、中学高级教师　齐世鸿　润色

陕西省书法家协会会员、宝鸡书画院副院长　王全兴　书丹

陕西省书法家协会会员、陕西书画艺术研究院　陈勤来镌刻

景福山道观道长　刘至杰　道士　曹至莲

会首　朱跃贤　冯宗跃　汪辉　刘省成　欧阳至科　闫至琴王元肖等立

32. 镇原县信士朝山记

碑额：平面浮雕双龙，中部篆刻"中华"二字。并刻香炉、花草纹饰

年代：近代

撰者：田崇山

书丹：张效文

镌刻：蒋君勤

尺寸：连额高174厘米、宽65厘米、厚11厘米

碑状：碑无边饰

今存地：景福山

碑文录自：原石

碑文：

镇原县信士朝山记

　　景福形胜，钟灵毓秀。历史上有无数先贤羽士在这里修身养性，悟道成真。顺天府，今北京市宛平人。铁狮子门下祖师守存田大真人于康熙癸卯岁，经武当历华岳到此，与黄、苗诸道友共建龙门。因主殿之建意向有别，遂率徒另辟山场，即今日景福山。然古景福之碑在龙门洞，至今尚存。文献记载汉时娄景先师修炼于此，汉景帝问道亲敕赐山名。当时山场，即今日景福山，龙门洞同为一山。元朝初年，因邱祖处机创立龙门派，始有两处山名之别。岁月流逝，毁建无常。祖师宏宣誓愿大拯黎庶，挥觉剑，开洞天、扬智灯、明昏室，得到礼义之邦镇原信士大力募捐，不数年殿宇星罗棋布，上应天心，神得栖妥；下济万民，神仙时有停鹤之会，羽士曾悟玄关之期。遂即真人以镇邑人士为开辟景福，鸠工庀材，出资献力之宏功伟绩树为山主，并在镇原五里八镇建起下院景福堂，每年三月会期，镇原朝山敬香信士到达景福山，便命全观道俗人等头顶香盘，山门外跪迎接至大殿，向上帝顶礼献红、献供焚香，酬谢神恩，以祈皇图巩固，更祈风调雨顺、国泰民安，并在镇原建起回山宝醮。数百年来，法嗣遵祖师命延续继承，邑人亦踵前辄辄不辍，凡祈祷者均沾甘露。庚寅年龙门派第二十五代法嗣玄孙秦信仓与在陇各会商榷，取得本山主持会长同意，负责对景福山田爷圣像贴金暖宫，新装彩饰。据予目睹庚寅年三月会期，镇原信士四十余人，辛卯年镇原信士百余人朝谒景福山，会长朱永勇主持，柳信强以及周信权、邵信忠率全观道俗人等亲临山门外以香盘顶礼相迎，为镇原信士搭红问好。三天后，在山门外相送，祝福平安。如此盛况，若志同道合诚信朝拜者，持之以恒，且更加发扬光大，永葆相传，作为山主之镇原嗣而继之，庶斯不朽也。是为记。

龙门派第二十六代玄孙　　田崇山　薫沐撰文

龙门派第二十五代玄孙秦信仓　　　化主

镇原县第十三届人大主任　赵宝玺　敬题

镇原县书画院副秘书长牛如仓参撰

镇原县政协原副主席　　　朱轩麟　敬题

潜夫山管理委员会主任张世元阅文

镇原县书画院副院长　　　贺兆敏　参撰

中国书画家联谊会会员张效文书丹

镇原县文化局原局长　　　段安邦　参撰

镇原县翰林轩镌刻部蒋君勤镌刻

33. 景福山道观修建记事碑

年代：近代

碑额：平面浅雕二龙戏珠。中镌楷书"中华"二字

尺寸：碑连额高 243 厘米、宽 82 厘米、厚 19 厘米

碑状：碑青石质，周边几何图形。碑面多处被划痕，下底部已有
漶泐，影响字迹

碑文录自：原碑

碑文：

景福山道观修建记事碑

景福山与龙门洞同为陇县风景胜地，
山奇水丽，自然景观优异。清康熙二年癸
卯道长河北宛平人田守存等三人于山巅御
屏风处修建云溪宫道观，开山奠基，后人
踵事增华，添修补景。山场修建路后，逐
渐完整。惜历经沧桑，旧时建筑摧毁殆
尽。党的十一届三中全会后，县委落实宗

教政策，政府□集□□□放供道徒作道事活动，并各地人士等寻幽访胜，旅游观光。道院及热心支持者，共谋恢复旧观，即多方募集资金，开工整修。经过多年努力，殿宇次第复建，并较前大有发展。在修建过程中，县党政领导及有关部门乡镇大力支持和帮助。县委书记李堂堂向省市主管部门争取资金十五万元，由县交通局负责测绘施工，新集川口水乡政府组织民工整修陇新公路，同时于一九九一年十月新修由白杨林直达道院长七点六公里之景福山一号旅游公路，与汤房梁到景福山长十公里之景福山二号旅游公路，使汽车可直到道观，解决来山道路不便问题。县林业局新集川乡工区林业站供应平价木材一百三十五立方米，水电局施工修起鹿跑泉机械抽水站现景福山与龙门洞已成为远近闻名之道教遗迹、与地理自然景观园林化相辉映之风景游览胜地，吸引各方人士慕名观光，对我县工农业生产、经济建设之发展，将有所裨益道观为纪念各有关单位及领导襄助之功德，谨树名勒石以志感激之意于不忘，垂之永久。

资助修复山场单位及个人书名于后①

① 文略。

二十二 宝鸡市千阳县青崖洞道观碑目^①

山门

青崖洞道观位于陕西宝鸡市千阳县水沟镇南，因山前卧一石虎，又名"卧虎山"。青崖洞山崖为岩溶结构，形若刀劈，整体裸露，恰似卧虎。山间及山顶自然生长众多松柏，郁郁葱葱，形成一道绿色的屏障。山上石崖如切，松柏掩面，崖面洞窟星星点点。青崖洞自然景观奇特，山前石崖有一险道，沿途呈现奇形怪状的山洞，洞中大小各不相通，每个洞都有自己的名字。狭窄处行人只能弯腰通过。崖顶南边有一瀑布，临空直泄而下，状如素练。水清洌甘甜，冬日依然，不少人前来汲水。多余之水，沿着小石渠，流向山下，为青崖洞增添了活力。

青崖洞不仅自然景观优美，而且是具有 800 多年历史的著名的陕甘道教圣地。相传邱处机曾到过此地传授道家文化。金大定十四年（1174），邱真人在今宝鸡磻溪隐居 6 年，大定二十一年（1181），前往陇州景福山隐居修道，收上京（今黑龙江阿城南白城）人蒲察道渊为徒，在龙门洞炼法修道 7 年。大定二十六年（1186）邱、蒲师徒二人去终南山主持重阳宫教事，遂于当年春从陇县龙门洞游历于千阳县青崖洞，讲经传道三个多月，创立了青崖洞道观。自清代以来，文人墨客不断，讲经布道不绝。清乾隆四十一年（1776）始有青崖洞香灯庙会，会期是每年农历二月十五日（太上老君圣诞日），至今已二百余年。每逢会期，香客纷涌而来，祭祀神灵，民俗活动丰富多彩。

现青崖洞主要景点有青崖洞道观、青崖烟雨、一线天、卧虎石、青崖古洞、水眼泉、龟伏石。以景幽、径曲、洞险、水高而称奇。1994 年，经千阳县民政局批准，青崖洞作为道教宗教活动场所开放。

1. 重立香灯会碑记

年代：清乾隆四十一年（1776）

额题：皇清

撰者：邑庠生张起元

书丹：邑监生李汲龙

碑状：碑额线雕双龙，四周蔓草纹饰。字迹清晰，保存完好

镌者：姚永超

今存地：青崖洞

碑文录自：原碑

碑文：

重立香灯会碑记

尝闻山朝水朝，莫若人朝。人朝之所，实山水之脉气感之也。敝邑有青崖洞者，山不高而灵秀，形不大而幽雅。面若刀劈，虎豹石斐班成文，层分三。峦石生柏，浓荫常青。一桥凌空。人竟渡处，似虹霓贯日，拔地争从。数洞腾霄，香烟起时，如白云出岫，近天有寄。创修虽由人力，甄陶实是天造。睹是洞者，缱绻莫能释；游是洞者，徘徊不忍去。斯诚报功崇德、祈福向善之胜境也。向

有信士刘公讳玉者，于二月十五日值太上圣诞之辰，引领善男信女，各施赀材，立为圣会，俾作后世报赛朝贺之期也。无奈年不顺成，风微人往，而会事蔑如矣。后之人思其轶事，莫不惨然神

伤也。至乾隆十六年间，幸有赵公之法嗣王公讳来仪者、徒复盈，复会众社，重立圣会，讽经设醮，祈福禳灾，使朝调者乐升平之域，向善享无疆之禧。方见庙宇辉煌，神功浩荡也。第恐久而易衰，功成思退，故嘱余谋文勒石以记。余因会事，为之歌曰：

　　物换星移几度秋，青崖古洞至今留。

　　后人绍继前人善，姓字声名亿万悠。

　　邑庠生张起元撰文

　　邑庠生李毓秀评定

　　邑监生李汲龙书丹

　　景福山下院住持王来仪　徒谢复盈　孙李本棱

　　时大清乾隆四十一年岁次丙申仲春吉旦立　　铁笔匠姚永超

2. 建修关帝灵官楼碑记

年代： 清嘉庆三年（1798）

撰者： 邑庠生李印桐

书丹： 邑庠生强维纲

镌者： 惠怀普

碑状： 保存完好

碑文录自： 原碑

碑文：

建修关帝灵官楼碑记

　　邑西南四十里有青崖洞者，固汧邑名胜地也。依吴岳而幽雅，面汧水兮霭秀。古洞层列，诸庙傍峙，而□西南以望，渐有水声潺潺而泻出于两峰之间，岂非天造记设而为千百世之伟观者欤！旧有王来仪者，建钟鼓楼于左右，中留余地数丈，□修灵官楼于中间。惜乎老矣，有志未逮也。王公仙游，复有其徒谢子名复盈者，继师之志，殚精竭虑，募化四方赀财。艰辛万状，难以枚举。于乾隆四十七八年间，乃暨乃涂，以建重楼。檐牙高啄，钩心斗角。于是不数月而木工告成。无何谢公又老，内工未就。斯时谢公亦几几失望焉。幸遇有师弟乔讳复元者一心同力，亦极力募化。于嘉庆三年间，爰命画工，亦数月之内，而内工告竣矣。楼阁耸峙，神像辉煌。里之人谒文于余，以志不朽。余不敏，不敢妄以为文。第即此地之形势，与斯楼之由来以为之叙焉，遂不隶援笔而歌曰：

遥望青崖夹道通，无边幽景古今同。

喜登曲径临天际，惊过偏桥坠地中。

洞宇参差分上下，楼台并峙有西东。

一渠流水千家富，南比吴峰势更雄。

邑庠生李印桐撰文

邑庠生强维纲书丹

景福山下院遇仙宫住持　　谢复盈

　　　　　化住　乔复元

　　　　　徒　　李柱　李本枝　熊魁　邢楫

　　　　　孙　　张二礼　王合瑞　曹成

①岁次戊午梅月吉月立　　　铁笔匠富平县惠怀普敬刊

3. 青崖洞创修九天圣母新洞碑碣序

额题： 皇清

年代： 清嘉庆十五年（1810）

撰者： 修职佐王郎韩节

---

① 当为嘉庆三年（1798）。

书丹：修职佐王郎韩节

镌刻：凤邑铁笔匠王政、王升、王义

碑状：额题楷书，碑边花草纹饰。字迹清晰，保存完好

今存地：宝鸡青崖洞

碑文录自：原碑

碑文：

青崖洞创修九天圣母新洞碑碣序

粤古天开地辟以来，神圣栖止之区，蟧崃盘曲，怪石瑰埠，以及凸凹仰偃，峻岣邪曳，不一其形要皆荟萃山川之菁英，成乃本质而为神所寓庇者也。姑置勿论，即如青崖洞洞不一，洞亦神不一。神久已功程告竣，亦不必云云矣。惟山门之外逦迤，而西旧有圣母殿宇三楹，地势湫隘，庙院迫促，而且前有小路，形亦遂缩，难壮正大之观。况多历年所栈溜蜜矣。蜂乘其缺，柱添巢矣；燕觑其穿，几乎椽崩瓦解，不蔽风雨者，非一朝一夕之故乎！至止斯者，闲散逸人抚惋而叹，信是居士抚膺而伤。若近处挨临者，独无奋发振兴之志乎？幸也，天佑其里，特生量宏志毅之人，予储其材。适有本村信士人等协同住持道会司乔复元共发虔念，募化十方，敬请石工镌洞一所。又鸠工庀材，添补旧殿木石砖瓦，重修报厦一座。嗣是觅求绘画之匠，施章设采，内外焕然一新。庶乎神之格思妥侑安宁，不但绚乾坤之色，悦耳目之欢已也。诸工既成，邀予序其原委，予不敢妄谈，聊为质言之以序云。

右附七言律诗一首，赞众会人等。曰：

建功立业世人贪，那晓竟成总在眈。硬石屡镌坚自破，高山勤步也升巅。

善门必出善心士，德舍还生德种男。一切为名若勿计，韩陵之上乃无惭。

丙辰科乡进士吏部候铨训予修职佐王郎韩节薰沐敬撰并书

儒学生员孙守真拜阅

景福山田公法派第七代玄孙住持道会司乔复元　徒段本安

王本义监修

凤邑铁笔匠王政　王升　王义

时

嘉庆十五年桐月上浣毂旦合会人等立

4. 开放千阳县青崖洞道教活动点纪念碑

年代：1994 年

今存地：千阳县青崖洞

碑文：

千阳县青崖洞道教活动点

经批准同意作为宗教活动场

特发此证

千阳县民政局 一九九四年三月五日

5. 整修青崖洞碑记

年代：1997 年

撰者：陇山松培武

书丹：倪民乐

镌刻：刘周科

碑文录自：原碑

今存地：千阳县青崖洞

碑文：

整修青崖洞碑记

　　县西四十里许之周燕伋故里南谷侧有青崖洞者，乃汧邑八景之一名胜也。土厚木茂，清幽蔚然。岩溶裸露，形若卧虎，俗称卧虎山。其崖有天赐人力，甄陶大小岩洞十五处，西有藏景一线天，真乃洞天福地。据遗碑载庐起何时无考。而既昔有三清宫、圣母殿、钟鼓楼阁、献殿。臻致清代中期，有龙门派赵法嗣、王来仪、乔福元、谢复盈等先后修筑关帝、灵官楼，创修天圣母殿，是时每岁会期祈福向善者纷至云臻。玄化鼎盛时，为关陇要道上羽客黄冠一榻之十方驿站。曰：遇仙宫，属景福山下院，代远年湮，洞宇几度兴废。中华人民共和国成立后，丙午乱中，洞遭破坏，无以妥神灵，其景大为失色。斗转星移，天成形胜，宛而永垂识者，见而伤悼深惜也。天虽美弗彰，虽名弗传，而无以绍千古。癸亥年仲春，有刘甲绪、邬丙寅发起创修其洞之举，爰与向善者李仙仙、左爱香、杜金梅共议厥事。遂之远近响应，结缘而来者络绎如布。富以其资，贫以其力，于是年四月二十五日工昉葺整损者、残者、缺者、毁者、一一整治之。率先塑起老君、送子娘娘金尊。是秋又整修三霄洞，并为护洞接檐。甲子口初冬结葺三元、雷祖洞。丙寅年，新建六月亭。翌年，又建三楹寮舍。至丁丑岁春，十五洞诸大尊神金像，全部落位且行彩绘，洞貌一新，神威复振。历时十余载，工费颇繁。综计耗资五万二千余元，皆为行化而来，此可知主事向善者，日勤晚寐之艰辛焉。今之洞宇复就，幸喜乡县列为景点建设之列。适值时和年丰，共事会首，及诸善士请勒贞石，以记整修之绩，嘱余为记述其梗概，尚当臻益，使游人乐道者瞻其洞宇，览其形胜，爰笔粗述管见。赞曰：

　　换斗移星　古洞仍存。时和善明，卧虎更雄。

　　观景览胜，追古怀今。后人绍继，为善永诚。

整修青崖	总会首	刘甲绪	何文喜		
	副会首	赵善存	邬丙寅	李仙仙	左爱香
	杜金梅	姚月儿	王连梅	吴秋莲	吴积贤
	李喜莲	强让果	刘喜梅	王根来	张庆明
	杨珍花	兰喜德	刘林珍	孙克昌	王石银
	杨改香	李鸿大	王银娃	王□□	

水沟乡水沟村　　孙家原村村委会负责人赵金全　李书玉

　　　　　　　李金仓　李启科　张金仓　孙芳平

公元一九九七年古历六月十五年

陇山松培武撰文　　倪民乐书丹　刘周科刻石

6. 青崖洞凌空栈道整修碑记

年代：2007 年

撰文：玄昂

书丹：孙强

刻石：孙波

今存地：千阳青崖洞

碑文录自：原碑

碑文：

青崖洞凌空栈道整修碑记

　　青崖洞又名卧虎山，位于县西水沟镇，燕伋故里东南侧。昔为关陇道上道家宫观之一。相传曾有高道羽衣列德云游栖息于此，故曰遇仙宫。自古迄今，人称洞天福地也。其崖为岩溶结构，有天赐大小岩洞十余处，洞中有洞，洞洞有神。原设凌空铁索桥而攀及，因时越废，改土木便桥以应急。三五年仍需更换，有耗材费力不安全之敝。尤其宗教重兴以来，进香观览者日增。每逢会期，不能满足登临者之欲求，多有憾焉。丁亥岁，庙管会为民所益，治本于长远计，而整修之虔诚向善者，庙会顾问兰映海偕同众会首奔走呼号，相与行化乐善者争先趋事。彼若县医院宝鸡张忠菊居士等单位和个人慷慨捐资，且有城关建材门市部、草碧电管所，尤其水沟镇政府，以及孙家塬、水沟村协力支助，孙安邦设计方成其事。工起于丁亥三月十二日，经钻孔打桩铆焊等工序，于四月初六日胜利而就。修置栈道十米，护栏四十米。栈道宽一米五。至此，游者上下顺畅且安全。凡用各类钢材一吨，混凝土十方，投工一百有奇。总计耗资伍仟元人民币。是役虽微，然整修及施布者德意宏远。工竣，藉是年三仙圣母七月十二日会期举行，栈道庆功剪彩同日。对斯役捐资者树碑上石，以垂永久云。

　　总会首刘林珍　　会首刘金全　彭必强　孙治孝　孙全德

　　　刘必强　　　王召莲　　　王惠芳

　　撰文　玄昂　　书丹　孙强　　刻石　孙波

　　公元二〇〇七年岁次丁亥七月十二日穀旦立石

7. 青崖洞财神庙碑记

年代：2010 年

撰文：赵思彤

刻石：千阳乡李家碑店 李建龙

今存地：陇县千阳青崖洞

碑文录自：原碑

碑文：

青崖洞财神庙碑记

　　古之卧虎山，今日青崖洞。位在孔丘七十二贤之燕伋故里，乃关陇道之道家宫观。史料有载其始启于春秋，建于汉代，至今已逾二千多年。相传曾有八仙之汉钟离、吕洞宾、名道羽马丹阳、王重阳、邱处机在此游栖驻足。邱祖至此，倍加钟爱。至大定二十六年即公元一千一百八十一年扩修庙院，建全真堂，使其庙貌景观为之一新。青崖洞者，因其崖空有云石洞而得名。崖西洞窟三层十六处，洞洞相通，洞洞供神，并有钢筋混凝土护栏栈道，供香客攀及。虽险而安，妙不可言。青崖洞不仅为历史悠久之道家宫观，其地理景观更为特异。苍翠之古柏遮天蔽日，清纯之激流悬崖直下，殿宇亭台错落有致，剑劈崖隙一线之天，真乃洞天福地，世间险境。每逢三清圣母、观音圣会，香客居士、善男信女络绎不绝、摩肩接踵。香火鼎盛，炮竹震天。再加上丝竹管弦之音，典雅古朴之戏，青崖洞真是热闹非凡，让游人留恋忘返。今逢盛世，政通人和，国泰民安。青崖洞庙管会广纳善言，众口一词，议决于庚寅正月，破土动工。二月二十四日，立柱上梁，于洞崖下院新建三间砖木结构之五路财神庙，以供众生祈福祈财。财神者，赵公明也。秦时得道，后被道家尊之为正一玄坛真尊，又曰正一玄坛元帅，专司财宝利市，可使人发财致富。青崖洞新建财神庙，实乃利民惠众之壮举，道观之盛事，其填补了原道观空缺，为远近道徒会众创造了求财祈禄之条件，其功莫不大也。为旌表捐资修庙者，使其芳名永垂，并惠及子孙后代，特树碑勒名，以留永念。受道观会首之托，为文以记之。

　　顾问　兰映海　总会首　刘林珍

　　会首　刘金全　孙全德　王招莲　彭必强　孙治孝　李喜莲
　　　　　王东成

　　撰文　赵思彤　刻石　千阳乡李家碑店李建龙

8. 青崖洞财神纪念碑

年代：2013 年

撰文：郑江泉

画师：王忠前

塑像：赵小平

镌刻：水沟孙家碑店孙晓明

今存地：千阳青崖洞

碑文录自：原碑

碑文：

青崖洞财神纪念碑

　　日月贯天穹，江河川五洲。神明驰寰宇，万世渡苍生。公元二十一世纪初，圣恩浩荡，天赐万福。卧虎山下，风调雨顺。青崖泉旁，物阜财旺。五湖四海，国泰民安。然，百姓祈福纳祥之愿，追求小康之志，与日俱增。癸巳年八月，经青崖洞会长及副会长倡议，众善男信女拥戴，以及县道教协会和村委会的鼎力支持，重塑文财神比干、天官和武财神关羽诸神金身各一尊。遂开光亮相，传法布道。其时山灵水秀，祥瑞四射，令万民所敬仰。向善之心；天地共鉴。求财之愿，人皆有之。愿诸财神护佑一方苍生，为民招财进宝。宝如天珍，福似锦绣。永世大福大贵，和谐安康。故此为记，以志后世。

　　撰文　　郑江泉

画师　　王忠前

塑像　　赵小平

雕刻　　水沟孙家碑店孙晓明

农历癸巳蛇年八月十五日立

二十三　宝鸡市陇县龙门洞道观碑目

　　龙门洞位于陇县新集乡陇山海拔 1800 米处，古名灵仙岩。山上有龙门、旱阳、黑虎、雷祖、湘祖、八仙、青霞、玉皇、太玄、邱祖、白云、百子等 36 洞，黄龙、黑虎、青龙、青石、莲花等 24 潭。相传周时尹喜曾隐于此，汉代娄景称此为洞天福地，唐代孙思邈曾避诏于此山太玄洞。

　　金大定十九年（1179），全真七子之首马丹阳由关中赴平凉、华亭传道，途经龙门山，召集信众，于此建重阳会。次年，邱处机由磻溪北上，在此隐修 7 年。此后仙侣云集，宗支繁衍。

　　山上主殿原名玉宸宫，建成于元至元十三年（1276）。其后陆续建有北极、清和、子孙、王母、东王、五神等官，救苦、太上、太白、药王、灵官、火星、马王、黑虎等殿，福寿、八仙等楼，三清、混元二阁，玉皇、三仙、旱阳等洞。奉祀神仙众多，计有三清、玉皇、东华帝君、王母娘娘、真武大帝、王灵官、马灵官、子孙娘娘、盘古、救苦天尊、太上老君、徐甲、尹喜、岳飞、邱处机、孙思邈、八仙、陈野仙等。自元以后，数次毁损，但历代均有修葺。清初在张显忠、曾守云、苗清扬、黄本善、薛教玉等人主持下，全面兴复，保持金元时规模。因龙门洞为全真龙门派祖庭，虽未列入十方丛林，但亦属常住，曾开坛放戒。

　　自邱处机之后，住持或修道于此的高道有赵九渊、赵九古、于善庆、宋明一、张志宽、贺志真、周至方、赵大全、曾守云、田守存、黄本善、薛教玉、田至盛、陈野仙、高诚全、郑信元、阎崇德、田嗣舜等。现有道士三十余人。

1999 年，香港谭兆基金资助 60 万元，在监院田嗣舜主持下进行了全面维修，重建了大殿。2000 年 8 月，在香港青松观等团体支持下，又进行了二期维修工程。

陕西宝鸡陇县龙门洞碑铭多至近百块，从内容看，有记述修建道观庙宇、殿阁洞府的；有关于朝山建醮、进香祈福、社会活动的；有咏景抒怀，赞颂龙门先祖道行、功绩、遗事的；有名士题名的；有关于龙门洞林木地亩的；有关于钟、磬、塔等题诗铭文的；有关于龙门道人墓志塔铭的。从朝代年份看，涵盖了元、明、清乃至民国、近现代。碑石有完整的，有断碑，有文字严重残缺的，或仅有碑名而无正文的。这些碑铭文，多为京兆、平凉、固原、泾川、汧阳、陇州和龙门洞道院的道人和信众所刻立，作者多为地方官吏、儒士、龙门洞道院的监院、住持和朝山进香者，碑文从不同角度记载了龙门洞道院的发展变化情况，是研究龙门洞历史的重要文字资料。

1. 定日月娄景先生洞刻石

年代：传为西汉

刻者：传为西汉方士娄景

石状："定日月娄景先生洞"八字，竖直楷书，每字大约一米见方

今存地：龙门山混元峰顶太玄洞①左侧面向西北的绝壁上

石刻：

---

① 太玄洞又称日月洞。位于混元顶左下侧。

定日月娄景先生洞刻石

2. "洞天福地，太子千秋" 刻石

年代：传为西汉

刻者：传为西汉

石状：字迹较小，原字迹被苔藓封闭，经风雨逐渐被显露

今存地：混元阁东侧陡壁上摩崖刻石"定日月娄景先生洞"八字的左侧

石刻：

洞天福地，太子千秋

3. "全真岩" 石刻

年代：传为西汉方士娄景所留①

今存地：在全真岩上部，混元阁的西侧峭壁上

石状："全真岩"三字，隶书，每字1米见方，呈"品"字状分布

石刻：

全真岩

4. 娄景先生灵仙岩诗刻石②

年代：传为西汉

刻者：传为西汉方士娄景

诗文：

---

① 案：据至元十六年（1279）"玉宸宫碑记"中"至元丙寅，门下法孙贺志真、广道子张志宽协议兴修仙岩，榜曰'全真'"之语，"全真岩"之刻，应在此时。

② 娄景先生隐灵仙岩诗见刻于清康熙五十二年（1713）沈丹植《重修龙门洞记》碑中间，字体行书。碑额题"娄景先生隐灵仙岩诗"，详见"重修龙门洞记"碑条。

上乃灵仙岩下居，从今再不佩金鱼。一枕羲皇清午梦，莫问人间驷马车。

5. 景福洞天记

年代：元至元三年（1266）

碑状：碑为卧碑，无边纹

碑文：

景福洞天记

龙门山文曙（石漶泐）

陇州元帅马（石漶泐）

（石漶泐）至北分水岭□□（石漶泐）

（石漶泐）观正星极观张先生

助德主平凉府王诵 王林

至百家沟地王分

上清观观中直大师康志（石漶泐）

德顺州 元帅王梅来

镇原州 正元帅开 众官

耀州富平县长春观通□子

各乞

道教永□　国安民泰　　阴阳

太岁丙寅大朝至元三年中

6. 陇州龙门景福山玉宸宫记　附碑阴

额篆： 玉宸宫记

年代： 元至元十六年（1279）

撰者： 回中灵台逸士王道明

书丹篆额： 王赟

尺寸： 连额高137厘米、宽60厘米

碑状： 碑首方形，额刻二龙盘绞戏珠花纹，中篆"玉宸宫记"四字，2行，行2字。额断，用水泥修固。碑汉白玉质，额碑连体，俗称连山碑。碑边蔓草纹饰。保存完好，字迹清晰，碑字欧体，碑文多残损

立石： 宫门上下提点吕志微等

原存地： 陇县龙门洞四公祠前卷殿中

今存地： 陇县龙门洞大殿下台阶右侧院内，现已罩以钢化玻璃

碑文录自： 原碑

碑文：

陇州龙门景福山玉宸宫记① 　　附碑阴

回中灵台逸士王道明撰

前平凉知府守京九路同知总管府事王赟书丹篆额

　　陕之西陲，有山曰龙门。按《夏书》"导河积石至于龙门"，则在河东西界、梁山之北。今山之得名未可详究，岂不以"导汧及岐"。凡名山大川，莫非禹迹者欤？自今观之，方其刊凿之始，固亦有溃冒崩决可畏之患，惟能一志坚忍，不为栉风沐雨、手胼足胝少变，然后至于成功。况我长春国师，袭重阳仙派，橐龠玄风，梯航口俗。东渐海，西逾秦，南极淮甸，北极沙漠，莫不均被全真之教，宁不苦其心志，劳其筋骨，动心忍性，以增益其所不能者耶！谨按《仙史》，金大定年间，师隐磻溪者六载，至庚子迁龙门，兀坐云龛，克苦炼性，今长春洞存焉。尝有诗曰："周流截断红尘路，宛转翻腾白玉膏。"其内境操修之要，从可知矣！不下山者七载，至丙午夏入终南。迨次年，应聘金主，进词岛前。道合于上，化行于下，最后奉诏我元，一言悟圣，天下黔黎咸拜更生之赐。究其源委，盖是山栖炼养，有以基之。呜呼！见河洛思禹，望龙门，岂不念有长春者乎？至元丙寅，门下法孙贺志真，与广道子张志宽来协议，兴构镌岩楼曰"全真"，竖二阁，一曰"藏经"，一曰"朝元"。灵官祠倚其左，上下相望，皆以穴石架楹，多岩耸栯为之。烟霞洞之前后，羽流居之。于以嗣国师之香火，祈国家之景福，故山以景福名之。

　　己卯春，广道之徒吕志征，访仆灵宫，求为宫记，且曰："是山修建，积有年矣，然无一字以志，实所阙然，敢以为请。"仆以未尝足履其境，不能详述为辞。吕出一图见示，请之益坚。

---

① 此为龙门洞最早的修建纪事碑。

乃披图询其所以，则曰："山之东南曰凤爪，西南曰朝元，俗传此禹王旧所辟也。日月洞之巅，汉娄景所居也。一水所自三乡，其源也。八卦亭、棋子石，钟、吕游憩之踪也。定心峰、传道石，重阳示现之所也。青龙湫，则元君灵应之泽也；甘露泉，则丹阳饮漱之迹也。榜宫以'玉宸'之号者，掌教金坡王真人所命也。施地以充宫之别业者，平凉帅王公及陇帅马氏也。其大盖如是。"仆至戊戌居陇，经五载，不能一造龙门，每以为慊。今蒙以文见委，窃喜载名其上，得与师祖结缘，有荣耀者，用是不敢固辞。若夫蹑云峤，登霞梯，傥遂素志，其天成地设之胜概，尚当一援笔赋之。至元十六年，清明日记。

提点弘真大师张志宽　副提点贺志真

知宫周志方　副知宫浦志若

门人　杨志素　何志弱　　　宫门上下提点　吕志微等立石

功德主前平凉府元帅　王

功德主前陇州元帅　马妙信　　元帅　姬　蒙古女

元帅　寿童　　元帅　庆童

附：碑阴

本宫住持道众　　　赵大全　吴志定　吴志坚　刘志清

　　　　　　　　　张忠全　李志清　张志全　李得一

　　　　　　　　　李志坚　何道元　吴道谦　王志纯

下院五处　汧源县三处　温水在玉泉观

尊宿　道众　　何志弱　杨志素　赵普明　王全舜

　　　　　　　杨道□　李志□　李妙瑞　吴志德

　　　　　　　冯道安　郭道冲　徐道安　吴来童

　　　　　　　段万童　袁仙童　罗胜童　宋保童

　　　　　　　白李□

　　么松峡云溪庵　毕志全　张志明

　　临汧乡蒲谷社玄德观尊宿　史志和　杨志坚　魏□□

　　本宫常住三乡裹种田庄全真堂　　罗善真　翟电童　刘贵童

　　陇安县一所洞头元君庙　　姚道玉

　　助缘道人　　　程道缘　何南举　女冠　　何信真

　　陇州管内道正　　王　　道判　　刘

　　平凉府十州都□缘　　霍　　道判　　王

7. 登景福洞天

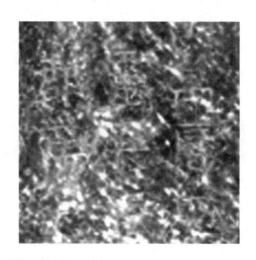

年代：明万历四年（1576）

撰者：韩石玵

碑状：碑额损佚，周边蔓草纹饰亦漶泐严重。碑以栏线分上下两部，上部约占全碑的三分之二，刻大字碑文。下部小字刻善士、信官、信士、道众花名。碑面石花较多

今存地：龙门洞

碑文录自：原碑

碑文：

登景福洞天

混沌分判万物均，如何景福独专神。三峰天意巉岩异，二曜娄公探蹑真。七十同通蓬日近，八三潭沸鹊桥邻，桃源仙境谁云伪，花鸟声中大易新。

丘公遗世道心坚，远向龙门洞里眠。羲封台前调日月，仙皇阁上变坤乾。早乘鸾鹤鞭风雨，晴赏云林啸虎鸢。我欲岩头神室炼，愿祈心法一相传。

时

大明万历四年丙子春正月吉旦

善士冯江等上祝国祚灵长、民安物阜。以识不朽云

郡庠生韩石珽修之顿首撰书

陇州进香善士马江、马体坤、李门徐氏、王朝、沈冲□①

8. 谒龙门洞修醮碑

年代：明万历三十年（1602）

碑文录自：原碑

碑文：

谒龙门洞修醮碑

陇邑□□福山龙门洞□兴我辈□（无字）神圣会集之处，开西□□之山□□而□□□福以□（缺字）□□顺万物感□□山各□□□□首罗□□□□思□□然□□举□□虔诚许朝山进香□□□圣殿神像一转功愿两尽□当斯时将□□□□于高斯年享神恩以不□焉。□□员丘□德合会首张信、陈□□华亭县□子□会□梁进表、严廷

万历三十年春正月吉日立石

---

① 下数十花名，省略不录。

9. 修补桥梁铁桩记

年代：万历三十三年（1605）

记文录自：原桩

记文：

修补桥梁铁桩记

大明固陕西平凉府华亭县城街居士会捐财粮、铁桩并□□，众会人等（名略）

　　住持道人□□□

　　万历乙巳年孟春

10. 朝谒龙门洞三次完满八棱碑①

年代：明万历三十三年（1605）

撰者：信士李景现

碑文录自：原碑

碑文：

朝谒龙门洞三次完满八棱碑

大明国陕西西安府泾阳县信士李景现，见在凤翔府州陇东乡凉泉寨居住。发心化众，施舍资财。朝谒龙门洞三次完满时，刻石莲，焚修香火，垂立于后。□刘附□（石破）且以三教之门太上居首，西秦名山龙门第一，睹全真（石破）神崖上接青曾，睹左有之溪壑四连绿野。登山涉（石破）犹连九天。明鼓钟郎，韵震轰千里风雷，凤翔（石破）□仙廊而降，昭龙□翻，瓜捧真人腾空；霞光缭绕，朝金阙而归洞。仙静水清，讲黄庭而炼丹，花飞（石破）渠，犹如满地铺银；鸟唱林端，恍似仙童奏笙。（石

---

① 碑原无名，编者增加。

破）是显化莫测，感动□□人民。朝谒三次，故刻（石破）莲篆名，书灵异流传，万古不朽。偈曰：

随到龙门洞上游，洞洞灵异更清凿。黑龙湫里梦风雨，白鹤巢傍近斗牛。

全真神崖三万丈，居向西土几千秋。□□万载空遗迹，惟有灵禽上下游。

明万历乙巳年戊寅月甲申吉旦立

11. 建造龙门洞景福山太上三清尹徐二真、重修云桥、天门碑

篆额：乡进士第陇州奉直大夫知州晋阳□应时

年代：明万历三十八年（1610）

撰者：赐进士第云南道监察御史岐阴洛源杨绍程

书丹：赐进士第怀庆府知府凤楼阎溥

碑状：碑为卧碑，中有一裂纹。碑面石破，损字严重。碑长期被流水冲刷，致文字多有漶漫。碑边纹饰为蔓草纹

今存地：龙门洞

碑文录自：原碑

碑文：

建造龙门洞景福山太上三清尹徐二真、重修云桥、天门碑

尝考《山海经》云，世之洞天福地，蓬莱方丈，悉造化传灵之所，□□凝真之区。陇地龙门洞景福山者，乃娄景先生与丘长春游栖之福地。先生当汉金之际，受祖师重阳心印，修炼于此。

探天地日月阴阳之精，配坎离玄牝水火之用。苦修有百余□登仙，其胜迹至今存也。山之巅有乱木架炼丹室、清风阁，通明止定日月娄景先生洞。前有定心峰、禹王洞、青霞洞、丹霞洞。至若斋净室、雷祖祠、圣母祠、八仙崖、传道山，其左右辉映者也。夫丹崖巍峨，高出重霄之表；碧潭邃远，微江海之波。奇花生而玉座芬芳，□云飞而星坛□静。蛟龙出没，□鹤翔栖。更兼云桥百丈，攀缘绝顶，凡登临者身跻九天霄汉也。阁之上旧有木像颓损，寿宫魏一清，郡学生张秉乾，乡约黄□海、李思进、陈寄志、杨进举、赵应广，协同咸宜镇及乡军民慨捐金帛，易铜千斤，熔造太上、元始、灵宝道德三尊，尹喜、徐甲真人二尊，及易换云桥，并建三天门牌坊□□□□已就，百工成绪，庶几朝圣者蹑云桥，登霞梯，免坠跌之虞。

　　呜呼！神依山栖，山以神灵，万世而下，焚香逾阁，□□接踵，瞻拜之倾，灵风飒然，行将寿国，咸康民物，不与兹山相悠久无疆也耶！落成之日，神人悦爱，故□志其事，勒石以传。

　　大明万历卅八年岁次庚戌三月吉日
　　赐进士第云南道监察御史岐阴洛源杨绍程撰文
　　赐进士第怀庆府知府凤楼阎溥书丹
　　乡进士第陇州奉直大夫知州晋阳□应时篆额

12. 朝山记

年代：万历四十二年（1614）

立石：住持柳全和

现存地：龙门洞太上殿左侧石崖处，为连山碑之一

碑文录自：原碑

碑文：

朝山记

伏以天庆之间，福泽最灵；神明之应，□圣至灵。龙门□万之蓬莱，关西第一仙境也。夫睹列峰森岩，神光赫赫，□□一方万姓，无不□□感应。发□□朝山三载，还愿勒碑。神威默佑。谨叙。

时万历四十二年正月上九勒碑住持柳全和等

13. 大明韩府敬妆官庄麻庵镇建修堂序

额题：大明

年代：明万历四十二年（1614）

题额：党应龙

尺寸：高 95 厘米、宽 50 厘米

碑状：碑额中心题"大明"，竖行。两旁线雕双龙。碑周海波纹。碑身上部右起一行题"景福仙山龙门洞"，楷书。碑泐漶严重

镌者：匠人高加辅

今存地：龙门洞

碑文录自：原碑

碑文：

大明韩府敬妆官庄麻庵镇建修堂序

盖闻混沌之初，分正未始自□龙门□地相宗也。有龙门者，盖天下名山之首。夫名山之□者，定日月娄景先生之洞也。玉晨宫洞者，乃琅苑瑶池也。景福仙山者，乃景福养浩然之气也，失此龙门之□地，乃蓬莱之仙境，洋洋乎其神如在，洞洞乎乃圣□境。此圣域者，□天地同焉。道生太极者，于龙门继天立极，先天一炁□而化生万物，□度群迷，养育群生也。教□□□地位焉，万物育焉。位者安其所也。育者遂其生也，命犹全也，于是万物之生，虽人物生于盛世，性秉既无其赋三才。曰军、曰民、曰功，□□阳过多端，思无□善之心，莫报生成之德。伏念安怀

念善之心，不知解谢之门，□福祈□，莫晓归依之路，乞□生死轮回之苦。娄景曰：此劝吾群归真早，莫徒□内谈奇妙。玄中养浩然，静里求明教。登泰□方知天下小，不在足□□生死，识去天边攀圣人，修求不负十□□而已哉！

大明陕西平原麻官庄麻庵镇众作人等即日上　郑进阳　李进荣

玉店金容乡前进香三次完满保安立碑　　　　　孙□宜　王如□

刘进仓　杨朝相　侯进孝　邓守真　郭进库

王□俊　王先两

会首　侯进忠　贾进河　王喜文　廖宗□　景文林

邓守安

候补　刘喜爱　张崇德　张守道　段喜□　张守山

邓崇然　□□　　袁汝安　吴大功　刘喜恩

冯朝茂　赵务　　邓添其

时明万历四十二年岁次甲寅正月初九日建立碑记

匠人高加辅刻　　　党应龙题

14. 龙门雷祖洞桥梁记

年代：天启七年（1627）

撰者：信士钟计魁

现存地：龙门洞雷祖祠内①

碑文：

龙门雷祖洞桥梁记

大明国陕西等处襄陵府王亲会人校余见在灵台县□□□住信

---

① 雷祖洞，由三仙洞攀援木梯铁索十余米即到。洞口高、宽近3米，深6米。洞内多钟乳岩，肖似人形，晶莹雪白。洞中央木龛上供有明代的木雕雷祖像，神态威猛，现移置于北极殿。因地处险峻，游人多望而却步。笔者考察时，洞内已塌陷，木梯铁索尚未修复，故未至。据居山道士讲，洞内原有明代碑刻。

士钟计魁朝谒龙门雷祖桥梁损坏，发心修立□□□碑为记。

（信士名略）

主持道人：孙真禄、刘真贵、王真□

天启柒年壬寅日初九立

15. 平凉府崇信县新集镇朝山进香①

年代：明

碑额：镌二龙戏珠

碑状：碑为翠蓝色琉璃质壁碑。碑
面被人为破坏严重，字迹模糊不可读

今存：龙门洞

碑文：

平凉府崇信县新集镇朝山进香

大明国秩在西□□□沂各□□
人□□□见在平凉府崇信县新集镇
二各关岳府夫□□□□□朝山进香
二次□□经圆□祈□镇二会首薛登泉、□□□、李言爱、李佰
先、李世律、□□□段伯敬、李□□、□□□□、□□□、□□
□□□□、□□□、高放、段全江、李太□、□□□、王潼龙门
洞（以下漶泐不可读）

16. 龙门洞修醮圆满铁碑②

今存地：龙门洞

碑文录自：原碑

---

① 碑原无名，编者加。
② 碑原无名，编者加。

碑文:

龙门洞修醮圆满铁碑

大明西安府冬州县人氏,见在平凉府崇信县新窑镇上下各门居住,奉道朝山进香三次,修醮已经圆满,祈祥领众会首(名略)右暨合会众信人等叩于龙门洞三次圆满。伏诵玉皇经三十六部,并又太上诸品真经五千四百八十一卷全部。□□□方伸天忏,各家清吉、人口均安,吉祥如意。

17. 重修龙门洞诸圣殿宇碑记　附碑阴

碑额: 碑无额。拱形顶,中竖刻楷书"建修"二字,两旁细线雕二龙戏珠。

年代: 清康熙元年(1662)

撰者: 原山西平阳府临晋县知县马魁选

书丹: 庠生辛向学、马君御、石韫璿

立碑者: 奉直大夫知陇州事黄云蒸、陇州同知颜伯润、陇州儒学学正王珍汝等

碑状: 碑无额。拱形顶,中竖刻楷书"建修"二字,两旁细线雕二龙戏珠。碑周边水波及蔓草纹饰

今存地: 龙门洞救苦殿下方上混元顶路边

碑文:

重修龙门洞诸圣殿宇碑记

雍山之镇,惟是其阪为陇,陇距龙门两舍余,至则缘壁梯,石窦□□□□蔚葱中攀跻西许,始得坪,为玄帝殿。殿胁而左为文昌宫及药王、灵官两祠。前一峰拔地起,峭削如玉笋,下有石

盘铁礤，人诧为仙迹。殿胁而右为长春洞，长春者丘处机也，在宋劝徽宗选贤，以救遗黎，弗纳。迨宋亡，誓不食金元禄，隐于终南。道既成，蒙古主使耶律楚材求之，因循于斯，蜕脱焉。元大元帅马妙信景慕玄风，大修其山。其宫殿楼阁虽年久毁废，犹有洞，前连山碑并悬崖"全真"镌字在焉，迄今数百载，代为修葺，尚仍旧观。自明季遭乱，凋残更甚，过者援挐叹曰："名山有灵，必不令久为颓圮"。会有固原都阃张显忠、丁沧桑复弃职修真，遨游至止，与羽士曾守云自甲午岁同谋修复。明年万寿宫成，曾即诛茅习静，振独矢心竣事。遍募之郡邑长吏及士庶人，庀材鸠工、崇台增砌，饰陋起仆。又与华邑杜生若馥募铁为桩，补阁道数寻达玉皇阁，且垂絙引之，缘絙登阁，环视层峦簇翠，间檐阿轩翔岦然，亦雍山之巨镇也，岂逊吴哉！计所修一十五所，自丁酉兴工，迄辛丑年秋杪告成，显忠复诣余征言以识巅末。余喟然曰："子竭心力为洞山佐胜，绩同马帅，人孰不知。至于义不苟禄，其洁清之志，默符处机者，人或未尽知也。余因表出之，以识功行，并以明大义云。"

时

大清康熙元年岁次壬寅仲春吉旦

华邑乡官原任山西平阳府临晋县知县濂源马魁选撰

庠生辛向学　马君御　石韫璿同书

赐进士第奉直大夫知陇州事黄云蒸　承务郎陇州同知颜伯润

陇州儒学学正王珍汝　训导宋师翰　陇州吏目蒋仕郎张其志

守门陇游击李尚宗　关山营中军都司高奇

平西王下十录京章解国本

凤翔府州县功德主生员　李郁花　杨翊凤　杨钜

平凉府州县勤德主贡生　张黻衮　辛致和　张芳修　梁邦英

李生桂　杨开泰　姜梦熊　梁文煊

生员	徐健	赵科第	贾□治	俞起渊	徐入德
	徐入仁	张科第	杨龙章	杨珍儒	杨尔贵
	薛大雄	俞起潜	致和	张芳声	张映斗
信官	杨良玉	赵云飞	王可成	冯寿	师有德
	阎有本	王昌祚	杨世英	杨仕俊	石鸣凤
	陈素	陈和祥	白登举	冯忠	张志
	高起潜	张全德	张文琚	李文绵	杨春元
	杨雄德	尹调□			
信士	王辅	禄添才	王景德	陈士先	张□
	徐九忽	张自明	王峰德	杨国彦	宋有名
	吕亨（以下还有十数人名，漶泐严重）				

（上泐）主持　　口人周冲云　　匠工彭成彩　马起

可成	冯寿友	师有德	阎有本	马茂春	李天期
仕俊	石鸣凤	辛昌祚	杨世英	杜绍诗	贾永建
□祥	白登其	马跃	郭成元	申喜成	申喜龙
□忠	张忠	高启文	巩真舟	雷起龙	□□□
□□□	□□□	□□□	张希舜	邢得水	苑希宾

附：　碑阴

龙门洞修完殿宇开列后碑记

建修：青龙白虎殿二间　　关圣殿一座

文昌殿一座　　　　　　相子洞一处

□官殿一座

□□楼一座

太上殿一座

□□一处

三官殿一座

□龙□两间

灵官□□□二间

修补金妆□□

玄帝殿一座

三清殿一座

焚修道人：黄本善　王□□　□□义

羽士：李守一　胡守德　苗清肖

18. 龙门洞碑

年代： 清康熙四年（1665）

撰者： 陇州刺史钱唐罗彰彝

尺寸： 高50厘米、宽70厘米

碑状： 壁碑。同边海波纹饰

今存地： 陇县龙门洞

碑文录自： 原碑

碑文：

庄子坐忘间

龙门洞

汉有神仙窟，宗风奕叶传。半空蝌作篆，一壑玉生烟。

湍急苍龙吼，楼飞铁锁悬。合丹吾夙好，应就此壶天。

自从娄景栖迟，幽洞悬崖皆福垒，况有长春憩舍，落花流水尽仙踪。

岁在乙巳陇州刺史钱唐罗彰彝题①

19. 重修龙门洞碑记

年代：清康熙五年（1666）

今存地：天桥口

碑文：

重修龙门洞碑记

诗曰："崧高维岳，骏极于天"，乃山之尊者。东口南街面华北恒是也，而龙门洞为天下福地第一山，有图以著山川之形胜，有志以真仙之灵，□三十六洞卢景，现端而翊世，二十四潭云龙，普福以灵区。至于定星诸峰，鸟道盘旋，松楸森布；亦非一世圣踪神功。其钟鼓楼、玉皇阁，面新□奂。五原功德主蔡养神、蒲奉王创文□邹起旺，传名工共衷厥成。若殿若宫，□其美也，如□之飞，如鸟之革。其也，如山之图，如川之流，皆所以兴名山之香以无穷，而祝国祚于亿万斯年者哉！

平凉府固原州卫官生善男善女弟子等②

康熙五年岁在丙午拾月穀旦立石

20. 重修龙门碑记

额题：重修

年代：清康熙六年（1667）

碑额：竖题"重修"两字，1 行，楷书

撰者：玄门弟子贺常德

---

① 下有罗彰彝、黍山两朱文方印。

② 下有数十位功德主花名，因漶泐，略。

镌刻：常知畏

金妆：李呈彩

尺寸：高94厘米、宽60厘米

碑状：额线雕二龙戏珠。周边卷云纹饰。

今存地：龙门洞救苦殿门右侧

碑文：

重修龙门碑记

窃闻灵峰幽谷，以岩宇宙之始；地辟影瑞，以峻尧舜之图。立中天于万景，拱峥嵘于千山，潭溪潺潺，济济溶溶。四九岐洞，阴嘘阴吸。三八灵潭，雨旸晻若。橐龠玄风，长增禹甸。以是云水之士黄本善、苗青阳，喜而从之，董鸠其工，修理玉皇阁。金碧流辉，已竣其美。而混元阁乱木架，救苦、三法教主、三官等殿，层石筑其叠嵩栋樑，泯其辉煌。妆颜金像，彩焕复新，垂不朽之功而奕世之美。风雨均调，年登大有。群品享其康泰，谷稔熟其万宝。云润星辉，文明启运。祝国祚以无疆，普福源以黎庶，图著山川千古。志哉！

固原州知州徐祚柄

固原重修会　邹起旺　蔡养伸　蒲奉玉　刘莹英　瓮际明

王辅　蔡发桂　赵廷玺　刘文焕　孙继先

韩汝花　高登　史耀　芦守仁　杨范孔

刘文彩　杨化桂　王柄　郭光明　张希泗

		王虎贞	苟应科	蔡毓俊		
信士		赵友口	贾文涣	张满	徐尚义	屈能训
		张荣	杨杰	陆朝	王延瑞	王承龙
		贺荣玉	王自立	常存义	田德	刘文学
		王文炜	马天柱	张友恩	张三十九	
		解自祥	张维朋	陈善	邹宗撰	童可孝
		金满堂	李永茂	王佐	白宗赐	王遴士
		崔万宝	许进得	刘义恩	张归祖	王俊英
		李文秀	樊龙升	蒋汝贞	冷重阳	张自才
		张加增	苏化麟	张名	许兆龙	苏腾蛟
		王承宠	徐鸦兰			
一会陈万禄		陈友禄	金麒凤	蒋应夆	高明	陈万福
		许友佃	刘受禄	陈文王	尚贤	东凤朝
		得海	阎嗣昌	马效御	尚仕成	纪仓
		刘永盛	王问魁	石蕴殊	崔起龙	王君祥
		宋举	梁通照	刘宗孔	郭进孝	张俊
		贺玉	郭得友	张河	王加贵	李昌
		杜弘仓	张佑士	付自成	王尚魁	东树
		郭巩固	赵信	屈能长	杨化鲤	马天桂
一会吴世福		李守贞	李成彩	张汝鳌	雷得才	王可成
		魏可智	许登弟	王汉俊	邹宗正	邹宗阳
		常知畏	尚弘学	蔡眷仲		
一会年雄		李友文	李茂才	王加祥	年龙等	
一会任登才等						
释子		妙心				
灵台客人		于眷鲤				
信女		邹门张氏		张门傅氏		纪门张氏

张五姐　修真道俗田道　何刻心

经主　　　王万国鼎　申和祥　张五斤子　张本匠

张甲丁　宁夏杨会长众姓人等

陇州众姓人等施工　华亭众姓人等施工　崇信众姓人等施工

玄门弟子贺常德撰　　五原镌字匠常知畏　　　金妆　李呈彩

康熙六年岁在丁未季月吉日勒石　　　　　　督工邹起旺

21. 道前府正巷众人立碑

年代： 清康熙八年（1669）

尺寸： 高40厘米、宽50厘米

碑状： 壁碑，四周无纹饰

今存地： 陇县龙门洞

碑文录自： 原碑

碑文：

道前府正巷众人立碑①

　　粤稽龙门洞山载在陇东岩，岩岳立翠障叠耸，实秦中一奇观也。上有三十六洞，仙风飘飘；又有二十四潭，渊源莫测。四方

———————————

① 碑原无题名，编者加。

芒鞋而来谒者，不啻赵自明等已也。独是祈求响应，三年缘满，沾泽靡深，感之勿替。愿将片石勒名，共垂不朽云。

大清国陕西平凉府道前府正巷阁会人等

道纪司	王德隐				
会首弟子	王自成	陈学	张君才	李弘胤	王荣
	董维	刘仕义	傅玉	乔弘胤	毛太明
	党鸣瑾	梁进才	杨正清	周盛	严应举
	李玉	苟应学	武勋	李进荣	郑启寿
	贺应魁	武献	黄开印	陈自望	朱理轩
	胡自成	张天义	郭光耀		

康熙捌年岁次己酉孟春丙寅吉日立

22. 重修龙门洞碑记

年代：清康熙十七年（1678）

撰者：玄门弟子贺□德①

今存地：龙门洞八仙楼前

碑文录自：原碑

碑文：

重修龙门洞碑记

窃闻云峰耸翠，混沌仙山。潭溪盘□云之地，龙影普照之□。嵩高巍峨，叠重峻岭，竹苞松茂而崎□秀柏。川林高毓，滔滔溪间，潺潺潭水，可以联蓬莱之岛，而望阙昆仑之山。龙门之境，逦陇州西北百之遥，自义辕之始，二十四潭舞白鹤于旋拱，三十六洞出道德之还丹。景福高峻，松声听瑶歌之现端；天桥千尺，鸟道盘万壑之入天。包含万象，千古遗迹。公修太上洞、雷

---

① 按前康熙六年（1667）《重修龙门碑记》此应作"贺常德"，下同。

声祖师、药王三殿、子孙、关圣、山神殿、相子洞，其周匝以崩颓而毁也，而琉璃以践□而损也。不蔽风雨，顷圯乎朽，不可胜叹哉！修真羽士苗青阳、黄本善，同五原善士邹起旺、蔡养神等募缘十方乡□耆庶，喜舍资财，修理合山庙宇，妆颜金像，辉煌琳宫。庄□垣壁，彩焕复新。琉璃之覆盖而泯也，飘栋梜之痕□新也。后土之典母，道德之隆，思其祷者，护国福民；祈后□者，瓜瓞绵□。普沾湛露之濡，时调风雨之顺，季登大□，四海晏安，流芳不朽而偕之记。

　　提□督广东军门主　　　固原城守副将尚宣
　　奋威将军兼管平凉提督事王进贤
　　奋威将军标下五营副总兵王朝海、王珍、李郭
　　奋威将军标下副恭都守干把官王用宾、张湫、崔维盛、崔许
　　大臣（名略）
　　康熙岁在戊午年孟秋穀旦立
　　玄门弟子贺□德

23. 重修崆峒山大顶金城宝殿碑记碑

年代：清康熙二十年（1681），光绪十五年（1889）太和宫住持杨明堃重刻①

撰者：钦命太保少保兼都察院右副都御史慕天颜

---

① 创修龙门洞的四公之一全真教龙门派第十代传人苗清阳，居陕西陇县龙门洞时，经常往来崆峒山讲经做道场。康熙时，王辅臣据平凉叛乱，崆峒山遭毁，战后信众欲重整山场，道教会众李天录、孙应龙、周世隆等人发愿捐资修建皇城，后因工费浩繁，又无名道作化主。后闻龙门洞高道苗清阳道人，会众代表遂赴龙门，求请清阳，清阳因道务事繁婉拒。众人归来告知平凉知府杨凤起，杨亲给帖书，会众再赴求请，清阳念官众至诚，选率门徒范一圣、范一祥、杨一光、潘和真同赴崆峒山任住持，为筹资金，亲自出募化十方，其感化故事难以胜数。清阳来后，康熙二十年（1681）皇城内外整修一新，至此崆峒山复具新貌，龙门弟子居崆峒山者也渐多，苗清阳也成为崆峒山道教全真龙门派的开山祖师。清代道教十二常住中称为"崆峒开山苗爷"。苗清阳布教传教至崆峒，带去了龙门教义、仪礼及精神，使崆峒道教成为龙门道教法派的传承，此碑故录于此。

书丹：钦命平庆等处地方管理按察使龚荣遇

尺寸：碑高 160 厘米、宽 75 厘米

立石：住持苗清阳，后杨明堃重刻立

碑状：碑质石灰岩

今存地：今嵌存太和宫献殿北墙内侧

碑文录自：原碑

碑文：

重修崆峒山大顶金城宝殿碑记碑

语曰：作善修福，贵乎心笃力行，而不在显姓扬名也。此说近是而实然，若使尽然，则古之勒碑刻铭者非欤！

平郡西三十里许，旧有崆峒，名山之巅，为大顶金城。一峰矗翠，五台环列。玄鹤朝礼，泾水萦带。盛哉仙境，诚宇宙之大观，天人之福地也。

金城内有玄帝宝殿、献殿、左右关圣、药王、土地、山神；配殿前有太和大楼，后有黄箓宝殿，并有圣父圣母楼。南北两道院，由来久远，而其间之重修者代不乏人。虽使摘发，仆难尽数。不幸，甲寅乙卯岁，兵燹频仍，金城坍塌，宝殿倾颓。太和楼，黄箓殿为之崩裂；关圣庙、药王殿，荡然无存。见者凄怆，闻者叹惜。

至丙寅岁，师旋大定，民生安堵。有会众信善李天禄、孙应龙、赵维新、白忠叶、荣华兰、邹起旺、周世隆、胡明贵、张自友等发心捐资重修。缘功费浩繁，禄等互相商曰："吾侪小兆蚁力，岂堪胜此泰山之任乎？然欲举兴，若非得一大贤化主，断不能克济其事。"各处寻访，竟无其人。

倏闻龙门洞有一全真道人苗清阳者，素谙修真，勋崇行著。众趋求请，阳以虚谈，固辞不就。于是，上白本府太守杨公，历诉其由，亲给帖书，众持复往，再三敦请。阳念官众出于虔诚，

选牵门徒范一圣、潘和真、范一祥、杨一光，惠然肯来，以从其请，任厥住持。上自官贵，下及士庶，莫不欣然相庆曰："名出有此硕老，大顶可谓得人矣。"由是化行十方，赴宁夏，而其间感化之迹，难以枚指，试取一二者而述之。

行程半途，二虎当道，凡从行旋返，却步不前。阳至，虎即远遁。既而宁城中会众，皆夜梦金甲神语曰："旬日之内，有五百灵官，远来募缘。"一日，阳至，昼夜趺坐，绝粒数日。会众疑梦中之语，果此羽士乎？正值疑信之间，通有前行旋之人亦至宁城，一见清阳，急叩首曰："前蒙伏虎之恩，我小人未敢忘也。"会众闻之，大释前梦。而宁城文武官员、士庶商贾，频来敬服，多助布施。以故，得于康熙丁巳初春望日，兴工凿石立址，炼砖作基。金城较昔坚固，宝殿辉煌。黄篆太和楼，皎然耀彩；关圣、药王殿，丽然壮观。更兼玉阶，钟鼓二楼，复新创建；其下青龙、白虎殿，悉皆补饬重振矣。

迄今辛酉，工程告竣。凡登临瞻眺者，均必曰："虽当年建修之美备也，亦不逾若斯之盛者已洵哉！"万姓之福田，实属清阳之感化；清阳之感化，尤赖禄等之虔诚。因取一石，同志功德，乃以彰善。匪以扬名也，盖实属诚心之所致。俾后同志，作福之士庶，可触日悚心，观感以励行，是诚余等人之至愿，前言之不诬云尔。用垂永远。是为记。

蜀北阆苑分发补用县丞魏瑛敬谨书丹

钦命太保少保兼都察院右副都御史督储粮饷提督务巡抚江宁苏松常镇淮阳等处加二级纵一品慕天颜撰文

钦命平庆等处地方管理驿盐道按察使司按察使龚荣遇书丹

兼管平凉等处地方提督事务王进宝

赐进士出身知平凉府事加一级杨凤起

平凉城守营游府刘永爵

文林郎平凉县知县任兆鲲

康熙二十年岁次辛酉菊月上浣吉日立石

　　住持苗清阳　徒范一祥　范一圣　潘和真　杨一光　孙张阳融　刘阳景同建。

　　现光绪己丑岁，住持杨明坤，因见此碑久经摧折，其间字迹半有半无。若使不再刊铭，则前人之美举，几将湮漠而不彰。思维难忍，乃特仿摹原文，继述其事，以勒于石，而垂久远，谨再志。

24. 朝山碑记

年代：清康熙二十一年（1682）

碑文：

朝山碑记

　　粤稽景福洞天，□三清□□，龙潭仓岩，得五云之处，古松散形，鸟道清□，定□□于五行□分□□溪飞升，群仙落石。佚笔留云□山□□形胜有志以□□□之灵异云有□□□□电森严霞□□□而□圣天之道赞扬无穷，伏合众等，财口奏香灯赦释罪愆容天地之德，结良缘□来北□□□而计□□□□朝龙门而脱离孳纲，金容可消万罪，玉像普□□勒石列其垂万□不□之。

　　维陕西平凉府华亭县化□□□□

　　时康熙二十一年岁次壬戌正日朔旦□□

25. 朝山碑记

年代：清康熙二十六年（1687）

现存地：嵌存于皇城真武殿前南边

碑文录自：原碑

碑文：

朝山碑记

闻尝窃奥积善，未必果证获福庆，亦彰嗣模。众侪举虔，寸诚可格。况龙门洞、景福山、王母山、崆峒山，乃三秦巨境，陇古奇观。四大让美，名山并峙，荣等同立。朝谒一会，历来已久。每值圣节，作善建功。虽鲜奔觊仙境邁觐，金像忱诚，孔恪清供，录庇水录之法会。愿鹤驾以来，临善果之有因，兆民物以安阜，敬共手斯，明烟于斯，为相继不磨云。

维大清国陕西平凉府州县卫人氏，见在安国镇各居住善士孙荣等。[①]

时康熙二十六年岁次丁卯四月初八日吉旦 沐手勒石立碑

26. 凤翔府汧阳县朝山进香茶会碑

年代：清康熙二十八年（1689）

碑状：碑额细线刻二龙戏珠，中刻"皇清"二字，楷书。碑周边蔓草纹饰，有漶泐

撰者：王一廉

今存地：龙门洞

碑文录自：原碑

碑文：

凤翔府汧阳县朝山进香茶会碑

十方院住持僧□□□　□州泾王一廉

尝考舆图所载，秦陇据金天半壁，如太华中南崆峒之诸名胜，指不胜屈。其幽邃秀拔者，惟龙门洞为最。峰回路转，盘

旋而上，出重霄，卷烟连，突兀而下，临绝岸九龙池，通银汉，以普润七星涧，皎夜月以生光。异草奇花，香凝万壑；危桥怪石，绵亘千岩□阙。聊苍松互映，仙馆浃白云常封光。且氏弘宣善，无微而不著；神功广邃，诚有感而即通。凡属□□□不皈依，故汧信士虔立茶会，每逢上玖，同心朝谒，仰答圣真相有道之至治。俯垂皇鉴，滋无疆之洪庥。诸随像之名氏，备载石简笏□，善善相承，以昭来许，非敢曰功德之告成也，聊以志众善奉行。

康熙二十八年己巳正月

27. 朝龙门山碑记

年代：清康熙二十九年（1690）

碑状：碑无额。边饰几何图形，已漫漶。字迹亦有漫漶。

碑文录自：原碑

碑文：

朝龙门山碑记

陇郡之西相距八十余里有古迹焉，曰龙门洞，其名亦不知始自何年，□远近父老历有传闻，皆谓丘祖修真始于此也。呜呼！山不在高，有仙则名。龙门之传，其以是欤！况其层峦耸□，高接云霄。间或凭览其上，东瞻太华，西眺崆峒，暗然不出指顾中焉！昔人谓此疑置身天中者，夫岂诬也。至于幽壑□其方面，灵湫绕其周围，□□峥嵘，气象万千□矣。蓬莱胜地一巨观也。后人以其山多灵□，用是广拘殿宇，安栖神祇，而凡善男信士无不以时顶礼其下，盖其报神庥而培因果者，□无此疆彼界也。陇南县头镇有施茶会，广集大众，有多余人□□□者业已三年于兹矣。爰指公赀勒石非仅告虔，且以志胜，游于不朽也。后之贤者，不有感于斯云。

（众善信人名略）

时康熙二十九年岁次庚午二月吉日立

28. 龙门洞重建黄箓殿铸造醮炉记

年代：清康熙三十三年（1694）

造者：龙门洞住持薛教玉

今存地：龙门洞定心峰

记文录自：原炉

记文

龙门洞重建黄箓殿铸造醮炉

陕西省凤翔府陇州龙门洞住持薛教玉等募化各府州县十方众姓人等，各舍资财同发虔心，铸造醮炉一座，供俸阁山众圣前，上为国家祝厘，下与万民祈福。录姓名于后：

河南府孟津县人氏奉直大知陇州正当堂事

王鹤母诰封一品儒人于氏法讳净珠

吏目　捷　　内眷　胡士显

发心愿铸造醮炉功德主张凤岐　张凤骥

舍磨润地功德主袁士吉　袁铭　袁士荣　赵天亮

计开虔请黄箓圣像八十二轴檀木像二尊共建殿宇（略）

丘祖派下山主黄本善　徒申合祥　雷合顺

　　　　　　　　徒孙薛教玉　宝教融

山西平阳府赵伊镇　　金火匠范三俊　范之杰等

大清康熙三十三年六月吉日造

住持　　薛教玉　宝教融　庞有　许增鳌

29. 朝山供斋完满立碑①

年代： 清康熙三十四年（1695）

碑状： 碑为卧碑，周边蔓草花纹饰。碑左漶泐严重，损字严重，致碑文不可读。

碑文录自： 原碑

碑文：

朝山供斋完满立碑②

平凉西门内外一会士庶人等朝景福山龙门洞，虔诚供斋，完满之后，以立碑记。

会首	李进玉	贾龙	赵维新	杨国□
会首	王名汉	王斌福	郑□□	龚汝□
会首	张贵	刘□仁	熊喜	刘（石破）
会首	魏洪	李添才	晁漳	张永庆
王捷	杨廷元	朱添义	□良（石破）
赵琛	杨复兴	章瑞	（石破）
三原人	祁甸威	陈荣辉	李彦宪（石破）
会首	赵璋	成秀	张恩（石破）
张问道	甘攀桂	傅钜（石破）
张遇时	陈让	岳文焕	（石破）
□元	李觉让	□□□	（石破）
□伍	张问□	（石破）
朱问□	张问仕	龚（石破）（石破）

（石面破）

（石面破）

时大清康熙岁次乙亥年孟春（以下石面破，不可读）

30. 景福山大钟

年代：清康熙三十四年（1695）

制者：开山道士田守存等38人铸造

尺寸：钟高140厘米，肩高115厘米，肩外径81厘米，钟口外径120厘米。

钟状：钟顶为虎头纹式，互靠成纽结状。钟肩端铸有四个圆形小孔。钟身分四部分：肩部铸"皇帝万岁，太子千秋，风调雨顺、国泰民安"篆体大字。腹上有两道龙纹图案，中间为铸者姓名，腹下部铸有喜鹊闹梅、孔雀戏牡丹、双凤朝阳、天马行空、鱼龙变化、松竹梅鹿、云龙戏珠等纹饰。最下部为八卦爻文，图文清晰

今存地：景福山混元顶峰上的三清殿南侧

31. 地亩碑记

年代：康熙三十五年（1696）

撰者：奉直大夫知陇州事王鹤

碑文录自：原碑

碑文：

地亩碑记

龙门洞为娄先生修道飞升之所，山川奇秀，洞壑幽深。历代多有真人允称福地。兵燹以后，羽流星散，殿宇倾颓，胜境越为荆榛，山灵其久恫矣。有黄冠黄本善与其法孙薛教玉、□教融等焚修于此。冒霜雪而侣虎狼者，历有岁□。苦行远孚，神人胥悦，琳宫碧馆，渐复旧观，四方食霞炼性之徒，风从云集而□厨不继，予甚悯焉。□□山神殿道士坡荒地七十余土田，□其开种

以资常住，恐岁久而莫稽地，故□开垆段，以识诸石，庶可永为遵守云。

计开

山平地二十亩四分一厘六毫

平坡地二十亩五分四厘八毫

陡坡地三十一亩四分七厘□

以上四至：东至景福山，西至赖坡沟，南至本洞，北至蒜勿岭

道正司　王育才　张勤

河南府孟津县信士（人名略）

主持道人　潘合真　雷合顺　黄合夏　李合书　卢教材

　　　　　刘永和　田永全　吴永合　王永彻　卢永宁

　　　　　张永从　梁永绪　范永奇　保福童

奉直大夫知陇州事王鹤记

康熙三十五年岁次丙子夏四月

32. 玉皇阁碑记（残）

年代：康熙三十五年

今存地：龙门洞

碑文：

玉皇阁碑记（残）

深名（下残）

弘洞处（下残）

继而复常住地（下残）

料真以中道而（下残）

协同立子薛□（下残）

玉帝金容，殿阁庙（下残）

勒石以垂后世（下残）

康熙三十五年仲□□月

33. 龙门洞常住地亩碑记①

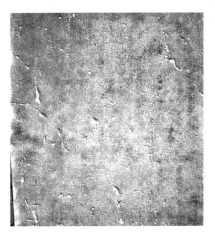

年代：康熙三十八年（1699）

撰者：诰授奉直大夫知陇州事王鹤

尺寸：连额高 156 厘米、宽 66 厘米

碑状：额线雕二龙戏珠。周边蔓草缠枝纹饰

今存地：陇县龙门洞

碑文录自：原碑

碑文：

龙门洞常住地亩碑记

　　龙门洞为娄先生修道飞升之所，山水奇秀，洞壑幽深。历代多有真人允称福地。兵燹以后，羽流星散，殿宇倾颓，胜境越为荆榛，山灵其久悯矣。有黄冠黄本善，与其法孙薛教玉、□教融等焚修于此，冒霜雪而侣虎狼者，历有年所。苦行远孚，神人胥悦，琳宫碧馆，渐复旧观。四方飡霞炼性之徒，风从云集，而香厨不绝，予其悯焉。查□山神殿道士坡荒地七十余亩，俾其开种，以资常住。于是辛午里民人史有福、田鬼娃、咸宜里民人孙登有率为义举，各目里中姓名地亩尺丈，以坡四至条段，书拾状三纸者，奉而言曰："愿舍此龙门，以供香火饘粥之用"。余曰：然。丘山顷里卑而成高，滩河积水而成大。龙门得此，足以供四

---

① 此碑可参阅王鹤康熙三十五年（1696）《地亩碑记》。

方不继之食矣。虽然民以农为本，夺民菜而资常住，非所以长民也。因询及土壤之肥瘠，赋税之多寡，道里之远近，以□观稼之方，乃知三姓所施之地，一在龙门西麓，一在龙门下院，一在龙门山后，荒倍于熟粮浮于地，终岁所入，不足以输正赋。崔科频仍，追呼莫表。恐异日有上满之虞，与为石田，庶宁作福田也。予悯其情而嘉其志，量地给价若干。□结立秦蠲除钱粮，为造印册一本，发付龙门。一以解吾民之困，一以开乐善之门。然而人以世易，代以人本，吾恐其久而莫稽也，为备述始末，详阅地段，以志诸石。庶可永为遵守，而三人姓字亦得借龙门而不朽矣。

诰授奉直大夫知陇州事王鹤记

道正司王和昇　权和忠　医学王育才[①]

康熙三十八年岁次己卯夏四月吉旦

计开

道士坡地坐落本洞后山，东至景福山，西至赖坡沟，南至本洞，北至旋窝岭。

史有福地坐落史家庄，东至天河，西至□兵河，南至南沟河，北至史家沟。同男史朝山，同族弟史金秀、史金虎、史金文舍卖

田鬼娃地坐落□□□，东至（下泐）同男田□、田超，同族人田禄明、田得明、田金明舍卖

孙登有地坐落刘家，东至□□□，西至关仓庙，南至红崖山，北至□生崖。同男孙狗逑舍卖

34. 石牌铭

年代：康熙三十八年（1699）

---

① 以下众多花名，泐漶不清，略。

书丹：景时曙

镌刻：赵良辅

今存地：龙门洞栈桥旁石壁上

铭文录自：原牌

铭文：

石牌铭

　　天衢云步

　　平凉府西门外朝一会①

　　　代书 景时曙　刊字 赵良辅

　　　康熙岁次己卯春月吉日立

35. 龙门施地碑

年代：清康熙三十九年（1700）

撰者：王应昌

书丹：吴瑜瑾

镌刻：赵良佐

---

① 会首、信士名略。

尺寸：高 73 厘米、宽 113 厘米

碑状：碑右下角残。周边海浪纹

今存地：陇县龙门洞

碑文录自：原碑

碑文：

龙门施地碑　（残）

　　大矣哉！我（石残）

　　而未必广大宏（石残）

　　姓者白叟黄童金歌庵（石残）

　　非上尊老太太之仁慈也（石残）

　　金、施粟，宏恩无穷。而我王公又施（石残）

　　衣食之资，命招佃户，永远为业。由是，道人薛教玉（石残）

　　坐落四至历历，勒之于石，丛林有藉，以传不朽云。（石残）

　　断古洞中，万世之后，感我王公之德者皆颂（石残）

　　万万询下诬尔。是为记。（石残）

督抚　陕西西安府布政使司为察取钱粮项款，以便酌定（石残）

　　　两部院案验俱佳。户部咨准江宁巡抚题前事内称（石残）

　　　清户良责，令布政司设立契尾，颁发州县。无论民间每（石残）

漏者依律治罪，田产全没。完饷即税而无尾与。不税者，同如是民（石残）

不惜小费而十大罚也。然后布政司岁终确算起解等，□具题奉（石残）

旨依议钦此。钦遵转行到司，除通行各府州县遵依外，合立契尾，刊式印发该州县遵（石残）

印无契尾，与不税者，同罪不饶。须至契尾者。

计开

凤翔府陇州道政司薛教玉买到本州辛平里咸宜里五甲史有福并子史朝山、孙登、田鬼娃共地三分四项五十三亩九分五厘零，该价银五两六钱。该税银一钱六分八厘。右尾给薛教玉。准此。

各等共地三项三十八亩一分四厘　　史有福地坐落史家庄，孙登有地坐落刘家河，田鬼娃地坐落火烧寨田家渠陡坡地一段，长五十六权，活①四十三权。坐落庄北地一十四亩三分五厘五毫。陡坡地三段，地五亩。陡坡地一段，长四十四权，活十六权，坐落庄西，一亩二分九厘三毫。　　平坡地二段，地一亩，坐落庄西。　　陡坡地二段，地五亩，坐落交道山。四至荒。　　山平地一段，长二十四权，活二十权。庄东地一亩二分。四至，本主。　　陡坡地一段，长七十二权，活二十权。地二亩三分六厘七毫。四至，本主。　　陡坡地一段，长七十六权，活二十四权。坐落渠槽。地七亩六分。　　平坡地一段，长七十六权，活四十四权。坐落大简地，一十二亩二分八厘七毫。　　陡坡地一段，长四十八权，活四十六权。地九亩二分。　　山平地一段，长四十四权，活七权。坐落胥家沟口，地一亩八分三厘三毫

平地一段，长四十四权，活十权。坐落胥家沟口，地一亩八分三

---

① "活"应为"阔"之省字，下同。

厘三毫　　山平地一段，长四十四权，活十权。胥家 沟口，地一亩八分三厘三毫　　山平地一段，长二十四权，活九权。坐落范家沟口，地九分五厘　　庄科地一段长二十权，活二权。坐落新集子，地一分六厘七毫　　下川地一段，长四十四权，活十三权。坐落安子河。地二亩九分三厘三毫　　下川地一段，长三十二权，活十二权。地一亩六分三厘三毫　　下川地一段，长四十五权，活二十八权。坐落安子河。地三亩五分二厘五毫　陡坡地一段，长四十八权，活四十权。坐落雷家咀。地一十三　陡坡地一段，长五十六权，活二十八权。坐落庄东。地五亩三厘三毫。

平坡地一段，长七十二权，活十二权。　庄东。地三亩七厘五毫　下川地一段，长八十四权，活三十六权。坐落前川。地十亩八分　下川地二段，长地二亩。坐落新庄沟口东，袁礼西，李北路南河。山平地一段，地六亩。坐落南沟。四至，本主荒地。山平地一段，地一亩。坐落南沟河南。荒地二段，坐落波箕湾。

山平地一段，坐落石灰墩沟　　山平地二段，地三亩。坐落圆多恼山山平地二段，地二亩。坐落南沟口　　小南沟荒地一岭　　交道山荒地一岭　上沟里荒地一沟　　窑压湾荒地一岭　史家槽荒地一沟　漱池湾荒地一湾 张秀家沟荒地一湾　　以上史有福舍

陡坡地一段，长八十权，活二十七权。坐落白阳树坪。地九亩五分。四至，荒。　陡坡地一段，长四十权，活二十四权。坐落堡子壕。地七亩。四至，荒。　陡坡地一段，长四十八权，活三十权。坐落堡子壕。地六亩。四至，荒。　陡坡地一段，长三十二权，活二十四权。坐落石庄科嘴。地二亩六分六厘七上毫。黑雀咀荒地一坡。　陡坡地一段，长四十八权，活十六权。坐落象眼河。地二亩三分。荒熟两边俱在内。　山平地三段，地二亩。　山平地一段，长四十权，活二十权。坐落石庄科前。地

三亩三分三厘三毫。四至，荒。　陡坡地一段，长二十四杈，活十六杈。坐落太上窑下。地一亩一分五厘。四至，荒。本主。陡坡地一段，长四十八杈，活三十二杈。地六亩四分。东至石龙，南至荒山，北至安文门庄，西至荒　庄科地一段，长十六杈，活十六杈。地五分六厘。东至文轩南，西北至荒　　石庄科地一段，地一亩。四至荒陡坡地一段，长二十四杈，活八杈。四至，本主。地八分　　庄科地一段，长四十杈，活二十四杈。四至，荒。地四亩　陡坡地一段，地一亩　山平地一段，长三十二杈，活十五杈。四至，荒。地二亩。　山平地一段，长六十四杈，活十七杈。四至，荒。地一亩五分五厘四毫　　陡坡地一段，长四十九杈，活十八杈。四至，荒。地三亩六分七厘五毫陡坡地一段，长五十六杈，活二十四杈。四至，荒。坐落关仓庙。地五亩六分　荒地四段，坐落杜家坪　　平坡地一段，四十亩陡坡地一段，四十三亩六分六厘七毫　陡坡地一段，长四十一杈，活三十二杈。地五亩四分五厘。东本主，南至庄，北至荒，西至路　陡坡地一段，长四十八杈，活三十二杈。四至本主。地六亩四分　陡坡地一段，长八十杈，活四十杈。四至本主。地十三亩三分三厘三毫　　陡坡地一段，长十六杈，活九杈。东至安文轩。地六分陡坡地一段，长四十杈，活十八杈。东南安文轩。地三亩。　陡坡地一段，地四亩。陡坡地一段，地一十九亩五分，坐落辛平寺，口内有荒地。以上孙登有舍

　　下川地一段，长五十九杈，活二十八杈。东至苏弘寅，南荒，北河。西至贺德。坐落田家渠。地六亩八分八厘三毫　陡坡地一段，长二十八杈，活十七杈。四至荒。坐落炭窑凸。地一亩九分八厘五毫　平坡地一段，长二十八杈，活二十八杈。北至本主，三至荒。地三亩二分六厘七毫　陡坡地一段，长四十二杈，活三十一杈。地五亩四分二厘五毫。　　以上田鬼娃舍

　　四契人：史有福并子史朝山，同族弟史金宝、史金文、史金秀

　　四契人：田鬼娃并子田号、田俊、田茂，同族人田得民、田禄明、田金明

　　立契人：孙登有并子孙狗求　中见人王应昌　刘敬酉主　刘自俊

　　本书手　　　王应昌

　　里长　　　　秦喜禄

　　里总催　　　王金海　　王奉先

　　本洞住持　　刘永鹤　　卢永宁　　田永全　　吴永治

　　梁永绪　　　张永存　　范永盛　　王永常

　　张永昇　　　王永敞　　李永熙　　保永习

　　李永隆　　　王永春　　梁永琳　　芦永盛　　高永琅

　　兴邑后学吴瑜瑾书　　　　　　刊字匠　　赵良佐

　　康熙三十九年岁次庚辰仲秋毂旦立

36. 朝龙门洞景福山碑记

年代：清康熙三十九年（1700）

撰者：平凉府城西门什字一会士庶刘清远等

今存地： 龙门洞栈桥旁石壁上

碑文：

朝龙门洞景福山碑记

　　龙门洞者乃陕西之胜景也，居秦岭之三峰，接终南之佳气，路岖潭渊，闻之渊深而龙蟠者，间或有之，况仙迹昭然。悬梯连云，与夫峻岩岫壁，台阁层叠，真妙画以图成，而仙都之所临轩者也。众生忘跋涉之尘，以进香捐微资以供斋。有一至再至，三至者，姑表善念。勒名于石云。

　　平凉府城西门什字一会会首　士庶刘清远　龚良能　赵廷璋

　　　　张捷元　李瑞　　白贞　　杨升　　徐远升　刘应塘

　　　　李自奉　刘教　　袁汝汉　李克勤　曹祥　　景时耀

　　　　朱尔勤

　　吏员　　姚允谦　刘成福

　　生员徐琦　　生员高文炳

　　李克让　任重　陈禄　刘靖　杜茂　刘添寿　　　周辅仁 [①]

　　康熙三十九年三月十五日玄时

37. 朝山水会碑记

年代： 清康熙四十年（1701）

碑状： 壁碑，嵌于大殿右侧石壁上

今存地： 龙门洞

碑文录自： 原碑

碑文：

朝山水会碑记

　　尝思善护福人，宜广种福田，作善降祥。夫必多赐祥兆，是

---

① 因石漶泐，有十数功德名略。

知善为至宝，而世之安祥受福者，何莫非善之所致也哉。平凉郡东吴老人沟口红沟堡四十里铺秋家庄、侯家沟马浴口、卢家寨县卫人氏同建朝山水会，叩谒龙门仙山十载，有奇恭逢圣寿建醮立石，上祝周祚，下保民生，以冀余等奕世子孙相继斯善，永垂不朽云尔。

计开合会姓名于左[①]

康熙四十年岁次辛巳季春上浣之吉立石

38. 龙门洞朝山建醮碑记

年代：清康熙四十三年（1704）

撰者：古京兆二曲儒生陈成章

尺寸：高 66 厘米、宽 42 厘米

碑状：碑为壁碑，字体楷书，字迹清晰。四周海波纹饰

今存地：嵌于大殿右侧石壁上

碑文录自：原碑

碑文：

龙门洞朝山建醮碑记

天下之名山多矣，而山之出仙者，有几耶？天下之山多矣，而山之带水，水之寓龙者，又有几耶？夫山不出仙，不得谓

---

① 花名略。

之名山；水不寓龙，则不得谓之灵水。山水既不灵名，则世之朝
谒者，亦安能不一而止乎？吾侪之朝山进香也亦有年矣，虽未历
尽天下名山大川，大约自西岳而外，龙门颇称奇焉。古传上有三
十六洞，洞洞有仙；下有二十四潭，潭潭有龙。仙迹尚存，一一
可考因之，而四方来朝者甚众，邻邦慕景者恒多。登是山者莫不
低徊留之不置，抑亦山景秀丽，曲径险阻，真神仙修养之处也。
古云"山不在高，有仙则名，水不在深，有龙则灵"，正此之谓
也。吾侪年年建醮，岁岁朝谒，虽未损赀修建，抑亦略有施舍。
但愿此生举步轻移，耄耋犹至，又欲后人继志述事，接踵常来。
情况悠然，意兴高骞。因为之歌曰：

登彼龙门兮凡心消，一年一至兮不惮劳。

虔心拜谒兮惟神鉴，窃欲绪后兮长相交。

平凉府固原州清平监朝山一会

会首	雷从天	李良植	康乐	赵自谨	梁教	刘汝基
	张元标	刘开先	刘廷佐	杨清	王国胤	刘汝奠
	刘汝翠	宗孔	张朋程	乔文	李肖恒	火应祥
	弋君清	杨守奉	刘崇德	李勋	李应举	宗仁
	雷峰奇	刘文弘	党弘儒	赵全		

古京兆二曲儒生陈成章撰

康熙岁次甲申季冬吉日立

39. 龙门洞仙迹之图碑①

年代：清康熙四十五年（1706）

书丹：天水陈尊赐

画图：陇郡严其瞻

---

① 图原木版刻印，今刻于石，立于龙门洞入山口。

立石： 道人薛教玉

尺寸： 长115.5厘米、厚3厘米

碑质： 木刻龙门洞平面图，为展现龙门洞全景。图左侧有12行简介小字，概述了龙门洞的变革过程与现状

今存： 陇县博物馆，龙门洞山门进口处竖有复制石碑

碑文录自： 原碑拓片

碑文：

龙门洞仙迹之图

自开辟以来，为灵仙崖后，始皇降都潭洞皆毁大半，山□寥落，汉时娄景先生居此修道，更名景福山。复至元朝，丘真人迁隐居之，又名为龙门洞。其潭龙洞洞出仙。三十六洞仙人隐，二十四潭蛟龙眠，不时而现。云山风洞，神妙莫测；药草花木，难以尽述。略表一二，以垂后世云尔。

时

康熙丙戌孟秋之吉

天水陈尊赐书

燕都广阳子录

陇郡严其瞻画

道人薛教玉立

40. 朝山巷合会人等碑

年代：清康熙四十七年（1708）

碑状：碑嵌入墙壁上

碑文：

朝山巷合会人等碑①

平凉府平凉县街城西内外朝山巷合会人等

 会首 杨有禄 张翠 朱澄永 刘佩 刘琏 朱甫 董国政

   施光彩 黄湖②

康熙岁次戊子仲春吉日立

41. 摇钱树碑

年代：清康熙四十七年（1708）仲春

碑文：

---

① 碑原无题，编者加。

② 下为人为划痕，名略。

摇钱树碑

平凉府平凉县街城西内外朝山巷合会人等

康熙岁次戊子仲春吉日立

42. 薛教玉募化施银碑

年代：清康熙五十一年（1712）

原存地：龙门洞早阳洞

碑状：此为编者 2010 年调研龙门洞赴早阳洞于道士丹房外拍摄的实物照片，2005 再去时，早阳洞在维修，2016 年再去时，面目全非，丹房拆除了，碑也不知下落，全然建成现代游览景观。这张老照片成了唯一遗存

碑文：

薛教玉募化施银碑

本山住持薛教玉募化□□功德主信士杨永革、□志达、道友钟□、李氏、孙男君用口这地施银

康熙五十一年壬辰建立

43. 黄荫英□□祥应碑

年代：清康熙五十二年（1713）

撰者：泾上西村耕人陈匡玉

碑状：碑嵌于龙门洞壁，碑面斑驳，起层层石皮，破损严重亦驳脱。

今存：龙门洞

碑文：

黄荫英□□祥应碑

陕陇社创龙□山之（上泐）小也。（石破）太白峰其东龙山之（石破）嵚崟面四潭溪水涵而（石破）亚于（石破）者，岂非此立氏之仙（石破）仙名则山府之附庙，非徇（石破）若大（石破）焉。洞（石破）

圣母祠，祠传广养叶祥村落精秦元正上元无不请祷余（石破）

此明教也。苟涉渺茫高明不道不如嫄后之出祀郊禖感（石破）

尊其号，荐其□，庙貌与山河并壮，香灯与日月同长非妄也，宜也。圣山所由来其信耶！其传之者果真耶！余亦无从而考也。第以之匆之民而合其有祷辄应庇佑，获男殿庭塑像金碧辉煌。工竣，祈余言以记于□余□天求衍后嗣者亦厚积阴隲也，则圣母不特广其荫而其赐之麟。

时皇祚岁在癸巳巳正之吉。泾上西村耕人陈匡玉沐手拜撰

原任祀□□邵武左（石破）如龙

平凉县卫□□　会首　朱永智　李树　刘天祥　朱正喜

李栖　李林美

　　固原州一会武口姬、吴大（石破）纪、杨继福、华亭县安□
大庄（石破）李□城　李□□　耿天福　郑喜真　刘玉　朱国梁
朱（石破）

　　（石破）杨桂林　范国语　王进良　周永芳　梁廷选　刘成
金　□万（石破）

　　（石破）守邵　段满仓　史门王氏　史□永　刘汉义　蒲游
□　汤□（石破）

　　（石破）叙　李现　郭常学　刘满仓　史久礼　刘（石破）

　　毛守良　梁益成　李俊　姚（石破）

44. 朝礼龙门洞碑记

年代：清康熙五十二年（1713）

撰者：平凉县庠生杨君弼

书丹：汪濬

碑状：碑嵌于龙门洞边墙上

碑文：

朝礼龙门洞碑记

　　凤翔府陇州，古之东秦也。制西有山曰龙门山。巅有阁，
曰：混元。所以事太上也。故远近香火者不绝。但太上原无声
臭，以象求之，似诬名分。自有攸宜躜等祀之，似妄然。孔子

云：天下之人齐明盛服以承祭祀，洋洋如在其上。由是观之，则太上未始不可祀而祀之者，岂淫神渎祀为哉！孰视其人之诚否。予平郡东关七铺结会五十余人，于辛卯岁志诚朝礼，愿以三年至癸巳岁，而志愿适毕，张子翔捧石予前，嘱予为文以志之。予愧不能文，仅质言以为记云。

时康熙五十二年，岁次癸巳大簇上浣，平凉县庠生杨君弼题汪濬书

会首	陈所怀	谢国旌	刘自杰	予守政	赵景聘
	王念馨	刘大印	罗奇贵	林显贵	尚淳
会首	张翔	苗芳	赵尧仁	白天谨	王悦政
	张鹏	简亨	王运泰	王岱	李文美
会首	陶发杰	李文喜	闵怀智	刘彩	曹贵翩
	王启亨	谢斌	罗皂保	李彩碧	
会首	张学俊	陈鳌	吴继荣	陶恺	王可久
	王法文	白良宰	王廷锦	陈智	杨时来
会首	史尚慧	朱自琳	白良道	王治通	邓世禄
	王加寿	王九如	陈自忠	王悦德	吕显韶
会首	李万金	赵明文	白阳升	王弘道	□希文
	王选	宋存			
匠人	康之玉				

45. 朝龙门洞香灯一会碑记

年代：清康熙五十二年（1713）

书丹：庠生朱弘智

尺寸：高32厘米、宽50厘米

碑状：壁碑。周边云草纹

今存地：陇县龙门洞

碑文录自：原碑

碑文：

朝龙门洞香灯一会碑记

龙跃渊潭腾九重，执电兴云覆苍生。门开天阙金容现，梯山航海仰圣明。

洞隐诸真万仙趾，朝谒仙境福寿增。景映蓬莱胜浪苑，香灯三载达凡忱。

平凉府固原监茶厅信士

会首	魏光周	庄满栋	吴聚金	高林	朱君琏
	张文良	叶冲桂	李养成	庄可旺	男庄智
	庄可仁	张喜才	朱现龙	奚连得	张旺才
	张秀	张明才	朱显海	张彩	姜全
	陈良治	张受才	姜翠	高奉一	王业广

郑可辛

隆得县信士生员　马明德　马铺杰　马养昌　马养顺

西安府临潼县信士　庞天智　马著常　马养云　刘一鳌

商客　　石国汉　陈思贤　马养良　马著彝　马昌玉

马良　　马三召

薰沐弟子庠生朱弘智谨书　石匠张宗圣

大清康熙五拾二年叁月上吉穀旦立

46. 重修龙门洞记　附碑阴

年代：清康熙五十二年（1713）

碑额：娄景先生隐灵仙岩诗

撰者：嗣西河正派浙水山阴丹植沈贤灵撰并书丹

尺寸：碑首高 76 厘米，碑高 236 厘米，宽 78 厘米，厚 25 厘米

碑状：碑首四周刻龙珠纹饰，中间行书为《娄景先生灵仙岩诗》一首，碑身周围刻有花卉纹饰，镶大理石方座。楷书，碑阴为重修时捐募的人名

原存地：碑树于四公祠东面墙外

碑文录自：原碑

碑文：

重修龙门洞碑记

陇州儒学学正郭述璞　吏部恩贡候铨教谕蔡芝仲

龙门洞即古灵仙岩也，有三十六洞、二十四潭。历春秋、汉、唐，多名人寻幽探奇者，难以枚举。前汉娄景先生脱迹于此，更名曰景福山。迨宋末元初，七真策杖渡河，各采烟霞。

丘祖立鼎安炉，阐教于此，又名曰龙门洞，有传道石诸胜境存焉。后因兵火频仍，羽流星散，昔日之胜概，以成芜秽矣。于顺治年间，羽士曾公讳守云，遨游名胜，息肩于此。有苗公讳清阳、黄公讳本善接踵而至，不符而合，叹胜境之无穷，睹往昔而索踪。刘草结庵，泠然独坐。霜雪不惊，虎狼不惧。有都阃张显忠诚皈，建立殿宇，蓄广阐玄风，弘扬法嗣之愿。因为数所限，世缘已尽，辞众仙游。苗、黄二公，率徒申子讳合祥等继志不分，斩樛木之长萝，搏壁立之翠屏，广开基址，构木深林。与五原功德主蔡养伸、蔡发桂、邹起旺、蒲奉玉等，庀材鸠工，修葺补废。玉帝后阁、救苦、黑虎等殿，工未告竣，而二公相继蝉蜕。

嗟嗟！岂名山之久厌尘嚣，抑将更有所待而始显欤？今故有薛子讳教玉，系黄公法嗣徒孙者，七岁归玄，时聆法音，生来异质不凡，天姿颖悟。及长，企慕旌阳谦之阐教之志，契合宝子讳教融，从事焚修，扩此山未成之工，以终乃祖未竟之志。岁时丁卯，募化各郡，与功德主蔡毓俊、蔡芝仲、赵义、贺英杰、贾崃诸君等共襄乃事。于是同赵子南涉金陵，造黄箓圣象八十余轴，诸品法宝三十六部，檀像二尊，归赴本山，建造黄箓殿、灵官亭、左右配楼、东西客厅、玉皇前阁、七真楼、王母宫以及道院群房，靡不周备。又冶铜为像玉帝一尊，并钟磬、醮炉，请置常住鹤田四百余亩，设立下院二处，水磨二盘，水窖一眼。爰是山色重辉，仙风丕振。若薛子者，亦玄门翘楚，善继善述之士也耶。近因石飞碑损，重立石以记之。

夫龙门为西秦之福地，陇邑之奇胜，始名于汉，兴于宋，而颓于明，今复兴于清，曾公之德，诚不可泯，苗、黄二公，承缵承继，尤不可没，而龙门有赖于二公者亦多矣。薛子念师祖之焦劳，追前建之勋猷，秉志演清，薛子之成名亦若龙门之先有赖于二公也。龙门非薛子不能显其奥，薛子非龙门不能展其才而扩其志。今功圆德满，勒诸琐珉，将见后之有善继善述者，亦不愧于薛子也，是为记。时

皇清康熙五十二年岁次癸巳林钟月吉旦

嗣西河正派浙水山阴丹植沈贤灵撰并书丹

整饬分巡平庆道按察司副使加五级黄明

平凉府正堂加三级田维衮

原任分镇关陇等处地方督都佥事管游府事许胜

分镇关陇等处地方副府许明

陇州正堂罗彰彝　王鹤

陇州同知黄士璟

吏目方捷

本山主持	潘合真	黄合夏	李合庆	王合凤	王合时
	丁合灯	李教贤	李教宗	田永全	王永徹
	吴永治	朱永法	梁永绪	刘永和	张永升
	白永运	范永立	王永常	保永习	李永熙
	王永霓	张永钰	张永玫	胡永玥	
固原北堂	雷合顺	徒潘教儒	戴教贤		
		徒董永功			
		徒牛元玺			

莲花台　　郭教化

长春观住持　　刘太乾

车儿山　　李永隆　卢永宁　王永远

行功居士　张君邦　孙天务　谢可用　雷振兴　薛教英

附：重修龙门洞碑记碑阴

陕西提标左督管中军副总兵事杨宗道

分守陕西固镇商洛等处游府李学诗

陕西提标见任功加都督副恭游都守千把

新营苦水屯各庄会首

平远所众会

东门内外各会

西统大岔各会

口头镇各会

白岩河各会

静宁州城各会

哲众川会众

清水县会众

汧阳县士庶

崇信县士庶

陇州士庶

本山境陇崇华三乡各庄斋会士庶众信

47. 灵仙岩记

灵仙岩记

年代: 清康熙五十二年 (1713)

撰者: 沈丹植

原存地: 龙门洞四公祠

碑文：

灵仙岩记①

　　考《事林广记》陇之西七十里有山曰灵仙岩，内隐三十六洞、二十四泉。洞洞有仙，泉泉有龙。由三皇五代至于春秋列国秦汉，如千余年，高人隐迹，修真养性，立鼎安炉，拔宅龙秀，服食飞升者，难以枚举。故诗云："灵仙岩畔乃逍遥，不羡诸侯驷马高。"此战国时人所作也。又云："只为华堂不自然，归山拂袖住灵仙。"又云："灵仙岩畔无谯鼓，日上三竿犹自眠。"秦人之诗也。又云："上乃灵仙岩下居，从今再不佩金鱼。"此汉娄景诗也。娄景脱迹，改名景福。至武帝时，方朔、安期、乐大等辈采药□寻幽览胜，景福始有名也。至宋末元初，纯阳祖度重阳于终南，梦金莲七朵之兆，渡河涉□青，齐游即墨，抵东莱，度马祖于□乡，悟长生于泡影，醒丘祖于水月，石上之龙盖凌空，三井之多，生有□三昧驱疾，谭祖全躯现身说法，清静皈依。《分梨集》下手迟，好离乡断藤而脱俗网，《青天歌》《正道论》《挂金索》，明至道而证浮生。绪东华于不朽，阐西陲而无穷，于是七真渡河西游，如采烟霞。丘祖至陇，栖景福，改名龙门洞。七载潜修，复居磻溪，玄风大阐，龙门始有名也。谚曰：龙门七载，磻溪六年，至明末皇清定鼎，兵火频仍，龙门已成废坵也。于康熙初年，有羽士黄公讳本善，乃中州人也，形貌癯然，神彩泰然，虚而若谷，静而若渊。有无俱遣，性命双全。把以玄玉之膏，漱以华池之泉，散以象外之说，畅以无生之篇。游览既周，凝思幽岩。见龙门之胜概，发开山之宏愿。不惮艰辛，笃志力行。由是至德感化，人心悦服。有徒申子等，相华而□诚焉。至于黄公，虽然霞举，徒孙薛子续师祖之勋庸，遂于巉岩之上，大

---

①　即龙门洞主峰混元峰，古名灵仙岩，教内亦名"全真岩""混元顶""凤爪山"。

兴土木。剪樛木之长萝，除葛藟之蔓茎，披荒榛之蒙茏，陟峭壁之峥嵘，践海苔之滑石，搏壁立之口屏。山色重辉，龙门丕振，法嗣跻跄将近万姓。非盛德大业所致，何能至此，不与山名有相符者哉！余思"灰落字现，神仙半万"之讦，语半万者，皆不离草头田字。言日后兴此地者，姓字不离草头田字也。龙真出半万，神仙之名也。芳□公似而非苗、黄二公，皆半万也。今薛字亦有草头，观诸人者，实应"半万"之讦也。是为记。

岁在癸巳无射月湘水沈丹植撰

龙门祖庭

图章舟植　建德也是日记

48. 师祖黄公祠堂记

年代：清康熙五十三年（1714）

撰者：龙门法嗣薛教玉

尺寸：高46厘米、宽60厘米

碑状：壁碑。周边海浪纹饰

今存地：陇县龙门洞

碑文录自：原碑

碑文：

师祖黄公祠堂记

谚云"至人无梦"，又云"至人有梦"。无梦者无视无听，抱神以静，其心无累，其觉无忧。有梦者内诚不解，形谍成光，故有梦飞熊而得辅，惊红日而回兵。黄粱之悟浮生，邯郸之明俗网，南柯之幻化莫测，蝴蝶之飞翔有意。此皆梦中之梦，独华胥者，梦之奇也。

由此观之，梦之为梦，诚不诬也。余幼归玄，从事龙门，聆乃祖之面命，虑当前之有失。叨法门之余荫，茸前近之不逮。苦于缘艰，不能继前辈而宏香火也。故而不愿裹足山场，幡然遂游名胜。南涉三楚，访仙迹于武当，探玄机于海角。一夕，客舍庭月皎然，就睡，梦林壑幽雅，若有见焉，羽衣翩跹，凝目视之，即师祖黄公、苗公也。呼名而告曰："汝事未完，不可遽离。"与语者再。余诧而觉，视之庭，空无人，月在高树。天明，至一村店，茅屋数橼，篱落犬吠，即梦中所见之处也。询之人，曰："新开岭路傍有殿宇"。殿之旁另构数橼，入而视之，即苗公祠，有碑文曰："徒孙李某所建。"余思吾祖与苗公生则同事龙门，相继羽化，始于此而终于此，何依苗公之祠而示我以预知也。既为友乎何无祠乎！即蓄立祠之念。度岁方归，因常住琐琐，无宁及此。癸巳之秋，少暇，相其形势，构橼三楹，一以终吾梦寐之恩，一以报师祖指示提携之恩，一以启后学追远报本之诚。回思今日梦耶？觉耶？以道观之无非是梦，以人理推之，醒梦独人知者，休谓余梦中说梦。

噫！究竟梦耶？究竟觉耶？觉大梦者能几人哉！是为记。

天朝康熙甲午上元日　　　　龙门法嗣薛教玉识

　　　李教贤　　　　　　　五原翁玄子书丹

　　　随缘　　　　　　　　武文臣

常住法眷　李永熙　　章永珏　　王永太

49. 龙门洞早阳洞铁碑①

年代：清康熙五十四年（1715）

碑状：碑铁质

原存：龙门洞早阳洞②

碑文：

龙门洞早阳洞铁碑

大清国陕西平凉府固原县□□，经□子齐人氏见在地名青马□□，日庞子潭右武营各地□□领会。弟子吴□□、会首王□明、□大睿□□□□□□□何珣有字子福□□□□□□□赵□□□□□□□□□□□□□□□□□□□□□何住日洞等夏月人□成福杨生□□□□□任宗旸、任攸绪、夏世龙、周□龙、郝忠、夏钦、周旭□、□□、吴登光、江士贵、何均仁、王恩福、夏世虎、任启盟、□□□、□□夏大奇、卜昱林、员桐

---

② 此为编者2010年调研龙门洞赴早阳洞于道士丹房内拍摄的实物照片，2005年再去时，早阳洞在维修，2016年再去时，面目全非，丹房拆除了，碑也不知下落，全然建成现代游览景观。这张老照片成了唯一遗存。

笃、□□福、文岗、马昰孔、马昰珠、马昰增、马昰启、马昰晋、马昰礼、马昰集、夏世龙、夏世信、刘清海、杨登应、夏嵩、赵广禄、夏稔苍、夏大河、李维、□□二会众姓人等，同立关山八关等会字、启龙门洞□□宫、□虚宫、□□宫碑一面。[①]

康熙五十四年八月吉日立

50. 王母宫石崖铁碑

年代：清康熙五十四年（1715）

碑状：碑铁质

尺寸：高26厘米，宽53厘米

今存地：龙门洞王母宫石崖上

碑文录自：原碑

碑文：

王母宫石崖铁碑

大清国陕西平凉府固原县

□□□二处人氏，是在地青马

□□□岔庞家湾右武营各□□□会弟子右暨一会人等众姓□立朝山□善会字启龙门洞皇母宫众会□□□□

康熙五十四年八月吉日

51. 重修真元洞、三官殿记

年代：清康熙五十四年（1715）

尺寸：高45厘米、宽30厘米

碑状：碑右下部石已剥落，漶泐严重

[①]　参阅同立于康熙五十四年八月《王母宫石崖铁碑》可知，当时于龙门洞玉母宫、早阳洞、□虚宫各立有一块铁碑。

今存地：陇县龙门洞

碑文录自：原碑

碑文：

重修真元洞、三官殿记

闻阴阳不测之谓之神，神者，岂真有耳目口鼻、声音笑□与人相□哉！后人之体神道设教之意，斋后其心，想象其情状，于是乎人其身，拣□其居。是又或天而诚有也，宜服其教者，奉若高僧，旧则仍之，新则创之，而神以地益灵，地以神益异，有两相得也。三官殿之建兹山也，应自有年，大抵先达辈睹层峦之口，飞漏之喷薄，烟云之缭绕，草木竹石、鸟兽龙蛇之秀美奇石，若非神无以主之者，□云物如故，山川如故，而榱桷板楹朽焉。若斯人独问心，恐亦非山之意也。相继性聪□，□识道理，清虚淡远。且山林之趣，当其结庐于兹。适逢其故，则斯举也，山之灵其有□告欤！不然，和纯足迹遍天下，不闻有募化名而顾拳拳于兹殿何欤！惟是地避而人远，一切材料人工俱不易致，致和继诚费经营。今则落成矣，请记于余，遂为之记。①

龙门洞　薛教玉　　景福山　何一璋　　住持　郭和纯

泥水匠　王玉祥　　石匠　刘志　郭廷　　画匠（下泐）

时

大清康熙伍拾肆年岁次乙未姑洗月上浣吉旦

---

① 下有功德主、善士花名，略。

52. 龙门洞常住碑记（附告示文）

年代：清康熙五十四年（1715）

撰者：诰授奉直大夫知陇州事加一级罗彰彝

尺寸：高120厘米、宽60厘米

碑状：碑无额，周边蔓草纹。

碑文录自：原碑

碑文：

龙门洞常住碑记

　　龙门洞为天地奥区，藏壑于东陇之麓，窈而深，幽而邃，层峦绝巇，无径可通。丹梯石磴，层俯而下。群峰峭削，实鬼斧所劈。崖瀑淙淙，时作风雨，隐有神龙变化，疑骇莫测。异哉！斯境非有神术，具巨灵手，辟草开山，则至今一虎豹穴、蛟龙窟也。自汉娄景真人诛茅栖止，遂称洞天福地之一。山曰景福，因其人以福其地也。后有丘长春真人藏修于此者七年。仙侣云集，宗支繁庶，至今四海衍为龙门派云，是则龙门洞号为祖庭。递代相传，学者宗之。杖履辐辏，每至鸣钟板而食，日不暇给。有道士薛教玉，修炼精严，而接引四方之志尤切，又不屑入城市为次第乞，而常住内，仅有供馔粥地一区。考其卷案，原系前任各老爷捐俸置买，喜舍常住。其地坐落附近本山左右，然不足耕种。薛教玉相其地势之所宜，山旁有古荒数段，坐落上阴坪狮子湾、交白岘，东至下阴坪，西至铁马河，南至粟峪沟，北至老马坡，押帖开垦。及余履勘其地，皆崔嵬砠碛，虽获石田，将安所用。若升科起，则后必贻常住累，意犹难之。教玉曰："人不可求，求之于地；地不可求，求之于天。俯仰尘寰，奔走形势，此我之所不能也。戴月荷锄，披星负锸，此我之所能也。即地硗山脊，耕种难施，而满地松花，遍山橡栗，此天之所以予我为辟谷计，莫善于此，奚累于后哉。"余嘉其言，高其志，遂为入粮三升，达之大部，以垂永久。后之学徒，得以一志修持，无庸外务，俾道成果满，变大地作黄金，搅长河为酥酪，直至灰落字现，神仙半万，正藉此石田作福田，而龙门祖庭之不坠也有以夫！

康熙五十四年岁次乙未重九日诰授奉直大夫知陇州加一级罗彰彝撰

附：告示文

陇州正堂罗为恩准垦荒以供香火事，据龙门住持道人薛教玉禀前事，尊称龙门洞系丘祖得道之处，垂立宗派，门久众多，而供应无出。勘有古荒四处，坐落上阴坪、交白觅、狮子湾、冯家庄；东至下阴坪；西至铁马河；南至立峪沟；北至老马坡岭为界。因香火无资，叩乞府准垦种，神人沾恩等。情到州，据此为照。仰神象香灯有由下资，衣食微有所赖，永为耕种。如有地隣奸毫肆行，浸占帖内地亩，并抵当，招徕开垦佃户人等，门差者，仰当事乡练地方锁拿到州，以凭惩处，勿负本州之至意也。须至告示者，右仰知悉。　发龙门洞勒石，永垂后世。

康熙五十四年重九日

53. 朝山进香碑

年代：清康熙五十六年（1717）

尺寸：高40厘米、宽62厘米

碑状：壁碑。周边水波纹饰

今存地：龙门洞

碑文录自：原碑

碑文：

朝山进香碑

陕西巩昌府秦州社树镇各庄军民共发诚意，集立善会，历年朝谒龙门仙洞，进香立石，祈保世代绵远，嗣绪延长，家家吉庆，岁岁登临。今将在会诸姓铭左。

李榕祖	蔡应	刘林	□造
高文元	傅玥	刘□	杨启□
何汉卿	杜强	高尔功	高尔建
高弘义	高迷	□宗唐	王月盛
高文政	李凤际	□爵	李本艮
杜海仓	何祓	张子惠	傅琮
高尔昇	尚霖	周大建	何汉辅
丁宗舜	韩得禄	傅养杰	武述先
高文乾	潘秉公	吴强	李连稜
蔡□	高玉卿	高先贵	高免
高尔明	刘辅汉	张尔闻	

时

大清康熙五十六年岁次丁酉上元日记

54. 朝山建醮碑记

年代：清康熙五十七年（1718）

尺寸：高58厘米、宽40厘米

碑状：碑为壁碑，四周海波纹饰

今存地：龙门洞

碑文录自：原碑

碑文：

朝山建醮碑记

陕西平凉府固原盐茶厅隆德县人氏见在马莲川楚府堡、田洞堡唐锁岔各居住不同共发诚意，集立善会，历奉朝谒龙门仙洞，进香立石，祈保世代绵远，嗣绪延长，家家吉庆，岁岁登临。今将在会诸姓铭左

会首	李让	傅金	赵光忠	李贞	傅倚言
	张国仕	王守忠	杨慢	赵慧	张炳元
	董秀	李保	李如娸	李昌	赵琏
	李大儒	龚守静	李元	李忠	张敏
	张禄	赵光库	唐守凤	潘宗显	赵养成
	李□福	李菜	李章	张文智	赵光明
	李恭	幕思贤	李蕃	□能□	李登魁
	李大树	魏法贤			

时大清康熙五十七年岁次戊戌上元日记

55. 无上谈玄碑

年代：清康熙年间

立者：道人薛教玉

原存地：位于谈玄石平台旁，旧东山门前路侧

碑状：谈玄碑于20世纪60年代被推入峡谷中损毁

56. 陇右八会朝谒龙门并请龙藏布施碑记

额题：皇清

年代：清雍正二年（1724）

撰者：巩昌府陇西县庠生会人李昭

书丹：吴绍先

尺寸：连额高137厘米、宽67厘米

碑状：额题楷书，竖行，1行。两边线雕二龙戏珠。周边海波纹饰

今存地：龙门洞

碑文录自：原碑

碑文：

陇右八会朝谒龙门并请龙藏布施碑记①

　　尝摊阅舆图，知宇内大山巨壑多且广矣，而我秦尤甲天下。愧余为俗冗纠缠，不获如司马太史公、韩淮阴遍历九州，熟视形胜，诚可慨也。余同里车君讳锜者约为会，适值薛炼师号道庵有

----

① 碑阴题为"卦图斯演，至道大成"，下为八卦形图。

请内板大藏贮山之举，众皆乐施锱铢，并兴朝谒龙门之愿。往岁戊戌，由崆峒初诣，壬寅再诣，今年又诣，而龙门胜境迥异寻常。洞联四九，世隐飞仙于紫岫；潭涌三八，时伏潜龙于绿波。岩穴通地窟，耸峙表天骨。无怪乎，娄景栖迟而长春啸傲也。兹三谒愿酬众欲泐石，非为彰功而垂久也。益以自忖碌碌，既不能图形于麒麟凌烟，亦当镌名于悬崖削壁，假个娄先生、丘真人跨鹤故地，余等为之进履捧杖，所欣慕云。时

雍正二年岁次甲辰四月穀旦立石

巩昌府陇西县庠生会人李昭薰沐拜撰

吴绍先盥手书丹

初九会首	车锜	尚士魁	崔奇		
□□	杨□魁				
生员	李昭	柴国泰	杜台生	吴永盛	杨乃实
	田雄	胡淮周	杨存江	董都	梁惠邦
	柴广王	慎修			
玄门	李理中	李元修	王元志	孙演文	姚元章
	常元正	李全时	宋林	唐德俊	任连
	李逢春				
初四会首	乌翔汉	王烜	陈夏道	赵周明	车钧
	陈圣道	陈周道	宋姬宾	范云廷	吉士财
	牟恭	汪生梅	李华林	马文俊	鲜凤翮
	张世英	何汉濯	何居门	王钦	陈璠
	郭建邦	景祥麟	牟怀仁	罗莲	李殿杰
	杨乃实	谢玉琳	范元益	李海之	
会首	杨逢泰	丁圣运	宋躬	李雄	袁登科
初六会首	梁有禄	杨永庆	梁定邦	焦应举	张志远
	徐怀德	杨彦魁	陈雄	李光	焦世美

	赵志孟	阎知忠	贾起龙	王长春	魏超众
	曲纬	刘帝一	金子珍	王思文	魏著名
	杨名	车锜	陈圣言	郭仪	石鲁贵
	陈九绪	汪连山	孟玐	史明廷	梁维邦
	董海	李天目	马君瑞	张洪雄	邓士魁
	林槛	樵超众	柴渊如	冯之祥	陈君赐
	梁贵邦	李辅林	相显	张汉英	冯汉卿
	任之成	王彩	杨杰	张尔玉	车雄健
	王世禄				
会首	权大谟	董诗书	李武	杨超瑞等	
初五会首	陈夏道	冯汉臣	杨乃实		
	车锜	赵志孟	蒲良贵	邢有仁	贾□龙
	孙喜荣	魏超众	马元祥	汪国祐	崔德俊
	冯汉卿	梁惠邦	王芳	陈信	潘有信
	马元吉	姚有奎	姚士弘	曲进	
初七会首	王克圣	阎维经	张势		
生员	李昭				
生员	董金光				
生员	张谨				
生员	□绍先				
生员	杨象奎	王克圣	杨登魁	韩登	田壏
	赵英	尚林	尚□	胡起光	崔永德
	崔永祥	车锜	张呈祥	杨天禄	阎维纲
	江汉辅	孟世相	车录	任华	阎仔
	齐国选	杨讲魁	张子义	董忠	冯相
	王有政	马宪章	岳金祥	岳成英	李性智
	陈忠	王爵	齐国臣	郭弘奇	张文珍

	范希尧	王依圣	潘祥	阎喜福	杨铭
	黄琮				
初五会首①	黎顺	杜桂	李识	杨起瑞	曲纬
	杨起凤	杨明山	权大讲	权大明	权智室
	丁自朝	丁自廷	丁自立	马守凤	曲经
	苟金	徐万伦	贾有良	张显	杜亚祥
	杜为良	苟有良	苟来良	曲录才	倪为相
	傅门曲氏		刘门李氏		崔门曲氏
	汪门王氏				
初三会首	杨登魁	吴永盛	兰如唐	车锜	柴足
	柴自绪	贾兴	张永庆	田雄	黎相连
	王忠				
初八会首	白琏	王子雄	张义	傅鼎	尚珍
	王钦	宋魁	王永殿	阎应魁	孟华
	李玉之	李时阳	丁恬正	车扶周	马贵卿
	唐琏	林秀	杨登奎	车锜	杨存江
	尚敏	朱寄圣	杨应卿		
化主	杨树元	袁永琇	杨起□		

57. 丘祖青天歌

年代： 清雍正三年（1725）

立者： 龙门法派薛教玉

尺寸： 高 55 厘米、宽 67 厘米

碑状： 碑为壁碑，四周云草纹饰，字欧体楷书

---

① 此处重复一"初五会首"，恐有误。

原存地：原镶嵌于北山腰石崖上，后移至龙门洞四圣殿窗垣下

碑文录自：原碑

碑文：

丘祖青天歌①

青天莫起浮云障，云起青天遮万象。万象森罗镇百邪，光明不显邪魔旺②。

我初开廓天地清，万户千门歌太平。有时一片黑云起，九窍百骸俱不宁。

是以长教慧风烈，三界十方飘荡彻。云散虚空体自真，自然现出家家月。

月下方堪把笛吹，一声响亮振华夷。惊起东方玉童子，倒骑白鹿如星驰。

遂巡别转一般乐，也非笙兮也非角。三尺云璈十二徽，历劫年中混元斫。

玉韵琅琅绝郑音，轻轻③遍贯达人心。我从一得鬼神辅，入

---

① "青"：金刻本《磻溪集》作"清"，下同。元至元十年（1273）曾刻石于山东掖县，王玠、陆西星有注解。

② "旺"：金刻本《磻溪集》、明《道藏》本《磻溪集》均作"王"。

③ "轻轻"：金刻本《磻溪集》、明《道藏》本《磻溪集》均作"轻清"。

地上天超古今。

纵横自在无拘束，心不贪荣身不辱。闲唱壶中白雪歌，静调世外阳春曲。

我[①]家此曲皆自然，管无孔兮琴无弦。得来惊觉浮生梦，昼夜清音满洞天。

龙门法派薛教玉立

大清雍正三年仲夏月吉旦记

58. 朝山修补碑记　附碑阴

年代：清乾隆十四年（1749）

碑文录自：原碑

碑文：

朝山修补碑记

原夫名山大川，天成者半，而人成者半。夫天成者秀峰玄口，奇花异草；乃人成者翠馆瑶池，珝楼琋舍。若我郡之玉山，古松竹柏，亦皆千年物也，虽非难华玺，殆为一邑之胜观焉。且影崆峒胜境，秀峦高矣，源水蒙贯，实未亚亓武当。考至得龙门仙迹，垂岩峭爽，岳峰陡绝，幽洞侄呑凌霄，于龙潭高浴，真神仙祇奥区，西域之佳丽者也。余等各捐己囊之宾，弗敢云创，以补已然之届登，立石玄圃，铭垂千古之尔。

时大清乾隆十四年岁次己巳季夏月

平凉府镇原县孟八镇　会首　刘原宝　刘万福　张敖　姚增伦　慕思增等

生员　　李映恩　刘宇义　王至周等同叩立

① “我”：金刻本《磻溪集》、明《道藏》本《磻溪集》均作“吾”。

附：碑阴

抱幽道人路元昌题谒文

玄扎谒　一吸一呼透三关，

黄河逆流上丹田。

三六八日须加功，

届钺幽静寂了然。

抱幽道人路元昌题

59. 朝山答斋会记

年代： 清乾隆十九年（1754）

碑状： 碑无额，周边几何图形，碑文镌刻较浅

立石： 平凉府崇信县南洲各会众人

碑文录自： 原碑

碑文：

朝山答斋会记

今夫人之所以损资财、竭精诚、朝名山而拜洞府者，果何为也哉？将□□□□□□□祈福而福或不至，消愆或未消，其故何

哉？大抵皆由于山之不灵秀，而洞之不神异也，而非此论于龙门洞山之山也。重岩仙箓，可谓神且奇矣。飞阁□□，名之灵仙岩，自娄景于此□景行易贻，号景福山名之乎，汉时云然也。至长春于此甘霖济民，敕召龙门洞其始元朝云然矣。东有凤爪之玉屏扶佐，□□霞而浮紫雾，瑞色蔼蔼；西有朝元之九龙倚佑，吐云气而出风雨，生气勃勃。丹灶之灰未冷，仙人辈出；谈玄之石依然，得道不绝也。他若玉树参差，瑶花掩映，白鹤憩崖，梅鹿走旷，而奇迹升景。（石破）□□□事然以为灵秀，明诚灵秀，□□神异，则诚神异矣。然为岍山之胜概，西秦之伟观也，□虽□□求之不应，感之不通，是无与于民生者也。虽灵秀而犹之乎不灵秀也，神□□犹之乎不神异也，而岂其然！凡属在之□或天气元旸而祷雨泽，而泰泽沛降；或虽蝗残□而祈殄灭，而殄灭旋踵；或家有邪祟而求祛除，而祛除殆尽；且乏嗣者（石破）□□孕育而乃育，即得凡人□不安者永安而即安。是洞山之有利于生民也。为□如乎！吾修□□，前人因其灵应，遂创立兹朝山会。正月上九而一进香，三年而建醮。祖传（石破）□□□□□得子相洽，以至于人□吉修□会其祼，无不蒙其休征而被其福祥。其□为捐资财，竭精诚，而朝□者，岂□然哉！兹修会有□□其积久而衰，聚散无常。忧元逾时而废，于会商议捐资□以勒于石，使朝于山者触目而警心敬事。或朝之器具残跌者，补丹之捐矣者，创制之会首选敬事者任之。由百以至于百年，由百年以至于万代，使之相承绵之□□，庶斯会□不朽也，以享灵于山，高水长云。是为记。

梁大任　穆成德　秦志远　张　玉　刘天祥　刘天礼
秦下斗　马进良　马继元　梁进美　高宇全　高宇满
张进贤　张世真　柳必宪　柳玉林　李显忠　柏明蒲

赵文学①

时乾隆十九年正月上九之吉　平凉府崇信县南洲各会人等

儒学廪膳（下泐）

60. 朝龙门洞小引

年代：清乾隆二十年（1755）

撰者：吏部候铨儒学训导王□睿

镌者：平凉府泾州学生员王玉学

今存地：龙门洞

碑文录自：原碑

碑文：

朝龙门洞小引

窃惟神道无私，每除奸而赏善，人心有觉，恒缘感而思通，况无量祖师福国祐民，尤号治世之大神者乎。今龙门洞山虽不高，而洞每出仙；水即不深，而潭皆藏龙。地实灵焉，神亦安之。世之执名香而来者，不问远近人等约立朝山会，亦欲仿神道设教之意，以为涤虑洗心之资。若云求福田利益，则不能知焉耳。

吏部候铨儒学训导王□睿撰文

平凉府泾州学生员王玉学刻篆

泾州高家凹镇会首袁□□　史加进　袁大朝　何文匠　何有□　袁福喜　袁升龙

生员　　何景非　秦国珍　王起圣

生员　　何得辅　何师仲（以下石破漶泐）

乾隆二十年吉月十四日上浣勒石

---

① 下有十数花名，省略。

61. 平凉府平凉县东乡吴老人沟红沟堡三十里铺四十里铺甲积浴在城和阳街药王庙巷一会供府城隍庙二堂香灯每岁朝山碑记

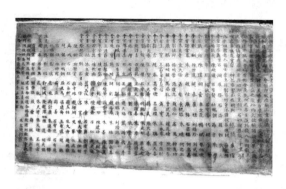

年代：清乾隆三十八年（1773）

撰者：刘存性

尺寸：高 40 厘米、宽 74 厘米

碑状：碑嵌入墙内，字迹浮浅

今存地：陇县龙门洞

碑文录自：原碑

碑文：

平凉府平凉县东乡吴老人沟红沟堡三十里铺四十里铺甲积浴
在城和阳街药王庙巷一会供府城隍庙二堂香灯每岁朝山碑记

事创始难，故曰莫为之，前虽美弗彰。自康熙甲辰父老一百余金创立水会，宝盖、幢幡、钟声、佛号甚盛也。后以物文故敝，补新未果，止岁供香灯。人遂不称水会，称香灯会。是先人之名目，没于后人，尚何敬米家裕神之云。因议前之名碑者，非祖即父，重刊一石，以继恭敬。二十里铺神明之事，庶先灵慰。神之右飨，亦在斯与！

杨桂①

---

① 下有会首、善士花名百余人，略。

朱曜　九十四岁老人刘士秀之孙刘存性薰沐谨撰

城隍庙主持　　刘本明

龙门洞主持　　乔元新

乾隆三十八年岁次癸丑季冬上浣之吉

62. 贴金沐浴重修天桥碑

年代： 清乾隆三十八年（1773）

今存地： 龙门洞

碑文录自： 原碑

碑文：

贴金沐浴重修天桥碑

辅化人　姚得境　谢锡爵

主持　　乔元兴

秦州□□杨家□正化生马俊□　何□　马扶盛　□成功

乾隆三十八年三月二十三日修桥立

63. 杨元景墓碑

年代： 清乾隆四十二年（1777）十一月

撰者： 杨明真

尺寸： 碑高 135 厘米、宽 56 厘米

今存地： 龙门洞老坟地

碑文：

康熙五十二年乙巳月二十二日降生

锡福真人杨翁元景仙墓

孝徒　　杨明真　杨明志　周明起

孙　　　张至达　王至仁　张至默　张至显　王至纯

侄徒　　张明想　范明春　郭明莲　赵明忠　王明义

乔明珠

重孙　　柴理孝

曾孙　　王宗宝　赵宗礼

乾隆四十二年十一月吉日立石

64. 乔元兴墓碑

年代： 清乾隆四十二年（1777）

尺寸： 碑高 140 厘米、宽 58 厘米

今存地： 龙门洞王家湾老坟

碑文录自： 原碑

碑文：

乔元兴墓碑

康熙五十二年三月二十九日降生

乾隆四十一年六月二十七日羽化

孝徒　　杨明真　郭明连　乔明珠　王明□

孙　　　张至达　王至仁　王至□　张至默　张至显

侄徒　　张明想　范明春　杨明志　王明义　赵明乾

　　　　赵明忠　周明起

重孙　　柴理孝

曾孙　　王宗宝　赵宗礼

乾隆四十二年仲春月吉日立石

65. 钟铭

年代： 清乾隆五十二年（1787）

撰者： 住持陈野仙

今存地： 龙门洞太上殿

铭文录自： 原钟

铭文：

钟　铭

风调雨顺，国泰民安。皇帝万岁，太子千秋。

陕西凤净羽□□□□信士弟子于陇州龙门洞三仙老□

住持　陈野仙①

乾隆五十二年三月吉日造

66. 钟铭文

年代： 清乾隆五十三年（1788）

撰者： 龙门洞道人陈明耀

铸者： 强尔学　强尔至

今存地： 龙门洞灵官楼处

铭文：

钟铭文

皇帝万岁，风调雨调。国泰
民安，太子千秋。②

大清乾隆五十三年春三月吉
日龙门道人陈明耀虔献吕祖神钟一器。

直隶秦州菜园金火

匠人强尔学、强尔至造

67. 重修龙门洞救苦殿碑记

年代： 清乾隆五十八年（1793）

撰者： 赤延镇街张宏儒书撰

---

① 下有众多会首名，今略。

② 下为宝鸡善信人等功德主名，今略。

尺寸：高 46 厘米、宽 70 厘米

碑状：碑为壁碑。周边几何图形，字迹较清晰

今存地：龙门洞救苦殿墙壁上

碑文录自：原碑

碑文：

重修龙门洞救苦殿碑记

自开辟以来，为灵仙崖，后始皇降。都潭洞，皆毁大半，迹寥落。汉时，娄景先生居此修道，更名景福山。后此元朝丘真人迁隐居之，又名为龙门洞。后有黄申、薛翁，开创治山。其仙洞龙潭，不时而现。云山风洞，神妙莫测；药草花木，难以尽述。今有善人王金宁施舍资财，以表后世之云尔。

工头屈强

仙姑山　王至纯　张至梅

龙门洞赎云南铜供器壹对

舍力人　王家湾　莱平湾　白杨林①

赤延镇街张宏儒书撰

管库道人	薛至朴	徒	张理忠　李理义
当家道人	武明淑	徒	董至珍
住持道人	郭明连	徒	田至盛
保阳子道人	陈明耀	徒	侯至贤

大清乾隆五十八年端阳吉日立

68. 龙门洞重修救苦殿碑记

年代：清乾隆五十八年（1793）

尺寸：高 60 厘米、宽 84 厘米

---

① 其后人名略。

今存地：龙门洞救苦殿

碑文录自：原碑

碑文：

龙门洞重修救苦殿碑记

龙门洞即丘祖垂派之所，七真演教之地。水绕山围，别是人间世界；鹤鸣花绽，犹然仙景蓬莱。峰峦叠叠，桧柏苍苍。仙洞神潭，固属天成之胜境。历年既久，阴雨连连，漏坏金身，作善降祥。今有陕西同州府韩城县千谷里九甲地名寺庄村好道善人王金宁浩大之功，虔诚发愿，落醮施舍白银壹佰柒拾伍两。

重修救苦、三官、三法教主众等大殿，妆颜金像，彩焕复新，垂不朽之功而奕世之美哉！

施舍督士人　　王金宁

画匠　　　　　米翠

石匠　　　　　李兴

铁笔　　　　　杨库

石匠　　　　　杨珍

大清乾隆岁次癸丑年仲夏戊午端阳吉日勒石立

69. 陕西平凉府静宁州韩家店立功德碑①

年代： 清丁卯年②

碑状： 碑无额，周边草花纹，已漶漫。碑面石破，损字严重

今存地： 龙门洞

碑文：

---

① 碑无名，编者加。

② 清岁次丁卯年最早有康熙二十六年（1687）、乾隆十二年（1747）、嘉庆十二年（1807），应为康乾年间的。

大清国陕西平凉府静宁州务本里韩家店立功德碑

大清国陕西平凉府静宁州务本里地名韩家店□烦众会首陈组

遇　裴国钦　徐林　王希桐　刘子荣　刘□财　张问□　赵宗

保　韩君太　苏进财　侯国兴　温养禄　王希凤　温卷明　刘子

杰　张独恭　张申教　陈维禄　裴国顺　党杰　男党藉　刘起

权　韩名仪　孙良

　　石匠　刘有仁　韩养文　韩名礼　韩养聚　温恭

　　木匠　王大海　韩文仓　陈兴旺　张青

　　韩曦　男昌存　冯国珍　韩名仁　苟文

　　韩名□　刘起云　温养国　刘进才　冯□

　　王□德　王有明　王希仓　宋世福　　（石破）

　　□普　□□　韩延元　　　（以下石破）

大清岁次丁卯年十贰月三拾日立碑

70. 金玉山长寿寺泾镇二邑合社

额题：皇清

年代：清嘉庆十四年（1809）

撰者：泐

书丹：王元成

立者：本山住持任至善　程至和

尺寸：连额高 123 厘米、宽 60 厘米

碑状：额题楷书，竖 1 行。旁各刻"日""月"二字。碑周边海波纹饰。石残，部分漶泐不可识

今存地：陇县龙门洞大殿水道口旁

碑文录自：原碑

碑文：

金玉山长寿寺泾镇二邑合社

　　龙之为灵昭昭也，天下无有神（石残）尝从之矣。相传陇邑有龙（石残）玉皇上帝灵湫示显化二奇，致各处有祈应所在多有，诚难备述。现在今岁五月（石残）共患罔□□□无雨则无麦。十日□禾□，人恐惶，命在旦夕。诚危极存亡之秋也。（石残）村□视寒心，共议祈祷□在本社金玉山长寿寺、城隍庙立坛拜礼（石残）九天应元雷声、普化天尊、古京都城隍老爷、总统王爷案下（石残）指明欲求甘霖，祈祷龙门，因合社共发□虔诚踊跃，不惮千里之遥，何幸昊天上帝降施灵雨，普泽不待。湫子之归楠者，勃然而兴哉者，因之而笃，神功浩大，民歌太平。夫上帝之德，民无能名。归之造物，造物不曰。以为功归之太（石残）其不可得而言，因志之石，以铭神湫之灵，亦以见龙之神化不测，有如是夫。（石残）士聪、马正齐

　　泾（石残）敬撰

　　梧村合社共施银（石残）　　　　赵三乐　王学德

　　　　　　　　　（石残）　　　　刘宗离　郭进田

　　　　　　　　　（石残）　　　　刘玉庭　赵士兰

　　　　　　　　　　　　　　　　　马兴智

　　　　随缘弟（石残）　　　　　　社众姓人等

　　　　　　石匠　　　　　　　　　吴肇（石残）

　　　　本山住持　　　　　　　　　任至善

　　　　　　徒　　　　　　　　　　姚理顺　徒李宗桂

　　　　　　徒　　　　　　　　　　张理贵　程至和

　　　　　　徒　　　　　　　　　　李理浩

　　王元成书

　　龙飞嘉庆拾四年十一月冬至日敬立

71. 甘肃省平凉府华亭县圣女里二十二庄捐资重修龙门等殿碑

额题： 皇清

年代： 清嘉庆十五年（1810）

撰并书人： 道士李自守

尺寸： 连额高114厘米、宽46厘米

碑状： 额题楷书，竖行1行。旁线刻荷花图形。碑周边云草纹

今存地： 陇县龙门洞

镌刻： 冯自顺

碑文录自： 原碑

碑文：

甘肃省平凉府华亭县圣女里二十二庄捐资重修龙门等殿碑①

考自大禹凿山开河，长安西距五百里，陇山东峙者，绕翠增巅，石室重楼，钟秀盘结，始谓灵仙山石。迨秦汉娄景先生定日月而配四时，授水火而合阴阳，更名景福山。迨宋元长春真人施甘霖于克日，革瘟蝗于四方，今曰龙门洞。至康熙初年，有道人黄本善鸠工修理黄箓等殿，瞻天颜于咫尺，雨顺风调，安黎庶，拜圣真于方阶，万民乐业，庆有余与。嘉庆八年，殿阁颓残，栋折屋漏。十方信士各捐资财，重新敛辑，灿然复初，可谓大观。赞曰：

嵯峨蜿蜒西京栏，钟秀凌虚六六天。源□溢瀚清心欲，渊泛钩情三八潭。

嶂峣仙岩娄景栖，松卧白鹤长春眠。人生乐此真常境，何必碌碌望世缘。

今我甘肃省平凉府华亭县圣女里共二十二庄助善名目书右

首事人　郭万仓　刘琢　　郭万学　郭玉明　张益聪　郭自俊

---

① 碑原无名，编者增加。

	郭万长	焦君英	张文焕	马益长	武宏选	司万德
	朱登科	卢茂				
杜家庄	李福	李进满	张海	侯赵氏	苑广	郭自槐
	范清	范昌	高安	冯显云	郭仕俊	郭仕杰
	王得仓	郭万妥	吴满玉	范馨	朱宏道	焦君得
	张昭	焦汉	张义才	王芹	朱彪	金大庆
	史存学	李进虎	师库	李进海	龙呈祥	李进隆
	李进义	卢惠	王英烈	马显麟	刘福喜	马步□
	刘朝信	朱登举	张守林	杨主玉	高玉	王朝甫
	高斗	赵益宁	陈仁	邢世钦	张湖	刘守龙
	叶龙	朱登贵	李全	王宗喜	路芄	郭浔美
	张守仓	庞连	郭万美	耿云	李进林	边才
	时满库	李守才	时满收			
中沟庄	王得海	时满德	常得福	付有	王肇厚	田禄
	王宗吉	朱宛智	刘文起	张忠	杨宗信	张铎
	李同青	张文德	李俊	张宝廷	张库	焦君顶
	焦问	冯进孝	张满时	敬虚	王俊	张有省
	时满	张满库	郭得厥	郭万省	边德	晁伯玉
	高桐	张玉重	韩昌	庞天芝	关胜	郭自英
	庞天绪	郭万智	李世才	刘桂	刘宗霖	关思仁
	侯宝义	高举库	侯宝省	焦君儒	朱李氏	焦君秀
	窦万重	刘朝秀	焦君岱	侯宝寅	高妥	侯显宝
	黄香	王司掌	耿秀	陈起贵	徐继贤	关全镕
	郭八月	吴满兴	侯显果	张存	焦沛	赵恩
	刘起旺	魏库	刘起梅	魏存德	刘昭娃	魏君柱
	何起福	魏君湖	刘起花	魏君良		
督工道人		王至纯等				

即将地亩列碑于后，嘉庆二十二年十月十一日

　　以上共布施银二十九两七钱一分

　　撰并书道人　李自守

　　刻字人　冯自顺

　　大清嘉庆十五年六月十五日　　　　本洞住持孙至灵石及□□
大众同志

72. 重修龙门洞碑阴

碑额： 百世可知

年代： 清嘉庆二十二年（1817）

碑文：

重修龙门洞碑阴

　　即将地亩列碑于后，嘉庆二十二年十月十一日

　　师祖陈明耀、师叔孙至灵，置买马九龄同子马珠田地一分，荒熟田地七段，约有五十八垧。麻地二段七亩一段三亩，坐落东家场科。东止刘姓，西止路，南止索姓，北止路。一段麻地四亩，东止路西，止刘姓，南止□姓，北止杨姓。元河滩二段两垧，东止路，西止东姓，南止河，北止水渠。崖土地一段十五垧，东止水渠，西止埂，南止盖坡，北止盖垅。官路坡沟地一段两垧，东止路，西止垅，南止买主，北至原主。唐家坪一段四垧，东止索姓场科，西止原主，南至盖垅，北至买主。荒湾渠北一段二十五垧，东止渠，西止岭，南止买主，北止路南。槽沟嘴地一段十垧，东南地俱止水渠，西止索姓为界。四止分明，金石土木相连，原粮八斗八升，□□□地媒，说合人郭永忠，中见人刘贵代书等，道光三年十二月初三日，田至盛置买常□宗同子常守□□地一分二段七垧。坐落圹湾口麻地五亩五分，坐落磨石□，东南俱止天河，北止密家地埂白地，东止酸蕀咀，南止家地，西止天河，北止常住为界，金石土木相连，原粮九升五合。说合地媒人高进贵

并书，原主乔□□□，道光三年十二月初三日，索宏道舍地一分，
一共六十一埫麻地，三亩场科地，一亩南巢地，一段滩泥池地，
一段齐路口为界。大巢地两段，荒湾齐渠阳山地一段，东家场下
畔一段六埫，金石土木相连，原粮八斗九升四合。□□□□龙门
□，永为香火。说合人马九龄、高进贵等。马姓地、索姓地、常
姓地，三姓地基业俱以上碑记，万年不朽云尔。龙常致中。

73. 早阳洞陈明耀诗刻

年代：清乾隆年间

刻者：陈明耀

原存地：早阳洞石壁上

诗句：

　　身居早阳洞，云游遇仙桥。[①]

74. 李宗江书碑

年代：清道光二年（1822）

书丹：李宗江

尺寸：高 45 厘米、宽 80 厘米

碑状：碑为壁碑，周边花瓶图案

今存地：陇县龙门洞

碑文录自：原碑

碑文：

---

① 早阳洞位于龙门峡西朝元峰悬崖上，下临深渊，很奇险。洞壁北，沿崖架有栈桥铁链，长 36
米，游人缘此可至洞前。洞有 3 孔，主洞高 6 米，宽 5 米，深 8 米。上方有小洞为通气窗。
洞有两窟，内外相连。外洞口镶楹檐为屋，为祀奉药王孙思邈的龛洞。内洞阴湿沁冷，人不
常入。因洞口面向东南，太阳能最先照入，故名早阳。清乾隆年间，甘肃靖远县道士陈明耀，
号野仙者，曾隐修此洞，行医募化，整修庙宇。后道士刘一明亦来龙门洞，曾赋诗一首咏此
洞景象曰："百丈悬崖斧削同，危桥一通在虚空，若无大道真仙手，当面问天路不通。"

李宗江书碑①

　　昔黄老始祖时系明季躬佩甲胄鹊印，前悬政协三军，志在四方，一旦目击时艰，逐物意移，向武当山蜡蠋涧而脱俗焉。数年，游于龙门，睹殿之倾颓，不惮劳而修葺。自嘉庆年间，叠次屡修，犹然降福降祥，仍敢众愿，复屦悃修，以完其功，老祖获庇。道光二年，功力圆满，寸心欲留，故勒碑以志之。

　　高居　贾祯　俞镜　段常　张槐　胡海　胡荷　张员　王福

　　冯顺　曹绪　陈受　孙灵　赵蓬　付铣

　　监院　田至盛　徒李理义　徒孙邓宗强

　　张正　李杰　张英　魏珍　周耐　马拐　郭益　武瑄　杜茂

　　张泰　安宁　刘璋　何芳　张美

　　曾孙　刘诚悦　重孙　刘良　齐信龄　陈瑞

———————————

① 碑原无题，编者增加。

石匠　张义忠　李万仓　李枝秀

大清岁次壬午年孟夏上浣榖旦吉立　　　　李宗江书

75. 重修太上殿序

年代：清道光二年（1822）

撰者：龙门正宗邱大真人派下第二十三代玄孙弟子李宗江撰刊并书

尺寸：高195厘米、宽70厘米

今存地：陇县龙门洞

碑文录自：原碑

碑文：

重修太上殿序①

　　龙门古景福洞天，自邱祖避召西崖始以称。盖仿宣圣适周见老祖，而发犹龙之叹云。旧有仙迹瑶池王母宫、三台殿，皆横插山腰，双空结构，诚云间楼阁。下有黑虎殿，川境第一福地也。历年既久，风雪飘摇，是以栋宇腐折，金色不鲜，作善者不能无

---

① 此碑文与清张建侯"龙门洞重修玉皇宫三台殿碑记"碑文大致相同，抑或道光二年（1822）四月重刊立之碑。

憾焉。有各州县信士乡民与本山住持□人众，恪供朝山胜会，至其地者，目睹心伤，乃众建议，相与量力出赀，鸠工建修。于是栋桷板槛之毁坏者则葺之，盖砖及瓦漶漫者则易之。□神像则金身，壁檐则彩之。无侈前人，无废后观。工既讫，欲其久不□也，有重建楼三楹，按架五间，故勒诸石以志之。是为记。

龙门正宗邱真人派下第二十三代玄孙弟子李宗江撰刊并书

募化布施开列于后

罗鸿□　□□银六两　　烈浦淳　银二两

吴登必银二两　　林举凤　梁家渠炭家硖　赵锐银六钱

车枢银一两二钱　　吴太□银一两□钱

刘全志　瓦家新庄以上十一庄

华亭县：杨登　刘和　银五钱　　　　朱怀银一钱五

　　　俞生花银一钱

仙福山合街共化　　　杨福桂　李悦（下泐）

长武县尚运寅五钱　李奋升银一两（下泐）

张凤泥水　　　徐泰画（下泐，略）

时大清道光二年四日上浣之吉立

76. 华亭保安会朝山进香碑[①]

年代：清道光十三年（1833）

尺寸：连额高60厘米、宽34厘米

碑状：碑额雕双龙戏珠，中刻楷书"皇清"二字。碑嵌入墙内。

今存地：龙门洞

碑文录自：原碑

碑文：

---

① 碑原无名，编者加。

华亭保安会朝山进香碑

龙门洞朝山进香祈福迎祥，保安会华亭县龙眼镇四条岭镇众姓人等

肖篦	肖提	高鸿	张秉	来登	潘重林
肖甫	肖彦宗	俞玲	高贞	王金贵	张显系
赵时役	王管	陈魁	高沨	杨具	俞在荣
邓海	来夆	李发	张福	邓芝	来考
刘日有	王宾	高浴			

道光十三年三月立

77. 重修龙门洞碑记

额题：皇清

年代：清道光十六年（1836）

书者：范宗礼

碑状：额中央题，竖行、楷书大字。碑周边雕花鸟鱼虫图案。碑文楷书

今存地：陇县龙门洞

碑文录自：原碑

碑文：

重修龙门洞碑记

夫龙门洞者，历代名山。汉时娄景先生隐居此山，养性成真。复至元朝，邱真人迁隐此山，修炼七载，行满功成。彼时灵潭凑乐不时而显，海马摇铃，神妙莫测。仙踪山景，难以尽述。顺治年间，黄老始祖特奉州谕，住持此山。复有薛老太祖二尊不惮劳倦，募化天涯，登山涉水，苦行成功。频徐庀创，陆续建修黄箓大殿、各所庙宇，住宅房楼，数十余楹。遂设圣会，讽经礼忏。十方善士，朝山设醮，祈祷升平。真乃山明水秀，诚为世人作福之地耳。自康熙年间至今，年深日久，风雨飘零，惟有混元宫、三清宫、玉皇前后二宫，以及牌楼、太上殿、救苦殿，慨以块数。道衲一念神圣香火，二思先祖苦行，不忍坐视，但功程浩大，独力难成。恳祈十方善士随心布施，协助功果。于道光己丑仲春鸠工，至甲午季秋告竣。上则神圣永享禋祀，下则施主心乐意安，神人胥悦。天朗气清，时和岁稔，万国咸宁，人杰地灵，物阜财丰。而士庶人等，莫不仰赖矣。斯此勒石，以为不朽云尔。

生□□　　振兴号捐银一十两四钱　　恒益号捐银二两

　　　　　张门谈氏同孙捐银八两　　白杨林捐银二两

　　　　　张致祥捐银八两　　　　　李进库募银一两九钱

　　　　　恒福号捐银一两二钱　　　新兴号捐银五两四钱

　　　　　顺兴号捐银六钱

大清道光十六年岁次丙申仲春穀旦　　范宗礼沐手敬书

78. 玉皇洞香火田地碑

年代：清光绪五年（1879）

撰者：李至芳

书丹：李至芳

尺寸：高 52 厘米、宽 66 厘米

碑状：壁碑，周边纹饰漶泐

今存地：龙门洞

碑文录自：原碑

碑文：

玉皇洞香火田地碑^①

今有玉皇洞香火田地川塬山坡共一十三段，共地四十八埚，随纳正银二钱乙分。恭敬玉皇洞香灯。王诚彰情愿全归于龙门洞，只许补修庙宇，更换金身，不许别用。常住永远经理。

监院　姜信海并大众同立

李至芳撰书

中人　张克礼

石匠　徐　荣

光绪五年又三月吉日立

79. 陈野仙行乐谱序碑

---

① 碑原无题名，编者加。

年代：清光绪十五年（1889）

撰者：汧邑募化道衲袁教统

书丹：汧邑儒学生员陈廷桢

镌刻：段蔚

碑状：碑为两块，并列嵌于墙内。字迹尚可读

原存地：龙门洞早阳洞①

碑文录自：原碑

碑文：

陈野仙行乐谱序碑

《陈野仙行乐谱序》云："本仙姓陈，法名明耀，道号抱阳子，又蒙世人称为野仙。系甘肃靖远县人。自韶龄入于紫柏，成童修于龙门磨性六大洞，淘情四六潭，已数十余载矣。"登仙位于大清嘉庆二十二年二月二十七日吉时。今借丹青云游天下，以为不老之秘诀耳。

募化铸像善信人等姓名开列于后

汧邑募化道衲　袁教统顿首同幕

汧邑儒学生员　陈廷桢顿首书

光绪十五年岁次己丑年十一日月朔一日敬立

早阳洞道衲　　马信福施艮一两四钱②

　　　　　　　唐兆祥施艮一钱二分

凤　翔　　　　张德

城　内　　　　施艮四两　　　　　　侯柏林施艮二钱

　　　　　　　王少卿施艮四钱

　　　　　　　郭炳道　张门张氏　　以上施艮一钱六分

---

① 2010年，笔者于早阳洞拍得此碑，2017年再返故地，道士丹房已拆，碑亦不见。幸得此照片保留下来。

② "艮"即"银"，旧时账房常用字。

王英　　朱焱林　刘价章　以上各施艮二钱

四分

孟门雷氏　　　　王元娃　齐玉　边天赐

以上施艮一钱二分

小寺宫　　　　何桂林施艮二钱四分

屯　头　　　　严梦熊　严恺　严门张氏

亭子头　　　　李文蔚　以上各施艮一钱二分

陇州枣林寨　　阎龙　　张科　　以上各施艮二钱四分

张门刘氏　　　　阎门赵氏　以上各施艮二钱

景福宫　　　　李合德施艮四钱　高教常施艮一钱六分

张教祥　袁教统以上各施艮五钱

王教全施艮二钱四分　王永清施艮一钱二分

东关村　　　　任克敬施艮五钱

姚家庄　　　　刘新桢施艮五钱

戚家坡　　　　戚得运施艮五钱　朱尚离施艮一钱二分

陈门阎氏施艮五钱　　温点雅施艮四钱

秋家庄　　　　秋拾娃施艮一钱二分

富平县　　　　赵仁安施艮五钱　　孙澍施艮一钱二分

戚家坡　　　　老张教朋施艮五钱

□　庵　　　　道炳施艮五钱

宝　邑　　　　蔡春施艮五钱

80. 天桥处石刻文

年代： 光绪十五年（1889）

今存地： 天桥处

石刻文：

天桥石刻

身在早阳洞，云游遇仙桥。

81. 龙门法派羽化马公法名讳信福之灵墓并序

年代： 清光绪二十年（1894）

立者： 田从华

尺寸： 碑高 124 厘米、宽 55 厘米

今存地： 龙门洞老坟

墓文录自： 墓碑

墓文：

龙门法派羽化马公法名讳信福之灵墓并序

原籍甘肃省平凉府静宁州人也，龙泉居住。生于道光年间。久志其岁在家，有出家之心。自童时便知敬老怜贫，爱惜物命。年十六离家，至陇州龙门洞□恩师度诚习，以在腰岩仙山居住。红崖大寺动工修庙，行善数年，师传示以道要，□兴之指点玄微，遂就早阳洞修炼。端心正念，静□一十四年，性海澄清，而内丹克成者。出洞云游至汉中府紫柏山住。年余复回龙门早阳洞。空中修桥，万古留传。十六年羽化。仁人君子，念念功德无量矣。是为序。

光绪二十年四月吉日穀旦

门徒 田从华 蔺从忘 敬立碑

82. 重修龙门洞各庙宇暨库房、斋房、楼阁记事碑

额题： 常住

年代： 清光绪二十二年（1896）

撰者： 例授修职佐郎候铨儒学训导岁贡生郡人丁全斌

书丹： 龙门正宗弟子李兴云

尺寸：连额高135厘米、宽60厘米

碑状：额题2字1行，竖行。碑周芸草纹

今存地：陇县龙门洞

碑文录自：原碑

碑文：

重修龙门洞各庙宇暨库房、斋房、楼阁记事碑

从来极盛难为继，极衰难为振，理也。盖不得其人则衰者，固衰，盛者亦衰；得其人则盛者，可长盛，衰者不终衰势也。愚于龙门洞近来情形，每不胜今昔之感，怀得人之望矣。洞为关西第一福地，凡娄子先于汉，长春启后于元者，无论矣。洎乎我朝，畸人应运，名山生色。恪守清规，实心道教者固不乏人，可谓极盛之盛者矣。兵燹迄今，诸凡简陋，积重不返之势，纵有一二干济材，亦皆知难而退，衰何由振？光绪乙未二月初，库房忽被回禄，法器半成灰烬。固由司事疏忽，亦是神明厌乱有以致之也。监院高诚全、巡诏赵法忠熟悉洞务，不忍荒废。四月初，协同诸道友四出募化，一面兴工。不但新其所有，而且增其所无。共成

庙宇若干所，楼阁若干楹。阅两年而顿改旧观。讵非得人而衰不终衰之验哉！因伐石竖碑，用志缘起，并将被灾失契之田地什物附记详晰，庶后人有所遵守云。　　查地公务　崔从福　李兴云

计开前后山庄名，开列于后

磨儿下　　　　吏家庄　　　胥家沟　　　石宫寺

新集子　　　　拐沟里　　　兰泥子　　　王家塔

刘家河东止大山梁为界，南止向家河山神殿官路伴为界

向家河　西止九子塔为界，北止荒山红石山厓为界，四止分明

辛平寺　　　　上关镇

安嘴子沟　　　陈家庄　　　刘家硖口　　荫平里　　散岔里

交北现　　　　庄料里　　　狮子塔　　　殷家岭

高诚全施银拾两　　　　赵法忠施银拾六两　　　姜从学施银拾两

姜信海施银九两　　　　田从华施银二十两　　　李里明施银三两四

蒋从顺施银拾二两　　　王从政施银六两　　　　梁高玉施银三两

宋信忠施银三两

凡有各庄地户所写租约，日后有不明处，以照库房所存约计对查。

一凡常住每年单布两匹，分作前后半□所用。因为常住寒苦，人稀少。今将单布改为四季。单人自改单以后，人急多来往，道朋七十余单，每一季所领单人六□□

例授修职佐郎候铨儒学训导岁贡生郡人丁全斌沐手敬撰

光绪二十二年十月吉立　龙门正宗弟子李兴云沐手敬书

83. 重修三台殿、药王殿、文昌殿、娘娘殿、黑虎殿，募化陇州城关信士布施花名录碑

年代：清光绪二十二年（1896）

今存地：陇县龙门洞

碑文录自：原碑

碑文：

重修三台殿、药王殿、文昌殿、娘娘殿、黑虎殿，募化陇州城关信士布施开列于左碑①

钦加运同御赏戴花翎调署凤翔府陇州正堂边大老爷捐银壹封

史说顺捐钱式拾千文　　　　顺义当捐钱拾伍千文

估衣行捐钱拾式千文　　　　聚泰当捐钱拾千文

南会里捐钱拾千文　　　　　薛生福捐钱捌千文

十房捐钱捌千文　　　　　　德新恒捐钱陆千文

白酒行捐钱陆千文　　　　　斗行捐钱肆千文

三班捐钱肆千文

树德荣　聚发和　德盛生　顺兴社　春盛全　以上五家各捐

---

① 碑阴有石工寺、龙渠庵、洞宾庵名号。碑无题，编者加。

钱式仟文^①

大清光绪二十二年小阳日吉日

84. 五律二首

年代：清光绪二十四年（1898）

撰者：谢威凤

今存地：龙门洞

碑文：

五律二首

夜到龙门洞，当头好月华。四山无俗韵，一木彻霄泮。岩壁仙迹渺，藤萝客梦赊。娄邱如可接，我愿餐烟霞。

不俗叩仙侣，兹游三四人。劳夷高逸品，百事健吟身。牧伯钦玄宰，耕夫羡子真。摩挲梯蹬遍，都信有前因。

光绪戊戌五月十日，陇州牧董仙舟刺史，邀余□劳纯甫太守、丁笠山明南、郑漱清成尹游龙门洞。到己灯、初月临阶际，山洞水响，客梦如清明，早登遍名洞，□占五律二首志之。汮山谢威凤识云甫草。漱清弃官归浙，可谓高矣。

85. 定心峰空心铁塔

定心峰空心铁塔

按：定心峰在道院东南八仙楼前西端，峰如斧削，壁立独峙。定心之意，是指修持道人于此打坐，可安心定志。因峰正对

道院邱祖楼，如同楼前香炉，故又名香炉峰。此峰为龙门洞一高点，登峰环顾，山场、道院、流水、森林尽收眼底，故又名望山峰。铁塔为九层空心铁塔，上镂兽纹篆字，铁塔下层有铸塔铭文。现铁塔多处腐坏。

　　清代著名道士刘一明曾有诗赞定心峰云："奉生地造定心峰，左右峦头虎伴龙。不得邱翁留法眼，几乎埋没本来真。"

86. 游龙门洞记

年代：清

撰者：赵先甲

记文：

游龙门洞记

　　予至仪州十年矣，久闻陇州有龙门洞，洞中有号陈野仙者，长老往往称异焉，予尝欲往观而未能也。己卯初夏，友人赵生邀予往游，往五十里至山下，仰见树木荫翳如无路，然从林中盘折而上，旁多古木奇形，不可名状。其东南曰景福山，缘山南下西折一二里，遥闻鸡犬之声。已而山腰如箕，庙宇层层，堂殿铃铎，风动韵兴，恍惚异人间也。东南山脊环抱，苍松翠柏，宛然若画。西出一岭，高高下下，数亭翼然谷中，陂间芍药紫荆，蕃英灿烂。绿鸟红雀，莫如其名。转自旁崖小径，跻景山巅，古松参天，四望甚远。旁悬大钟，叩应山谷。于是藉草为茵，风飘云绕，花香鸟语，悠然不知身之在何处也。

　　俄尔寺童云，此巅常有虎至。友人惊起，予亦徐返。复至山北，穿林而下。西行十余里，峰回路转，有一石门，旁镌二龙，额曰：龙门洞。委曲而前，忽睹楼观森列，半在石山覆帱之下。

壁间小庙、石洞高百余尺，俨如倒悬。攀索缘梯，身始能至，然亦难矣。回视景福山，又一异观也。访所谓陈野仙者，云湘子洞，缘山西下而北，石级上下，仅可容足。三四里，扣其柴扉，有童子出，延入石洞，洞中清凉有若秋冬。已而野仙卧起，发冠敝衲，浑浑噩噩，宛然野人之象。相与言论，自云野人，无知也。入第二洞，幽冥如应，莫知所之。入第三洞，则小户南通，豁人心目。俯视户下，绝壁数千仞。倾之，寒气逼人，不可久留，而野仙披单衣温如也。出自南下，而东回首望之，但见野仙坐山腰绝壁小户间，目送行人，飘飘然有凌云之概。观山颓下有鹤洞，洞口置有巨缸，中峰巅之悬崖峭壁，亦多置粗笨瓷器，迥非人力所能至，云：皆野仙置也。斯亦异也。既而归，人曰："野仙果有异于人乎？"予曰："何以异于人哉！但其地异，其所置之物异，其貌亦异也，俗之态耳。"数日，每闲居独处时，犹穆然神往于山岩石洞之间也。

87. 龙门洞赋并序

年代： 清

撰者： 吴瑶

陇洦之西北有山曰龙门，多古迹奇景。友人吴之瑜邀中孚李子顺天生、李因笃雪木、李子柏并子文朱子绣诸先生同游龙门，邀余于汧为东道主，奈以雨雪不果来，余冒雪而往，不负约也。吴亦病，但曰：作一赋代辋川图，卧游以却病可乎？余勉为之，以请教焉。赋曰：

予观龙门一山，高出霄汉之表，秀拔群峰之龙。含岚光而炫耀，抱佳气而清幽。势峻峭之若削，色苍翠而欲流。松榛菁菁而济济，麋鹿穰穰而呦呦。虹泉滴沥而如瑟，怪石筝卧而如牛。山愈望而愈险，水愈听而愈悠。然此犹远观而赏叹，尚未涉彼而遂游。诚而摄衣而上，踞虎豹，蹬蛇龙，跂峭削，履孤峰。窜参天之翠柏，穿指地之苍松。紫竹敲琴韵而弱细，珍禽弄管声而雍雍。满目瑞霞，充袖香风。高高下下，郁郁葱葱。然此犹顾瞻于道左，尚未入乎瑶宫。俄尔峰回路转，苔径层开，白云迷路，绿树笼烟，华古若殿阁。幽哉！羽客吹笙而唱和，游人敲诗而徘徊。虽为人间之胜迹，无异海上之蓬莱。然此观之于道院，尚未高历乎悬崖。俄而去长袖，披短衫，足登乎玉砌，手提乎金环。望云桥而庶止，仰仙阁而高极。飞石磶磶却步，寒风烈烈变颜。思前进之非易，欲后退而更艰。既而气清天朗，风淡云捐，正色而入古洞，披襟而坐绝巅。洋洋乎若辞尘而成契，飘飘乎如御风而登仙。俯视关河□冥香，纵观日月以非悬。遍览此中之佳景，方知造化之有偏。同为天址之所峙，何其玲珑而独炫。吾今而知山灵尚不一矣，人事宁可慨焉。彼乐酒色者什佰，乐功利者万千。谁知奇山之蓊蔚，何知秀水之清涟。吾观古之君子，或登高作赋，或临流而成篇。岂其泥志于幽隐，非直留意于山川。第勋名可俟之他日，乃乐事须行之当前。故宣父舞雩而谈道，曾点风浴以往年。苏子泛舟于赤壁，谢运眺览于流泉。是知山水原无常主，游观在乎圣贤。斯是龙门，洵可为圣真之所鉴赏，乃贤哲之所盘桓。如谓一赋之未已，再步十诗以流连。

其一

奇古龙门洞，青山四面维。翠烟迷陇版，崎路达隃糜。
人慕陶弘景，遇非郭子仪。行藏信有命，浓淡随时宜。

其二

奇古龙门洞，竹林羽士家。清风逼户冷，明月柳窗斜。
盥手击清磬，呼童烹好茶。人生有至乐，金谷徒繁华。

其三

奇古龙门洞，亭虚四望遥。丹霞漫碧水，紫气连青霄。

鹦出喧新语，鹿来绪菊交。林空别无事，牧笛和炊樵。

其四

奇古龙门洞，蔚葱古木蟠。阴浓绵亦冷，风透暑生寒。

事少人何静，景多情未阑。坐看出谷鸟，展翅趁风搏。

其五

奇古龙门洞，悬崖陡势雄。穴深无底止，树茂有余丰。

豹石蟠千曲，虹桥倚半空。关山明月转，玉色照瑶宫。

其六

奇古龙门洞，灵岩阁几层。流霞明似锦，积雪朗如灯。

树舞千年鹤，亭游百岁僧。相逢共笑傲，碁石叠来凭。

其七

奇古龙门洞，仙居光满川。蜃浮珠焕彩，石灼玉生烟。

竹韵偏宜雨，松声响入泉。借瓢汲活水，煮茗听潺湲。

其八

奇古龙门洞，石楼分外凉。崖坚并海岳，字古阅沧桑。

云出从岩孔，泉鸣通石堂。莫寻方外去，即此是仙乡。

其九

奇古龙门洞，天香满客斋。花飞红绕户，草色翠侵阶。

进退真由我，炎凉不挂怀。此中殊可乐，何必问江淮。

其十

奇古龙门洞，栖迟乐有余。山空时唳鹤，水湛不藏鱼。

洁清堪思道，幽间可读书。宦游经此地，亦必赋归兴。

又：

步入龙门景万千，悬崖古洞横空烟。定心峰上寂无扰，传道石前有好仙。

曲折虹桥随上下，优游白鹤任蹁跹。谁谓尘世无清境，四顾萧萧别一天。

88. 朝山会信士题名碑①

年代：清丁卯年十二月十日

今存地：龙门洞

碑文：

朝山会信士题名碑②

大清国陕西平凉府静宁州务本里地各朝山会□□

（按：信士名略）

大清岁次丁卯年十贰月拾日立碑

89. 龙门洞重修玉皇宫、三台殿碑记

年代：清

撰者：张建侯

今存地：龙门洞

碑状：碑为断碑，有上半截，无下半截

碑文录自：原碑

碑文：

龙门洞重修玉皇宫、三台殿碑记③

　　龙门古景福洞天，自邱祖避召西崖，始以龙门称。盖仿宣圣适周，见老祖而发犹龙之叹。云：旧有玉皇宫治殿，皆横插山腰，凭空结构，诚云闻楼阁，□境第一福地也。历年既久，风雨漂摇，是以栋宇腐□金色不鲜。作善者不能无憾焉。有城南街暨

---

① "丁卯"无法确定年岁，故列于此。

② 碑原无名，编者增加。

③ 此碑文与道光二年（1822）四月龙门正宗邱大真人派下第二十三代玄孙弟子李宗江撰刊并书之《重修太上殿序》碑大致相同，抑或道光二年（1822）四月为重刊立之碑。

东西北三乡之人众，□□朝山胜会，至其地者，目睹心伤，乃为集众建议，相与量力出资，□□□修。于是栋楠板楹之毁坏者则葺之，盖砖级瓦漶漫者则易□。□□□金身之壁，檐则彩色之，无侈前人，无废后观。工既讫，欲其□□□□□□□□石以志之。是为记。

　　　□郡人　　　张建侯撰
　　　　　　　□□□书
　　本山主持　　杨元景

90. 王元庆墓碑

年代： 民国二十年（1931）

尺寸： 碑高 80 厘米、宽 41 厘米

今存地： 龙门洞十方坟

碑文：

王元庆墓碑

民国辛未春三月

龙门正宗羽化恩师王翁讳元庆之墓

　　　徒　赵明心　　吕明喜

　　　孙　辛至刚

91. 陇县龙门洞重立东南会碑记

年代： 民国二十九年（1940）

尺寸： 高 66 厘米、宽约 102 厘米

碑状： 壁碑。字小较清晰，但刻痕较浅

今存地： 龙门洞

碑文录自： 原碑

碑文：

陇县龙门洞重立东南会碑记

吾陇龙门洞曾立东南会处，不知创自何时。世远年湮，稽而无征。现在仅留旧址一所，原有房舍，荡然无存。民国二十八年春三月，会首姚德昌等来朝斯山，无所憩息，遂兴感焉。旋城后，敦请商会主席王子威、民生工厂厂长朱静斋两先生，暨众会首会商，重设斯会，建筑楼房。办法集合中东西区绅耆农商，共计捐募大洋壹仟余元，由权玉泉先生监修新建楼房三间，地板床席设备齐全。即日庀材鸠工，越翌年三月而工竣。改其会名曰：东南会，竖匾志之。从此合会香客朝斯山者，皆有住舍之处，且幽浩焉。是举也，工程浩大，费用亦巨，倘非姚、权诸君提倡于前，王、朱两绅协助于后，农商会首等从事捐募共襄义举，其成功也诚非为易。兹逢圣会佳期，适值工程告竣，谨将出力捐赀诸善士姓名泐诸琐珉，以垂久远而励来兹云。是为记。

捐赀诸善士姓名镌列如下

王子威　朱静斋　韩雄城　董宝珊　封永昌

宋大亭　吉顺成　高庙庄[①]

92. 龙门洞全真道观功德碑

年代： 1993 年

篆额： 胡百川

撰者： 赵学普

书丹： 兰惠溥

今存地： 龙门洞

碑文录自： 原碑

---

① 以下花名及钱数，略。

碑文：

龙门洞全真道观功德碑

黄帝问道广成子于崆峒之山，则撰《阴符经》，周末关令尹喜求老子讲《道德经》于楼观台，汉魏伯阳著《参同契》，道教则依此显于魏晋南北朝，而盛极于唐。迨至宋代，张紫阳之《悟真篇》问世后，道风益隆矣。道教之旨隐则修真炼性显，则救世福民率多以时态为之也，其源远流长。道德之士若云经典文献如海，概言之，分为以符箓斋醮之正一派与清修炼养道之全真派为最著焉。其南宗五祖之师张紫阳，北宗七真马丹阳、孙不二、邱处机、王处一、刘处玄、谭处端、郝广宁之师王重阳，皆以全真而称道于世也。龙门洞乃全真教北宗邱处机真人所创龙门派之圣地也。邱祖山东登州栖霞县人，字通密，生于金熙宗皇统八年。十九岁于宁海全真庵拜王重阳为师，刻苦学道，博览经书。师授以火候丹诀之窍，且赐号符阳。三十二岁，由磻溪西游，潜修龙门七载，幽居石室仙乡，近不假环墙世事。遂①道成，自号长春子。南宋嘉定十二年，金国兴定三年，皆遣使聘请，均未应。公

① 此处疑脱一句。

元一二二一年蒙古军围燕京，元太祖命彻伯尔、刘仲禄捧诏求之，词谦语恳："闻邱师先生体真履规，博物洽闻。探宗穷理，道冲德著。怀古君子之肃风，抱真人之雅操。朕但避位侧身，斋戒沐浴，选差近侍，谨邀先生暂屈仙步，或以忧民当世之务，或恤朕保身之术。朕亲侍仙座，敛惟先生将咳唾之余，但受一言，斯可矣。"邱祖则欲罢干戈致太平计，于次年春以七十四岁鹤龄，偕十八弟子至雪山行营，会元太祖，以敬天爱民、清心寡欲谏之。则受帝隆遇，尊为神仙国师，赐金玺虎符，主领天下道务，免道门差税。二四年回北京，住长春宫，即白云观。丁亥七月初九，邱祖升宝云堂示众，嘱尹志平、李志长继其道务而羽化。元世祖忽必烈褒赠"长春演道真人"，元武宗赐号"天仙状元"。著《摄生消息论》《大丹直指》《磻溪鸿道集》。夫今持志清修之道士，当以祖师之德而德之，慎戒其自堕之。元碑载："一言悟圣，天下黎庶咸拜再生之赐"，后世称为《道德经》之履践者，当代之老子。清乾隆帝题"万古长生，不用餐霞求秘诀""一言止杀，始知济世有奇功"。此足征邱祖辅世救民之功隆德厚也，其它焉可及耶！而后世法嗣赖以修真成道者，不可胜数矣。然沧桑散失者众，洞志可考者寡。秦火前，尹喜隐而成真，余则无可问津矣。自汉娄景先生栖后，史志渐有所载，若陈明耀、田高苍、田志盛、杨崇全、闫崇德诸公者。今国运鼎盛，百业峥嵘。开放之光华，普照四海之①。游客乐至云集龙门，以寻幽览胜，饱尝奇山秀水，而旷心怡神者，岂能以数计。至于雅客达士流连忘返者，颇不乏人。龙门洞有多龙潭虎穴，吞云隐雾。世称三十六洞，二十四潭之仙乡名山也。其子孙院位于龙门山石峡谷崖台之上，俯瞰其地，仰视其天，古洞殿阁亭榭则相间于斯，若银汉

---

① 此处疑有脱字。

北斗而布之。监院田嗣舜道长、张嗣凯皆童颜鹤发之道观主持者也，其道风高尚、德模敦材，苦志守持洞山五十余载而不怠，遵全真道旨，行前方丈闫崇德遗讬，诸道友，联四方信士，受祖国恩泽，使洞天福地旧貌换新颜矣。承先启后，检纳雅言。筹建龙门洞，筑石阶新道达仙观，架云桥，天堑变通途。且与二郎殿、土神庙大碑碣，构成合谐优美之景点也。传悬天洞、混元阁为鬼斧神工，明闫阁老则以"混元天梯通宵汉，王母铁索达广寒"诗赞其险奇也。惜一九八七年三月初二日竟遭烈火之灾，观者皆以为此景休矣，然道观会首与众信士献策而重复焉。其结构坚实，璀璨秀丽，无愧前人，不负来者，游客称誉。诸如湘子洞、八仙楼、三清殿、玉皇洞、药主殿、子孙宫、四公祠，与洞沟山门之建筑设施，皆赖宗教政策之阳光雨露也。田、张二道长知友也，恳祈嘱余为文，则义不推辞。谨沐浴云手，援笔而撰之，以彰祖师之德，而励其来者也。

公元一九九三年农历四月初八日敬勒石

附碑阴

为了发扬道教优良传统，承前启后，保护名胜古迹，创建文明道观，现将一九九三年期间十方功德捐施五十元以上，及一贯热心道务，并有显著贡献者，决定树碑刻名，以彰功德，激励后众。

化缘人姓名 ①

流渠村归朴子赵学普撰文

天成乡蒲峪川闫恭甫校阅

陇县杜阳乡史秋来勘读

---

① 计有百四十余人，略。

　　陇县书画名家胡百川篆额

　　城关镇西街村兰惠溥书丹

　　龙门洞会首凤翔县□忠

　　城关乡神泉村李林娃刻石

　　龙门洞监院田嗣舜

　　龙门洞道长张嗣凯

　　龙门洞道众张嗣祥　温嗣忠　王嗣琳

93. 龙门洞复修碑记

碑额： 二龙戏珠。中篆刻"中华"二字。

年代： 2000 年

撰者： 田嗣舜　任法融

书丹： 梁正齐

镌刻： 杨继柏

今存： 龙门洞山门

碑文：

龙门洞复修碑记

　　龙门洞乃全真教龙门派之发祥地，创始于唐之先，增建在金元，再扩于清之康乾。山岭重叠，沟壑深幽，有三十六洞，洞洞隐仙，二十四潭，潭潭藏龙之说。山岩险峻，森林茂密。水源流长，钟灵毓秀，凝祥聚瑞，人杰地灵。神功皆是，仙迹遍布。藏风聚气，真乃洞天福地，参玄悟真，通神达圣之仙境。该地虽始于唐先，因先人尚性命之内修，轻于宫宇之外建，故在元代之先，未形成规模。于至元元年后，由邱处机法孙张志宽、贺志真率众继先祖遗迹，始得平凉府王元帅及陇州冯妙信等之襄助，依旧山之崖壁及洞穴营建藏经、朝元及灵官祠三座殿宇。至元十三年将这一建筑群落由元世祖忽必烈敕封为玉宸宫。后至明万历年间，由住庙道众及十方善信、知名人士协助，原有殿宇得以复修，同时增修栈道桥梁。有信徒魏一清捐资购铜，铸神像数尊。自此，龙门洞朝拜敬谒者日隆。随之宗教活动规模盛行，簪冠入信全真者日益增多。沿迄清之康熙年间，有张显中、曾守云、苗清扬、黄本善、薛教玉等前赴后继，将已毁者复修，原无者增建，方使龙门洞成为关中西部最大的道教宫观群落，迄今有四百余载。因条件不佳，只保原状。今逢当代政通人和之盛世，有监院阎崇德承前启后，田嗣舜继任于艰难颓危之间。广结善缘，团结道侣，勠力同心；自奉节俭，甘守澹泊，节衣缩食，苦心经营。尤为甚者，因田氏德性淳厚，诚感香港青松观侯宝垣大师及德士活①慈善基金会谭兆先生素怀道念，存心良善、隐德行仁，慷慨解囊七十余万元，复修祖师殿五楹，七真楼上下六间，寮房、云厨各三楹，其它道房均有维修。由清之康乾，迄今已四百余载，使道院又一次鼎新。感念政府、乡贤、国彦十方善信，海外善长仁翁同助是举，共襄其成。遥致谢忱，□镌斯碑以

公元贰零零零年七月初九日

龙门洞监院田嗣舜率全体道众立石

杨继柏镌刻

94. 刘登甲残碑

撰者：儒学廪膳生员刘登甲撰

书丹：华邑儒学生员王□官书

碑文录自：原碑

碑文：

……也□接□□□连关山华阴阳□□而聚易超十药云汉□常

---

① 疑为"和"字。

□□空过天□桥□□□□□□□□□□阁本属□□□山□□□北山之□□□□古□定天干地支之□□历会日增谓□□之内□□名山□□者□□龙□□□十□四潭□出龙当此之际，自作主持来龙门□□□之前虽美□傅乎州旧有朝山会，至今□没闻惟□进谒众姓男女□不虑苦翁从此修□之门积福之□，将通天桥、混元阁、三清阁、□明宫，竭力修补，始得焕然□□□□二人之皆财功力所致哉！君子莫大乎与……

儒学廪膳生员刘登甲撰

华邑儒学生员王□官书

李□芳

张□均

李维芳

95. 玉皇阁碑记

年代： 清康熙三十五年（1696）

今存： 龙门洞

碑文：

玉皇阁碑记①

深名（下残）

弘洞处（下残）

继而复常住地（下残）

---

① 新发现此块碑记，虽有纪年，但残损严重，故收录于此。

料真以中道而（下残）

协同立子薛□（下残）

玉帝金容，殿阁庙（下残）

勒石以垂后世（下残）

康熙三十五年仲□□月

96. 长春全德神化明应主教真君仙迹

按：此为一拱形半圆石雕门楣，上刻两蟠龙戏珠，龙形栩栩如生。现位于龙门洞后山路口。

97. 固原朝山一会碑

年代：无年月

碑状：碑石嵌入山壁内，拱形碑头，中竖刻"固原朝山一会"6字，下刻功德主花名

今存地：龙门洞山壁

碑文：

贺当德 王可成 张如教 李呈彩

吴世福　常知畏　魏可贺　魏□□①

　　蔡毓俊　张贵　杨范孔

98. 吕仙翁百字碑

年代： 近代

碑额： 中镌篆书"吕仙翁百字碑"2 行，行 3 字。两旁镌刻龙、凤兽纹图案

碑状： 碑文隶书。此为龙门洞复刻品

今存： 龙门洞

碑文：

吕仙翁百字碑

　　本性好清静，保养心猿定。酒又何曾饭，色欲已罢尽。财又我不贪，气又我不竞。见者如不见，听者如不听。莫论它人非，只寻自己病。官中不系名，私下凭信行。遇有不轻狂，如无守本分。不在人穀中，免却心头闷。和光且同尘，但把俗情混。因甚不争名，曾共高人论。

　　九峰纯阳上宫刻石

99. 龙门洞木刻派单碑

年代： 无年月

碑状： 木质

原存： 龙门洞

碑文录自： 原刻木板

---

① 下嵌入石壁内不可读。

碑文：

派单碑

道德通玄静	真长守太清	一阳来复本	何教永圆明
至理宗诚信	崇高嗣法兴	世景荣伟茂	希微衍自宁
未修真仁义	超升云会登	大妙冲黄贵	圣体全用功
虚空乾坤秀	金木性相逢	山海龙虎蛟	莲开现宝新
行满丹书诏	月盈祥光生	万古续仙号	三界都是亲

100. 龙门洞八仙殿前残碑墙

按：八仙楼，在道院东约百米的偏上处，亦可由药王殿向东穿林而至。楼为砖木结构的两层三间建筑。上层内奉东华帝君和八仙，两侧陪祀娄景、张三丰。

八仙殿创修中，工地上散落着大大小小十数块残碑石，道长们要把它们拼砌成殿墙。当时尚未完工，利用工歇时，着力搜寻了字迹较清晰，碑石较大块的做了拓制，计有重修真元洞、三官殿记，黄荫英祥应碑，龙门施地碑等。

101. 龙门洞太上全真岩碑墙

按：全真岩岩面倾斜约50度，岩面上镶嵌了约45块大小不一的

碑石。从年代看，最早的有元末明初的，有清代的，有少量民国时期的。内容均为会社或个人朝山进香、建醮完满碑铭。但由于长年遭山水冲刷，石面破损，或苔藓覆盖，碑文字迹泐漶严重，大部分已无法认读，加之又在绝壁上，手足无下手之处，无法捶拓。

102. 王母宫碑墙

按：王母宫位于太白殿西侧悬崖绝壁上，其宫镶嵌在前倾约30度的全真岩凹部，全系凿壁架空而设。下挂十多米长铁索悬梯，攀登可至。殿宇三楹，结构及藻绘均极工丽。宫内祀有龟台金母神像，传说周穆王驭八骏西巡，曾亲谒王母，觞于瑶池。故道教虔诚奉祀。

103. 龙门洞谈玄石

年代： 不详

今存地： 在灵官殿西南20米处，旧东山门前路侧

石状： 灵官殿西南有一数十平方米的平台，平台上有大石一块，即名谈玄石。传说此处系金大定二十年（1180）马丹阳立重阳会并宣布《示门人》文告的会址，又传为邱处机与元太祖论道谈玄之处。因平台被苍松遮护，故有"空中飞盖"的传说掌故

104. 龙门洞古景福碑

年代： 不详

碑状： 碑隐在树丛中，今已断为两截，用水泥填接

原存地： 灵官楼谈玄石平台旁，旧东山门前路侧

碑文：

古景福

105. 龙门洞牡丹石题字

年代： 不详

尺寸： 高约250厘米、长700厘米、宽400厘米

石状： 在龙门峡谷口北峰下台地，石上平台可坐数人，相传是吕洞宾与白牡丹盘坐其上传道的遗迹

今存地： 龙门峡谷口北峰下台地

字题：

莫笑莫笑，上去坐坐。色即是空，空即是色，悟彻便是欢喜佛。

106. 龙门洞试斧石题诗

年代： 无年月

撰者：道士毛崇礼

尺寸：高900厘米、宽1500厘米

石状：俗传为沉香子试斧之处。其石与飞来石东西并立峡岸，似一石切为两块，壁立如削

今存地：在牡丹石南约100米处

诗题：

圣母何衍囚华山，赤子孝心感动天。大仙慈悲授真诀，神斧一挥破玄关。

二十四　宝鸡市陇县龙门洞庄房碑目

1. 玄英先生吴永玠墓碑

碑额：中楷书"大清"二字，旁线雕卷云

年代：清乾隆十二年（1747）

立碑：贾继复

碑状：碑周边线刻卷草纹饰

今存：龙门洞庄房

碑文：

玄英先生吴永玠墓碑[1]

康熙三十九年二月初九日建茔　　乾隆八年二月三十日羽化

颂曰

恩师羽翌　翀九天□　众襟梜□　潜（下泐）

玄英先生吴公讳永玠仙墓

丁卯[2]元玚雅士贾继复敬立

---

① 碑无名，编者增加。

② 丁卯，为乾隆十二年（1747）。

2. 玄胤羽士薛翁讳永瑞先师墓[①]

额篆："大清"二字

年代：清乾隆十五年（1750）

尺寸：碑高160厘米、宽60厘米

今存地：龙门洞庄房老坟地

碑文：

乾隆十五年五月望五日鉴

祖塔一座　　　石□一统　　　供桌
一副　　硪炉一器　石庄四枚

玄胤羽士薛翁讳永瑞先师墓

生员　　　宋[②]

徒　　　范元怀　脱元禄　张元哲　杨元智　乔元兴

　　　　刘元功　路元昌

孙　　　王明益　唐明皋

重孙　　杨至性等

佺（下泐）

3. 玄真先生张永玫墓碑[③]

年代：清乾隆十五年（1750）

撰者：古越山阴周兆金

今存地：龙门洞庄房老坟地

碑文录自：原碑

碑文：

---

① 此碑碑阳为玄胤羽士薛永瑞墓碑。

② 下有多人花名，已漶泐。

③ 此碑碑阴刻玄真先生张永玫慈容记墓碑。

张永玫墓碑

颂云：闹市丛中梵经秋，恐我师徒难聚头。

今日相逢舒一笑，而成烟水自优游。

乾隆庚午仲夏

玄真先生张公讳永玫慈容记

古越山阴周兆金选叩

4. 张阳庆墓碑

碑额：楷书"皇清"二字

年代：清乾隆二十四年（1759）

碑状：碑文双行，行13字，隶书

今存地：龙门洞庄房老坟地

碑文：

特授龙门正宗中极戒羽化恩师

张公讳阳庆道号云峰一位仙茔

孝徒　段　续来　立

侄徒　杨缯

大清乾隆二十四年二月吉日

5. 马来成墓碑

碑额：题"大清"二字，楷书

年代：清乾隆四十二年（1777）

碑状：周边粗蔓草纹饰。字迹较浅，不甚清晰

今存：龙门洞庄房坟地

碑文：

徒①

羽化恩师马公讳来成一位仙茔

徒②

时乾隆四十二年岁次丁酉夷则月吉
日立

6. 田至盛无上登天升玄碑记

年代：清道光九年（1829）

尺寸：碑高40厘米、宽45厘米

今存地：龙门洞庄房院内

碑文录自：原碑

碑文：

田至盛无上登天升玄碑记

　　龙门洞正宗掌院道人田公讳至盛，号峰岚。升玄后序受方素契积年者，不得便易由已助家承事，和顺人心。奉修宫殿之圣堂慈，乃人心之良缘，悯生灵之悃苦，救疾病之厄难。忙忙怡怡，恤爱常住，事有隐讳，理有方便，忠孝仁义，正向人之师也。羽化而升玄，惟仙灵之正祇。散步飘飘朗朗迷员，此乃实以为志。然而众弟子悯念训悔之恩未报，只晋墓志，以久后之孝矣。是为序。

　　同大众泣沥上石　　　　掌院张徒乙　　书丹　徒王

道光九季岁在乙丑仲秋望五日丙子法众等

7. 大清羽化仙师常公讳阳靖号凌虚一位仙茔碑

碑额：楷书"大清"二字

---

① 下有数人姓名，漶泐不清。
② 下有数人姓名，漶泐不清。

年代：清

今存：龙门洞庄房

碑文：

羽化仙师常公讳阳靖号凌虚一
位仙茔

8.□□□□□□师杨公讳一教仙墓碑

年代：清代

今存：龙门洞庄房

碑文：

□□□□□□师杨公讳一教仙墓

9.大清羽化清虚雷真人龛

年代：清代

今存：龙门洞庄房

碑文：

大清羽化清虚雷真人龛

10.通诚真人乔翁元真仙墓碑

额篆："皇清"二字

年代：清代

今存：龙门洞庄房

碑文：

通诚真人乔翁元真仙墓

11. 大清一□之墓碑

年代：清代

碑状：碑无额，无年月，无撰立者姓名。碑顶半弧有云纹饰。碑中间镌刻楷书"大清一□之墓"六字，两旁线雕细竹，很雅致

今存：龙门洞庄房

碑文：

大清一□之墓

12. 闫崇德墓碑

年代：近代

碑额：镌刻二龙戏珠

今存：龙门洞老坟地

碑文：

闫崇德墓碑

仙蜕龙门洞道院监院

闫大炼师法讳崇德尊师之墓

徒众	田嗣舜	张法祥	陈法永	田法辉	朱法良
	闫兴隆	温嗣忠	任法融	陶法旺	朱兴亮
	张嗣鼓	任法久	陈法慧	鲁法明	路法通
	李法科	韩法康	傅兴瑞	张法宽	杜法静
	陈法宁	李法灵	赵景玺		
道友	李大安	刘明义	罗宗阳	陈竺□	刘兴智
	宋诚一	郭理周			

同立石

13. 龙门正宗闫崇德真人墓塔

年代：现代

今存：龙门洞庄房

塔铭：

龙门正宗^上崇^下德闫真人之墓塔

14. 龙门派二十八代炼士张嗣祥真人墓碑

年代：1990 年

碑状：嵌入塔中。周边几何图形

今存：龙门洞庄房

碑文：

公元一九八八年农历十月十八羽化

龙门派二十八代炼士

张嗣祥真人之墓

弟子　鲁法明　韩法廉　立石

公元一九九〇年农历十月十八日

15. 麻嗣秀墓碑

年代： 1994 年

碑状： 嵌入塔中。周边蔓草纹饰

今存： 龙门洞庄院塔中

碑文：

中华人民共和国陕西省陇县

龙门洞羽化龙门派二十八代

　麻大真人^上嗣^下秀之墓

徒侄　　任法久　杜法静　陈法□　孙惠兴 德（下泐）

　　　　任法融　门法旺　陈法惠　刘法智

　　　　李法科　陈法永

侄　　付兴□

天运甲戌年四月六日敬叩

16. 道教全真教龙门正宗第二十八代宗师张嗣凯之墓碑

年代： 2006 年

碑状： 嵌入塔中，周边镌刻八仙神像。

今存： 龙门洞庄房

碑文：

道教全真教龙门正宗第二十八代宗师

先师张ᴸ嗣ᵀ凯之墓碑

徒子　田法释

侄　　杜法静　朱法友　暨龙门正宗第二十九代所有子

侄　敬立

公元二〇〇六年农历七月十五日

二十五　宝鸡市陇县火烧庵上清道观碑目^①

　　陇县火烧寨是从甘肃平凉进入陕西的第一乡，陇县火烧庵上清观是古驰道之一的回中道重要遗址之一。《史记·始皇本纪》载："二十七（公元前 220）治驰道。"《汉书·贾山传》言："秦为驰道于天下，东穷燕齐，南极吴楚，江湖之上，滨海之观毕至。道广五十步，三丈而树，厚筑其外，隐以金椎，树以青松。"据《三辅黄图》注，东从陕西凤翔起，经千水河谷沿陇县西北温水、火烧寨、新集川而入甘肃省华亭县。沿途有史家铺、白崖铺和通往华亭的三乡关、墩台峁、东台梁、烽山墩台等驿铺村名及烽火台、古回城遗址，这些都是回中道存在的历史见证。回中道的修建距今已有两千多年历史。据

---

① 火烧庵为龙门洞下院，故列于此。

《史记》记载，秦始皇于二十七年（公元前220）出巡陇西、北地，出鸡头山，过回中道，建回中宫。汉孝文帝十四年（公元前166）匈奴入萧关，杀死北地郡都尉，占据彭阳（今甘肃镇原县东），派兵烧毁了回中宫。汉武帝元鼎五年（公元前111）十月，行幸雍，通回中道，逾陇山登崆峒（今甘肃平凉西），西临祖厉河而还。唐太宗贞观四年（630）九月，太宗行幸陇州，十月猎于陇川（今陕西陇县火烧寨），献获于大安宫。相传当年焦赞、孟良二将火烧木柯寨即发生在此，故此寨子至今仍称"火烧寨"。

寨内有一道观，名曰火烧庵。火烧庵，是龙门洞的下院，20世纪50年代任法融道长曾于此焚修。今存上清观，但院内已破旧失修。

1. 重修上清观记

年代：1993 年

撰者：辛晓

书丹：兰惠溥

镌刻：杨若柏

立石：李世烈

今存：陇县火烧庵上清观

碑文录自：原碑

碑文：

重修上清观记

　　陇邑之乾位四十里，清凉山阴有观曰上清，因供养太上道祖而命名，乃龙门洞之下院。始建于何代，则无存考起。观中古柏参天，殿宇无数。依山伴水，绿树环绕。历代大德几经修葺，规模更盛龙门。全真羽士集结观中修真养性，炼丹朝真。日出躬耕于青山，夜暮诵经于法堂。采药往白云深处，对弈坐松柏之间。晨钟暮鼓，过岁不知年矣。然大道自然，难免一劫。殿堂寮舍毁之一旦，圣地仙迹，变为废墟。目睹者，惨不可言；修道者，揪心之痛。斗转星移，喜逢盛世，民心向善，宗教复兴。龙门三十代宗师闫兴隆先师为燃上清之香烟，续太上之慧灯。利乐有情，普度众生。率道俗弟子、善男信女，发心修葺。一九八二年开工，历经九载，工程园满。修三清、三法、三官、吕祖各殿，建观音、救苦、关圣、火星诸宫。修殿堂寮舍三十余间，建门楼、筑围墙八百余米。绘庙堂雕梁画栋，塑法像，供奉诸真。一九八五年经市县各级政府批准上清观为开放道观，各界人士纷纷参拜朝拜。每逢六月二十四法会来临，善男信女云集朝圣，擂法鼓，撞古磬，香烟缭绕。讲《道德》，诵《法华》，甘露降生。万民同祝，皇恩浩大；风调雨顺，天下太平。诸大德宏扬道法，弃恶扬善，修庙功德无量，福及子孙。故立石以纪之。

撰文　　辛晓

书丹　　兰惠溥

金笔手　杨若柏

天运癸酉年

西历一九九三

古历六月二十四日上清观龙门三十一代弟子观主李世烈立石

2. 扩建上清观碑记

年代： 2002 年

撰者： 胡百川

书丹 ： 乔书奥

镌刻： 张儒霖、张林让、曹林

立石： 李世烈 、任景梅

今存地： 陇县火烧庵上清观

碑文录自：原碑

碑文：

扩建上清观碑记

　　盘龙峡云藏古庵、二柏、三殿。上清观奇槐寒翠不落叶，鸡鸣钟磬自今传，此乃游人之赞颂也。上清观是西北道教圣地，龙门洞下院。龙门洞始于春秋，建于西汉，盛于元明。清乾隆四十二年（公元一七七七年）后，随道教发展，相续落成六观，除唐建谷神观外，城东一里凝阳观、东街长春观、城南郑家沟万寿观、西关天庆观、西北四十里上清观，这六观围绕陇城，相照相映左右，祥光互晖东西。紫气建通，使古城风调雨泽，国强民旺，人杰地灵，为陇州人引以自豪的六大名胜。经岁月逝转，历史推移，时局革变，文化事业受到影响。作为宗教文化遗产之道观，更不能幸免。上清观是唯一幸存者。党的十一届三中全会以来，落实了宗教政策，该观获得新生。座座庙宇，势如雨后春笋，破土挺拔。龙门后裔三十一代康世丰、闫兴隆、李世烈主持以全真为旨，以蓑衣尊师孝谨纯一、清修炼气，全力改教，普化众生。广大居士解囊公助，请愿募化，取得各级政府支持，道教焕然一新。一九八二年维修三清殿，拆修三官殿，增修三法殿。一九九一年，随宗教旅游开放，新作增建规划复兴旧宇，扩建新宇，增建中殿、寮房、云厨、客厅，建房二十三间，安迎救苦天尊、火帝真君、观音、关圣四尊，增加面积二百三十平方。改一院为庙院道院，改土木结构为砖混铁件相嵌。维修围墙三百五十四米，移松植柏，开辟花园，实施绿化大系工程。七载辛劳，一九九三年六月二十四，值天尊圣诞之日，开光迎神竣工。目前殿堂辉煌，香烟缭绕，朝众络绎。松柏葱笼，翠竹云云。狮刻巍巍，道气浩存，真乃人间仙境。为彰万民善士，及有关单位资助之壮举，道长经理大匠名师之艰辛，特立石以志。

世界艺术名人原县博物馆高级馆员胡百川撰文

吴山逸人赵生玉校阅

陇州民间书法艺人乔书奥书丹

陇州石刻部金石艺人张儒霖　张林让　曹林

陇州三十一代弟子道长李世烈　　三十二代弟子任景梅立石

公元二〇〇二年古历壬午十一月十九日吉时

二十六　宝鸡市陇县药王洞道观碑目^①

　　陇县，古称陇州，扼秦陇咽喉，战略地位极为重要。先秦时期，曾是秦非子为周天子养马放牧之地。陇县药王洞道院位于宝平高速北侧，在陕西省宝鸡市陇县城北门外北坡村后。

　　药王洞始建于唐代，初名谷神观，相传元代马丹阳（1123 ~ 1183）曾隐居于此，修道传教，行医治病，故时人改称丹阳洞。金大定七年（1167），马丹阳拜道教全真教创始人王重阳为师，并开创了道教全真教的遇仙派。元朝至元六年（1269），元世祖忽必烈封他为

---

　　① 药王洞为龙门洞下院，故列于此。

"丹阳抱一无为真人"。金大定二十年（1180），道教全真教"七真人"之一邱处机于景福山龙门洞苦修七载得道，全真之教遂盛行境内，创立了道教龙门派。为了扩大教派，发展道徒，邱真人又在陇州古城北隅丹阳洞广修殿洞亭阁，一时名声大振，成为龙门洞道院的下院。金正大四年（1227），邱处机死后，为了纪念马丹阳、邱处机，人们又在此修葺增建了丹阳洞、邱祖洞。清乾隆四十二年（1777）陇州知州李经芳在《重修药王古洞记》中说，陇州城北谷神观，州人俗称为药王洞，而观中并无药王之祀。当年，陈道人忽对人言："谷神观后有古圣二尊，埋没土中。有人发心庄严者，功德无量。"州吏王延绪与陈道人素有交往，闻言后即去谷神观后寻访，果然从崩崖中见一小洞，内有神像二尊，经李经芳辨认，为药王、药上二真人。李经芳遂筹资兴修了药王洞，复修了丹阳洞、邱祖洞，此后又改名为药王洞。

清道光十五年（1835）药王洞道观住持郑欣元二次进行复修，另建斗姆洞、栖霞亭、地姥洞，以及厢房、山门，并辟建花园、广植树木，庙貌蔚然清秀。

民国二十五年（1936），陕西省政府主席杨虎城将军来陇视察，游览了药王洞后，捐资兴修了殿宇，观容更为壮观。

新中国成立后道院多次得到政府的拨款维修。可惜上述殿堂景观在"文化大革命"中全被作为"四旧"破坏得荡然无存。1978 年庙观逐步整修，1986 年政府落实了药王洞庙产政策，整修了道路，历经 30 多年的整修扩建，现存主要的建筑及景观有玉皇殿、药王殿、纯阳阁、斗姆洞、土地洞、邱祖洞、丹阳洞等。每年农历二月初二，为道院传统的庙会日，香客仍然络绎不绝。

药王洞道院门口立有一块石标，上书"洞天福地"四个大字。药王洞没有山门，第一台平地上坐落着一座气势磅礴的大殿城隍殿。城隍殿建于明代，1978 年开始整修，历经 20 多年，于 2002 年从陇县中学迁至药王洞新址。绕过竹林，拾级而上，便是一座山门，供奉着灵官神，向里便是玉皇庭院。该院由南向北共建五殿，即玉皇殿、三清殿、太上殿、财神殿和土地殿。药王洞府依崖洞而修，分别为邱祖洞、药王洞和卫灵宫。邱祖洞祀奉着全真教龙门派创始人邱处机的神像；药王洞祭祀着唐代妙应真人孙思邈的神像；卫灵宫祀送子娘娘，相传为邱处机的女弟子李春花塑像。整个洞府建造精美，洞壁、洞崖全为青砖衬砌，洞门为斗拱式殿宇结构，精雕彩绘，两侧抱厦相对。登上 81 级台阶，便是纯阳阁庭院。纯阳阁为石砌台基，是为纪念道祖吕洞宾而建。大梵宫居药王洞最高处，为护法之神。

土地祠（又称土神庙，供奉唐代韩愈），估计这是陕西省建筑规模最大的土地庙了！而且，本殿还提供投文祈福等宗教服务。对面是财神殿，供奉增福财神、关圣帝君、黑虎赵灵官、吕祖、刘海。

药王洞供奉药王、药上二位真人。药王、药上本为佛教菩萨，后来亦有人说是孙思邈真人和马丹阳真人。药王洞两侧是清和宫（供奉邱处机真人）、卫灵宫（供奉祈子娘娘），往上走还有纯阳殿、斗姆洞等殿堂。药王洞现为陇县道教协会驻地。

1. 重修天庆观记

额篆： 重修万寿宫记①

篆额： 原任州尉盘山老张万泽

年代： 清乾隆十九年（1754）

撰者： 知陇州事晋襄陵朱永年

书丹： 己酉科中式副榜刘志辅

镌者： 朱彦明　赵宏义

尺寸： 连额高 202 厘米、宽 104 厘米

碑状： 碑硕大，保存良好。倒仆在药
王洞外草地上。据说是城北新出土，无地
方存放，才运抵此处

　今存地： 陇县药王洞

　碑文录自： 原碑

　碑文：

---

① 碑无额，额篆直接书于碑方。元至元二十七年（1290）天庆宫更名为天庆万寿宫，明以后
又改为老君庵。乾隆十九年（1754）重修（即此碑），乾隆四十二年（1777）又建立于陇
县城西关。据药王洞李老住持言此碑石于 2011 年由城西天庆宫遗址季工时挖出，后搬运至
药王庙。额旧题"重修万寿宫记"，是磨泐旧碑，再刻新碑留下的痕迹。乾隆四十二年，
曾重修城南万寿观，不知与此碑有关联否？

重修天庆观记

尝读禹贡导汧及岐史传非子牧马，固知在雍州界内，而未获身□，亦属憾事。昨岁壬申幸承恩命，来莅陇土。观诸河山之濚崒，层峦之镝固，秦为西门，洵不诬矣。其民好□，原倍尚简朴，苑有岐周之遗风焉。政务之暇，因编户口而游于西郭天庆观，见夫翠柏苍列、乔木繁阴、殿阁壮丽、庑廊周匝，堪与州城助一左臂云步焉。入其堂，登其阁，凭栏遥瞩，则雄关在目，吴峰如掌。其北则温泉郁蒸，其南则淋水荡漾。虽局会促隘，亦可作百二中之一伟观也。道人事茗之下，以碑序见请。因披览古志，阅其巅末，盖创于宋之大中时也。有长春邱真人者演教龙门，曾结庵于其中焉。其徒清和尹披云、宋用成、李察使蒲建立玄刹，振真风，倡元范，为金莲接一宗枝，为灵岩立一柱脚。以故后先相继不绝。今代变岁更，殿宇倾圮。于雍正五年，道人张一勤、王阳汉、王阳健协力募化，鸠工修葺，于今焕然一新，勒石以垂久，亦一盛事耳。余因慨夫天下事之成毁，地之与废，莫不存乎其人，人力勤则百务振举，人力怠则诸事丛脞。余薄宦十有余载，今来为陇牧，凡可以兴利剔弊者，窃思勇猛力行，而尽矫其怠惰之气，不知于民心为何如，惟自反问吾心而后已。所以草草振作，仅及期年，于富教两端尚一筹未展，诚有负于所学，即负吾君与负吾民也。今因丁内艰去，惟有娟娟山月独照陇头矣。嗟嗟！以余之治陇一载，不能措吾民于衽席之上，而亲见夫民风之丕变，反弗若兹。道人新斯观于荒烟蔓草之余，而人皆乐观其成也，讵不深可惜哉！遂拈笔而为之记，并以志余之治陇不久，忆吾民之依依不忍别，实增愧感云。

赐进士出身诰授奉直大夫知陇州事加三级纪录十五次晋襄陵朱永年撰

原任关山营游击今升兴汉镇右营游府带纪录一次王成用

分守陕西固镇关上等处地方游府带纪录一次袁琦

陕西提标署理中营守备石良玉

登仕郎署陇州州同吏目陈懋绩

原任州尉盘山老张万泽篆额

己酉科中式副榜刘公志辅书丹

时

大清乾隆十九年岁在甲戌清和月上浣吉日勒石

铁笔匠朱彦明　　赵宏义

2. 重修药王古洞记

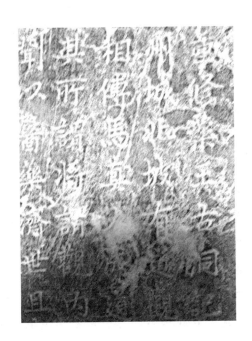

额篆：大清

年代：清乾隆四十二年（1777）

撰者：诰授奉直大夫知陇州事赵郡李经芳

尺寸：碑高100厘米、宽60厘米、厚20厘米

碑状：碑圆首，额篆竖行，中雕"大清"两字，1行。旁雕二

龙、绣球、祥云。碑无底座

今存地：陇县药王洞

碑文录自：原碑

碑文：

重修药王古洞记

州城北坡有道观一所名谷神观，中有古洞，载在州志，所谓丹阳洞是也。相传马真人成道于此，故像祀焉。而每闻州人以药王洞呼之，余初不解其所谓，将谓观内有孙真人祠耶？非洞也，不应以洞名，而丹阳真人未尝闻以医药济世，且三皇洞、吕祖洞并在焉，何独以药王称之耶？岂州人之不核名实而漫然牵合混滥如斯耶？余窃疑之。今岁季夏，有龙门野仙陈道人忽谓人曰："谷神观后有古圣二尊，埋没土中。有人发心庄严者，功德无量。"陈野仙，异人也，颇有道术，不轻与人言，为一州所钦仰。余门下王延绪素与往来。闻而往觇焉。见观北崩崖上果有一孔，仅如斗大，俯而窥之，内有佛像二尊，俨然未尝损坏。询问居民，不知创自何年，堙埋于何时，亦不知是何神号也。因与土人杨贵爵、张金等辟而新之，而白于余以记其缘起。余遂亲履其地，览其形势，瞻仰圣容。始恍然曰："此即古药王洞也。"按佛经药王、药上二法王子白佛言："我无始劫，为世良医。口中尝此娑婆世界草木金石，如是悉知苦酢咸淡甘辛等味，是冷是热，有毒无毒。蒙佛如来师，我昆季药王、药上二菩萨名。"睹兹法相：披发、跣足，双趺岩石。其为药王、药上无疑。余悬揣其洞必创于未有谷神观以前，地以洞名，历久不泯，故虽崖土崩落，掩迹无存，而州人相沿旧习，犹谓之药王洞云，以是知寻求古迹者当虚心延访，广搜旁罗，尤不可以俗言无据而忽之也。是为记。

诰授奉直大夫知陇州事赵郡李经芳撰

敕修登仕佐郎署陇州吏目事直隶绥德州清涧县典史仁和张
男均

乾隆四十二年秋十月穀旦

会首高邑王延绪　安守成　　　州人杨贵爵　张金　同立石

3. 建修药王献殿碑记

年代：清嘉庆十七年（1812）

撰者：郡生员马志适

书丹：郡生员尹光陛

镌者：西河津县岳如林

尺寸：碑高 108 厘米、宽 56 厘米

碑状：碑无额，周边蔓草纹饰。字
迹清晰，碑面石花较多

今存地：陇县药王洞

碑文录自：原碑

碑文：

建修药王献殿碑记

药王洞居陇郡北廓之隈，依山面水，盖古迹也。后有药王、
药圣，前有思邈孙真人殿宇三楹，□来旧矣。其地幽敞，屹然一
方名胜。祠宇轩豁，蔚然于柏阴翳，又有花香盈阶，鸟语醒人，
真仙灵福地，无异蓬岛琼室也。但殿宇既设，而献栏未建，其于
圣诞祭祀之时，局面窄狭，风雨骤至，品无可陈之处，人无置足
之地。见之者其心缺然，思欲建而未能。适有江西南昌府新建县
圣矩毛氏、郡民讳成杨氏，虔诚共议，欲举其事，而孤力难成，
不得不依仗于仁人君子、忠厚长者，群心响德，捐出囊金，共襄
此举，以成集腋。异日功成告竣，勒石贞珉，乃历久而不磨，亦
积善获庆必然之报云尔。谨记。

郡生员马志适撰

郡生员尹光陛书

首事　毛圣矩　杨成

散会　湖北　江西新建县　湖南　丁友茂　陈义和　胡占三

毛受炫　宋如朝　李正升

住持　张宗喜

西河津县　岳如林　勒

嘉庆十七年岁次壬申菊月榖旦

4. 改建山神庙序

年代：清嘉庆二十一年（1816）

撰者：诰授奉直大夫知陇州事军功保戴蓝翎加三级纪录五次何焕

书丹：生员 高翔

尺寸：高 96 厘米、宽 57 厘米

镌者：河东河津县 铁笔匠人 李万仓

碑状：碑周刻书卷，几何图形

今存地：陇县药王洞

碑文录自：原碑

碑文：

改建山神庙序

窃惟风水之说自古有之，凡一切创修庙宇，并居家人等建修屋舍，皆不可任意安置，不与堪舆家相讲究也。盖乾坎艮震巽离坤兑，为天地八方神灵栖止，苟得其位，则神安而降之福；不得其位，则神不安而速之祸。在一邑，则一邑安危所关；在一州，则一州安危所系。本州素好风水，涉猎不精。初莅陇，人见西关口有建修庙宇一所，询及乡地，佥曰："此山神也。"夫山属土

位，置北方。水土相合。西为兑，兑属金，与山神不宜，官民均属不安。本州莅任兹土有父母，斯民之责诚不忍坐视。今特捐廉拆迁，另度妥位改建山神庙宇。但需费浩，力难办，因并合州绅士，以及军民人等伏乞随心施舍，共襄此事。工起于二月初九日，告竣于六月朔一日。则神得其位，必降之福，官与民庶可望共登衽席之安矣。是为序。

诰授奉直大夫知陇州事军功保戴蓝翎加三级纪录五次何焕撰文

经理首事人

生员	高翙	书丹
生员	高学颍	冯库
生员	牟清暹	高荣宗
生员	杨肇基	张荣
乡约	王进成	张万鹏
乡约	韩福	张明

时嘉庆二十一年岁次丙子瓜月上浣之吉勒石

河东河津县铁笔匠人李万仓

5. 灵湫广济碑

年代：清

今存：陇县药王庙山门右侧

碑文：

灵湫广济

6. 冯玉祥碑

年代：民国十六年（1927）

碑状：碑保存良好，用玻璃罩保护着

原存地：陇县北城门外

今存地：药王洞

碑文：

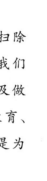

冯玉祥碑

我们一定要把贪官污吏、土豪劣绅扫除净尽；我们誓为人民建设清廉的政府；我们为人民除水患、兴水利、修道路、种树及做种种有益的事；我们要使人人均有受教育、读书识字的机会。我们训练军队的目标是为人民谋利益。我们的军队是人民的武力。

冯玉祥

中华民国十六年立

7. 郑信元草书碑

年代： 民国二十一年（1932）

撰者： 药王洞住持湘潭郑信元

尺寸： 高45厘米、宽63厘米

碑状： 碑为壁碑，嵌于药王洞药王殿右壁。碑文草书，共28行，行23~25字不等

今存地：陇县药王洞药王殿

碑文录自：原碑

碑文：

草书碑①

登州炼师方丈□□□知已安抵洞中，洗作加深，并作顺世。惟贤许野人太过，读之汗颜。然野鹤闲云，生性类是。昨为迎送□□□大帅审平凉口，明日便游崆峒，位西□十日寺径□千□□人辞故，□系禄以遁空门，祈须颇深，故甚相得而□自仰观，颂有□过。主人把臂题咏，得福不少，已足快意。而事鹤千□，得安祥置坛上处，及自结茅台之地，均在西台峰下黄龙泉，固近而形□风景，均极园聚幽深，只□蓉初大晦犬同门即至鸣具往，盖共一所两廊，必须广张刊自得与□池登得所。凡有写作俱□之题空同者，概许刊石于壁，以有□□□摹拓似跋，若□各会舍资供养，更多且雅矣。风闻有三品以上之富，须先剪发加漆之谣，则四品以下之官，其赋免乎！吾之茅台，盖为头陀免祸计，非好填也。崆峒距药王右洞不过二百里外，得尝记炼师识通丹诀，同为陆地神仙，不亦人生至乐耶！公门四十，得日七月初四日，同门诸耳平世惟吕祖仙像，不知被何人搬动，龛倒头损，私饰至今低垂，无复本来轩昂栩栩欲活之态矣。百寻不得其人，深以为恨。然缘损□，因不五叩，吕祖亦决不快。兹特峀丁送归洞中，仍照旧塑焉。好好递补还原，即当洞中供奉。君出外不食，摇动终难保护，□塑焉能回殿中。吕祖圣像如再塑一遍，见惠无任感盼，□贺应耳。如命幸躬，毋须客气，是有故神不可欺也。如嘉塑稍大无妨，不必扬扬五十。若能如殿中圣像之栩栩欲仙，尤为如

① 碑原无名，编者加。又碑文草书，由中国社会科学院世界宗教研究所道教研究室韩秉芳研究员帮助认读录文。

愿。唯炼师酌之。闻吕祖殿事像，他日弟营为此耶！以此像供之，实为得地，炼师以为何如！昨昭张云卿大令云于纯川化得二十余金，合之前款，功或可完矣。得昨来足下有清静道经，捉刀者谁？不妨示我。陈麓亭兄老年丧子，而何堪也，甚为怜念，不知纳宠何？如有孕喜，欲晤。希为我追寄百念方友耶！先生益完乃欲如何？前坑希请麓亭修之。手书即叩。汉安乡多谢问候耳。

药王洞住持湘潭郑信元刊石

民国二十一年壬申冬月

8. 陇县药王洞重建碑

年代： 1993 年

碑状： 碑质水泥所制。

今存： 药王洞道院第四重台院"药王洞府"广场前的石阶南侧竹林之中

碑文:

陇县药王洞重建碑

　　陇州药王古洞建于唐代,始名谷神观。谷神是老子形容道教的称呼。谷象征空虚,神有变化莫测之意。宋金时名医马钰(一一二三至一一八三),其隐居于此。他以针灸特长,济世救众。金大定七年(一一六七),他拜全真教创始人王重阳为师,后开创道教全真遇仙派,元世祖称其为"丹阳抱一无为真人",后世称他为马丹阳,随将此处名曰"丹阳洞"。金大定廿一年(一一八一),其道教龙门派创始人邱长春为扩大教派,发展道徒,又在陇州山城一水之隔的丹阳洞扩修洞亭,弘扬道益。清乾隆四十二年(一七七七),陇州知州李经芳重修过药王洞。碑载:陇州人一直不知丹阳洞又叫药王洞。在一个偶然的机会,发现丹阳洞崖上有一小孔,开掘后,内有药王、药上塑像二尊。经古籍查证,药王、药上均是良医。此后,又称为药王洞。清道光十五年(一八三五),道观主持郑信元对药王洞又次复修,另建斗母洞、栖霞亭、地姆洞以及厢房、山门,并辟建花园,广植树木,庙貌巍然深秀。它与陇州其余五观,即东街长春观、西关天庆观、城南郑家沟万寿观、城东一里凝阳观、城西北四十里的上清观,相映相衬,被誉为我县人引以自豪的"陇州六观"。民国廿一年(一九三二),陕西省主席、爱国将领杨虎城将军来陇视察兵政,游览了药王洞。后经他助资扩建药王洞,比昔更为壮观。至解放前夕,主要殿洞景观十多处,十柏抱槐、小洞天、吕祖洞、上殿、侧殿等。可惜上述殿堂景观在十年浩劫中,全被作为"四旧"破坏得荡然无存。

　　十一届三中全会后,党的宗教政策得到落实。在县委、各级政府的领导下,药王洞定为陇县开放道观之一。经过十四年募资扩修,观容庙貌焕然一新。在历任主持、会首、监理以及热衷宗教事业的德众支持下，完成了一百廿二台阶和三处平台的建造总体规划工程，复修玉皇殿、老君殿、药王殿、土地祠、子孙宫、药王古洞、清和宫、纯阳阁和斗姆洞等拱阁楼亭设施，完成了艰巨宏伟的洞砌工程和飞檐翘顶的建筑，扩大道院面积三万六百余平方米。整个道院台台巍峨，殿殿辉煌，苍柏葱茏，翠竹纭纭，洞亭错落，布局自然，清幽雅致，风景诱人。每逢古会、朔望及节假日，游士络绎继继。

目前，重发新姿的药王洞以它的文化内涵和历史内在的魅力吸引着千千万万的人民群众和国内外专家学者。一九八七年，法中友协费朗斯索尼兹专程游览药王洞。一九八八年，中央美院民间美术系主任杨先让等教授率西德、美国、法国、意大利、塞布鲁斯等国留学生来药王洞观光考察。一九八九年，西安美院版画系主任李习勤教授率刘三健等研究生居此写生。一九九〇年，日本爱知学院大学教授铃木哲雄在笔者陪同下考察谷神观史。一九九一年，周原博物馆长、副教授级罗西章率工作人员考查药王洞古建，并提出宝贵的见解。

为了使药王洞道院再发新姿，瑞势昊天，更得到广大人民学者的厚爱和关注，特撰简文，以激后裔。

公元一九九三年 端阳 联合立石

9. 药王洞沿革记

年代：2016 年

今存地：陇县药王洞

碑文：

药王洞沿革记

药王洞，始于唐，沿至金明，逐渐形成规模，增建在清之康乾，更盛于当代。原名谷神观。谷神乃老子言也，谷者空虚之

意，神者妙万物而为者也。原有
三清殿，三清殿为道家最高尊
神。由此可见，此处系奉道修真
之栖。

　　自古迄今，凡建庙立寺者，
或神圣留迹，或仙佛显神力，地
灵人杰。此处原因道佛先圣施医
救人，有顽疾沉疴，祷之既灵，
祈之则应，故称药王洞。景致非
凡，丹墀下有一柏，上分十股，
长年臻茂。下共一根，永胚生
机；中涌清泉，四时不涸。至清乾隆时，有龙门高道陈明耀，本
有耳闻霄汉、目睹地中之功能，得其指点于观后土崖中掘出药
王、药上圣像二尊，二圣像佛教均称为菩萨，专司良药，救治众
生，身心两称苦。道佛均有施药解救众生之先圣，道教孙思邈擅
长中药，世称医中之圣，后有马丹阳创举了十二神针，以针灸为
名（民）救治；而佛教即药王、药上二菩萨。自后，敬诣朝拜者
更为广泛。

　　是寺庙者，或朝廷投银以增建，或名流捐资而修葺，或善信
奉献以振危，或道僧募化而维护。此地始至明清，逐渐扩建，有
邱祖洞。在刘教智道士的主持下，得善信徐宪、王志祥、夹谷
祥、许泰等之赞助，增修了太上殿。明嘉靖时，又有华山派道士
魏溪和、张全云主持，在殿右开凿灵官、真人二洞，在殿后再建
七真洞。清康熙时，在山门外增建歌楼一座。道光年间，由社首
倡议，历二十五年之辛苦，在灵官阁旁修钟鼓木楼各一所，药王
洞前增修献药、武侯、吕祖殿各一座，并对所有殿宇进行修葺，
焕然一新。随之，增建斗姆洞、地姆洞、栖灵亭以及厢房、山

门，植树种花。陇城原有长春观、天庆观、万寿观、凝阳观，均以宏阔壮美而称著。自后，药王洞其规模之大，可与州城四观相得匹配。自此，药王洞、州城四观并举。道光三十年，有郑信元道士，气志恢宏，信仰虔诚，四处访道而自陇置地扩院，由此充实了道院护庙养道资产。在民国时，有杨虎城将军率部下共同捐资，相继修复了吕祖洞、小洞天等殿阁。

天道运行，沿之戊申岁，罹十年之动乱，道院遭到践踏，殿阁受到毁坏，仅存古洞遗址和少量道房。于乙丑年后，政通人和之盛世，在县道协、龙门洞主持田嗣舜的支持协同下，先后有王高祥、张嗣凯、王嗣林、温嗣忠、张宗峰等经住观道士者，与当地信众多方筹集扩建太上殿的心愿已经形成。尤在近年，在省道协任法融、任法久、陈法永的大力支持下，得到了香港道协侯宝垣大师和谭兆慈善基金会的巨额资助。道院主持杜法静四处奔波，结良朋，交仁人，广结善缘，带领道侣不仅将原有殿堂一一恢复，且增建了若干殿宇。其院共分四台：其一台有四殿，曰玉皇，曰太上，曰药王，曰土地；二台有三洞，一曰药王，二曰邱祖，三曰卫灵宫；三台以吕纯阳为主殿；四台位于道院最高处，正中有洞府，内供斗姆。并新修了二十几间楼房，三间山门和三处台阶，架设了自来水，增修了围墙，保护了周围松柏、青竹，使庙宇更加壮观美丽，一年四季松柏青竹长青，风景幽雅。

海外资助单位

香港谭兆慈善基金会

蓬瀛仙馆道院

青松观道院

10. 陇州土地神功德碑志

年代：1998 年

书丹：李敏功

镌石：朱新贵　张林涛

立石：田嗣舜　杜法静

今存：陇县药王洞

碑文：

陇州土地神功德碑志

　　庶民世代相传，陇州土地神乃唐韩文公愈也。何以言之？阎阁老请自京都之福神也。韩公愈，字退之，七六八至八二四年，河南孟县人。祖籍河北昌黎，自谓郡望昌黎。早孤，嫂郑氏抚育之。贞元八年进士，任监察御史。关中旱饥，上书请宽徭免租，贬为阳山令。赦还，任太子右庶子，升国子博士，为犯颜谏而遭贬。长庆六年，召为国子监祭酒、京兆尹、兵部侍郎转吏部侍郎。卒，谥文，世称韩文公。

　　阎公仲宇，字参甫，号恒斋，陇州人，乃璿子秀孙也，一四四一至一五一二年，中成化甲午科经元，连登乙未科进士第，任河间府盐山县令，官升十级，至兵部尚书兼京都团营提督，封柱国、光禄寺大夫，晋太子太傅，位极三公，乃万乘之公相也。

　　公奉旨帅部按抚南疆，遇霪雨，兵士饥寒冻馁，累遭伏击，伤亡惨重，则怅然安营于漳寨，设中军帐于土地庙。土人言此神乃韩文公愈也，公向尊崇之，则欣然撰文，恭诚祈祷之。不日放晴，下令渡江，攀山越岭，辗转运筹，出奇兵，连下酋寨四十余座。为长治久安计，上奏建县治，耕作自养，兴集市以通财货，彼乐而称臣民焉。南疆事竣，阎公为报土地福佑全军将士之德，则由潮州之漳村小寨，敬请奉祀于京城也。韩公何以为漳村之土神耶？民言漳江鳄鱼群，损田禾，食禽畜，伤人命，祸有年矣。刺史韩公来，撰文祭讨之，丑类西徙六十里，江水尽涸。民感恩戴德，建庙尊为土地福神而祀之。

夫韩公者，文启八代之魁也。元和十二年，随宰相裴度运筹帷幄，平定淮西藩镇吴元济之乱，升刑部侍郎。伴驾游衡山，帝烦其云雾。公奏撰文祈之，果云雾散而日辉耀。十四年，谏阻迎佛骨，得裴度援救，赦而贬之。吁！公之智可平叛将之乱，文可开衡岳之云，而竟难回宪宗之心。"一封朝奏九重天，夕贬潮阳路八千。本为圣朝除弊政，敢将衰朽惜残年。云横秦岭家何在，雪拥蓝关马不前。知汝远来应有意，好收吾骨葬江边。"汝者，乃侄孙韩湘也。

《祭鳄鱼文》刚健雄壮，气势磅礴，如江河浑浩，冲飙激浪，龟鼋蛟龙，万怪惶惑而抑绝蔽掩也。其文虽玄，而为民除害之赤心，惟天日可鉴。夫愈也，功于国而德于民，生为人杰，逝也神明，不以宜乎！《湘子传》载，帝封为伽蓝土地尊神也。公元一五〇七年，太傅阎阁老致仕，复请韩公像归陇，建府邸于州城之南道巷。东植娑罗，西栽银杏，列翠柏于府道，内供家神土地韩公像。

时移事易，阁老府则改称土地祠。然大殿之阁阁老、韩文公塑像相同，童颜鹤发，雍容慈祥。金相帽，白蟒袍，玉带朝靴，相辅威仪，望而顿生敬仰信赖之感。前殿八抬大轿内土地神像与殿上者同。岁之清明寒食节，州人抬而游街至东郊祭祀。二月十五日庙会，实为民之山货会也。六十年代，塑像离祠，托位于纸坊庄祀之。八四年，以仪礼迎至药王洞，建土地祠三大间，以安其神位。

旧时，民叩祠求药问事，今秉烛焚香求签者，亦若似。《陇县新志》载，清乾隆间，土地祠之主持蔡一林诚朴勤慎，恪守清规。庚寅秋，陇地大旱；壬寅七月，又旱。蔡先后祷之于土神，皆大雨滂沱。陇民谓乃至诚所感也，则悬"诚能格天"匾，以志其功德。今乃土地神韩文公愈福佑陇州庶黎社稷之第四百九十一年纪念，民虔诚捐资树碑，理事者求文以彰其德。为教化计，则援笔撰而铭曰：

贤仕之生兮，卫国亦济民。德垂千古兮，秉彪乃神明。

岍山福地系，庙堂崔且宏。宇域无极兮，祈念兹苍生。

龙门洞主持田嗣舜　药王洞主持杜法静监立

陇州李书魁　白怀玉　袁宏仲　尹怀玉理事

陇州天成沧峪老叟阎宗宇撰文

陇州曹家湾归朴子赵学普校阅

州城李敏功丹书

东风石料厂长朱新贵　金石技师张林涛勒石

公元一九九八年岁在戊寅穀旦礼扶

11. 太上老君养身十四字诀

今存地： 陇县药王洞

碑文：

玉炉烧炼延年药

正道行修益寿丹

12. 孙真人养生铭

今存地：陇县药王洞

碑状：嵌入墙壁中

碑文：

孙真人《养生铭》

怒甚偏伤气，思多太损神。神疲心易役，气弱病相侵。勿被悲欢极，当令饭食均。再三防夜醉，第一戒晨嗔。亥寝鸣云鼓，寅兴漱玉津。妖邪难犯己，精气自全身。若要无诸病，常当绝五辛。安神宜悦乐，惜气保和纯。寿夭休论命，修行本在人。若能遵此理，平地可朝真。

13. 老来难碑

年代：近现代

撰者：无

尺寸：高88厘米、宽50厘米、厚4厘米

碑状：碑无额，亦没落款。石碑半人多高，圆弧面的碑头上刻着"老来难"三字，篆书。碑周边雕八仙图像。碑上方线雕一个长须飘飘、眉头紧锁的光头老汉的头像。老汉的眉梢耷拉着，伸出左手捻着垂下的胡须。双目间透露出悲戚神色。碑面上布满了密密麻麻、弯弯曲曲的小字，上下左右迂回绕连，组成了一个身穿长袍的老人轮廓

今存地：陇县药王洞[①]

碑文录自：原碑

碑文：

老来难碑

老来难，老来难，劝人别把老人嫌。当初只嫌别人老，如今轮到我头前。千般苦，万般难，听我从头说一番。耳聋难与人说话，差七差八惹人嫌。雀蒙眼似鳔沾鼻，泪常流，擦不干。人到面前看不准，常拿李四当张三。年青人，笑咱，说我糊涂又装酸。亲友老幼人人恼，儿孙媳妇个个嫌。牙又掉，口流涎，硬物难嚼囫囵咽。一口不顺就噎住，卡在嗓内噎半天。真难受，颜色变，眼前生死两可间。儿孙不给送茶水，反说老人口头馋。鼻子漏，如浓烂，常常流到胸膛前。茶盅饭碗人人腻，席前陪客个个嫌。头发少，头顶寒，凉风飕的脑袋酸。冷天睡觉常戴帽，拉被蒙头怕风钻。侧身睡，翻身难，浑身疼痛苦难言。盼明不明睡不着，一夜小便七八遍。怕夜长，怕风寒，时常受风病来缠。年老肺虚常咳嗽，一口一口吐黏痰。儿女们，都恨咱，说我邋遢不像前。老的这样还不死，你还想活多少年。脚又麻，腿又酸，行动坐卧真艰难。扶杖强行一二里，上炕如同登泰山。无心气，记性完，常拿初二当初三。想起前来忘了后，颠三倒四惹人烦。年老苦，说不完，仁人君子仔细参。对老人，莫要嫌，人生哪能净少年。日月如梭催人老，人人都有老来难。人人都应敬老人，尊敬老人美名传，美名传！

---

① 据庙里老人讲，几十年前，药王洞里住着一个李老太，在这里的伙房给人做饭，在她92岁那年，家里来了人，把她接回了宝鸡市县功镇的家中，但回去没多久就去世了。据传，李老太有三儿三女，但不知啥原因，子女们都不管她，她脾气倔强，独自跑进庙里生活了几十年。临死时，还惦记着药王洞，便请人刻了这块《老来难》碑，她希望在自己百年之后能把碑立在身边。但碑刻好后，刻碑人为了不刺激李老太的儿女，将碑留在了药王洞里，为的是昭示后人，教育天下所有的年轻人孝老敬老。

附　录

一　发现张三丰《无根树》词石碑及校议

《无根树》二十四首，是辽阳张三丰于明洪武十七年（1384）在武当山天柱峰草庐修行时所著，流传甚广，而且久远，后之道士奉为内丹修炼之秘诀。明清之际多有抄本传诵，至嘉庆七年（1802）始有栖云山道士刘一明（悟元子）《无根树词注解》著成，刊刻行世。据刘一明《无根树解序》曰：

> 余自童子时，尝闻道者诵三丰真人《无根树》词。……及长慕通，常读此词，细研深究，无门可入。……久欲解释，阐扬所蕴，苦无刻本。数十年来，所见者皆录本耳。因其字句错伪甚多，彼此不同，且失词调，不敢下笔，遗笑于大方。世传贵州高真观有所藏刻文，其录本自彼处传出者，惜余未亲见也。近因好学者，欲刻刊普传，正合余多年宿志，爰是细心校阅，稍正错讹，聊解大义，一以彰真人度世之婆心，一以助学者入门之炬灯。

可知悟元子研究《无根树》数十年间未有刻本行世，仅闻有传自他处的录本"贵州高真观刻文"，即便如此，这个刻本，刘一明亦未亲见。

笔者在陇郡调研时，一个细雨天，于宝鸡金台观工地旁碎石丛中，偶然发现一块已断为两截的石碑。拂拭后阅读，竟是嘉庆五年（1800）龙门洞道人陈明要述，拔贡生韩庆云书写的三丰祖师《无根树词》二十四首。因拍摄效果不佳，又没记住《无根树》二十四首的详细文字，在征得有关部门同意后，做了拓片。回京后，进行了校对，发现二十四首词排列顺序与迄今能见到的所有版本大不相同，甚者文字内容也不尽相同。可以断定，这是清代以来最早的石刻本《无根树》文字。迄今学术界或无人识晓此石碑的存在，抑或并未引起注重。这样，这块石碑，就具有了很高的文献价值与研究价值。

石碑高 84 厘米、宽 55 厘米、厚 3 厘米。右中下角断裂。写刻于嘉庆五年（1800），龙门洞道人陈明要述，韩庆云书写刻石，立存于宝邑金台观。

陈明要，即陈明耀（要、耀二字发音相同，故误），为甘肃靖远县人，少年时出家于留坝紫柏山张良庙，后移住景福龙门山，长居早阳洞和湘子洞，传说颇有异能，时人称为"龙门野仙"。乾隆四十二年（1777）移居宝鸡药王洞及金台观，同时也往返于龙门。此一时期，刘一明亦在陇州活动，并于嘉庆二年（1797）至景福山龙门洞。嘉庆二十二年（1817），陈明耀逝于龙门山早阳洞。

陈氏在嘉庆五年（1800）立石于金台观，嘉庆七年（1802）刘一明的《无根树注解》完成。现存史料中没有明确的陈、刘二人会晤传法的记录，而金台观也是刘一明经常涉足之地，不排除刘一明当时已知晓石刻之《无根树》，并用作注解的一个录本。

有关《无根树》注解有多种，最常见的通行的有上海江左书林石印本、《道书十二种》本、《重刊道藏辑要》本等，这些本子在排序上、解释上不尽相同。以下列表示出，希望学者细览：

石刻本排序	李涵虚增解（石印本）	道书十二种本排序	刘一明注解（石印本）
其一曰：无根树，花正有	1 劝人养幽花	其一 叹世　无根树，花正幽	1 叹世
其二曰：无根树，花正危	2 劝人栽接	其二 勉力学人　无根树，花正危	2 勉力学人
其三曰：无根树，花正孤	4 叹孤修	其三 劈旁门　无根树，花正孤	4 叹孤修
其四曰：无根树，花正偏	5 颠倒阴阳	其四 言匹配阴阳　无根树，花正偏	5 颠倒阴阳
其五曰：无根树，花正双	19 化生玄珠	其五 言调和阴阳　无根树，花正黄	19 阴阳抟结
其六曰：无根树，花正多	13 攀折黄花	其六 言炼己之功　无根树，花正清	13 采取药物
其七曰：无根树，花正亨	11 交媾之所	其七 言药生之时　无根树，花正新	11 真一之气
其八曰：无根树，花正佳	12 认取金精	其八 言认取真铅　无根树，花正秾	12 金精开旺
其九曰：无根树，花正鲜	15 温养功夫	其九 言采取药物　无根树，花正多	15 临炉下功
其十曰：无根树，花正新	6 坤申之理	其十 言进阳退阴　无根树，花正飞	6 药生之时
其十一曰：无根树，花正浓	16 一味真铅	其十一 言真一之气　无根树，花正亨	16 认取真铅
其十二曰：无根树，花正青	3 明花柳之妙	其十二 言金精开旺　无根树，花正佳	3 炼己之功
其十三曰：无根树、花正高	18 善用盗机	其十三 言采取火候　无根树，花正娇	18 逆用气机
其十四曰：无根树，花正飞	8 温养还丹	其十四 言阴阳抟结　无根树，花正双	8 进阳退阴
其十五曰：无根树，花正繁	7 临炉定静	其十五 言偃月炉　无根树，花正开	7 乘时采药
其十六曰：无根树，花正香	14 鼎中产药	其十六 言逆用气机　无根树、花正高	14 阴中生阳

续表

石刻本排序	李涵虚增解（石印本）	道书十二种本排序	刘一明注解（石印本）
其十七曰：无根树，花正圆	10 还丹入山	其十七 言乘时采药　无根树，花正繁	10 还丹成熟
其十八曰：无根树，花正黄	21 得药还丹	其十八 言阴中生阳　无根树，花正香	21 调和阴
其十九曰：无根树，花正明	22 擒伏火药	其十九 言一时还丹　无根树，花正齐	22 凝结圣胎
其二十曰：无根树，花正奇	20 还丹温素	其二十 言还丹成熟　无根树，花正圆	20 一时还丹
其廿一曰：无根树，花正娇	17 六门火候	其二十一 言凝结圣胎　无根树，花正明	17 采取火候
其廿二曰：无根树，花正红	23 圆通自在	其二十二 言真空法相　无根树，花正红	23 真空法相
其廿三曰：无根树，花正开	9 天上宝	其二十三 言临炉下功　无根树，花正鲜	9 偃月炉
其廿四曰：无根树，花正无	24 证位三清	其二十四 言返归虚无　无根树，花正无	24 返归虚无

石碑校刻：

1. 底本

嘉庆五年（1800）十二月，龙门洞道人陈明要述，邑弟子拔贡生韩庆云敬书之石碑碑文。

2. 参校本

（1）清康熙年间抄本《无根树》二十四首，无注本，简称清抄无注本。

（2）《无根树二注》：栖云刘悟元注，长乙山李涵虚增解。空青洞天藏板，其木刻影印本被收入王沐选编《道教五派丹法精选》第三集。1989 年中医古籍出版社出版。简称空青洞天本。

（3）《三丰先生全集》：初刊于道光二十四年（1844），版式半页10行，行21字，收有《无根树词注解》。萧天石主编《道藏精华》收入第八集之三，2000年台湾自由出版社影印出版。简称道光刻本。

（4）《道书十二种》，清刘一明著。1990年7月中国中医药出版社出版。简称十二种本。

（5）《玄要篇》：清道光六年（1826）二月，张灵机、邓灵谧刊，傲雪山房梓行。简称傲雪山房本。

（6）《张三丰太极炼丹秘诀》：清刘元焯编，共六卷，卷五炼丹歌咏中收录《无根树道情》。民国十八年（1929）上海中西书局印行，后新文丰出版公司亦印行。1994年6月，中国书店又影印木刻本出版，1998年，台湾萧天石先生主编《道藏精华》时将其收入第二集之五，后又有单行本影印出版。简称炼丹秘诀本。

（7）《玄要篇》：清光绪二十年（1894）柏青氏捐刻重镌。简称玄要篇本。

（8）《重刊道藏辑要·张三丰先生全集》：《道藏辑要》编纂于清代嘉庆（1796~1820）年间，初刊于道光二十四年（1844），后即遭焚毁。成都二仙庵住持阎永和于光绪十八年（1892）倡议重刊，至光绪三十二年（1906）《重刊道藏辑要》成。书按照二十八星宿顺序编排，《重刊道藏辑要》续毕集收入《张三丰先生全集》，书中八卷内容，末附刘一明、李西月注《无根树词注解》。后张之洞捐资，朱道生（桐荪）重辑，又翻刻成袖珍版，亦将刘一明、李西月合著之《无根树二注》增列为第九卷。简称道藏辑要续毕集本。

（9）《三丰全书》：民国八年（1919年）秋，上海江左书林以朱道生翻刻之《三丰全集》为底本，刊成石印本。书中增入

《无根树二注》《灵宝毕法》，列为第九卷。民国十五年（1926）仲春，上海中原书局又以江左书林版重印。书中《无根树词道情》简称石印本《道情》，《无根树词注解》简称石印本《注解》。

三、以石刻为底本的校文

张三丰真人所作《无根树》词二十四首

宝邑金台古观

其一曰（1）：

无根树，花正有（2），贪恋荣华谁肯休（3）。浮生事，苦（4）海舟，荡去漂（5）来不自由。无边无岸（6）□［难］收救（7），常在鱼龙险处游（8）。早回头（9），是岸□（10），莫待风波坏了舟。

［校］

（1）清抄无注本列为第十首。

（2）迄今所见诸本唯有石碑作"有"字。"有""幽"，音近。

（3）炼丹秘诀本、道藏辑要续毕集在、石印本《道情》中"荣华"作"红尘"、"休"作"修"。

（4）石印本《注解》"苦"，作"若"。

（5）十二种本、炼丹秘诀本、石印本《注解》中"漂"作"飘"。

（6）清抄无注本、空青洞天本、石印本《注解》中"无边无岸"作"无岸无边"。

（7）此处石破，缺一字，依诸本补入"难"字。又清抄无注本、空青洞天本、炼丹秘诀本、道藏辑要续毕集本、石印本《道情》、石印本《注解》作"难泊系"。十二种本作"难拍系"。

（8）炼丹秘诀本、道藏辑要续毕集本、石印本《道情》中"常"

作"长"。

（9）清抄无注本、空青洞天本、十二种本、道藏辑要续毕集本、石印本《道情》、石印本《注解》中"早"作"肯"。

（10）清抄无注本、空青洞天本、十二种本、炼丹秘诀本、道藏辑要续毕集本、石印本《道情》、石印本《注解》中"□"作"头"。

其二曰：（1）

无根树，花正危（2），树老将来接嫩枝（3）。梅寄榔，桑接梨（4），传与修真照样为（5）。自古神仙栽□［接］（6）法，人老原来有药医（7）。访明师（8），问方儿，下手速修犹太迟。

［校］

（1）清抄无注本列为十一首。

（2）空青洞天本、炼丹秘诀本、道藏辑要续毕集本、石印本《道情》本、石印本《注解》中"危"作"微"。傲雪山房本作"微"，下注"一作危"。

（3）清抄无注本、空青洞天本、石印本《注解》中"将来"作"重新"。十二种本、炼丹秘诀本、道藏辑要续毕集本、石印本《道情》作"将新"。空青洞天本下注："悟元注本'微'作'危'，与衰微之意亦相似。"

（4）空青洞天本、炼丹秘诀本、道藏辑要续毕集本、石印本《注解》中"榔"作"柳"。又空青洞天本、《炼丹秘诀》本、石印本《道情》中"梨"作"枀"（古梅字）。

（5）傲雪山房本作"传与修真作样子"，下注"一作'行'"。清抄无注本、空青洞天本、十二种本、炼丹秘诀本、道藏辑要续毕集本、石印本《道情》、石印本《注解》中均作"传与修真作样儿"。

（6）石破缺一字，据清抄无注本、空青洞天本、十二种本、炼丹秘诀本、道藏辑要续毕集本、石印本《道情》、石印本《注解》中补入"接"字。

（7）清抄无注本作"医药"。

（8）道光刻本、十二种本中"明"作"名"。

其三曰（1）：

无根树，花正孤，借问阴阳得类无。雌鸡卵（2），怎（3）抱雏？悖（4）了阴阳造化炉。女子无夫为怨女（5），□［男］（6）子（7）无妻是旷夫。叹世徒（8），太糊涂（9），静坐孤修气转枯。

［校］

（1）清抄无注本列为第十二首。空青洞天本、炼丹秘诀本、道藏辑要续毕集本、石印本《道情》、石印本《注解》中列为第四首。

（2）清抄无注本作"无雄卵"，意胜。

（3）空青洞天本、炼丹秘诀本、道藏辑要续毕集本、石印本《道情》、石印本《注解》中"怎"作"难"。

（4）清抄无注本、空青洞天本、十二种本、道藏辑要续毕集本、石印本《注解》中"悖"作"背"。炼丹秘诀本作"肯"，字体形近而误。

（5）清抄无注本作"终是寡"。

（6）此处石破缺字，清抄无注本、依空青洞天本、十二种本、炼丹秘诀本、道藏辑要续毕集本、石印本《道情》、石印本《注解》补"男"字。

（7）十二种本"子"作"儿"。

（8）清抄无注本、空青洞天本、十二种本、炼丹秘诀本、道藏辑要续毕集本、石印本《道情》、石印本《注解》作"叹迷徒"。

（9）空青洞天本、炼丹秘诀本、道藏辑要续毕集本、石印本

《道情》、石印本《注解》皆作"太模糊"。

其四曰（1）：

无根树，花正偏，离了阴阳道不全。金隔水（2），汞隔铅，孤阴寡阳各一边（3）。世上阴阳女配男（4），生□〔子〕（5）生孙代代传。顺为凡，逆成（6）仙，只在中间颠倒颠。

〔校〕

（1）此段清抄无注本作第十三首。空青洞天本、傲雪山房本、炼丹秘诀本、道藏辑要续毕集本、石印本《道情》、石印本《注解》皆列为第五首。

（2）空青洞天本、十二种本、傲雪山房本、炼丹秘诀本、道藏辑要续毕集本、石印《道情》、石印本《注解》作"金隔木"。傲雪山房本、道光刻本于"木"字下注"一作水，非"。

（3）清抄无注本、空青洞天本、炼丹秘诀本、道藏辑要续毕集本、石印本《道情》皆作"阳寡阴孤各一边"。

（4）清抄无注本作"世上阴阳男女配"，空青洞天本、十二种本、炼丹秘诀本、道藏辑要续毕集本、石印本《道情》、石印本《注解》作"世上阴阳男配女"。

（5）此处石破缺一字，据清抄无注本、空青洞天本、十二种本、炼丹秘诀本、道藏辑要续毕集本、补"子"字。石印本《道情》、石印本《注解》作"子子孙孙代代传"。

（6）空青洞天本、十二种本、炼丹秘诀本、道藏辑要续毕集本、石印本《道情》、石印本《注解》中"成"作"为"。

其五曰（1）：

无根树，花正双，龙虎登坛战一场（2）。铅投汞，阴配阳（3），结颗明珠无价偿（4）。此是家园真种子，返老还童寿命长。升天堂（5），极乐方，免得轮回见阎王（6）。

［校］

（1）此段清抄无注本、十二种列为第十四首。傲雪山房本列为第十五首，空青洞天本、道光刻本、炼丹秘诀本、道藏辑要续毕集本、石印本《道情》、石印本《注解》皆列为第十九首。

（2）炼丹秘诀本"坛"作"场"。

（3）空青洞天本、炼丹秘诀本、道藏辑要续毕集本、石印本《道情》、石印本《注解》皆作"配阴阳"。

（4）清抄无注本、空青洞天本、十二种本、炼丹秘诀本、道藏辑要续毕集本、石印本《道情》、石印本《注解》均作"法象玄珠无价偿。"道光刻本、傲雪山房本于"偿"下注"一作宝，非"。

（5）清抄无注本、空青洞天本、十二种本、炼丹秘诀本、道藏辑要续毕集本、石印本《道情》本、石印本《注解》均作"上天堂"。

（6）傲雪山房本"阎"作"冥"。

其六曰（1）：

无根树，花正多，遍地开时隔奈何（2）。难攀折（3），曾奈何（4），步步行从龙虎窝（5）。采取黄芽归洞府（6），紫府题名永不磨。笑呵呵，白云窝（7），□□［准备］（8）天梯上大罗。

［校］

（1）此段清抄无注本列为第十六首，傲雪山房本列为第六首，十二种本列为第九首，空青洞天本、炼丹秘诀本、道藏辑要续毕集本、石印本《道情》、石印本《注解》皆列为第十三首。

（2）十二种本"遍"作"徧"，"奈何"作"碍河"。清抄无注本、空青洞天本、炼丹秘诀本、道藏辑要续毕集本、石印本

《道情》、石印本《注解》作"爱河"。空青洞天本下注："悟元本'爱河'作'碍差'。"

（3）清抄无注本、十二种本"难攀折"作"难扳折"。

（4）清抄无注本、空青洞天本、十二种本、炼丹秘诀本、道藏辑要续毕集本、石印本《道情》、石印本《注解》中"曾奈何"皆作"怎奈何"。

（5）清抄无注本、空青洞天本、炼丹秘诀本、道藏辑要续毕集本、石印《注解》本中"从"皆作"行"。十二种本作"的"。石印本《道情》本作"步步行行龙虎窝"。

（6）空青洞天本、十二种本、炼丹秘诀本、道藏辑要续毕集本、石印本《道情》、石印本《注解》中"芽"皆作"花"，"府"作"去"。清抄无注本"府"亦作"去"。

（7）十二种本作"白云窝，笑呵呵"。炼丹秘诀本、道藏辑要续毕集本、石印本《道情》中"窝"作"阿"。

（8）石破，据清抄无注本、空青洞天本、十二种本、炼丹秘诀本、道藏辑要续毕集本、石印本《道情》、石印本《注解》补"准备"二字。

其七曰（1）：

无根树，花正亨，说是（2）无根却有根（3）。三才窍，二五精，天地交泰（4）万物生。日月交时寒暑顺，男女交时孕自成（5）。说与君，甚分明（6），只恐相逢认不真（7）。

［校］

（1）此段清抄无注本列为第十八首，傲雪山房本列为第八首，空青洞天本、十二种本、炼丹秘诀本、道藏辑要续毕集本、石印本《道情》、石印本《注解》列为第十一首。

（2）清抄无注本"是"作"起"。空青洞天本、十二种本、炼丹秘诀本、道藏辑要续毕集本、石印本《道情》、石印本《注解》中"是"作"到"。

（3）清抄无注本"却"作"似"。

（4）清抄无注本、空青洞天本、十二种本、炼丹秘诀本、道藏辑
要续毕集本、石印本《道情》、石印本《注解》中"泰"
作"时"。

（5）空青洞天本、傲雪山房本、炼丹秘诀本、道藏辑要续毕集
本、石印本《注解》中"自"作"始"。石印本《道情》
作"男女交时妊始成"。傲雪山房本、道光刻本于"始"下
注"一作孕自"。

（6）清抄无注本、空青洞天本、十二种本、炼丹秘诀本、道藏辑
要续毕集本、石印本《道情》、石印本《注解》作"甚分
明，说与君"。

（7）空青洞天本"只"作"犹"。

其八曰（1）：

无根树，花正佳，月月开时玩月华（2）。金精旺，照眼花（3），
莫向园（4）中错拣瓜。五金八石都是假（5），万章（6）千方总是
差。金虾蟆，玉老鸦，（7）□□〔认得〕（8）真时是你家（9）。

〔校〕

（1）此段清抄无注本为第十九首。空青洞天本、十二种本、傲雪
山房本、炼丹秘诀本、道藏辑要续毕集本、石印本《道
情》、石印本《注解》列为第十二首。

（2）清抄无注本"时"作"明"。炼丹秘诀本、道藏辑要续毕
集本、石印本《道情》、石印本《注解》作"对景忘情玩
月华"。空青洞天本"景"作"楼"，傲雪山房本"景"
作"月"。

（3）清抄无注本、空青洞天本、十二种本、炼丹秘诀本、道藏辑
要续毕集本、石印本《道情》、石印本《注解》作"耀眼

花"。傲雪山房本"耀"作"绕"。傲雪山房本、道光刻本于"花"下注"此句诸本皆错"。

（4）清抄无注本"向"作"要"。空青洞天本、傲雪山房本、炼丹秘诀本、道藏辑要续毕集本、石印本《道情》、石印本《注解》中"向"作"在"。清抄无注本"园"作"离"，道光刻本、傲雪山房本于"园"下注"一作篮"。

（5）清抄无注本、傲雪山房本作"八石五金皆是假"。空青洞天本、道光刻本、炼丹秘诀本、道藏辑要续毕集本、石印本《道情》本、石印本《注解》本作"五金八石皆为假"，十二种本作"五金八石皆是假"。

（6）清抄无注本、空青洞天本、十二种本、炼丹秘诀本、道藏辑要续毕集本、石印本《道情》、石印本《注解》中"章"作"草"。

（7）清抄无注本作"玉虾蟆，金老鸦"。

（8）石破，清抄无注本作"拣得"。空青洞天本、十二种本、炼丹秘诀本、道藏辑要续毕集本、石印本《道情》、石印本《注解》中作"认得"，应据补二字。

（9）清抄无注本作"拣得真的是作家"，十二种本作"认得真的是作家"。炼丹秘诀本、道藏辑要续毕集本、石印本《道情》作"认得真铅是作家"。空青洞天本作"认得真时是作家"，下注："悟元注本：'对景忘情'作'月月开时'。"

其九曰（1）：

无根树，花正鲜，符火相煎汞与铅。临炉际，境现前（2），采取须凭渡法船（3）。匠手高强牢把舵，一任洪波海底翻。过三关，透泥丸，早把通身九窍穿（4）。

［校］

（1）此段清抄无注本列为第二十首。空青洞天、炼丹秘诀本、道藏辑要续毕集本、石印本《道情》、石印本《注解》皆列为第十五首，傲雪山房本列为第十七首，十二种本列为第二十三首。

（2）空青洞天本、十二种本、傲雪山房本、炼丹秘诀本、道藏辑要续毕集本、石印本《道情》、石印本《注解》中"境"作"景"。

（3）傲雪山房本"取"作"去"。道光刻本、空青洞天本、炼丹秘诀、道藏辑要续毕集本、石印本《道情》、石印本《注解》中"须"皆作"全"，"渡"作"度"。清抄无注本"法"作"筏"。

（4）空青洞天本、十二种本、石印本《注解》中"早"作"才"，"通"作"周"。

其十曰（1）：

无根树，花正新，产在坤方坤是人（2）。摘花戴（3），采花心，花蕊（4）层层艳丽春。世（5）人不达花中理，一诀天机值万金。借花名，作花身（6），句句晓坳说的真（7）。

［校］

（1）此段清抄无注本列为第二十一首。空青洞天本、傲雪山房本、炼丹秘诀本、道藏辑要续毕集本、石印本《道情》、石印本《注解》皆列为第六首，十二种本列为第七首，傲雪山房本列为第十一首。

（2）傲雪山房本"人"作"壬"，下注"一作人"。

（3）清抄无注本"戴"作"蒂"。

（4）空青洞天本"蕊"作"药"。

（5）清抄无注本、空青洞天本、《十二种》本、《炼丹秘诀》本、道藏辑要续毕集本、石印本《道情》、石印本《注解》中"世"均作"时"。

（6）十二种本中"身"作"神"。

（7）清抄无注本、空青洞天本、十二种本、炼丹秘诀本、道藏辑要续毕集本、石印本《道情》、石印本《注解》中"晓坳"均作"敲爻"。清抄无注本、空青洞天本、道藏辑要续毕集本、石印本《道情》、石印本《注解》中"的"皆作"得"。

其十一曰（1）：

无根树，花正浓（2），认取真铅正祖宗。精气神，一鼎烹，女转男身老变童（3）。欲向西园降白虎（4），先去东家伏了龙（5）。类相同，好用功，内药通时外药通（6）。

［校］

（1）此段清抄无注本列为第二十二首，空青洞天本、傲雪山房本、炼丹秘诀本、道藏辑要续毕集本、石印本《道情》、石印本《注解》皆列为第十六首，十二种本列为第八首。

（2）十二种本"浓"作"秾"。

（3）清抄无注本作"转女成男老变童"。

（4）空青洞天本、炼丹秘诀本、道藏辑要续毕集本、石印本《道情》、石印本《注解》中"园"作"方"。炼丹秘诀本、道藏辑要续毕集本、石印本《道情》、石印本《注解》中"降"作"擒"，清抄无注本、十二种本中"降"作"牵"。空青洞天本下注："悟元注本'浓'作'秾'，'擒'作'牵'，'方'作'围'，皆无异也。"

（5）清抄无注本"去"作"向"，空青洞天本、石印本《道情》作"先往东家伏了龙"，炼丹秘诀本、道藏辑要续毕集本、石印本《注解》作"先往东家伏青龙"，十二种本作"先从东家伏青龙"。清抄无注本亦作"青龙"。傲雪山房本"了"作"子"。

（6）空青洞天本、炼丹秘诀本、道藏辑要续毕集本、石印本《注解》、石印本《道情》作"外药通时内药通"。

其十二曰（1）：

无根树，花正青（2），花酒神仙古到今（3）。烟花巷（4），酒肉林，不断腥荤不犯淫（5）。犯淫丧失长生宝（6），酒肉穿肠道在心（7）。打开门，说与君，无□□□［花无酒］道不成（8）。

［校］

（1）此段清抄无注本列为第二十三首，空青洞天本、炼丹秘诀本、道藏辑要续毕集本、石印本《道情》、石印本《注解》皆列为第三首，傲雪山房本列为第四首，十二种本列为第六首。

（2）清抄无注本、《十二种》本"青"作"清"。傲雪山房本"花酒"作"酒色"。傲雪山房本作"叶正青"。

（3）空青洞天本"古到今"作"到古今"。

（4）清抄无注本"烟"作"脂"，"巷"作"地"。傲雪山房本、十二种本、炼丹秘诀本、道藏辑要续毕集本、石印本《道情》、石印本《注解》中"巷"作"寨"。道光刻本、傲雪山房本于"寨"后注"一作巷"。

（5）道藏辑要续毕集本、石印本《道情》中"不断"作"不犯"。傲雪山房本"腥"作"酒"。

（6）空青洞天本"宝"作"实"。

（7）清抄无注本"道"作"佛"。

（8）石破，据清抄无注本、十二种补"花无酒"三字。又空青洞天本、炼丹秘诀本、道藏辑要续毕集本、石印本《道情》作"无酒无花道不成"。

其十三曰（1）：

无根树，花正高，海浪涛（2）天月弄潮。银河路，透九霄，槎影横空泊斗梢（3）。摩着（4）织女支机石，引动牛郎驾鹊桥（5）。入仙曹（6），胆气豪，盗得瑶□□□□［池王母桃］（7）。

［校］

（1）此段清抄无注本列为第八首，空青洞天本、傲雪山房本、炼丹秘诀本、道藏辑要续毕集本、石印本《道情》、石印本《注解》皆列为第十八首，十二种本列为第十六首。

（2）空青洞天本、十二种本、道藏辑要续毕集本、炼丹秘诀本、石印本《道情》、石印本《注解》中"涛"作"滔"。

（3）十二种本中"泊"作"斡"，傲雪山房本作"北"。道光刻本、傲雪山房本于"泊"下注"一作北"。又清抄无注本、十二种本"梢"作"稍"。

（4）空青洞天本、十二种本、炼丹秘诀本、道藏辑要续毕集本、石印本《道情》、石印本《注解》中"摩"作"摸"。清抄无注本、空青洞天本"著"作"着"。

（5）清抄无注本、空青洞天本、十二种本、炼丹秘诀本、道藏辑要续毕集本、石印本《道情》、石印本《注解》中"引动"作"踏遍"。

（6）石印本《道情》作"遇仙曹"。

（7）清抄无注本"盗"作"侵"，十二种本"盗"作"窃"。又石破，据清抄无注本、空青洞天本、十二种本、炼丹秘诀本、道藏辑要续毕集本、石印本《道情》、石印本《注解》补"池王母桃"四字。又空青洞天本下注："悟元注本'泊'作'斡'，'盗'作'窃'。"

其十四曰（1）：

无根树，花正飞，卸了重开有定期（2）。铅花发（3），癸生时（4），依旧西园花满枝。对月残灯收拾了（5），还去朝阳补纳衣（6）。这玄微（7），世罕知，须共神仙仔细推。

［校］

（1）此段清抄无注本列为第十七首，空青洞天本、炼丹秘诀本、道藏辑要续毕集本、石印本《道情》、石印本《注解》皆列为第八首，傲雪山本列为第九首，十二种本列为第十首。

（2）清抄无注本、十二种本"卸"作"谢"。又清抄无注本作"又定期"，傲雪山房本作"定有期"。

（3）清抄无注本、空青洞天本、十二种本、炼丹秘诀本、道藏辑要续毕集本、石印本《道情》、石印本《注解》中"发"作"现"。

（4）清抄无注本、空青洞天本、十二种本、炼丹秘诀本、道藏辑要续毕集本、石印本《道情》、石印本《注解》中"生"作"尽"。

（5）清抄无注本作"对月残红收拾了"，空青洞天本、炼丹秘诀本、道藏辑要续毕集本、石印本《道情》、石印本《注解》皆作"对月才经收拾去"，十二种本作"对月残经收拾了"，傲雪山房本作"对月残景收入了"。

（6）空青洞天本、道光刻本、傲雪山房本、炼丹秘诀本、道藏辑要续毕集本、石印本《道情》、石印本《注解》皆作"又向朝阳补衲衣"。又：道光刻本、傲雪山房本于"向"后注"一作旋称"。清抄无注本、十二种本作"旋逐朝阳补纳衣"。空青洞天本下注："悟元注本：又同作'旋趁'，字异而意同也。惟'才经'作'残经'，作人心私欲解收拾，所以退阴贼也，未免误中误。"

（7）空青洞天本、十二种本、傲雪山房本、石印本《注解》中"微"作"机"。道光刻本、傲雪山房本于"微"下注"一作机"。

其十五曰（1）：

无根树，花正繁，美貌娇娥赛粉团（2）。拴意马（3），锁心猿（4），挂起娘生铁面颜。提着（5）青龙真宝剑，摘尽花墙（6）朵朵鲜。趁风帆，满载还，怎肯空行到宝山（7）。

［校］

（1）此段清抄无注本列为第二十四首、空青洞天本、炼丹秘诀本、道藏辑要续毕集本、石印本《道情》、石印本《注解》皆列为第七首，傲雪山房本列为第十四首，《十二种》本列为第十七首。

（2）清抄无注本、十二种本、炼丹秘诀本、道藏辑要续毕集本、石印本《道情》、石印本《注解》中"娥"作"容"。炼丹秘诀本、石印本《道情》、道藏辑要续毕集本中"赛"作"似"。

（3）清抄无注本、空青洞天本、炼丹秘诀本、道藏辑要续毕集本、石印本《道情》、石印本《注解》皆作"防猿马"，十二种本作"防意马"。

（4）清抄无注本、空青洞天本、十二种本、炼丹秘诀本、道藏辑要续毕集本、石印本《道情》、石印本《注解》中"锁心猿"作"劣更顽"。

（5）清抄无注本作"提着"。空青洞天本、炼丹秘诀、道藏辑要续毕集本、石印本《注解》、石印本《道情》中"提着"皆作"提出"。

（6）清抄无注本、空青洞天本、十二种本、炼丹秘诀本、道藏辑要续毕集本、石印本《道情》、石印本《注解》中"花墙"作"墙头"。道光刻本、傲雪山房本作"琼花"下注"一作墙头"。空青洞天本下注："'墙头'作'琼花'，'琼花'作'墙头'，吾皆见过。此注作'墙头'讲，有味，故从之。"

(7) 石印本《注解》"到宝山"作"过宝山"。道光刻本、傲雪山房本于"到"下注"一作过"。

其十六曰（1）：

无根树，花正香，铅鼎温温现宝光（2）。金桥上，望曲江，月里分明见太阳。吞服乌肝并兔髓（3），换尽尘劳（4）旧肚肠。名利场（5），恩爱乡，再不回头为尔忙（6）。

［校］

(1) 此段清抄无注本列为第四首，空青洞天本、道光刻本、炼丹秘诀、道藏辑要续毕集本、石印本《道情》、石印本《注解》皆列为第十四首，十二种本列为第十八首。傲雪山房本列为第十九首。

(2) 空青洞天本、石印本《注解》中"现宝光"作"宝现光"。

(3) 傲雪山房本、道光刻本、空青洞天本、炼丹秘诀中"兔"作"免"，误。

(4) 十二种本、傲雪山房本、炼丹秘诀本、道藏辑要续毕集本、石印本《道情》、石印本《注解》中"劳"作"埃"。空青洞天本作"挨"。

(5) 清抄无注本作"利名场"。

(6) 空青洞天本、道光刻本、炼丹秘诀本、道藏辑要续毕集本、石印本《道情》、石印本《注解》皆作"空自忙"。

其十七曰（1）：

无根树，花正圆，结颗收实滋味全（2）。如朱橘（3），似弹丸（4），护守（5）提防莫放闲（6）。学些草木收头法，归根复命还本源（7）。选灵地，结道庵，会合先天了大还。

［校］

(1) 此段清抄无注本列为第六首。空青洞天本、炼丹秘诀本、道藏辑要续毕集本、石印本《道情》、石印本《注解》皆列为第十首，十二种本列为第二十首。傲雪山房本列为第二十一首。

（2）清抄无注本作"结果收圆滋味全"，十二种本作"结果收园滋味全"。空青洞天本、炼丹秘诀本、道藏辑要续毕集本、石印本《道情》、石印本《注解》皆作"结果收成滋味全"。

（3）《炼丹秘诀》本"如"作"姑"。

（4）《十二种》本"似"作"如"。

（5）清抄无注本、十二种本"护守"作"守护"。

（6）石印本《注解》作"闲"作"间"。又石印本《注解》"提防"作"堤防"，清抄无注本、空青洞天本、十二种本、傲雪山房本、炼丹秘诀本、道藏辑要续毕集本作"隄防"。

（7）清抄无注本、空青洞天本、十二种本、傲雪山房本、道藏辑要续毕集本、石印本《道情》、石印本《注解》均作"复命归根"。清抄无注本"还"作"返"。十二种本"源"作"原"。傲雪山房本、道藏辑要续毕集本、炼丹秘诀本、石印本《道情》中"源"作"元"。

其十八曰（1）：

无根树，花正黄，色（2）在中央戊己乡。东家女，西舍郎（3），配作（4）夫妻入洞房。黄婆劝饮醍醐酒，每日醺醺醉一场（5）。这仙方，返魂浆，起死回生是药王。

［校］

（1）此段清抄无注本列为第一首，十二种本列为第五首。傲雪山房本列为第十首，空青洞天本、道光刻本、炼丹秘诀本、道藏辑要续毕集本、石印本《道情》、石印本《注解》皆列为第二十一首。

（2）空青洞天本、傲雪山房本、炼丹秘诀本、道藏辑要续毕集本、石印本《道情》石印本《注解》中"色在"作"产在"。又青洞天下注"悟元注本'产在'作'色正'"。十二种本亦作"色正"。

（3）炼丹秘诀本、道藏辑要续毕集本、石印本《道情》中"舍"作"家"。道光刻本、傲雪山房本亦作"家"，并于"家"下注"一作舍"。

（4）空青洞天本、道光刻本、炼丹秘诀、道藏辑要续毕集本、石印本《道情》中"作"为"合"。

（5）清抄无注本、十二种本作"一日掀开醉一场"。空青洞天、傲雪山房本、道藏辑要续毕集本、石印本《道情》皆作"每日醺蒸醉一场"，道光刻本、傲雪山房本于"蒸"下注作"一作掀开"。炼丹秘诀中"醺"作"醮"。

其十九曰（1）：

无根树，花正明，月魄天心透（2）日魂。金乌髓（3），玉兔精（4），二物擒（5）来一处烹。阳火阴符分子午，沐浴加临卯酉门。守黄庭，养谷神，男子怀胎笑煞人。

［校］

（1）此段清抄无注本列为第二首，傲雪山房本列为第二十首，十二种本列为第二十一首。空青洞天本、炼丹秘诀、道藏辑要续毕集本、石印本《道情》、石印本《注解》皆列为第二十二首。

（2）清抄无注本、空青洞天本、十二种本、炼丹秘诀本、道藏辑要续毕集本、石印本《道情》、石印本《注解》中"透"均作"逼"。

（3）《炼丹秘诀》本"乌"作"花"。

（4）空青洞天本、《炼丹秘诀》、皆作"免"，误。

（5）清抄无注本"擒"作"将"。《十二种》本"擒"作"搏"。

其二十曰（1）：

无根树，花正奇（2），月里栽培片向（3）时。拿月手，步云梯（4），采取先天第一枝。饮酒戴花神气爽（5），笑杀仙翁醉似泥。脱形肢（6），谨护持，只恐炉中火候飞（7）。

［校］

（1）此段清抄无注本列为第三首，傲雪山房本列为第十三首，十二种本列为第十九首。空青洞天本、道光刻本、炼丹秘诀本、道藏辑要续毕集本、石印本《道情》、石印本《注解》皆列为第二十首。

（2）十二种本"奇"作"齐"。

（3）清抄无注本、十二种"向"作"饷"，空青洞天本、道光刻本、炼丹秘诀、道藏辑要续毕集本、石印本《道情》作"晌"，石印本《注解》作"响"。

（4）清抄无注本、空青洞天本、十二种本、傲雪山房本、炼丹秘诀、道藏辑要续毕集本、石印本《道情》、石印本《注解》皆作"拿云手"。清抄无注本、十二种本中"云梯"作"月梯"。

（5）清抄无注本"饮酒带花神思爽"、十二种本作"戴花饮酒神气爽"。傲雪山房本、炼丹秘诀本、道藏辑要续毕集本、石印本《道情》中"戴"作"带。"

（6）清抄无注本、十二种本、石印本《注解》中"脱形肢"作"托心知"。空青洞天本、傲雪山房本、炼丹秘诀本、道藏辑要续毕集本、石印本《道情》作"讬心知"。

（7）清抄无注本"只"作"时"，空青洞天本、炼丹秘诀本、道藏辑要续毕集本、石印本《道情》、石印本《注解》中"只"皆作"惟"。炼丹秘诀本"火"作"先"。

其廿一曰（1）：

无根树，花正娇，天应星兮地应潮。伏（2）龙剑，缚虎绦（3），运转魁罡幹斗杓（4）。锻炼一炉真日月，扫尽三千六百条。步云霄（5），任逍遥，罪垢尘凡一笔消（6）。

［校］

（1）此段清抄无注本列为第五首，十二种本列为第十三首。空青洞天本、炼丹秘诀本、道藏辑要续毕集本、石印本《道情》、石印本《注解》皆列为第十七首，傲雪山房本列为第二十三首。

（2）清抄无注本、空青洞天本、十二种本、炼丹秘诀本、道藏辑要续毕集本、石印本《道情》、石印本《注解》中"伏"均作"屠"。

（3）清抄无注本、空青洞天本、十二种本、傲雪山房本、炼丹秘诀本、道藏辑要续毕集本、石印本《道情》、石印本《注解》中"條"均作"絛"。

（4）空青洞天本、炼丹秘诀本、道藏辑要续毕集本、石印本《道情》、石印本《注解》中"魁罡"作"天罡"。又清抄无注本、十二种本、石印本《注解》"幹斗杓"均作"幹斗标"。炼丹秘诀本、道藏辑要续毕集本、石印本《道情》作"幹斗梢"。

（5）清抄无注本作"步月宵"。

（6）清抄无注本、空青洞天本、十二种本、炼丹秘诀本、道藏辑要续毕集本、石印本《道情》、石印本《注解》中"尘凡"作"凡尘"。

其廿二曰（1）：

无根树，花正红，摘尽红花一树空（2）。空即色（3），色即空，识破（4）真空在色中。了了真空色相法（5），法相常在不落空（6）。号圆通（7），雌大雄（8），七祖超凡上九重（9）。

[校]

（1）此段清抄无注本列为第七首。空青洞天本、道光刻本、炼丹秘诀本、道藏辑要续毕集本、石印本《道情》、石印本《注解》皆列为第二十三首。

（2）道光刻本、傲雪山房本"红花"作"金花"。空青洞天本作"红月"。空青洞天本下注"悟元注本'金花'作'红花'，较好，故从之"。

（3）清抄无注本作"空为色"。

（4）傲雪山房本、炼丹秘诀本、道藏辑要续毕集本、石印本《道情》中"破"作"透"。

（5）空青洞天本、炼丹秘诀本、道藏辑要续毕集本、石印本《道情》、石印本《注解》中"色相法"作"色相灭"，十二种本作"无色相"。又空青洞天本下注"'灭'作'法'字，错"。

（6）清抄无注本"法相常在不落空"作"相法长存不落空"。空青洞天本、十二种本、炼丹秘诀、道藏辑要续毕集本、石印本《道情》、石印本《注解》中"常在"皆作"长存"。

（7）傲雪山房本"圆"作"玄"。道光刻本于"圆"下注"一作玄"。

（8）清抄无注本"雌大雄"皆作"际大雄"。作空青洞天本、十二种本、炼丹秘诀本、道藏辑要续毕集本、石印本《道情》、石印本《注解》皆作"称大雄"。

（9）清抄无注本作"九祖"，空青洞天本、十二种本、炼丹秘诀本、道藏辑要续毕集本、石印本《道情》、石印本《注解》中"七祖"皆作"九祖"，"超凡"皆作"超升"。又十二种本"九重"作"天宫"。

其廿三曰（1）：

无根树，花正开，偃月炉中摘下来。添延寿（2），灭病灾（3），好结良朋备（发）〔法〕财（4）。从此可成天上宝（5），一任迷徒笑我呆（6）。劝贤才，少卖乖（7），不遇明（名）（8）师莫强猜。

〔校〕

（1）此段清抄无注本列为第十五首，傲雪山房本列为第七首，空青洞天本、炼丹秘诀本、道藏辑要续毕集本、石印本《道情》、石印本《注解》皆列为第九首，十二种本列为第十五首。

（2）空青洞天本、道光刻本、炼丹秘诀本、道藏辑要续毕集本、石印本《道情》、石印本《注解》皆作"延年寿"，十二种本作"添年寿"。傲雪山房本作"延寿算"。

（3）清抄无注本、空青洞天本、十二种本、炼丹秘诀本、道藏辑要续毕集本、石印本《道情》、石印本《注解》中"灭"皆作"减"。

（4）空青洞天本"良"作"艮"，误。炼丹秘诀本、道藏辑要续毕集本、石印本《道情》中"接"作"结"。十二种本"朋"作"缘"。又清抄无注本、空青洞天本、十二种本、炼丹秘诀、傲雪山房来、道藏辑要续毕集本、石印本《道情》、石印本《注解》中"发"皆作"法"。

按：刘一明有《法财》诗："法财两用是良方，有法无财枉用强。舍假求真踏实地，何愁不得到仙乡。"并又有诗《用法财》："凡俗欲求天上宝，用时须要世间财。诚然善舍悭贪物，展手直搬斗栖回。"是以诗言丹学中的"法财"观。又刘一明在《修真辩难》第三十七问中答曰："法者，修持锻炼之作用。财者，诚心祈求之礼物。"在《通关文·财利关》中又说："法财者，功德精诚是也。图世财者重金银而轻功德。"张三丰《玄要篇自序》："造斯道者，必须法财两用，而后可以有为。"刘一明文中多"法船""法相"对用，故作"发财"，误，依各本改为"法"字。

（5）空青洞天本、炼丹秘诀本、道藏辑要续毕集本、石印本《道情》、石印本《注解》中"此"皆作"兹"。傲雪山房本"成"作"得"。

（6）清抄无注本、空青洞天本、十二种本、炼丹秘诀本、道藏辑要续毕集本、石印本《道情》、石印本《注解》中"迷徒"均作"群迷"。

（7）空青洞天本、炼丹秘诀本、道藏辑要续毕集本、石印本《道情》、石印本《注解》中"少"皆作"休"。

（8）清抄无注本、十二种本"明"作"名"。

其廿四曰（1）：

无根树，花正无，无像无形难画图（2）。无名姓，却听呼，擒入三田造化炉（3）。运起周天三昧火，煅炼真空返太虚（4）。谒仙都（5），受天图（6），才是男儿大丈夫。

嘉庆五年岁次庚申嘉平月中浣吉旦

龙门洞道人陈明要谨述　　　　　　　邑弟子拔贡生韩庆云敬书

[校]

（1）此段清抄无注本列为第九首。

（2）空青洞天本、石印本《注解》本作"无相无形难画图"，十二种本作"无形无象难画图"。道光刻本、空青洞天本、傲雪山房本、道藏辑要续毕集本、炼丹秘诀、石印本《道情》作"无影无形难画图"。道光刻本、傲雪山房本于"影"下注"一作相"。

（3）空青洞天本、炼丹秘诀本、道藏辑要续毕集本、石印本《道情》、石印本《注解》中"三田"作"中间"。傲雪山房本作"丹田"。道光刻本作"擒入中间造此炉"。又空青洞天本下注:"悟元本:'中间'二字作'三田',然悟元功作中间妙窍解。"傲雪山房本"化"作"此"。

(4) 空青洞天本、炼丹秘诀本、道藏辑要续毕集本、石印本《道情》、石印本《注解》、"太虚"皆作"太无"。

(5) 道光刻本、傲雪山房本并于"谒"下注"一作赴"。

(6) 空青洞天本、炼丹秘诀本、道藏辑要续毕集本、石印本《道情》中"受天图"皆作"受天符"。傲雪山房本作"受天符,赴仙都"。

二 龙门洞历代著名高道简述①

1. 曾若虚

曾若虚,宋代陇州道士。善医,尤善针砭之术。乾隆《陇州续志》引《西斋话记》及褚稼轩《坚瓠集》卷五有记述。

2. 马丹阳

马丹阳(1123~1184),山东宁海人,初名从义,字宜甫。祖籍陕西扶风,五代时迁居宁海,世业儒。其父马师扬生子五人,以仁义礼智信为名,号称"五常"。丹阳为次子,虽为儒而不求进取,掌管家中财产。一次,马丹阳游昆嵛山,有道士李无梦赞其"额有三山,手垂过膝,真大仙之材"。乡邻孙忠显闻言,将女孙不二嫁与马丹阳。孙不二信奉道教,马丹阳受其影响,亦亲近道教,后建道馆一座,聘请陆道士居馆住持。大定七年(1167)七月,游怡老亭,巧遇王重阳,被其言谈所感动,邀至家中,并在其家南园建一道庵,命名"全真",供王重阳居住,两人以诗词唱和。王重阳为其更名为钰,字玄宝,号丹阳子。马丹阳又自称"山侗"。马丹阳的生平著述,多为诗

———————

① 从此处往下内容若来自历史文献,则其中所涉地名依文献不改。

词吟咏，词作多达 1000 多首，后世结为《渐悟集》《洞玄金玉集》《神光灿》等，其弟子王颐中又收集其平时言论 50 余则，辑为《丹阳真人语录》。均见收于《正统道藏》《重阳教化集》《重阳分梨十化集》中。

3. 毕知常

毕知常出身于乾州醴泉之巨室，弟兄四人均好道，大定壬辰（1172），闻丹阳在终南祖庵演教，遂投在丹阳门下，深得丹阳教诲，得修身养命之要。1182 年，马丹阳东归宁海，让他西入陇山，以奉伺长春，并修习静定之功。1191 年，长春亦东归，留下他与吕道安同主祖庭事。毕知常善医药，凡有人患病，不问贫富，必往救之。由此，毕知常道缘日弘，在数年间度门人百人以上，重振祖庭，使道风为之一振。1231 年，关中受兵灾，毕知常与居民同往太白山峡中避难。三月十六日，告门人曰："昨于定中，山林潜报，此地不堪久处，当徙之他所。世态如此，吾不忍见。"即焚香辞圣，次日即仙去。1250 年春，掌教李志常奉朝命，追赠为广容真人。

4. 董守之

元初道士。居汧陇，慕神仙之术。一日谓其徒曰："诸仙邀会。"遂逝（《重修汧阳县志》卷七）。

5. 李妙成

岐山人。"元时筑庵于汧阳。年逾大，童颜不衰。后人名其结庵处为'悟仙庄'。"（见《重修汧阳县志》卷七）

6. 贺志真

贺志真（1212～1299）又名贺无希，号圆明老人，隆德人。拜吕通明为师，吕通明为郝太古门下，亦从邱祖受法。后又拜为邱处机门下綦志远的弟子。先后居于耀州孙姜村长春观、陇州玉宸宫，且多有营建。至元三年（1266）他与张志宽协作兴建玉宸宫，时贺为陇西路提点。贺志真为石匠出身，相传龙门洞石崖现存石刻"全真岩定日月娄景先生洞"为贺志真所刻。他是华山朝元洞的创修人，实为华山派的开派宗师。1299 年，移居长安县潜真庵，后仙去，号通玄散人。后有功德主将贺志真葬于全真观旁。

7. 蒲察道渊

蒲察道渊（1152~1204），姓蒲察，名道渊，号通微子，元代上京（今黑龙江阿城南白城）人。其祖上以金朝开国名佐功封，世袭千户，为燕都巨室。金大定二十一年（1181），入陕至陇州龙门，拜邱处机为师，学道修炼。五年后，邱处机去终南山主持重阳宫，蒲察与之伴行。他们途经汧阳，对城南石门胜景萌生兴趣，遂在城门北乞地数亩，建成全真堂。后邱处机去终南山，留蒲察主持堂事。邱处机对蒲察道渊颇为器重，东归时对于善庆说："人需友以成，友不可不择。蒲察道渊者，心存至道，是人必能辅成尔业。"于善庆遂与蒲察为友。李道谦有《蒲察尊师道行碑》立于汧阳。

8. 唐括姑

唐括姑，善道，她闻邱长春之名，专访至长安，京兆夹谷统军亲写书信给邱长春，并派人将唐括姑送至龙门洞。邱处机在《磻溪集》有诗并序记其事，诗题名《赠潍阳唐括姑》，则知括姑为潍阳人。题下介绍说，唐括姑"乃丞相女弟也，予时在陇山，京兆统军夹谷专人书召，姑寻至"。邱处机在诗中说"东莱之姑性玄远，蕴德含章自超拔"，是说唐括姑气质不凡，具有学道的根基。唐括姑至龙门洞亲邀邱长春前往长安，邱处机把重到长安的感触告诉唐括姑，并劝她"速抛家业违物情，早作仙人伴仙侣，壶中自游日月长，身外不复衰残殃"。唐括姑也因劝而入道。

9. 镏琼

镏琼，女冠，在邱处机身边学道。据《通微真人蒲察尊师道仙碑》载，蒲察道渊到西安后，清明时游兴庆池，遇女冠镏琼，向她打听长春所在。镏琼告诉他："吾师今隐陇山，翌日径往参谒。"当蒲察将到的时候，长春对毕知常说"有自燕都来受教者"。可见，镏琼是长春身边的女徒。

10. 陈明耀

陈明耀为甘肃靖远县人，少年时出家于留坝紫柏山张良庙，后移住龙门山，长居早阳洞和湘子洞，因有异能，时人称之"野仙"。据传乾隆年间，曾去华亭县安口镇化缘，遇一陶坊开窑，窑主戏言将窑内陶器施舍。次日窑空，窑主循迹至龙门山，见悬崖峭壁多处皆有缸、盆等陶器。又传陈明耀曾于某石匠处化得一副石磨，以禅杖担入龙门洞，石磨原置于早阳洞，民国年间尚存。置于山岭间的陶器，至20世纪60年代初尚多处可见，"文化大革命"中大都损毁。现仍有三口陶缸置于王母宫左侧绝壁凹陷处，人莫能至，其中一口弹孔清晰可辨。嘉庆二十二年（1817），陈明耀逝于龙门洞早阳洞。

11. 刘一明

刘一明（1734～1819），号悟元子，别号素朴散人。山西曲沃（今山西闻喜）人。少即慕道，遂弃家资出家为道，云游四方学道，先后以龛谷老人、仙留丈人为师，后结庐于甘肃兰州栖云山炼养。他精通易经，擅长医术，对修持练功有独到之处，曾在龙门洞居住修行，留有九首绝句，赞美龙门洞景物。

12. 曾守云

曾守云，号自悦，系清初龙门洞开山祖师。为山东曾子之后，在武当山太子坡入道，传为龙门五房法眷，属龙门派第八代传人。

明代末年，战事频仍，龙门洞毁为废墟，加之龙门洞宫、殿、楼、阁年久失修，龙门洞殿堂破败不堪。据现存康熙元年（1662）《重修龙门洞诸殿宇碑》载，"惟洞前连山壁碑并悬崖'全真'镌字在焉"。清顺治年间，曾守云由武当山太子坡入驻龙门洞。顺治十一年（1654），有明末遗老，明固原镇总镇张显中弃职修真，隐迹山林，遨游至龙门洞，曾守云即与之筹划龙门洞复修之事。于次年建成万寿宫后，曾即筑庵羽静，主醮道事，专修上乘，其未竣工程由张独立承担。后张与接踵而至的黄本善、苗清阳同心协力，共同完成修竣事。自顺治十四年至十八年（1657~1661），以五年时间，修建和补饰青龙白虎殿、文昌殿、关圣殿、太上殿、三官殿、玄帝殿、三清殿、灵官殿、七真楼、湘子洞等15座殿阁，又与华亭善士杜若馥，募铁为桩，修筑了通达玉皇阁的铁链栈道，方便游人牵引攀登。此次工程浩大，使明代以来渐次残缺的道观，面貌焕然一新。

曾守云与田守存虽均来自武当，但在龙门内部道见相悖。据传，清初在修建大殿时，田公力主以玉皇大帝掌山，而曾公却认为当以真武祖师掌山，田因此负气去景福山八仙崖，开创了景福山道场，以玉皇掌山。曾守云后羽化于陇县城内长春观。

13. 田守存

田守存，顺天宛平县人，出身于阀阅名门，为道教龙门派第八代传人。自幼聪慧敏达，才识过人，气质非凡，抱有匡君救民之志。后见仕途诡异，诈伪滋生，遂视富贵为浮云，弃田园妻子，云游四方，遍涉名山大川，皈依全真教龙门派。康熙二年（1663）由武当策杖渡关，谒华山，扣吴岳，抵崆峒，后栖于龙门洞，倾心娄景先生之遗迹，钦慕邱真人之丹灶，与曾守云、黄本善、苗清阳共谋重建龙门。此时龙门洞因屡遭兵火，庙宇荒凉，羽流星散，开创修葺颇为艰辛。在修建大殿时田守存因与曾守云、黄本善、苗清阳意见相左，遂携徒高太慧去景福山八仙崖另辟道场，为景福山道场开山祖师。龙门洞在清初重建时，田守存为开创人之一，与曾、黄、苗诸公功同名齐，故龙门派子孙将四人列为"四公"，并建"四公祠"于龙门洞山场，塑全身像以祀奉。

在开创景福山道场中，田守存探奇寻幽，被其胜若龙门之景所感，奋然发志。初始开山兴工，面对寂山幽林，荒坡旷野，他寝于石穴，饮之泉流，霜雪不惧，虎狼不惊。终日早出晚归，乞化募缘，笃志力行，备受艰辛，其虔诚至诚，辛勤功绩为道内和世人所称道。相传因他的心迹和作为，感天动地，得到各方的相助。御屏峰顶建成九皇殿、混元阁、三官殿、山神、灵官二祠，后又创建了云溪宫。宫内有玉皇殿、斗姆宫、王母宫、三官殿、三清殿、救苦楼、圣母殿共12座，并开坛放戒，使云溪山场盛极一时。

14. 苗紫霄

苗紫霄（？～1722）号清阳，道教龙门派第10代传人。清初，他与黄本善、田守存、曾守云重修龙门洞，为龙门派尊祀的"四公"之一。清康熙十三年（1674），王辅臣兵变，平凉崆峒山遭劫，僧道逃散，宫观寺庙残败坍塌。兵戎停息后，乡民李天禄、孙应龙、赵维新等10人于康熙十五年（1676），发起聚资整修崆峒山道场，并四处寻访道界高士。访得陇州龙门洞主持苗清阳道德崇高，遂前往虔请，苗坚辞不就。后经平凉知府杨凤起亲笔书信，再三敦请，清阳顾念官民盛情难却，遂选携门徒范一圣、潘和真、范一祥、杨一光莅临崆峒道场。

经十方募化，又多次得到宁夏文武官员、士庶商民资助，于康熙十六年（1677）春动工整修崆峒山隍城大殿，先后修复了关圣药王殿，青龙白虎殿。创建增修了钟、鼓二楼，于二十年（1681）竣工，使全城殿宇焕然一新。其后四十年中，在苗清阳苦心经营、众弟子同心协力下，崆峒道教盛极一时，庙宇殿阁几遍全山。今崆峒山、龙门洞居山为道者，均为其弟子、门人，已传至27代。康熙六十一年（1722），苗清阳羽化，遗骨由弟子安葬于头山北麓。

15. 黄本善

黄本善，号秀峰，中州河南人，龙门洞"四公"之一，龙门派第15代传人。他于清顺治间入道龙门洞，至康熙末年先后与曾守云、苗清阳、田守存、薛教玉等开山建道，为复兴龙门洞道院建立了不朽功绩。

清顺治十一年至十八年（1657～1661），曾协同曾守云、田清阳与固原都张显中，共谋兴建了道院楼阁宫殿15所。

康熙六年（1667），黄本善与弟子贺常德鸠工修葺了玉皇阁、混元阁、救苦殿、三清殿、三官殿，并分别妆颜金像，使庙观金碧流辉，彩焕复新。并为混元阁、救苦殿、三清殿、三官殿劈石筑阶，悬梯架木，方便了攀援登临。十七年（1678），与苗清阳向五原善士邹起旺、蔡养神募缘十方乡庶，对殿阁塑像又进行了一次彩饰。

黄本善深记邱祖"民为邦本"思想，道心向善，不与民争食。他认为"夺民业而资常住，非所以良民也"。故而力垦荒坡，勤耕不辍，为道院广开福田。到三十四年（1695），道院已垦植耕地七十余亩，道观膳食基本自给。为后世徒孙开了自食其力之先河。到康熙末年，道院粮田已达四百余亩。

黄本善形貌癯然，神气泰然，虚怀若谷，静而如渊。昔年，他发开山之宏愿，于僻野荒棘之中，刈草结庵，孑然独坐，阐玄风之道，倡无为之篇，尤在庙会期以蒲团露坐于院中，自鸡鸣呼弟子一一奏疏、诵经，日日复然，数十日不寐，精神如故，使四方朝山者肃然起敬。康熙五十三年（1714），其弟子薛教玉饮水思源，梦寐怀念师祖开基功德，托梦蓄意，为其构椽三楹，建黄公祠并楼碑，岁岁祀奉不已。民国六年（1917），龙门道院将其与曾、田、苗诸道并列，称"四公"，视为开山祖师，将黄公祠改建为八仙楼。楼下设"四公祠"，祭祀至今。

16. 薛教玉

薛教玉，甘肃省华亭县人，黄本善法嗣徒孙，全真教龙门派第17代传人。幼年入学，但未进仕途，长于经济学问。壮年出家于龙门洞，冠巾后，云游参访，广见博闻，继承师祖扩山阐教之志。康熙二十六年（1687），任龙门洞监院，募化各郡，与功德主蔡毓俊、蔡芝仲、赵义、贺英杰、贾崃等人共谋龙门洞道院兴工之事。商定后遂携羽士赵子南跋涉金陵，聘请名艺人工笔彩绘《太上一气化三清》，八十一幅圣像壁画，购置法器经典36（部）件，檀像2尊。归赴本山后，先后建成了太清殿、灵官亭、左右配楼、东西客厅、玉皇前阁、七真楼、王母宫以及道院群房。后将"八十一化"，挂置于太清殿内，其画面山水人物勾勒清晰生动，栩栩如生，为道教庙观中少见的艺术珍品。与此同时，他还冶铜塑造了玉皇大帝像、钟磬醮炉等。设立了龙门洞下院二处，置水磨二盘、水窖一眼。

另据《龙门洞常住碑记》载，薛教玉不以物累，虚清为怀，修炼精严，善结四方志同道合之士。尤勤劳俭朴，在常住内，他卧石盖草，仅设善粥地一处，垦地自耕，奋发兴道。康熙五十四年（1715），他见道场土地不足耕种，遂考察本山旁上阴坪狮子湾、交白岘等荒坡数段，呈报州署准为开垦扩大耕种，使龙门洞常住鹤田增达400余亩。后恐与地方发生地界纠纷，他复勘押帖，依州府文告铭文立碑，明确了道院田地四址。

薛教玉法嗣龙门洞，对师祖之焦劳，前建之勋猷，念念不忘，康熙五十三年（1714），他曾为师祖黄本善建祠造像，岁岁祀奉。雍正三年（1725）又为祖师"丘祖青天歌"铭碑立石，使龙门善事、文献得以永存。薛教玉秉志演清，弘扬道法，开拓基业，建树丰厚，为有清一代龙门洞道院复兴之中坚。康熙五十二年（1713）《重修龙门洞碑记》誉其功绩："龙门非薛子不能显其奥，薛子非龙门不能展其才而扩其志。"其仙逝后，公议入典"四公祠"，塑像陪"四公"受祀。

17. 田至盛

田至盛，嘉庆、道光年间任龙门洞监院。据乾隆五十八年（1793）《重修龙门洞救苦殿碑记》所记，田至盛为郭明连之徒，则知他出家当在此以前。道光二年碑刻《重修太上殿序》，表明他任监院期间对殿宇进行了一次较大的修葺。田至盛谢职后即外出云游，参访证道。云游二十余年后，复归龙门。在挂单时因年迈失仪，受到担任知客的年轻道士的斥责,罚入云厨洗碗淘菜。在过年时,被当时担任监院的他的徒弟发现,因讹传田已羽化,一时不敢肯定。经询问知客后,知确为本师,即率全院道众顶着茶盘至云厨长跪请罪。而田至盛却正色地对他们说:"律科为师传,为师者首当守持。其责在吾,尔等何罪,请退。"并向众顶礼致意。田至盛的这种严于律己的精神,至今在道教内传为佳话。

18. 杨崇全

杨崇全,陇县关山人,清末在药王洞出家。传说他由混元顶误跳下来,以致疯癫,被人称为杨疯子。他常背一背篓,上遮纳头,从不准人动。入夜即坐于汧河石滩上,虽经雨雪,其坐处周围俱干,无雨雪迹。虽整日疯言疯语,后多有验。后羽化于城隍庙内。

19. 许炳智

许炳智,山东人,出家于云蒙山,属华山派后裔,因其说话行事疯疯癫癫,被人称为许疯子。1941 年来龙门洞,1942~1943 年在火烧庵放牛,后入蟠龙山沟。1944 年至石拱寺,后又转到庄房放牛多年,新中国成立后复去火烧庵,为人按摩治病,多有效。

20. 李守志

李守志(1898~1948),字九春,汧阳县城东街人,龙门洞传人。其父名李茂天,九春系其长子,12 岁时,因家贫生活无着,被父卖于三义庙毛师,毛遂教其读书。九春天资聪颖,如饥似渴地攻读诗书,严练书法。稍长即随毛师出家,皈依道教,攻读道经,兼览诸子百家。随后遵师命栖居龙门洞参学,曾任龙门洞知客年余。毛师去世后,九春被汧阳各庙观推选为汧阳"道管",掌管汧阳全县道教,民间遂以"道管"呼之。民国 24 年(1935),九春游于楼观台,住半年后又去八仙宫,因其精明能干,通晓经书,任知客,不久又晋任都管,代理监院执掌教事。民国 28 年(1939),辞去八仙宫执事,仍回汧阳城隍庙任道管。他能写钟鼎文,书法长于颜体与行书,国画亦工。其字画特别山水花卉、翎毛、人物等传统功力浑厚，笔墨工致严谨，色调精丽典雅，民国时期在汧阳居首位。宝鸡地区各县书法爱好者，均以能索得他的字画为荣。他平易近人，常为人写字作画，写春联而不计报酬。1948年仙逝，享年50岁，葬于城隍庙的安沟塬墓地。

21. 马鹏

马鹏（1904～1963），又名马万九，道号圆通，人称"马神仙"，宝鸡县石羊庙乡李家堡人。自幼好学，诸书皆读，思维敏捷，厌弃名利、仰慕西汉朱家，郭解的侠义行为，慷慨好义，遇人饥寒，则解衣推食。

民国20年（1931），马圆通闻龙门洞法师王永盛，法行崇高，兼长医术，道行为时所重，遂拜王为师，入教龙门洞。王永盛立道，以虚无为心，精诚待人，不事俗务，每日除晨昏拜祷外，全部精力用于研习医术和为人治病。耳闻目睹，潜修默化，使马圆通深受熏陶，完全承袭了其师衣钵。其师仙逝后，马圆通云游四方，以岐黄为业，以扶贫救弱为宗旨，恭身行医，施药济世。深受民间尊崇，被人们尊称为马老师。因其医术高超，又被誉为"马神仙"，在关中西部各地甚有名声。后马鹏定居凤翔景福山，将其平生所研医术心得、验方、针灸之法刻之于碑，遗传后世。碑现存于陕西省中医学院博物馆。新中国成立后，马鹏在宝鸡县石羊庙卫生所行医，慕名而来的病人络绎不绝。1962年，马鹏当选为宝鸡市人民代表，市政协委员。1963年11月24日病故，享年59岁。

22. 闫崇德

闫崇德（1898～1971），宝鸡县人，龙门洞第二十六代传人。民国八年（1919），弃家求道，游栖陇县药王洞，受龙门嗣师郑信元引度，皈依全真。闫崇德天赋慧敏，参通道德，涉猎诸子百家与四书五经，过目成诵，临难不乱，颇能前知。处道修持严谨，自奉俭朴，思维敏捷，性直口爽，且语言洪亮，故有"疯子"之绰号。闫崇德于民国 26 年（1937）起，先后担任陇县药王洞、火烧寨、龙门洞住持或监院 30 多年，直至临终。在从道中，他曾访游关中、甘肃等地名山道观，研习道教经典，交游广泛，在陇东、关中道教界享有极高的威信，亦有较大的影响。

闫崇德出身贫苦，信仰虔诚，为人和善，爱老怜贫。抗战当中，他积极支应差拨，支持抗战。1945 年，他亲自烧毁了道院多年出租田地的契约账单，并舍平地数十亩于贫苦百姓耕种，施粮米百担赈济孤寒。1943 年起，他多次利用龙门洞有利条件掩护地下党员避难脱险。中共陇东地下党负责人李义祥、张可夫等常与之往来。1947 年，地下党员潘自力因受国民党追捕，来龙门洞避难，被闫崇德以出家人身份予以掩护，临行时，闫崇德给其银圆作为路费，不久就被人告密。同年 7 月 23 日，国民党陇县公安局局长带领 40 余人，持枪荷弹对龙门洞进行了搜查，一无所获后，逮捕闫崇德，关押于陇县看守所，月余后又押解至西安监狱。在狱中，闫被审讯 40 多次，严刑拷打，坐老虎凳，备受折磨，但他意志坚定，闭口不言，未漏一点真情。国民党省党部及军统人员在口供俱无的情况下，只能将其以"通匪"之名看押。后经西安八仙庵监院邱明中（邱原系黄埔军校毕业生，曾任蒋介石近侍卫数年，后调军统局任特务营长，熊斌为其部下。抗战时，邱因不满蒋之逆行，愤而出家）与当时的陕西省省长熊斌多次交涉，并以八仙庵 3000 万元（旧币）作保，于同年腊月十三日将闫崇德保释出监狱。闫崇德先后共被关押 140 天。

新中国成立后，闫崇德坚决拥护共产党的领导，认真贯彻党的宗教政策，为社会主义革命和建设热情服务。土改中，他积极响应党的号召，主动献出庙产土地，分给贫苦农民。镇反中，他带领公安人员捕捉暗藏在道教内的一贯道头子。1950 年春，他又拿出龙门洞 2000斤粮食发给农民度荒。1952 年，抗美援朝中，他捐款 50 万元（旧币）支援前线。合作化运动中，他说服教徒入社，并自愿担任会计，积极工作。闫崇德终生从道，其善行义举受到了党和人民政府的肯定。新中国成立后，他曾历任县人大常委会委员、县人民代表、县政协常务委员、省人民代表和中国道教协会理事。1957 年，参加全国道教协会成立会议，并受到了朱德委员长的接见。1971 年冬，仙逝于龙门洞庄房，葬于龙门洞坟茔，终年 73 岁。

23. 田嗣舜

田嗣舜，（1921～2003），宁夏西吉县降台乡人，全真龙门派第二十八代传人。田嗣舜道长于 1942 年 10 月求道于陇县药王洞，宗奉全真龙门派。后于 1942 年出家龙门洞，礼全真龙门派第二十七代弟子、龙门洞传人高高学道长为师。他在龙门洞苦志修学，诵道经，习科仪，学习道教传统。勤于耕种，尊敬师长，爱护后学，专于清修，重于全真内修。一生忠诚、俭朴、和蔼可亲，谦虚谨慎，受到道众的推崇。

1972 年老监院闫崇德道长委托田嗣舜道长住持龙门洞道院。田嗣舜道长率领道众，拥护党的领导，爱国爱教，落实党的宗教政策，先后恢复重建道院，礼请有文化道长办学，培养道教后继力量，在宗教开放初道教青黄不接时，培养了大量青年道徒。1989 年北京白云观第二十二代方丈王理仙方丈在北京白云观开坛传戒，田嗣舜被陕西省道教协会推荐到白云观领受全真三坛大戒。

1978 年 12 月中共十一届三中全会后，宗教政策逐步落实，在地方政府和各方支持下，田嗣舜和道众们修桥筑路、架电抽水，维修殿堂，妆塑神像，置办法器，重建庄房，其规模已焕然一新。经他多方奔走，解决了龙门洞自养地 28 亩，收回磨儿下村洞宾庵庙基地 5 亩，并经县林业局批准开垦荒地 40 多亩，基本上解决了道众生活自给问题。他还为药王洞索回自耕地 13 亩，为火烧庵索回庙基地 10 多亩。在田嗣舜与温嗣忠、张嗣凯等道众的努力下，经由政府大力支持和社会各方的赞助，修成蹑云桥、抽水站、上山台阶，维修和新建了太上殿、药王殿、救苦殿、混元顶、二郎殿、土神殿、子孙宫、王母殿、黑虎殿、玉皇阁、五间楼、新山门等处，对湘子湾进行了改道修筑，新修了早阳洞栈道，并全面妆塑神像、彩绘庙宇，使龙门洞殿堂焕然一新。

田嗣舜道长还刻苦研究龙门派史料和龙门洞的各方面碑文资料，由他主编兼任顾问出版的有《龙门文史资料汇编》（油印本）和《邱处机与龙门洞》（陕西人民出版社）。

1972 年老监院闫崇德道长委托田嗣舜主持观中事物，1977 年田嗣舜正式担任监院。1987 年 5 月，陇县道教协会成立，田嗣舜当选为会长，后被推选为中国道教协会常务理事。1992 年 3 月，他出席中国道教协会第五次全国代表大会，当选为第五届理事会理事。1998 年 8 月，中国道教协会召开第六次代表会议，他被聘为名誉理事。田嗣舜道长多次受到人民政府表彰，先后担任中国道教协会名誉理事、陕西省道教协会常务理事、陕西省道教协会副会长、宝鸡市道教协会会长、陇县道教协会会长、宝鸡市政协常委、陇县政协常委。

2003 年 8 月 21 日（农历癸未年七月二十四日），田嗣舜道长仙逝于龙门洞道院，葬于龙门洞坟茔，终年 83 岁。徒弟有朱法友、贾慧法等。

24. 杜法静

杜法静（1960～），1960 年 6 月 19 日出生于陈仓区县功镇南关村六组。高中毕业后在家务农。1986 年在陇县药王洞师从龙门正宗第二十八代宗师温嗣忠出家，1987 年住陇县龙门洞，师从于田嗣舜道长，成为道教全真龙门正宗第二十九代传人。1988 年住宁夏中卫老君台。1989 年住甘肃华亭海龙圣母殿，后赴白云观学习。1990 年重返陇县药王洞任住持。经任法融会长牵线，争取香港谭兆先生捐资上百万元，对药王洞进行了兴修扩建。2005 年任金台观住持，仍兼药王洞住持。

杜道长 1992 年起一直任陇县政协委员、常委。1993 年任宝鸡市青联委员。1998 年起一直任宝鸡市政协委员、常委。1999 年起任陇县道教协会会长、1994 年起任宝鸡市道教协会副秘书长、秘书长、副会长，主持市道协工作十余年。2000 年任陕西省道教协会副会长。2008 年任宝鸡市道教协会会长、陇县道教协会会长等。

杜道长多年来在政协提议案达百余件，为道教及城乡建设解决了大量困难问题，办了众多实事。为道教争取归还了金台观，争取金台区及其他方面投资数千万元重修金台观，面积由过去不足 50 亩扩大至百余亩，新建的三清大殿在西北地区位居榜首。给全市 160 余名道教人士解决了低保、医保等问题，解除了道教人士的后顾之忧。在全市符合条件的八个县区建立了县区道教协会。全市道教宫观改革开放以来普遍予以了新修扩建，面貌焕然一新。

2000 年以来多次举办全国性大型活动，如邱处机创建龙门山场八百二十年及邱处机研讨会，金台观三清大殿落成典礼及张三丰研讨会。中青年教职人员培训班两次，每次 60 余人。龙门暗派拨职仪式等。

杜道长多次参加中央统战部、国家宗教事务局、中国道教协会及省市级统战、宗教、道教组织的培训班及研讨会，领导水平、政策法规、文化理论、宗教学识各方面有了全面提高。

杜道长支持成立了宝鸡市老子文化研讨会，并任常务会长，开展了多次全国性活动，发表了大批有关老子、张三丰及道教方面的研讨文章。在市道协设立了经师团、易道研究会、三丰太极院、慈善协会、老子研究会、三丰研究会、金台书院、厚德书院等八个下设组织，并举行了隆重的挂牌仪式，现已开展正常活动。与香港道教及南方有关慈善组织建立了友好关系。经常和香港道教进行友好交流来往，得到他们的大力支持。杜道长被聘为香港国际道教文化协会名誉会长。

25. 朱法友

朱法友（1944～），宁夏回族自治区固原市隆德县奠安乡人。生于 1944 年农历五月五日。幼年曾受家风信仰影响，常有求道出世之想，后于 1957 年 10 月求道于陇县景福山，因"文革"期间庙里禁止收徒，遂与道观里老道长一同被编入生产队，从事劳作，后又转至景福山药厂。1978 年 12 月中共十一届三中全会后，党的宗教政策得到了落实。1983 年 2 月，朱法友在龙门洞，礼全真龙门派第二十八代弟子、龙门洞监院田嗣舜道长为师，是为道教全真龙门正宗第二十九代传人。入道后，他坚持努力学习道教经典，诵道经，习科仪，学习道教传统。在道观，朱法友被分派到最辛苦最累的厨房做饭。朱法友的向道之心丝毫未动摇。终日劳苦，磨炼了他的心志。因道心坚守、不忘初心，被师授以真传，专于清修，重于全真内修。朱法友道长谦虚谨慎，平易近人，成为道教信仰虔诚、为人正直的玄门道子。

2006 年，朱法友自担任监院后，在地方政府和各方支持下，和道众修桥筑路、维修殿堂，妆塑神像，置办法器，重建庄房。后他又多方奔走，维修和重建了八仙殿、救苦殿、混元顶、二郎殿、火神殿、东王宫、九间楼、早阳洞栈道等。并为各个殿堂定做了神龛，浮雕供桌，黄铜法器，全面妆塑神像、彩绘庙宇，使龙门洞殿堂焕然一新，为恢复重建龙门洞道院做出重大贡献。

朱法友道长历任陇县政协委员，陕西省道教协会常务理事、宝鸡市道教协会副会长、陇县道教协会副会长。乃道门楷模，为后辈称道。弟子有张兴通、梁兴杨等。

三　有关文献史料（部分）

陇县

1.《陇州志》

（1）清顺治时知州黄云蒸主编。黄云蒸，福建会安县人，壬辰进士，顺治十四年（1657）任知州。清康熙五十年（1711）书已成残卷。

（2）罗彰彝撰修。罗彰彝，浙江钱塘人，贡监。康熙五十年

（1711）任陇州知州。他在黄云蒸《陇州志》残稿卷的基础上，汇集资料组织纂修，成书于康熙五十二年（1713），是本县现存旧志中最早的一部版印本志书。

全志共分九卷四册。首卷图例，卷一方舆志，卷二建置志，卷三田赋志，卷四官师志，卷五选举志，卷六人物志，卷七艺文志，卷八祥异志。该志资料丰富，体例完备，文字严谨，简练朴实，多为后志所仿效。

2. 《陇州续志》吴炳编纂

吴炳，江西南丰县人，进士出身，乾隆二十八年（1763）任知州。《陇州续志》成书于乾隆三十一年（1766）。全书分八卷，首一卷，末一卷，四册，首卷序、图例、凡例，末卷杂记。

《陇州续志》是《陇州志》的续编，在篇目上虽无新的增添，但对《陇州志》的内容做了补充，纠正了一些错误。

3. 《陇州乡土志》

清光绪三十二年（1906）唐松森主修，丁全斌编纂。唐松森，陇州知州。丁全斌，陇县城内南道人，字偃修，号梦慈，清朝贡生。

全志分历史、政绩、兵事、耆旧、人类、户口、氏族、宗教、实业、地理、山、水、道路、物产、商务等十五篇。存手抄本。文字精练，乡土味浓，但资料太简。

4. 《陇州新续志》

清宣统二年（1910）知州康嗣缙编纂。全书共四本，分三十二卷。较以前《陇州志》《续志》更完备，类目较细。

康嗣缙，甘肃省海城县（今宁夏回族自治区海原县）人，附生出身，清宣统二年（1910）任陇州知州。同年八月成立采访局编纂，年底成书。这部志书上限乾隆三十八年（1773），下限宣统二年（1910），是《陇州续志》的续志，其篇目较前各志更加完备，并根据地方和时代的特点，增设了新的篇目。全书分元、亨、利、贞四本，设三十二卷，类目较细，特别是增加了军事、盐法、茶马、金石志，取消了孝义、节烈志，比以前各志有明显的改进。

5. 《陇县新志》

民国二十年（1931）陇县县长邓霖生（泾阳县人）倡修，民国二十一年（1932）县长王藩城（咸阳人）设县志局纂修。因经济拮据，时修时掇，迄未成书。民国二十五年（1936），县长程云蓬（华县人）拨款续修成册，后因无款而搁置。民国二十八年（1939）省府令征县志，县长张丰胄（江苏省江阴县人）又组织人员搜集资料。民国三十六年（1947），县长史恒信（华县人）重建机构，在原志稿的基础上再次编修，下限至民国三十六年（1947）。由于受近代学术思想的影响，在篇目设置等方面有新的改进。全志六卷，在内容上突破了明、清代方志以皇帝为中心列皇言、恩泽于志书的旧例。根据时代的特点，增设了民族、户口、方言等内容；注重了社会经济，记述了手工作坊酿酒、煤炭、面粉加工等；用近代地理学方法绘制了全县图、县城图、政区图、山脉图、水道图等；增加了简明的沿革表、气温表、气象表、职官表等，资料丰富。缺点是仍存在着多处错误。

6. 《陕西通志陇县采访事实稿》

民国十三年（1924）陇县采访局编撰采访事实稿（手抄本），现存三、四集。第三集人物志，分贤哲、名宦、廉能、勇略、孝义、隐逸、忠节、流寓、方伎、烈女烈妇等目。第四集艺文志、金石志、古迹志、纪事志、荒政志、物产志、风俗志、拾遗志等，资料丰富。

7. 《民国陇县野史》

编撰者王宗维，字守贤，东南乡菜园村人。生于清代光绪二十五年（1899），卒于1967年。民国34年（1945）解职返里，编纂《民国陇县野史》。这部志书原系手稿，1964年清抄成书，全志分上下两编、十二卷，约40万字。上自光绪三十二年（1906），下限1949年。上编卷一至卷八，为述古部分。下编四卷，为编年体，记录了清末至民国期间的禁烟、政治、军事、文化教育、田赋、征丁、差役、灾异等大事。这部志书系个人采访实录，它不受旧志体例的限制，对历史事件的发展始末都能刻意记述，并提出自己的看法，加以评论，是一部研究陇县历史、撰修新方志不可多得的珍贵资料。该志的大事记虽采用编年体，但记事不受时间限制，有较强的可读性；志末专列艺文，凡名人诗词、著作都附于有关古迹景物条内，互为衬托，相得益彰。

宝鸡县

宝鸡县从明弘治年至民国三十五年（1946），共纂修县志、乡土志等十部。

1. 明弘治、正德《宝鸡县志》

明弘治、正德年间（1505 年前后）纂，书佚。内容及纂修者均不详，万历三十六年（1608）时，已成"残编"。当为本县首部县志。

2. 明万历《宝鸡县志》

明万历三十六年（1608），朱炳然纂修，书佚。唯朱炳然所撰《序》今存。朱炳然，字太彬，四川大足县举人，万历三十四年（1606）任宝鸡县令。《序》云："又得弘、正间残编，模其概，拔其尤，而志始成焉。"可知其志为续修。

3. 明崇祯《宝鸡县志》

明崇祯十三年（1640），严梦鸾纂，书佚，今存严梦鸾与党崇雅撰写的两篇序文。从严《序》中可知，此志于崇祯十三年秋末，延诸生在万历本基础上增删而成。此志虽名为纂修，实是一次整理、重刻。严梦鸾，字翔紫，直隶滦州人，进士，崇祯十年（1637）任宝鸡县令。

4. 清顺治《宝鸡县志》

顺治六年（1649），薛光前纂。二十卷，已佚。薛序今存。薛光前，字克孝，山西万泉县人，选贡，顺治三年（1646）任宝鸡县令。

5. 清顺治《宝鸡县志》

清顺治十四年（1657），周恒纂，分天、地、人三卷。此志体例比较独特。全书按天、地、人分成三大门类，颇与百余年后章学诚创立的"三书体"有点相似（章氏《湖北通志》分通志、掌故、文征三部分）。周恒离任前奉上宪之命修志，因时间紧急，只好搜集旧志"遗牒"，"鳞集成篇"，成书仓促，故而内容相当简略、缺漏。原书共九十一页。雕版粗劣，字迹不清，是现存《宝鸡县志》中年代最久远的。流传极少，全国仅北京图书馆藏有一部。周恒，三韩人，贡生，顺治十四年（1657）任宝鸡县令。

6. 清康熙《宝鸡县志》

清康熙二十一年（1682），何锡爵、熊硕、吴之翰纂修，共三卷。此志在顺治本基础上增加了"八景诗"，将原书第三卷人纪子目秩序做了调整，余均照旧。书后附熊硕与吴之翰撰写的两篇跋文。从熊《跋》中得知，宝鸡县前几部县志之所以未流传下来，是战火中被毁掉了。此志成书年代有两说：许起凤认为，成于康熙二十二年（1683）；邓梦琴认为，成于康熙二十四年（1685）。今据熊《跋》，应是康熙二十一年（1682）。此志流传极少，只北京图书馆、陕西省图书馆、宝鸡市图书馆等几家有收藏。

何锡爵，字晋候，三韩人，监生，康熙二十年（1681）任宝鸡县令。熊硕，字唯千，安徽桐城人，康熙二十一年（1682）任宝鸡县典史。吴之翰，宝鸡县人。

7. 清乾隆《宝鸡县志》

清乾隆三十年（1764）成书。凡十卷，其中卷八分上下两卷，连同卷首，实为十二卷。每卷一类，共分十个门类，类下共设八十四目，约十五万言。许起凤，字云衢，浙江昌化县人，进士，乾隆二十七年（1762）任宝鸡县令。此志资料宏富，但却存在着滥收及考证欠当等毛病。此志流传不广。

8. 清乾隆五十年《宝鸡县志》

乾隆五十年（1785），由邓梦琴、董识纂刻。凡十六卷，每卷一类，共十六门类，不分目。邓梦琴，字簊山，江西浮梁人，进士，乾隆四十八年（1783）知宝鸡县。

9. 民国《宝鸡县志》

此志为强振志、徐冲霄等人以邓梦琴志为蓝本，参考许起凤志，编修而成。记事至民国十年（1921）。民国十一年（1922），县内驻军旅长罗玉山等赞助，由县知事曹骥观领衔付印。铅字本，十六卷，每卷一类，类下设目，凡九十五目。曹骥观，字道符，陕西礼泉人，光绪举人，民国十一年（1922）任宝鸡县知事。强振志，号镇川，宝鸡县硖石乡人。

10.《宝鸡乡土志》

此书又名《最近宝鸡乡土表志解》。民国三十五年（1946），杨必栋等人编辑，系私家著述，不分卷，观点较前各志为新。杨必栋，字紫梁，宝鸡五福巷人。

汧阳县

自清顺治至民国末修志6次，付印5种。

1.《汧阳志》

又名《石门遗事》，知县王国玮①纂修，书成于清顺治十年（1653）。卷首有汧阳县地理图一幅。王国玮，江南江都人，己卯进士，顺治七年（1650）任知县。

2.《增补石门遗事》

知县吴宸梧于康熙五十七年（1718）增补，知县管莳于雍正十年（1732）又在吴宸梧《增补石门遗事》的基础上续补，并跋其事。吴宸梧，江南宜兴县人，岁贡，由教谕升，康熙五十年（1711）任汧阳

---

① 王国玮，江南江都人，己卯进士，顺治七年（1650）任知县。

知县。管筛，江南武进人，监生，雍正九年（1731）任汧阳县知县。

3.《重修汧阳县志》十二卷首一卷

道光二十一年，知县罗曰壁编辑，卷首序文七篇，凡例一则，图考十四幅。该志分十二卷，四册。罗曰壁，云南景东厅民籍，嘉庆甲子科举人，道光丙戌科大挑一等。道光十年（1830）十二月任汧阳县知县。

4.《增续汧阳县志》二卷

此书又名《汧阳县志续稿》。清光绪十三年知县焦思善总修。教谕张元壁、训导王润纂修。卷首增《续汧阳县志》序文五篇，凡例一则。共分两册两卷（十三卷、十四卷）。焦思善，直隶长垣县举人，光绪十年（1884）十二月任汧阳知县。

5.《汧阳述古编》二卷

清光绪十五年知县李嘉绩纂。分上、下两卷，卷首序文二篇。李嘉绩，四川成都县监生，祖籍顺天通州，光绪十三年（1887）四月任汧阳知县。

6.《新汧阳县志草稿》

民国汧阳县籍、修志馆馆长赵和甫编纂。手抄本，书成于民国三十六年（1947），共分十八卷八册。

郿县

郿县，1964年9月改为眉县。早有明《郿志》。

1. 明万历《郿志》，八卷。刘九经、刘本唐父子撰，成书于万历二十九年（1601）。刘九经，字绍周，郿县人，万历二十年（1592）进士，先后任邢台令、侍御史。历经七载，创修《郿志》。刘本唐，字昆仑，万历二十八年（1600）庚子科举人，九经长子。

2. 清顺治陈超祚《续郿志》八卷

此书为明刘九经纂修，清知郿县事陈超祚续修。成书于顺治十四年（1657）七月。顺治《郿志》继承了万历《郿志》的全文，增续了地形志、政略志、宦迹志、献实志、事纪志，文简而事略。陈超祚，字子飞，福建古田人，举人，顺治十三年（1656）任郿县令。

3. 清康熙《郿志》

知县梅遇任内续修，成书于康熙九年（1670）。康熙《郿志》是在顺治《郿志》的基础上续修，对地形志和献实志做了续补，详续了政略志，具体而详练。梅遇，字品章，江西南城举人，康熙三年（1664）至十三年（1674）任县令。曾率领士民修渠引水灌田，取名梅公渠。

4. 清雍正《郿县志》

雍正十年（1732），郿县令张素奉命重修县志。在卷首，先新序而后辑旧序，次即图考、凡例和纂修姓氏。该志共十卷。张素，字居易，贵州都匀府清平县人，雍正二年（1724）甲辰科进士，六年七月至雍正十一年知郿县事。

5. 清乾隆《郿县志》十八卷首一卷

郿县知县李带双主修，吴郡张埙重纂。共十四篇十八卷。这部县志的特点是，在前几部志的基础上，增设了"太白山灵感录""张氏道统录"。此志今存较多。李带双，字晋升，海丰人，乾隆四十三年（1778）任郿县知县。

6. 清光绪《郿县乡土志》

知县程埙撰，程鹄云手书，成书于光绪三十三年（1907）。程埙，浙江山阴人，监生，光绪三十一年（1905）任郿县知县。

7. 清宣统《郿县志》

知县沈锡荣于宣统元年重纂。共十四篇十八卷。沈锡荣，浙江山阴人，宣统元年（1909）任郿县知县。

凤县

1. 《凤县志书》

编纂者姓名不详。城东小路车到河岸生陈韶得其稿后，经删改作序，于道光六年（1826）手抄成书，未分卷。

2.《凤县志抄本》

由清同治年间知县郭建本主修、许步衢编纂而成，书佚无存。

3.《新修凤县志》

清光绪十八年（1892），知县朱子春纂修、训导段澍霖协修，不分卷。陕西人民出版社 2013 年出版。

4.《凤县志稿》

不分卷，未著纂修时间和纂修者姓名，陕西省博物馆有存。比较而言，朱子春主编《新修凤县志》成书晚，资料全，体例完整。

5. 新编《凤县志》

1994 年 10 月由陕西人民出版社出版发行。全志采用传统的志、记、图、表、传、录六种体裁，全志由概述、大事记、专志、人物传记及附录组成。

6.《凤县志补注》

朱子春主编。

岐山县

1. 明嘉靖四十年《岐山县志》

韩廷芳主修，已失散无存。分二册六卷。韩廷芳，山西洪洞举人，嘉靖三十八年（1559）任岐山知县，创修县志。

2. 万历十九年《重修岐山县志》①

明于邦栋修、南宫纂。书分为二册，共六卷。于邦栋，山西临汾举人，万历十七年（1589）任岐山知县。南宫事未详。

3. 清顺治十四年《重修岐山县志》四卷

知县王毅修、王业隆纂。二册四卷本，王毅，江南江都籍高邮州人，贡生，顺治十二年（1655）任岐山知县。

---

① 有明万历十九年（1591）刻本四册藏于国家图书馆。

4. 乾隆四十四年《重修岐山县志》八卷

清平世增、郭履恒修，蒋兆甲纂。平世增，浙江山阴举人，后代理知县郭履恒（山西兴县举人）主修，教谕蒋兆甲（渭南人）编撰。共二册四卷。

5. 清光绪《岐山县志》八卷

清胡升猷重修。清张殿元纂，清光绪十年刻本。四册八卷。胡升猷，四川灌县人，贡生，光绪四年（1878）春知岐山县。

6. 民国二十四年《重修岐山县志》

田惟均修，白岫云等纂，书共四册四卷。

7.《岐山县乡土志》

清佚名纂。铅印本，一册，共三卷。卷一，历史、政绩录、兵事录；卷二，耆旧录；卷三，人类、户口、氏族、宗教、实业、地理、古迹、祠庙、坊表、桥梁、市镇、学堂、山、水、道路、物产、商务。

8. 新编《岐山县志》

本志贯通古今，详今略古。上溯事物发端最早可追溯至新石器时期，下限至 1989 年。体裁运用以志为主，辅以述、记、表、图、照、录，互相配合，相得益彰。志体采用记事本末体，大事记以编年体与记事本末体相结合。平列分目，分卷、章、节、目四序次，二十六卷一百三十二章。1992 年出版。

麟游县

麟游县历史上曾有四次修志。

第一次在万历四十六年（1618），县令崔如岳主持创修了首部县志。知县崔如岳创修，本县贡刘诵草创志稿，进士刘承缨编辑梓行。书佚无存。崔如岳，直隶盐山人，万历四十六年（1618）任麟游知县。

第二次在清代顺治十四年（1657），知县吴汝为主持编修《重修麟游县志》四卷。刘元泰续辑。顺治十四年续志（1657）刻印。现仅国家图书馆、北京大学图书馆等国内四家图书馆收藏。吴汝为，字伯寅，又字康功，号盘陆，山东济南府沾化县人。顺治六年（1649）进士，顺治八年（1651）任麟游县令。刘元泰，本县人，崇祯庚午举人。

第三次在康熙四十七年（1708），知县范光曦续修《麟游县志》，五卷，共二册。本书以吴汝为原本，范光曦续修，罗魁续纂。康熙四十七年（1708）刻版。范光曦，浙江鄞县人，拔贡，康熙四十年（1701）任知县，后任户部主事。罗魁，陕西成宁人，拔贡。

第四次在光绪九年（1883），知县彭洵主持编纂《麟游县新志草》十卷。彭洵，四川灌县人，廪贡生。

另外，民国年间编《麟游县志》。不分卷，未著纂修者姓名，上海图书馆和陕西省图书馆有藏本。

近代新修《麟游县志》：由麟游县地方志编纂委员会编纂，陕西人民出版社1993年12月出版。其上限力溯事物发端之始，下限断止1989年底。共二十三编一百一十章三百四十六节。

凤翔县

凤翔地区两汉至宋元的府、县志存目仅宋《（凤州）图经》，今已佚，其余无考。明清以后，编修地方志的传统才得到发扬。

1. 明万历《凤翔县志》

李柴创修，已散失无存。李柴，号景蒲，平定州举人，万历中知凤翔县，有惠政，兴学校，建南门，居官数载，人称其廉，升南京兵部主事。

2. 明正德十六年（1521）《重修凤翔府志》五卷附一卷

明正德十六年《凤翔府志》由凤翔知府王江①于明正德十四年

---

① 王江：河北任邱人，天顺进士。任凤翔知府时，增修府治，加深城壕，重修府学、县学和岐阳书院，在方志学上有重要贡献。

（1519）发起编修，进士王麒①、状元康海②等名儒参与编纂，正德十六年（1521）成书。上始于夏商周，下至明正德十六年。该志记述了凤翔府所辖一州七县两千多年的史志资料。全志共分八卷，各卷均为二十九个目录。

该志卷首有序文四篇，凡例一则，总治境图、府治图各一幅。是现在看到的第一部《凤翔府志》，填补了此志以前两千多年无志的空白。遗憾的是现仅存卷一凤翔县、卷三宝鸡县两卷。该志侧重文集、题咏，收集的资料较为丰富，为后世保留了珍贵的文化遗产。对人物、名宦记述文字简略。

3. 清康熙三十三年《凤翔县志》十卷

王嘉孝、李根茂于康熙三十三年（1694），邀凤翔博学名流22人编采缮写。王嘉孝，字孚人，河南汝阳举人，康熙三十一年（1692）知凤翔县。

4. 清雍正十一年（1733）《重修凤翔县志》十卷

由凤翔知县韩镛主修。韩镛，辽东人，雍正七年（1729）任凤翔县令。任职期间，勤政爱民，培育英才，革除积弊，减轻百姓负担。

5. 《凤翔府志略》三卷

清乾隆二十六年（1761）重修《凤翔志略》，由知府刘祖曾③纂修。三卷本。现市志办仅存卷三上下册精装本，残留"田赋"部分内容和"艺文"全部内容。在"艺文"中，收集了苏轼、韩愈、柳宗元、陆游、魏徵、刘基等名人记载、咏歌有关凤翔府一州七县山川景物的诗、词、文、碑、铭、记等各类文章226篇。

---

① 王麒：祖居宝鸡县，后迁凤翔籍。弘治八年（1495）举人，弘治十三年（1500）进士，曾任直隶吴桥县令。
② 康海：字德涵，武功人。弘治进士第一，授翰林院修撰，后被罢官回乡。编修的《武功县志》，《四库全书总目提要》称赞《武功县志》是"乡国之史，莫良于此。"
③ 刘祖曾：山西临汾人，监生，乾隆二十五年（1760）任，加意地方，振兴修举。民以未久任为惜。

6. 清乾隆三十一年《重修凤翔府志》十二卷首一卷，（清）达灵阿①修、周方炯等纂

乾隆三十年（1765）由凤翔知府达灵阿主修，凤翔府通判叶世助②参修，乾隆三十一年（1766）成书。上限夏商周秦，下限清乾隆三十一年（1766）。该志卷首序文五篇，附凤郡图考二十一幅，凡例一则。共十二卷，九十余目，三十三万多字。是现存府志中资料较全，保存完好的一部府志。

7. 清乾隆三十二年（1767）《重修凤翔县志》八卷首一卷

清罗鳌修、周方炯纂。该志共分八纲，细目九十五，合为八卷。较前志卷帙均匀，结构完整，层次分明，内容丰富。罗鳌，字立峰，豫章旴江人。

8. 近代新编《凤翔县志》

1962年，由县委书记牟富生任主修，县政协副主席王丕卿为总编，历时3年，初稿草定，后因"文革"被迫停止。1980年又开始编纂，于1991年12月由陕西人民出版社出版，全书共二十六卷，一百三十五章。

新编《凤翔县志》上限溯源于新石器时期，下限截至1988年，统合古今，详今略古，体例完备，资料翔实。记载了凤翔县五千多年的历史和现状。它填补了自清乾隆三十二年（1767）到这次编志220多年凤翔无方志之空白。

扶风县

1. 明正德《扶风县志》。孙玺纂修，书佚无存。孙玺，代州人，正德三年（1508）任邑令，赠光禄少卿。

2. 明嘉靖十一年（1532）《扶风县志》。杨瞻主修，书佚。杨瞻，

---

① 达灵阿：镶黄旗满洲人，荫生，乾隆二十六年（1761）任凤翔知府。
② 叶世助：广东海丰人，贡生，乾隆三十一年任凤翔府通判。

字叔俊，蒲州举人，嘉靖十一年（1532）任邑令，历升四川佥事赠吏部尚书。

3. 明嘉靖三十七年（1558）《扶风县志》。书佚。孙科、王世康主修。孙科，普安州举人，嘉靖三十五年（1556）任邑令，升太仓知州。王世康，字道济，清苑举人，嘉靖三十七年（1558）任邑令，潞安府判。

4. 明崇祯十二年（1639）《扶风县志》。由宋之杰主修，书佚。今存序文四篇。

宋之杰，字万特，开平卫人，功贡，崇祯十年（1637）升任知县。

5. 清顺治十八年（1661）《扶风县志》。邑令刘瀚芳主修，陈允锡、冯文可纂。四卷。刘瀚芳，顺天大兴人，副贡，顺治十六年（1659）任。冯文可，本县人，岁贡，合水教谕。

6 清雍正九年（1731）《扶风县志》四卷。邑令张娄度重修，于开泰纂。张娄度，字鲁南，号麟齐，河南灵宝人，雍正八年（1730）任。于开泰，本县人，廪生。

7. 清乾隆四十六年（1781）《扶风县志》十八卷。熊家振主修，张埙纂。熊家振，字筠庄，奉新人，进士，政简刑清，士民乐业。

8. 清嘉庆二十四年（1819）《扶风县志》，十八卷首一卷。知县宋世荦总纂，前任教谕吴鹏翱、丙子举人王树棠编辑。宋世荦，浙江临海人，戊申举人，嘉庆十九年知县事。

9.《扶风县乡土志》四卷。知县谭绍裘撰，光绪三十二年（1906）抄本。四卷二十四篇。市志办今存成文出版社有限公司影印本一部。

10.《新编扶风县志》。1993 年由陕西人民出版社出版。

后 记

在此书编纂过程中，编委会全体同仁付出了辛勤的汗水和艰苦的劳动，其中黄诚超担任景福山、龙门洞、磻溪宫、吴山道观地区的拓片制作及碑文录制工作；羊洲廷担任景福山、龙门洞、磻溪宫、金台观地区的拓片制作和碑文录制工作；张兴通担任景福山、龙门洞、庄房、雷神山、南昌宫地区的拓片制作和拍摄碑照等工作；马宗静、马青云女士担任了雷神山、太白庙、药王洞、上清道院等地区的拓片制作和碑文录制工作；俞震负责全部拓片的整理及拍摄工作；曾敏、艾睿博负责书稿的编排及校对工作。对以上同仁表示诚挚的感谢。

在田野调查过程中，我们要特别感谢陕西省道教协会会长杜法静道长担任顾问并题写书笺；特别感谢千阳道教协会任兴昌秘书长、吴山大庙肖至鑫住持的大力支持，使我们顺利完成调查工作。

图书在版编目（CIP）数据

宝鸡道教碑石记/吴受琚编著. -- 北京：社会科
学文献出版社，2021.3
（中国社会科学院老年学者文库）
ISBN 978 - 7 - 5201 - 5332 - 4

Ⅰ.①宝… Ⅱ.①吴… Ⅲ.①道教 - 碑刻 - 汇编 - 宝
鸡 Ⅳ.①K877.423

中国版本图书馆 CIP 数据核字（2019）第 171814 号

中国社会科学院老年学者文库

宝鸡道教碑石记

编 著／吴受琚

出 版 人／王利民
组稿编辑／袁清湘
责任编辑／赵怀英

出 版／社会科学文献出版社·联合出版中心（010）59367202
地址：北京市北三环中路甲29号院华龙大厦 邮编：100029
网址：www. ssap. com. cn
发 行／市场营销中心（010）59367081 59367083
印 装／三河市龙林印务有限公司

规 格／开 本：787mm×1092mm 1/16
印 张：33.25 字 数：480千字
版 次／2021年3月第1版 2021年3月第1次印刷
书 号／ISBN 978 - 7 - 5201 - 5332 - 4
定 价／398.00元

本书如有印装质量问题，请与读者服务中心（010 - 59367028）联系